von M…
Sc…
Weihnach…

Manfred Stolpe
Den Menschen Hoffnung geben

Manfred Stolpe

Den Menschen Hoffnung geben

Reden, Aufsätze, Interviews aus zwölf Jahren

Wichern-Verlag

CIP-Titelaufnahme der Deutschen Bibliothek

Stolpe, Manfred:
Den Menschen Hoffnung geben: Reden, Aufsätze, Interviews aus zwölf Jahren / Manfred Stolpe. – Berlin: Wichern-Verl., 1991
ISBN 3-88981-051-9

Redaktion: Reinhard Henkys

Umschlagfoto: Andreas Schoelzel, Berlin

Satz: Wichern-Verlag, Berlin
Druck: Color-Druck Dorfi GmbH, Berlin
Buchbinderei: Lüderitz & Bauer-GmbH, Berlin
ISBN: 3-88981-051-9

Inhalt

Wir haben uns der Situation gestellt. Wir hofften auf Veränderung

Statt Vorwort und Fußnoten: Ein rückblickendes Gespräch mit Reinhard Henkys über einige der Texte in diesem Buch und die Versuche, aus der Kirche heraus auf die DDR einzuwirken, geführt in Potsdam am 27. Januar 1991

Dies Buch, Herr Stolpe, legt Texte aus Ihrer Feder vor, die alle für die Öffentlichkeit bestimmt waren. Fast alle wurden auch veröffentlicht, bis zum Herbst 1989 allerdings nur in westlichen Medien. Sie haben daran mitgewirkt, die Position der evangelischen Kirchen in Staat und Gesellschaft der früheren DDR zu bestimmen, und haben sie gegenüber den Machthabern einerseits und gegenüber den Gemeinden in Ihrem Lande andererseits interpretiert, aber auch gegenüber Öffentlichkeit und Kirchen im Westen Deutschlands. Dabei sind Sie auch in die Rolle eines Interpreten bestimmter Aspekte der Politik der DDR geraten. Dazu will ich Sie einiges fragen.
Als erstes: Sie haben verschiedentlich bei der Erörterung des Verhältnisses von Kirche, Staat und Gesellschaft in der früheren DDR in Abwandlungen einen Satz aus dem Brief der evangelischen Bischöfe aus Lehnin an den damaligen Staatsratsvorsitzenden Walter Ulbricht vom 15. Februar 1958 zitiert. Er heißt im Original: „Als Staatsbürger eines sozialistischen Staates sehen wir uns vor die Aufgabe gestellt, den Sozialismus als eine Gestalt gerechteren Zusammenlebens zu verwirklichen.“ Waren Sie eigentlich bei jenem Bischofskonvent in Lehnin dabei, haben Sie mitformuliert? Der Satz ist ja unterschiedlich verwendbar. Läßt man die Einleitungsformel „als Staatsbürger ...“ weg, wie Sie es gelegentlich gemacht haben, dann erscheint die Verwirklichung des Sozialismus als Aufgabe der Kirche. Und je nach Betonung kann verstanden werden: Der Sozialismus ist *die Gestalt gerechteren Zusammenlebens, oder: Die*

Kirche will dahin wirken, daß dieser Aspekt akzentuiert, ausgebaut wird. Wie haben Sie das damals gesehen?

Ich habe mich immer gegen die ausschließliche Besetzung des Begriffs „Sozialismus" durch die kommunistische Führung in der DDR und überhaupt im ganzen Ostblock gewehrt, dagegen, daß Sozialismus das sein sollte, was uns da vorgeführt wurde und in das wir hineingepreßt werden sollten. Für mich war und ist in der Tat Sozialismus eine Idealvorstellung der Menschheitsgeschichte. Sie wird es auch mit sich wandelnden Begriffen bleiben – ich finde das sowohl bei der Französischen Revolution wieder als auch in Gedanken des Neuen Testamentes. Diese Idealvorstellung wird bleiben, daß man für Menschen mehr Gerechtigkeit, mehr Gleichheit und – das steckt ja auch mit drin – mehr Frieden finden müßte. Ich habe in einer Diskussion um die Ökumenische Versammlung von Delegierten aus allen christlichen Kirchen in der DDR 1988/89 die These vertreten, daß in deren Zielvorstellungen „Gerechtigkeit, Friede und Bewahrung der Schöpfung" das Wesentliche meiner Sozialismusvorstellung enthalten ist. Ich muß zugeben, der Begriff „Sozialismus" ist durch die Entwicklung der letzten Jahrzehnte so beschädigt worden, daß es mühsam ist, das zu vermitteln. Ich bin deshalb auch sehr viel zurückhaltender geworden. Doch in der Geschichte der Kirchen in der DDR habe ich wie viele andere es geradezu als eine uns gestellte Aufgabe verstanden, gegen die sozialistische Wirklichkeit für das zu wirken, was wir für richtig hielten, nämlich mehr Gerechtigkeit, mehr Frieden, mehr Freiheit für die Menschen.

Aber wenn in der DDR ohne weitere Erläuterung vom Sozialismus gesprochen wurde, auch von Kirchenleuten, bezogen Hörer und Leser das auf den sogenannten real existierenden Sozialismus. Der wurde ja auch in der Positionsformel „Kirche im Sozialismus" – also nicht neben oder gegen die sozialistische Gesellschaft der DDR – angesprochen. Diese Formel haben Sie meist als Orts- und Aufgabenbestimmung für die Verkündigung, als Annahme der gesetzten Realitäten für das eigenständige Wirken der Kirche interpretiert. Zwischendurch aber klingt dann schon auch eine Art kirchlicher Option für den Sozialismus an, mit dem Ziel: Verändern durch Mitmachen, so wie Sie es ja eben auch sagten. Ich zitiere Ihre Tutzinger Rede aus 1984: „Kirche im Sozialismus als eine Kirche, die nicht nur auf ihre Position bedacht und auf das Gegenüber Staat fixiert ist, sondern die dazu beiträgt, die sozialistische Gesellschaft stabiler, gerechter und besser zu machen." Unter sozialistischer Gesellschaft mußten Ihre westlichen Zuhörer die unter Herrn Honecker „real existierende" verstehen.

Es ging uns nicht um irgendwelche ideologische oder gar theologische Rechtfertigungen dieses Sozialismus, wohl aber um das volle Hineingehen in die uns vorgegebene Wirklichkeit dieser Gesellschaft. Die Kirche sollte ein Wirkungsfaktor in dieser Gesellschaft sein oder werden. Wir verstanden die Kirche nicht als eine Institution, die als Burg auf dem Berge liegt. Ich erinnere an das berühmte Gespräch, das Bischof Schönherr als Vorsitzender des evangelischen Kirchenbundes mit Kardinal Bengsch geführt hat, dem Vorsitzenden der katholischen Bischofskonferenz. Da sind die Positionen der beiden Kirchen so charakterisiert worden: die evangelische Kirche als die Karawanserei mitten in der Wüste, und die katholische Kirche als die Burg auf dem Berge.

Ein berühmtes Gespräch? Mir ist es nicht so geläufig.

Es war nicht sehr öffentlich, aber es ist für mich berühmt. Es war ein für das Verhältnis der katholischen und der evangelischen Kirche wichtiges Gespräch, etwa zwei Jahre vor dem Ableben des Ende 1979 gestorbenen Kardinals. Da haben beide Bischöfe versucht, über das Kirchenverständnis herauszufinden, worauf die unterschiedlichen Verhaltensweisen der katholischen und der evangelischen Kirche in der DDR-Gesellschaft beruhen. Ich will dazu aber anmerken, daß die Frage des Kirchenverständnisses nur ein Grund gewesen ist, es gab noch andere Ursachen für die unterschiedlichen Positionen.

Wir als evangelische Kirche haben uns also in der Tat ganz bewußt da mitten hineingestellt, weil wir der Überzeugung waren, Wirken in der Gesellschaft ist nur dann möglich, wenn man sich hineinbegibt in diese Probleme, sich nicht ausliefert, sich selbst versucht treu zu bleiben, aber doch mittendrin zu stehen als Gesprächsfaktor, als Gesprächspartner, als Handelnder. Dabei ist es in den öffentlichen Aussagen in der Tat zuweilen zu einer deutlichen Nähe zum staatlichen Gesprächspartner gekommen. Das ist eine Schwäche dieser Position, aber eine wohl unvermeidbare Schwäche. Denn die von uns eingenommene Position hatte den großen Vorteil, daß wir etwas erreichen konnten, einwirken konnten. Wir hatten immer wieder die Chance, das staatliche Gegenüber, das gesellschaftliche, das politische Gegenüber auch wirklich beeinflussen zu können.

Vielleicht werden ich und andere später einmal die Zeit haben, alle die Fälle aufzulisten, wo solche Wirkungen, wo direkte Veränderungen auch erreicht werden konnten. Am auffälligsten war das ja in den Reiseregelungsfragen, wo dann schließlich die Verordnungen des Staates zurückgingen auf Vorschläge, die die Kirchen irgendwann einmal gemacht hatten. Aber die andere Seite der Medaille ist eben doch die, daß Betrachter von außen den Eindruck einer so starken Nähe von Staat und Kirche gewannen, daß dies wiederum ein Stück weit die Wirkungsmöglichkeit der Kirche behindert hat. Eine gefährliche Wirkung war vor allem, daß die Neigung zu einer Fehleinschätzung beim staatlichen Gegenüber gefördert wurde, die Fehleinschätzung, daß die Kirchen schon vereinnahmt seien. Das war nach meinem Urteil der gefährlichste Punkt dabei.

Ich will noch einmal auf die Formel „Kirche im Sozialismus" zurückkommen. Sie haben doch wahrscheinlich als Leiter des Sekretariats des Kirchenbundes in irgendeiner Weise den Eisenacher Bericht der Konferenz der Kirchenleitungen von 1971 vorbereitet, in dem diese Formel kam: nicht neben, *nicht* gegen, *sondern Kirche* in *der sozialistischen Gesellschaft. Und Sie waren damals, als 1968 die Bischöfe in Lehnin zusammen waren, wenn ich mich richtig erinnere, der persönliche Referent des damaligen Berlin-brandenburgischen Bischofsamtsverwalters Schönherr.*

Nein, in Lehnin bin ich als der Leiter der Geschäftsstelle der damaligen Konferenz der Evangelischen Kirchenleitungen in der DDR dabeigewesen, also als Adlatus von Friedrich Wilhelm Krummacher, der Vorsitzender war. Und ich war dann mit Johannes Hamel und Siegfried Ringhandt einer der Hauptformulierer der ganzen Geschichte. Insofern muß ich also für die Texte auch verantwortlich mitzeichnen, wenn auch nicht für jeden Satz. Der in Ihrer Eingangsfrage zitierte Satz aus dem Brief der Bischöfe an Ulbricht – es ging um die kommende neue DDR-Verfassung – war in den Bedingungen des Jahres 1968 eine ausgesprochene Offensivformel, wie auch dann die Eisenacher Formel von 1971 für mich immer ein Handlungsauftrag gewesen ist. Denn wir haben uns zu der Situation gestellt, in der wir uns als Kirche vorfanden – eine Situation, auf deren Veränderung wir hofften, aber deren direkte Änderung nicht vorhersehbar war. Und wir haben gesagt, wir werden von unserem Auftrag her alles uns Mögliche tun, um hier Veränderungen zu erreichen, über viele, viele kleine Schritte. Das war die Grundmotivation.

Zu den wiederkehrenden Begriffen gehört auch das Wort vom Lernprozeß, dem Lernprozeß von Staat und Kirche, von Marxisten und Christen. Als hauptsächliche Lernaufgabe, die dann auch gleichzeitig vornehmliches Lernergebnis ist, erscheint, wenn man Ihre Texte liest, daß beide sich gegenseitig als real existierend und dauerhaft akzeptieren - Staat und Kirche. Aus heutiger Sicht: Hat die kirchliche Seite da nicht etwas Falsches gelernt?

Falsches gelernt und Falsches gelehrt, weil wir als Kirchen davon ausgegangen sind, daß auf alle absehbare Zeit mit diesen Grunddaten zu rechnen sei. Ich habe persönlich bis zum Ende des Jahres 1989 fest damit gerechnet, daß die Sowjetunion auf diesen westlichen Vorposten DDR nicht unblutig verzichten werde und daß also von daher mit der Existenz dieses so gearteten Staates zu rechnen war. Doch seit 1985, seitdem Gorbatschow da war, begann die Hoffnung sich in eine Erwartung zu wandeln, daß man diese DDR so verändern könne, daß sie durchaus stark demokratische freiheitliche, dann eben auch sozial gerechte Züge annimmt, bei fortbestehendem Zwang zum Verbleib im östlichen Bündnis.

In diese Richtung haben Sie ja immer wieder gesprochen, diese Botschaft auch nach Westen hin verkündet. In Ihrem Leipziger Vortrag vom November 1982 - dort allerdings vorwiegend vor östlichen Zuhörern - taucht für mein Empfinden ein Schlüsselsatz dafür auf. Sie sagten: „Bemühen wir uns, Gutes zu vermuten und Vertrauen vorzugeben." In Ihren öffentlichen Äußerungen findet sich nie ein polemischer Ton gegenüber der SED oder der Staatsmacht. Bis in den November 1989 hinein bieten Sie Honecker und seinen Leuten jeweils die positive Interpretation an. Haben Sie es sich bewußt zum taktischen Prinzip gemacht, der Partei Gutes zuzusprechen, damit sie es am Ende dann tut oder doch die konstruktiven Kräfte in ihr ermutigt werden? Und, wenn das Erfolg versprach: Haben Sie in der positiven Bemühung um den stets mithörenden Adressaten der Staatsmacht nicht zuweilen Geduld und guten Willen der dieser Staatsmacht Unterworfenen, der Bürger, etwas arg strapaziert?

Also das letzte trifft zu. Das habe ich immer wieder erlebt, daß trotz einer sehr breiten Zustimmung zu meiner Position, die vermutlich daher kam, daß die Menschen fühlten: Hier versucht jemand ehrlich, seine Positionen einzubringen, und vor allen Dingen, er hat unsere Probleme im Auge –, daß dennoch immer wieder die Frage kam: Ist das nicht einfach eine Unterschätzung der Härte der Situation und streckenweise auch eine Bagatellisierung der Problemlage? Diese Fragen sind dagewesen. Ich will versuchen, auf Ihre klare Frage klar zu antworten. Der Begriff Taktik trifft es nicht ganz, was Sie hier ja sehr scharf analysiert haben, obwohl es im Ergebnis durchaus taktische Züge hat.

Jemand, der keine Macht hat, der nur argumentieren und nur damit gewinnen kann, neigt natürlich dazu, mit friedfertigen Mitteln vorzugehen. Aber es ist bei mir, glaube ich, doch mehr – bei aller Behutsamkeit, mit der man über sich selber reden muß. Es ist eine Grundposition, die ich da vertrete und die ich also nicht nur auf das Verhältnis von damaliger Kirche und damaliger DDR beziehen möchte. Ich habe das Empfinden, im Zusammensein von Menschen im Kleinen und im Großen, also von der Familie bis zum Verhältnis der Staaten zueinander, etwa jetzt am Golf, wird bei Auseinandersetzungen immer zu prüfen sein, welchen Weg man gehen kann, wie man den Bruch, die totale Auseinandersetzung, den Krieg schließlich vermeiden kann. Die Suche nach Kompromissen, die beide Seiten eingehen können, das Bemühen darum, den anderen zu gewinnen, erscheint mir als die zukunftsträchtigere Methode.

Diese Methode hat nach meiner Überzeugung in dem Verhältnis von Staat und Kirche in der DDR bis zum Herbst 1987 durchaus Ergebnisse gezeitigt. Das läßt sich nachweisen in den verschiedensten Bereichen, in denen es im Grund nicht nur um Positionsverbesserungen der Kirche ging, sondern um wirkliche Veränderungen auch im Inland für alle Bürger. Das war immer unser ganz klares Ziel. Wir haben ja eben nicht nur eigene Interessen verfolgt; dann hätten wir ganz andere Dinge erreichen können. Das löste auch das Mißtrauen der Staatsvertreter aus, die uns immer wieder entgegengehalten haben: Muß das denn sein, auch noch für andere Leute? Wir könnten zwischen uns doch handelseinig werden und euch Vorteile und Privilegien einräumen! Nicht selten haben wir solche angebotenen Privilegien verweigert.

Im Herbst 1987 war das dann alles vorbei. Als Honecker aus Bonn zurückgekehrt war, kam es zu einer Situationsveränderung in der DDR. Für mich ist heute noch nicht hundertprozentig klar, was da eigentlich vor sich gegangen ist. Wir hatten gedacht, die Veränderung des Verhaltens der Sowjetunion seit Gorbatschows Amtsantritt 1985 und nun die Akzeptanz durch die Bundesrepublik, also in gewisser Weise die Krönung des außenpolitischen Strebens der DDR, hätten eine Lage geschaffen, in der – wenn auch schrittweise – deutlichere Veränderungen dran sind. Doch offenbar gewannen die alten Herren, das Politbüro, in ihrer Analyse den Eindruck, daß man bereits zu weit gegangen war. Und das erste demonstrative Signal war dann ja „Zion" – ich meine die überfallartige nächtliche Durchsuchung der

Umweltbibliothek in der Berliner Zions-Kirchengemeinde mit der Inhaftierung von Mitarbeitern am 25. November 1987 und all die Folgen. Seitdem bewegte sich gar nichts mehr. Man kam auch nicht mehr ran an die Leute.

Sie haben mal 1982 gesagt: „Vertrauen ist ein Risiko und für einen Politiker und Militär noch eine Zumutung.“ Jetzt sind Sie selber Politiker, Ministerpräsident, wenn auch nicht Militär. Wollen Sie auf diesem Wege fortfahren, beim Gegenüber das Gute zu vermuten, den positiven Weg zu suchen, ihm mit einem Vorschuß an Vertrauen zu begegnen? Oder müssen Sie jetzt doch engere Grenzen ziehen, damit Sie nicht mißbraucht werden?

Ich bin jetzt achtzig Tage in dieser Funktion. Und mir ist auch schon mindestens fünfmal gesagt worden, daß ich zu vertrauensselig sei, und daß man das so nicht durchhalten könne. Es ist in der Tat so, daß politisches Handeln häufig wirklich durch Mißtrauen und Hinterhältigkeit geprägt ist. Mit allem Freimut sage ich auch, daß sich mir da noch nicht einmal ein prinzipieller Unterschied zwischen dem alten Osten und dem neuen Westen zeigt, zu dem wir ja gehören. Gelegentlich habe ich im Gedankenaustausch mit Freunden hier auch den Eindruck, daß für uns die Fronten früher vielleicht sogar viel klarer waren, als das in der Gesellschaft ist, in der wir jetzt leben, wo das Arbeiten mit verdeckten Mitteln und Methoden, das Anstreben von Zielen auf sehr verschlungenen Pfaden auch gelernt werden muß. Ich weiß nicht, ob es die Zeit mit sich bringen wird, daß man sich dem annähert, daß man mißtrauischer wird und sich darauf einstellt. Ich habe die Hoffnung, daß ich selber mir treu bleiben kann und nicht in solche Verhaltensmuster hineingerate. Und von meinem heutigen Erkenntnisstand aus will ich auch das sagen: Wenn denn Politik nur so möglich sein sollte, dann würde das für mich keine weitere Lebensaufgabe sein.

Meine Hoffnungen stützen sich auf Persönlichkeiten im politischen Bereich, bei denen ich eine große Redlichkeit spüre. Sie lassen mich hoffen, daß es auch im Feld der Politik möglich sein muß, Vertrauen einzubringen und damit auch Menschen zu gewinnen. Ich denke an Leute wie Richard von Weizsäcker oder auch Johannes Rau. Die sind für mich eine ganz starke Ermutigung.

Noch einmal zu ihrem Tutzinger Vortrag. Ich empfinde diese Rede zur „besonderen Gemeinschaft“ der evangelischen Kirchen in beiden deutschen Staaten als Schlüsseltext auch für den späteren Poli-

tiker Stolpe oder für den politisch handelnden Kirchenmann Stolpe. War sie von Ihnen als Programm gedacht, dem in den kommenden Jahren zu folgen wäre, das zu entfalten ist, oder haben Sie damals ohne strategische Absicht gesprochen?

Nein. Tutzing – das war im Frühjahr 1984 – da war in der Tat die Zeit gekommen, zu der nach meiner Überzeugung der Versuch gestartet werden mußte, eine neue Qualität im innenpolitischen Bereich der DDR zu erreichen, gerade wenn es darum ging, eine neue Qualität im Verhältnis der beiden deutschen Staaten zu erreichen. Das erforderte eine DDR, die auch von ihrer inneren Verfassung her ein wirklicher Partner für die Bundesrepublik sein könnte. Anzusteuerndes Ziel war ein Miteinander dieser beiden Staaten, die sich angesichts ihrer gemeinsamen Grundlagen auch ihrer gemeinsamen Verantwortung und gemeinsamen Zukunftsaufgabe bewußt sind. Das war die Grundüberlegung. Die hat mich auch in den folgenden Jahren mitbestimmt.

Eine der Kernaussagen von Tutzing will ich noch einmal in Erinnerung rufen. Sie läßt sich so zusammenfassen: Um des Friedens und des Vertrauens der Großmächte willen müssen beide deutsche Staaten stabil in ihren Bündnissen bleiben, und die Kirche hat hüben und drüben die Aufgabe, stabilisierend – und damit eben auch systemstabilisierend – zu wirken: „Die besondere Gemeinschaft der deutschen Kirchen ist direkt herausgefordert, um des Friedens willen zur Stabilität der deutschen Staaten beizutragen.“ Sie haben dies Konzept bis zur Wende durchgehalten, wie das – jedenfalls öffentlich – kein anderer Kirchenmann sonst getan hat. War es Ihr persönliches Konzept, oder formulierten Sie nur besonders einprägsam einen soliden Konsens innerhalb der Führungsschicht, der Leitungsgruppe der evangelischen Kirche in der DDR? Ist es darüber je zu einer wirklichen Verständigung zwischen EKD und DDR-Kirchenbund gekommen?

Das war innerhalb der Kirchen bei uns mindestens eine mehrheitsfähige Position, wenn auch förmliche formulierte Beschlüsse nicht vorlagen. Im Blick auf die EKD zeigte sich diese Position mehr in einem unausgesprochenen gemeinsamen Handeln, das sich aber nach meinem Empfinden auf einer relativ dünnen Eisdecke bewegte. Doch es gab in den achtziger Jahren für mich persönlich deutlich erkennbare Signale, daß die Position, die ich vertreten habe, im Westen von nicht ganz wenigen Vertretern der Evangelischen Kirche in Deutschland respektiert wurde. Sie wurde stillschweigend auch durchaus mitgetragen, aber doch mehr als eine Zwangsübung verstanden, die die Lage erforderte, die man aber doch eigentlich lieber lassen sollte. Und das brach dann an verschiedenen Punkten auf. Die – meist indirekten – Reaktionen auf mein Grußwort an die EKD-Synode in Travemünde im Herbst 1984, wo ich die Tutzinger Gedanken noch einmal vorbrachte, machten mir das sehr deutlich.

Ich habe in der Folgezeit in geschlossenen Runden hin und wieder den Versuch gemacht, die altbundesdeutschen Partner einfach mal zu provozieren, um die offenbar vorhandenen Unterschiede in den Positionen miteinander auszuloten, um sich dann redlicher begegnen zu können. Das ist nicht gelungen. Und ich füge hinzu, daß ich das für einen Schaden halte. Das Verdrängen dieser unterschiedlichen Positionen rächt sich jetzt bitter in dem doch etwas mühsamen Prozeß des Zusammenwachsens von EKD und Kirchenbund. Da wirken inhaltlich nicht ausgetragene Schwierigkeiten in strukturelle Fragen hinein.

Die von mir vertretene Position ging von der Grundüberzeugung aus, daß wir seit 1975, seit der Helsinki-Prozeß in Gang kam, eine riesige Chance hatten, die Situation schrittweise zu verändern. Die evangelischen Kirchen in der DDR haben versucht, die Zeichen der Hoffnung von Helsinki aufzunehmen. Bereits im Herbst 1975 fand auf unsere Einladung hin in Buckow eine entsprechende Kirchenkonsultation auf europäischer Ebene statt. Für mich hieß das Grunddatum von Helsinki: Wir werden in Europa miteinander auskommen können, es ist ein Verständigungsprozeß möglich auf der Grundlage eines Status quo. Dazu gilt es, die Spannungen herunterzufahren. Erstmals ergibt sich für die Deutschen die Chance, hier an der Trennungslinie der Systeme – lieber haben wir Nahtstelle gesagt – eine Funktion des Ausgleichs und des sich Zusammenklammerns im Interesse der Gemeinschaft wahrzunehmen.

Das hat sich ja in der ersten Hälfte der achtziger Jahre im Außenpolitischen durchaus bewährt, als sich die europäische Situation nach dem Einmarsch der sowjetischen Truppen in Afghanistan sichtbar verschlechterte und die Spannungen zwischen Moskau und Washington zunahmen. Da blieben die deutschen Staaten ein Stabilisierungs- und Entspannungsfaktor, nicht zuletzt auch durch das Wirken der DDR – das muß man redlicherweise festhalten bei allem, was heute zu Recht negativ über das Wirken Honeckers und seiner Leute vorgebracht wird – und durch das Wirken der Kirchen. Diese Linie hielt ich für richtig, weil ich davon ausging, daß es beim Status quo der deutschen Zweistaatlichkeit und der Einbindung in die beiden gegensätzlichen Bündnisse bleiben werde. Mit dieser Auffassung war ich wirklich nicht allein, daß die Sowjets, wenn sie Weltmacht bleiben wollen, diesen östlichen Vorposten Ostdeutschland brauchen. Das war das Grunddatum der Überlegungen.

Ich will noch eben zurückkommen auf die Verständigung zwischen Ihnen und Leuten der EKD und nach der Parallele fragen. Haben Sie bei bundesdeutschen Politikern, mit denen Sie ja ebenfalls damals schon viel gesprochen haben, mehr Resonanz und Konsens gefunden?

Ganz eindeutig. Und auch bei politisch denkenden Kirchenleuten – ich will bewußt keine Namen nennen, es waren auch nur ganz wenige. Ich bin also insbesondere bei Politikern der Bundesrepublik quer durch alle Lager auf die geschilderte Position gestoßen und habe da breite Übereinstimmung gefunden. Es mußte darum gehen, daß wir zusammenblieben. Es mußte darum gehen, daß die Deutschen wußten, daß sie zusammengehören, wie immer man das definieren will. Man kann durchaus diesen umstrittenen Begriff Nation da einbringen. Ich habe ihn als Arbeitstitel immer gern genutzt. Und es mußte darum gehen, daraus das Beste für die Menschen in Deutschland und damit zugleich auch für Europa zu machen. Für mich war es eine große Ermutigung, die ich auf Grund meiner Funktion relativ frühzeitig erfuhr. Die ersten wichtigen Gespräche in der Bundesrepublik gab es schon Ende der 70er Jahre. Es war eine Ermutigung, zu wissen: Das, was du dir hier so ausdenkst, und einige Freunde im kirchlichen Bereich im Osten, das hat seine Resonanz, hat seine Partner in der Bundesrepublik.

Ich greife das Stichwort Nation auf. In Tutzing haben Sie ja den Versuch gemacht, zwischen deutscher Nation und deutscher Nationalität zu unterscheiden. Und die Nation Deutschland haben Sie etwas negativer betrachtet, als nicht konstruktiv im Augenblick, während Sie das adjektivische Verfahren, das Reden von der deutschen Nationalität positiv bewertet haben.

Das ist nun wirklich eine taktische Bemühung. In der Zeit wurde der Begriff „Einheit der Nation" hier im Osten noch als Versuch des Gegners, die DDR auszuhebeln, erheblich angefeindet. Bei dieser Tutzing-Passage habe ich deshalb bewußt den Begriff Nation zurückgestellt, ausgeklammert eigentlich, weil ich dachte, wenn du dich jetzt klar zur Frage der Nation stellst, dann ist die Hörfähigkeit – bei unseren Genossen hier seinerzeit – nicht mehr da, dann fällt da gleich die Klappe wieder runter. Und die wollte ich ja ansprechen. Ich weiß heute, daß sie in der Tat diesen und andere Texte sehr beachtet haben. Mir ging es darum, eine Brücke zu schlagen, über die alle gehen können.

Wir bleiben beim Thema: Sie haben 1987 in Tübingen eine gemeinsame Denkschrift von EKD und DDR-Kirchenbund zum Thema Deutschland angeregt, speziell auch zur Wiedervereinigung. Wenig später haben Sie dann in einem Interview gesagt, daß es darüber auch nie interne Gespräche zwischen Kirchenbund und EKD gegeben hat. Eine solche Denkschrift, wenn es zu ihr gekommen wäre, hätte ja gewiß die Fortdauer der Zweistaatlichkeit begründet oder wäre von ihr ausgegangen. Im November 1988 erklärten Sie, es sei zwischen beiden Kirchen über die Realität zu reden, „daß eine staatliche Wiedervereinigung der Deutschen Demokratischen Republik mit der Bundesrepublik Deutschland nicht stattfinden wird“. Ohne Fragezeichen, ohne Ausweichmöglichkeit haben Sie da formuliert. Sind Sie heute froh, daß es die kirchliche Deutschlanddenkschrift nicht gibt? Worauf gründen sich Ihre Mitteilungen von damals, die Mehrheit der DDR-Bürger wolle keine Wiedervereinigung, in der DDR sei ein reformierter Sozialismus mehrheitsfähig?

Ich bin immer in sehr intensiven Gesprächen mit vielen Menschen gewesen. Und mein Eindruck ist, daß Begriffe wie Nation und Staat letzten Endes in der Breite der Bevölkerung keine wirklich relevanten Themen sind. Was die Menschen interessiert, sind die Lebensbedingungen, die ihnen geboten werden, und welche Entfaltungsmöglichkeit sie gewährleisten. Die große Mehrheit der Menschen im Osten Deutschlands hat nach meiner Überzeugung die Erwartung auf einen gemeinsamen deutschen Staat erst vom 9. November 1989 an belebt, als die Mauer aufging. In der Zeit vorher ging es ihnen entscheidend darum, daß es *hier* besser werden müßte, daß man sich frei bewegen könne, daß man für seine Arbeit ein Zahlungsmittel in die Hand bekomme, mit dem man sich wirklich etwas leisten kann. Insofern denke ich, daß ich für den Zeitpunkt keine falsche Einschätzung gegeben habe. Ich glaube auch heute, daß, hätte man seinerzeit die Menschen gefragt, sie in der großen Mehrheit so reagiert hätten, wie ich es charakterisiert habe.

Natürlich stand unseren Leuten dabei als Ziel eine Annäherung an die westlichen Verhältnisse vor Augen. Die Wünsche waren sicher nicht frei von Illusionen, die wir ja heute besser beurteilen können.

Ich meine die Illusion, daß man die soziale Sicherheit, den sicheren Arbeitsplatz und die subventionierten Preise wie in der DDR haben könnte, ansonsten aber Freiheiten und stabiles Geld wie in der Altbundesrepublik. Das war, glaube ich, eine durchgängige Hoffnung, ja Erwartung der Menschen.

Auf meinen Anstoß zu einer gemeinsamen Deutschland-Denkschrift gab es in der Tat so gut wie keine Reaktionen. Ein oder zwei Partner in der Bundesrepublik haben sich ernsthaft drum bemüht, vergeblich. Gewiß, wäre es 1988 zu der Denkschrift gekommen, würde sich heute vieles darin als Irrtum erwiesen haben, weil die Ausgangslage anders geworden ist und sich die Entwicklung deshalb anders gestaltet hat, als es damals möglich schien. Doch ich kann nicht sagen, daß ich froh darüber bin, daß der Versuch unterblieben ist, sie zu schreiben. Hätte man sich nämlich zusammengesetzt und an der Frage gemeinsam gearbeitet: Was ist Deutschland, was soll Deutschland künftig sein, welche gemeinsamen Aufgaben und Ziele haben die Deutschen in den beiden Staaten, wo liegt ihre gemeinsame Verantwortung? – dann wäre immerhin der Prozeß in Gang gekommen, den ich die ganzen Jahre zwischen den Ost- und Westkirchen vermißt habe, nämlich auch der Streit darüber, welche Vorstellung man eigentlich hat von Deutschland und den zukünftigen Entwicklungen. Nun bin ich im Rückblick ziemlich sicher, daß wir die Denkschrift nicht zustande gebracht hätten. Die Kirchen hätten das nicht geschafft.

Wahrscheinlich auch deshalb nicht, weil Sie für dieses Vorhaben nicht nur aus der EKD, sondern auch aus den Kirchen in der DDR zu wenig Unterstützung in dieser Frage bekommen hätten.

Das mag sein, aber nicht nur wegen der Zielvorstellung, die ich hatte, sondern auch wegen der Realitäten, die die leitenden Leute der Kirche auch ständig forderten. Sie mußten sich ja von früh bis spät mit der Alltagsaktualität der DDR und ihren Herausforderungen auseinandersetzen. Das nahm den Atem für strategische Aussagen.

Sie haben in der alten DDR gewiß nicht zu den Leuten gehört, die die jeweiligen politischen Klischees und die Standardformeln unüberlegt nachplapperten. Doch in einem Punkt habe ich den Eindruck, daß Sie sich sprachlich vielleicht ohne zureichende Reflexion angepaßt haben. Und die Frage eben ist, ob auch gedanklich. Sie haben gelegentlich von der Großzügigkeit des Staates gegenüber seinen Bürgern gesprochen oder noch im Herbst 1989 den Reisepaß für alle mit der Begründung gefordert, die Bürger verdienten das Vertrauen des Staates. Das ist eine Formulierung, die jemandem, der in einer westlichen Demokratie lebt, sehr fremd vorkommt.

In der Tat, das zeigt vielleicht ein zu starkes Eingebundensein in die damaligen Gegebenheiten. Man erlebte den Staat als Gegenüber, seine Repräsentanten schienen mit Allmacht gegenüber den Bürgern ausgestattet. Natürlich hätte das zu genauerer Reflexion herausfordern sollen und damit zum Unterstreichen des Prinzips, daß in Wahrheit ja der Staats*bürger* und nicht der Staats*vertreter* staatstragend ist und damit Rechte hat, nicht um Gnadengaben bitten muß. Innerhalb der Kirche haben wir unser demokratisches Bewußtsein durchgehalten und es in unseren eigenen Strukturen auch gelebt. Aber zu den Staatsvertretern hin war unser Verhalten vielleicht zu stark von dem Bemühen bestimmt, daß sie das ernst nehmen sollten, was wir vorbrachten, daß sie nachdenklich gemacht und gewonnen werden sollten für unsere Vorstellungen. Und in diesem Bemühen wurde das andere dann vernachlässigt, daß wir nämlich auch deutlich unserem Gegenüber hätten sagen müssen: Gerade Ihr, die Ihr ja auch immer betont, daß das Volk, die Menschen im Lande das Wichtige seien, habt nicht Geschenke zu verteilen, sondern Rechte einzuräumen, anzuerkennen, die dem Volk originär zustehen. Also, ich will klar sagen, an dieser Stelle wäre mehr Deutlichkeit angemessen gewesen.

Zu den Axiomen der staatlichen Kirchenpolitik der DDR gehörte, was etwa Paul Verner 1971 unmißverständlich als Basis einer Verbesserung des Staat-Kirche-Verhältnisses herausstellte, daß die Machtfrage entschieden sei, im Sinne der SED. In eigentlich allen kirchlichen Äußerungen, eben auch von Ihnen, wird die Macht der Partei in diesem Staat stets als dauerhaftes Faktum vorausgesetzt. Sie haben das ja vorher auch schon gesagt, daß sie damit rechnen mußten, daß die Sowjetunion die DDR nicht freigeben wird. Doch es wurde nicht nur mit der Stabilität der Macht gerechnet, es wurde auch die Frage nach ihrer Legitimität oder wenigstens ihrer Legitimation nicht gestellt. Und soweit ich sehe, wurde auch die Möglichkeit nicht diskutiert, daß Machtwechsel, Machtablösung innerhalb *des Systems in geordneten, berechenbaren und durchschaubaren Bahnen stattfinden könnte und sollte. Sie, Herr Stolpe, erwarteten auch nach dem Sturz Honeckers zunächst noch die nun anstehende tiefgreifende Veränderung* mit *der Partei, nicht durch ihre Ablösung. Ich denke auch an die Greifswalder Vorträge von 1988 und 1989.*

Haben Sie, hat die Kirche sich nie herausgefordert gesehen, über den Unterschied zwischen Partei und Staat zu reflektieren, zwischen Regierung und Staat? Aus alter Gewohnheit sagen viele Ostdeutsche, eben auch Kirchenleute, auch heute gelegentlich noch, wenn sie über die Vergangenheit sprechen, „der Staat" habe damals das und das verlangt oder getan, wenn sie die Regierung oder die Parteifunktionäre meinen. Sehen Sie auch, wie ich, die Preisgabe der DDR durch ihre Bürger 1990 unter anderem darin begründet, daß sie gewohnt waren, den Staat und die Träger der Staatsmacht gleichzusetzen, so daß sie die DDR loswerden mußten, wenn sie die Herrschaft der SED nicht mehr wollten? Wie erklärt sich dann aber die auch von so vielen, und von Ihnen etwa im Leipziger Vortrag 1987 mit Überzeugung benutzte Formel „unsere DDR"?

Letzten Endes, so meine ich, wird man die Grundlage dieser von Ihnen ja richtig beschriebenen Position in der Überzeugung sehen müssen, daß an den grundsätzlichen Daten nichts zu ändern ist. Also, daß man davon ausgehen muß, es bleibt diese DDR auf alle absehbare Zeit. Das war für mich immer so ein Zeitraum, der bis in den Anfang des nächsten Jahrtausends hineinreicht. Im Freundeskreis habe ich gelegentlich darüber meditiert, daß man vielleicht im Jahre 2020 den Zeitpunkt erreicht haben würde, wo neue Grunddaten gelten würden. Bis dahin also ein System des Status quo in Ostdeutschland, zum Ostblock gehörend und damit also zu einem System gehörend, das geprägt war durch, wie das immer so schön hieß, die Einheit der Staatsgewalt. Das betraf aber ja nicht nur die Staatsorgane in ihrer klassischen Gliederung von Legislative, Exekutive und Rechtsprechen – nicht getrennt, sondern immer einheitlich handelnd –, sondern dazu noch den Parteiapparat und den Sicherheitsapparat. Man stand einem Gesamtsystem gegenüber, dessen Stabilität und dessen Schlagkraft und Vernichtungsleistung gegenüber Andersdenkenden für mich unbestritten war und auch unbestritten gewesen ist bis zu dem Zeitpunkt, wo Moskau diesen Staat fallen ließ.

Spielte für dieses Urteil der 17. Juni 1953 eine Rolle?

Das ist natürlich völlig klar. Biographisch ist man geprägt gewesen durch die Erfahrungen von 1953 bei uns, 1956 in Ungarn und 1968 in der Tschechoslowakei. Und diese Erfahrungen sagten, das System ist letzten Endes in der Lage, alles zu erdrücken und im Blut zu ersticken, was anders läuft. Deshalb muß ein Weg gegangen werden, der schrittweise zu Veränderungen führt. Davon bin ich ausgegangen. Das war Ausgangspunkt der Überlegungen, wie ich diese DDR, die auch meine DDR ist – das habe ich sehr oft gesagt, die DDR ist nicht nur Erich Honeckers oder Walter Ulbrichts DDR, es ist auch meine DDR, unsere DDR, die uns allen gehört –, so gestalten kann, daß die Menschen sich wohlfühlen. Und das eben würden wir nicht durch einen Aufstand schaffen, der mit Blutvergießen verbunden wäre, was mir von meiner Grundüberzeugung sowieso fern gewesen wäre, sondern das schaffen wir in schrittweiser Veränderung.

Und ich war tief überzeugt, daß wir es schaffen. Diese Überzeugung wurde 1987 durch den Angriff auf „Zion" erschüttert, begann im Grunde zu zerbrechen. Es folgte ja alles andere, nicht zuletzt das Zusammenschlagen von Gottesdienstbesuchern vor der Berliner Sophienkirche am 6. März 1988, ausgerechnet dem zehnten Jahrestag des konstruktiven Grundsatzgesprächs zwischen dem evangelischen Kirchenbund und Erich Honecker!

Hatten Sie denn bis dahin wirklich Einfluß auf staatliche Entscheidungen nehmen können?

Als kirchlich beauftragter Verhandlungspartner, Gesprächspartner der Machthaber, machte ich die Erfahrung, daß über die Länge der Zeit die Argumentation, die Bemühung, die wir einbrachten, nicht ohne Erfolg blieben. Man erreichte nicht nur objektive Verhandlungsergebnisse, die sich auch in Veränderungen der Verhältnisse niederschlugen. Vielmehr spürte ich, und mit mir auch andere, daß man Gesprächspartner auch in ihrem Denken beeinflußt hat. Es könnte sich lohnen, daß die Kirchenvertreter – es ging ja nicht nur um mich –, die ähnliche Positionen und ähnliche Aufgaben zu vertreten hatten, einmal gemeinsam versuchen, das auszuwerten: Wie haben sie gewirkt, wie haben sie auch Einfluß genommen auf die Haltung von Menschen?

Ich bin überzeugt davon, daß diese Bemühungen auch ihren Einfluß hatten in der dramatischen Situation des Herbstes 1989, als Machthaber hier wußten, die Sowjets haben wir nicht mehr hinter uns: Wie verhalten wir uns jetzt, wenden wir trotzdem Gewalt an, oder versuchen wir einen friedlichen Weg? Bei diesem schwierigen Entscheidungsprozeß auf Kreisebene, auf Bezirksebene und bei der Spitzengruppe hat es Leute gegeben, die auch aufgrund ihrer Gespräche und Kontakte mit Kirchenleuten sich gesagt haben, es wird nicht lohnen, hier ein Blutbad anzurichten.

Auf Bezirksebene ist das ja bekannt. Hatten Sie denn aber nach den Konflikten 1987/88 wieder Zugang auch zu der Spitzengruppe?

Ab Ende 1987 waren die Kontakte ganz schwer geworden. Es gab im Grunde nur noch die Möglichkeit, auf Leute einzuwirken, die in der berühmten Zentralkomiteesitzung eine Rolle gespielt haben. Doch ich erinnere mich auch an Gespräche, die ich im Laufe des Jahres 1989 mit Krenz geführt habe, am Rande von Empfängen, wo er natürlich ganz klar die Linie der Partei vertreten hat. Doch später, als er die Verantwortung übernahm, berief er sich dann auf diese Gespräche und gab sich als jemand zu erkennen, der sich gegen die Gewalt entschieden hat. Was daran nun Wahrheit ist, wird sich vielleicht nie ganz klären lassen. Ich nenne das nur als Beispiel. Ich weiß aber ziemlich genau, wie das Zusammenspiel etwa zwischen den SED-Sekretären in den Bezirken gewesen ist, dem Hans Modrow in Dresden und dem Günther Jahn hier von Potsdam, die dann mit den Vorstoß unternommen haben zur Ablösung Honeckers.

Noch eine andere Frage: Sie haben das SPD/SED-Papier vom Sommer 1987 sehr positiv bewertet und im Vorfeld seines Zustandekommens darauf Einfluß ausgeübt. Hätten Sie es aus heutiger Sicht lieber, daß es das Dialogpapier nicht gegeben hätte, weil es ja die SED aufgewertet hat? Und dann noch eine andere Frage: Wünschten Sie, Sie hätten mit Ihrem Plädoyer für die Abschaffung der Erfassungsstelle Salzgitter und für eine Neuinterpretation der damaligen Präambel des Grundgesetzes Erfolg gehabt?

Wenn man absieht davon, daß die Entwicklung im Herbst 1989 im ganzen neue Wege eröffnet hat dadurch, daß in für mich selbst unerwarteter Weise die Breite der Bevölkerung eben doch Zivilcourage gewonnen hat, und dann eine Entwicklung in Gang kam, gerade auch nach der Öffnung der Mauer, die unerwartete Möglichkeiten in einer völlig veränderten politischen Lage hier in Zentraleuropa geschaffen hat – wenn man dies einmal als nicht vorhersehbar akzeptiert, dann war es im Sommer 1987 ein erheblicher Schritt vorwärts im Sinne der kleinen Schritte, daß die SED sich bereit gefunden hat, in diesem Dialogpapier Aussagen zu tätigen, die im Inland von erheblichem politischen Nutzen für die Bürger sein konnten. Sie konnten dann nicht mehr genutzt werden, weil die SED im Spätherbst des Jahres 1987 die Entwicklung zurückgedreht hat, innerhalb der Partei, aber auch innerhalb des gesamten Staates. Für mich war Ende August – dies Papier kam ja bezeichnenderweise eben auch vor dem Honeckerbesuch in Bonn zustande – dies ein ganz wichtiger Schritt nach vorne, und wir hatten bereits Arbeitsgruppen eingesetzt, die das Papier für die Diskussion um die innenpolitische Entwicklung der DDR auswerteten. Es sollte als Argumentationsmaterial überall im Land eingesetzt werden, um auf weitere Veränderungen zu drängen.

Ist daraus gar nichts mehr geworden?

Das war nicht mehr möglich. Unser Material war nicht mehr einsetzbar. Es gab im Herbst noch einige Gespräche über Schlußfolgerungen aus dem Dialogpapier, es gab auch erkennbare Offenheit bei Leuten im Staat und in der Partei, sich auf dieser Linie zu bewegen. Die Sache hat offenbar einen breiten Nährboden innerhalb der SED gehabt. Aber vielleicht ist gerade deshalb alles abgeblasen worden – nicht wegen der oppositionellen Gruppen und vielleicht auch weniger wegen der Kirchen und des Erwartungsdrucks, der auch aus der Bundesrepublik kam, sondern vor allem wegen der erkennbaren Bereitschaft vieler SED-Mitglieder, sich auf einen solchen Kurs zu begeben, der sich ja auf die Sozialdemokratie zubewegte. Man sah diese Bereitschaft in der Partei als Gefahr und sagte sich: Das weicht alles auf, das bringt die DDR in der Substanz zu Ende. Und das war doch das Gefährlichste, das Schlimmste, was man sich in der alten Führung vorstellen konnte. Wir wollten das natürlich.

Nun haben wir davon gesprochen, daß Sie ab Herbst 1987 kaum mehr Zugang fanden zur Spitzengruppe, und Sie haben ja von dem Erstarrungskurs der SED auch gesprochen, wenn auch das Wort nicht benutzt. Aber angesichts dieses Kurses haben Sie im Februar 1988 in einem Spiegel-Interview erklärt: „Unser Land befindet sich seit zehn bis fünfzehn Jahren in einem langsamen, behutsamen Veränderungsprozeß, für den wir auch keine Fremdworte brauchen", und setzen dann hinzu „auch keine russischen". Wie antworten Sie, wenn man Ihnen vorhält, hier hätten offenbar Leute aus dem Politbüro durch den Mund Stolpes gesprochen?

Ich war eigentlich nicht so pessimistisch, daß ich mir vorstellen konnte, daß sich eine DDR-Führung in der Position des Nichtverändernwollens eingräbt. Das war für mich rational nicht greifbar. Sondern ich war davon überzeugt, der Veränderungsprozeß muß fortgesetzt werden. Obwohl ich bereits im November/Dezember 1987 mitbekam, daß das Vorgehen gegen die Umweltbibliothek in der

Zionskirche und was dann folgte, etwa die Vorgänge bei der Liebknecht/Luxemburg-Demonstration im Januar 1989, keineswegs nur Einzelaktionen von Unterführern waren, sondern daß das Billigung an der Spitze fand, blieb ich dabei: Es muß doch eigentlich die Einsicht zu wecken sein, daß dieser Veränderungsprozeß fortgesetzt werden muß. Es gab dann auch Signale, die mich darin bestärkt haben. Im Februar 1988 gebrauchte Honecker in einer Konferenz der SED-Sekretäre erstmalig den Begriff Reform – es blieb dann bei diesem einen Mal. Ich dachte mir, die müssen doch begreifen, daß es hier keinen anderen Weg geben kann als den der Veränderung. Im Nachhinein ist deutlich, daß sie wesentlich starrsinniger, ängstlicher waren, als ich geglaubt hatte. Sie hatten eine Bunkermentalität angenommen, die dann ständig zunahm.

Herr Stolpe, Sie sind heute Ministerpräsident eines Landes der marktwirtschaftlich orientierten Bundesrepublik Deutschland. Bitte reagieren Sie auf die Kritik des damaligen Konsistorialpräsidenten Manfred Stolpe am geistigen „Ungehorsam" von Christen in der DDR im September 1988. Ich zitiere: „Christen in der DDR machen den Tanz um das Goldene Kalb Wohlstand mit. Christen unterstützen falsche Wertorientierungen und dürften es doch besser wissen. Denn die Zukunft der Menschheit liegt nicht bei einer Gesamt-Weltüberflußgesellschaft, sondern bei einer relativ gerechten Verteilung begrenzter Möglichkeiten."

Das ist im Grunde die Position der Ökumenischen Versammlung in Dresden, April 1989. Ich habe mit Intensität teilgenommen an Beratungen unserer Berlin-brandenburgischen Kirchenleitung im Lauf des Jahres 1989. Wir haben trotz der Turbulenzen, die da jeden Tag auf uns zukamen, die Dokumente der Ökumenischen Versammlung solide nachgearbeitet, sie sozusagen ratifiziert. Ich habe sie auch für mich ratifiziert und halte sie in ihrer weltpolitischen Dimension nach wie vor für absolut zutreffend.

Wir befinden uns im Lande hier in einer ja doch dramatischen Umbruchsituation, die für viele Menschen nach wie vor Elemente eines Kulturschocks hat. Sie sehen sich den überwältigenden Möglichkeiten der Gesellschaft, in der wir jetzt leben, also der freiheitlich-demokratischen Grundordnung, gegenüber und den Chancen, die die Marktwirtschaft bietet. Und ich hoffe nur, daß diese Umbruchsituation und diese neuen Herausforderungen nicht ein neues Anpassungsverhalten produzieren in der Breite der Bevölkerung, das dazu führen könnte, daß die Werte sich verändern und verfestigen in der von mir 1989 kritisch beschriebenen Richtung. Die Gefahr ist deshalb besonders groß, weil wir eine Bevölkerung haben, in der der Anteil der christlich orientierten und gebundenen Menschen relativ gering ist. Die Breite der Bevölkerung hat sich durch die systematische ideologische Beeinflussung und auch durch die antikirchliche, antichristliche Politik im Lauf der Jahrzehnte von der Kirche entfernt. Sie hat sich ja geradezu als ein Stück Lebenskunst im Anpassungsverhalten geübt und ist deshalb in dieser Richtung besonders gefährdet. Und ich bin froh, daß sich die Kirchen hier in unserem Lande weithin erinnern und auch weithin festhalten an der Grundorientierung, die nach meiner Überzeugung doch bestimmt ist von der biblischen Botschaft und konkretisiert worden ist in den Aussagen der Ökumenischen Versammlung.

Die Umsetzung war in der Umbruchzeit ganz schwer. Es könnte die Chance darin bestehen, daß die neuen Erfahrungen auch mit den Härten der Gesellschaft, in die man jetzt hineinkommt, vielleicht viele Menschen nachdenklicher macht. Da liegt eine Möglichkeit der Kirchen drin, wirksam zu werden, noch einmal neu wirksam zu werden, nicht um nun Widerstände zu produzieren, nicht um Unbehagen zu multiplizieren, sondern eigentlich mehr, um Nachdenken zu wecken, um die Menschen darauf aufmerksam zu machen, daß es eben nicht das Letzte sein kann, daß man im Wettbewerb die Ellbogen besonders spitz macht, oder daß man die beste Ausgangsposition erreicht, das attraktivste Auto hat. Sondern daß eben Stärke auch darin liegen kann, mit anderen gemeinsam Probleme zu bewältigen, nicht nur dem Egoismus die Priorität einzuräumen, und auch nicht zu vergessen, daß wir in diesem Deutschland nicht nur für uns denken müssen, sondern daß die Zukunft sich daran entscheiden wird, wie wir uns auf die gewaltigen ungelösten Menschheitsprobleme einrichten.

Im Grunde wird uns durch den Golfkrieg noch einmal ein Fingerzeig in der Frage der Weltverantwortung gegeben. Bei aller Grausamkeit und bei allem Versagen von Politik, das zu diesem Ergebnis geführt hat, ist der Golfkrieg für die Menschen hier, nicht zuletzt auch für die jungen Menschen ein brutaler Hinweis darauf, daß es nicht nur um uns, nur um unsere eigenen Vorteile hier, nicht nur um eine schnellstmögliche Annäherung unserer Lebensbedingungen an die westlichen oder die schnellstmögliche Kopie der westdeutschen Lebensverhältnisse gehen kann, sondern daß es darum gehen muß, wie diese Deutschen in Europa mit den anderen Erdbewohnern gemeinsam Zukunft finden können.

Da geht es doch aber nicht nur um eine Frage der persönlichen Lebensgestaltung und Einstellung, sondern es ist vor allem eine Frage der politischen Gestaltung - auch im Lande Brandenburg?

In der Tat. Die Politik hat hier eine ganz starke orientierende Aufgabe. Und wir haben die Schwierigkeit, daß die Landesregierungen in den neuen Bundesländern zu vollstrecken haben, was durch den Einigungsvertrag einfach vorgegeben ist. Und wir müssen in diesem Zusammenhang dafür sorgen, daß die Menschen dabei nicht unter die Räder kommen, daß auch ihre materiellen Bedingungen menschenfreundlich bleiben oder wieder werden. Da gibt es natürlich ständig die Gefahr, daß die großen Linien dabei zu kurz kommen, also auch die Fragen der Weltverantwortung, in die uns unser Glaube hineinruft, und die konkretisiert worden sind durch die Arbeit von Christen in der DDR, in der Bundesrepublik, in Europa und eben auch in den Weltversammlungen der Christenheit. Das ist eine schwierige Aufgabe. Ich habe, das muß ich ganz schlicht sagen, für mein politisches Handeln nach wie vor als eine Kernorientierung diese konkreten Aussagen der Christen vor Augen. Und ich mache gar kein Hehl daraus, daß ich bei politischen Reden und Erklärungen auch immer das griffbereit habe, was in kirchlichen Dokumenten steht, was von Christen zu Aufgaben der Menschen und den Herausforderungen an die Menschheit erarbeitet worden ist.

Herr Stolpe, wenn Sie heute „unser Land" sagen, dann meinen Sie Brandenburg, wenn ich Sie richtig gehört habe. Sagen Sie auch wieder „unser Staat", und was meinen Sie dann damit?

Ja. „Unser Staat" sage ich auch. Ich sage das sehr gerne, denn das ist die Bundesrepublik Deutschland, und da melde ich auch zugleich den Anspruch für die Brandenburger mit an, daß wir diesen unseren Staat mitgestalten wollen. Ich bin fest davon überzeugt, daß die ostdeutschen Länder ihn mitgestalten und ihn damit verändern werden. Die Bundesrepublik des Jahres 2000 wird nicht nur auf Grund des technischen Fortschrittes, sondern auch gerade wegen dieses neuen Ostschubs eine andere sein als die des Jahres 1988.

Wir haben konkrete Erwartungen an diese Gesellschaft, für die Menschen und für die Kirche

Anmerkungen zur kirchlichen Entwicklung nach 1968, Potsdam 10. Juni 1979

Am Tage des zehnjährigen Bestehens des Bundes der Evangelischen Kirchen in der DDR trafen sich, wie alljährlich, die Präsidien der evangelischen Synoden in Potsdam. Der Tag und das Treffen gaben Anlaß, im Rückblick Bilanz zu ziehen und nach Festpunkten für den Weg in die Zukunft zu fragen.

Die vergangenen zehn Jahre werden wahrscheinlich in der Kirchengeschichte besondere Aufmerksamkeit finden. Es ist der Zeitraum, in dem einschneidende Veränderungen in der Gestalt und im Weg unserer Kirchen offenkundig wurden. In diesen Jahren ist der Anteil evangelischer Christen an der Bevölkerung unter 50 Prozent gesunken und damit das Zeitalter einer Mehrheits- oder Volkskirche rein zahlenmäßig zu Ende gegangen. In diesen Jahren ist die Hauptorientierung jahrzehntelangen gesamtkirchlichen Handelns auf die deutsche Frage durch die organisatorische Trennung der in der DDR gelegenen Landeskirchen von der Evangelischen Kirche in Deutschland beendet worden. In diesen Jahren haben die Landeskirchen und deren gesamtkirchliche Zusammenschlüsse durch verbindliche Erklärungen und Beschlüsse den Verkündigungsauftrag in dieser konkreten und dauerhaften sozialistischen Gesellschaft zu ihrer Aufgabe gemacht. Und in diesen Jahren wurden erste Anzeichen geistlicher Neubesinnung und Sammlung, neuer Ermutigung und eigenständiger Impulse deutlich. Kurzum, in diesem Zeitraum wurde offenkundig, daß die evangelischen Kirchen dieses Landes ihre Situation erkennen mußten und angenommen haben.

Dabei handelt es sich um einen Entwicklungsprozeß, der weit früher begonnen hat und dessen erste Anzeichen Jahre vorher als Einzelstimmen oder Gruppenäußerungen zu hören waren. Bestimmt wurde die Entwicklung der vorangegangenen Jahrzehnte jedoch durch andere Linien.

Nach dem Neuanfang 1945 folgte eine Phase der Restauration; durchaus auch im positiven Sinne. Handfestes Aufbauen und Wiederherstellen der kirchlichen Arbeit in lebendigen, hoffnungsvollen Gemeinden. Im gesamtdeutschen Protestantismus werden aber die Zeichen der Zeit verkannt, die Gründung der DDR 1949 nicht zur Kenntnis genommen und aus deren endgültiger Eigenstaatlichkeit 1955 keine Konsequenzen gezogen. Die im Kirchenkampf, im Widerstand und auch im ersten Neuaufbau erkennbare Offenheit für eine Verständigung mit Marxisten kann im Ganzen nicht fortgeführt werden, und es überwiegt traditionelle konservative und antikommunistische Haltung. Dem Schwinden der Hoffnung auf schnelle Veränderung der vielfach als mißlich empfundenen gesellschaftlichen Verhältnisse folgt die Haltung des „Überwinterns", die Phase der Resignation. Lähmung, Verzagtheit, Rückzug nach innen sind in den sechziger Jahre oft spürbare Haltung in den evangelischen Kirchen, vor allem bei Hauptamtlichen.

Doch gleichzeitig setzt Neubesinnung ein. Die Hoffnung setzt sich durch, daß der Herr, in dessen Auftrag die Kirche steht, auch der Herr aller Geschichte ist. Daß dieser Herr seiner Kirche auch auf unbekannten, unbequemen Wegen zur Seite stehen wird. Daß dieser Herr seine Kirche einen Weg führt, den sie nicht wollte, aber der sich als gangbar erweist. Ein Weg, der nicht das Ende ist, sondern sich mit wachsender Zuversicht als neuer Anfang zeigt. Ich glaube, daß in den letzten zehn Jahren eine Phase der Regeneration, der Wiederbelebung und Erneuerung begonnen hat. Zu ihren Voraussetzungen und Grundentscheidungen, zum Zusammenhang von Weg und Auftrag, von Dienst und Ordnung erscheint eine gründliche Untersuchung notwendig. Hier können dazu nur einige Anmerkungen gemacht werden.

Entscheidung zur Annahme

Die Hauptlinie des deutschen Protestantismus ist traditionell konservativ bestimmt. Unterschätzung und Mißachtung gesellschaftlicher Entwicklungen bestimmen deutlich im 19. und 20. Jahrhundert die Haltung der evangelischen Kirchen. 1848 wird die Frankfurter Nationalversammlung als unchristliche, gotteslästerliche, hochverräterische Zusammenkunft gewertet, und die Monarchie wird bis in die dreißiger Jahre des 20. Jahrhunderts von vielen zurückersehnt. Bemerkenswerte Stimmen, die in einer revolutionären Änderung der gesellschaftlichen Verhältnisse Gottes Vorsehung und Gericht sehen und die Chancen einer Befreiung der Kirche von ihrer Klassenbindung und einer Herauslösung aus dem Herrschaftsmechanismus der Gesellschaft erkannten, bleiben vereinzelt und ohne Einfluß. In der massiven Herausforderung und existentiellen Bedrohung durch den deutschen Faschismus werden alte Denkansätze erschüttert. Im Einstehen für Entrechtete und Verfolgte, im Widerstand gegen das Unrecht und auch im Entdecken neuer redlicher Partner anderer Weltanschauung wächst die Erkenntnis der Bindung an den Herrn als zwingender Grundorientierung kirchlichen Handelns und Lehrens. Sie artikuliert sich in Aussagen wie der Barmer Theologischen Erklärung und dem Darmstädter Wort des Bruderrats. Diese Neuorientierung, die in nahezu prophetischen Aussagen Dietrich Bonhoeffers wohl ihren stärksten Ausdruck findet, vermag sich in der Phase der Restauration nicht durchzusetzen. Bereitschaft zur Annahme der Situation DDR wird später erkennbar in einigen Synodalerklärungen auf der gesamtkirchlichen Ebene und verdichtet sich in den noch mehr abwehrenden zehn Artikeln über Freiheit und Dienst der Kirche, die die Konferenz der Evangelischen Kirchenleitungen 1963 verabschiedete, und den der neuen Entwicklung offeneren sieben Sätzen des Weißenseer Arbeitskreises. Andere Gruppierungen, wie christliche Kreise der Nationalen Front, Mitglieder der CDU und der Regionalausschuß der Christlichen Friedenskonferenz gehen weithin vorbehaltlos in die Entwicklung hinein, haben jedoch auf die innerkirchliche Orientierung direkt wenig Einfluß, wenngleich diese Aktivitäten objektiv gesehen das Verhältnis von Marxisten und Christen entkrampfen helfen und so die Gesamtentwicklung positiv beeinflußt haben. Wieweit ihr Gedankengut in die offizielle Kirche eingeflossen ist, wäre der Untersuchung wert. Die große Mehrheit der Gemeindeglieder steht durch die Berufstätigkeit spätestens seit der Sozialisierung der Landwirtschaft 1960 und dem weiteren Rückgang der Privatbetriebe in Handel und Industrie mitten in einer sozialistischen Gesellschaft. Die Entscheidung Hunderttausender von Christen fällt weithin ohne kirchliche Orientierung. Sie fällt in leider nicht wenigen Fällen für die äußere oder innere Emigration. Sie fällt jedoch in der Mehrheit für die Arbeit in dieser neuen Gesellschaft. Mitarbeitend, mitschaffend und mitdenkend sind Christen im Sozialismus eine unübersehbare und unersetzbare Realität, lange bevor Kirche zu Entscheidungen kommt.

Verbindliche Aussagen zu Stellung und Aufgabe evangelischer

Kirche in einer sozialistischen Gesellschaft ergehen mit der Bildung des Bundes der Evangelischen Kirchen in der DDR, insbesondere durch dessen Synode. Bis 1969 sind derartige kirchenamtliche Äußerungen überwiegend durch eine Haltung der Abwehr, Distanz und Tröstung geprägt. Nachdem die Kirche ihre Ordnung auf den Standort DDR bezieht, werden die Aussagen offensiver, enthalten eine klare Entscheidung für den Dienst in einer sozialistischen Gesellschaft, sind durch eine Haltung der Offenheit, Solidarität und Ermutigung geprägt.

Am Anfang dieser erkennbaren Neuorientierung steht ein Brief der Bischöfe an den Staatsratsvorsitzenden Walter Ulbricht. Sie äußern sich am 15. Februar 1968 aus Lehnin zum Entwurf einer neuen DDR-Verfassung, in der die sozialistische Gesellschaftsordnung festgeschrieben werden soll. Angesichts dieses Grunddokuments sozialistischer Ordnung in der Deutschen Demokratischen Republik entwickeln die Bischöfe Krummacher, Noth, Beste, Jänicke, Fränkel, der Kirchenpräsident Müller und der Verwalter des Bischofsamts Schönherr die Position evangelischer Kirchen. Die Bischöfe akzeptieren eine sozialistische Entwicklung und legen zugleich ihre Erwartungen an eine solche Entwicklung dar:

1. Sozialismus als Gestalt gerechteren Zusammenlebens

„Wir sehen uns vor die Aufgabe gestellt, den Sozialismus als eine Gestalt gerechteren Zusammenlebens zu verwirklichen. Gerade auch deshalb, weil wir es unterlassen haben, die Sache der Armen und Entrechteten zur Sache der Christenheit zu machen." Auf das Darmstädter Wort des Bruderrates wird ausdrücklich Bezug genommen. „Die christlichen Bürger wirken beim Aufbau des sozialistischen Staates mit."

2. Teilhabe mit unverletztem Gewissen

„Wir bitten, daß die Christen und diejenigen Mitbürger, die die Weltanschauung der führenden Partei nicht teilen, an der Verantwortung mit unverletztem Gewissen teilhaben können."

3. Menschenwürde und Menschenrechte

Dem Recht, der Rechtssicherheit und der Gleichheit aller Bürger wird zentrale Bedeutung zugemessen. Der Mensch und die Menschenwürde sollen im Mittelpunkt stehen. Auf das Internationale Jahr der Menschenrechte wird Bezug genommen.

4. Anerkennung des kirchlichen Lebens

Die Anerkennung des kirchlichen Lebens soll eindeutig zugesagt werden. Der christliche Glaube drückt sich im tätigen Leben und in der Gemeinschaft von Einzelgemeinde und Kirche aus. Unaufgebbare Grundfunktionen der Kirche sind Seelsorge, Unterweisung und gemeinnützige Arbeit. Ihre Rechtsfähigkeit, ihr Eigentum und das Recht zu geordneten Abgaben und Opfern sind zu gewährleisten.

5. Besondere deutsche Verantwortung

„Wir gehen davon aus, daß nach dem durch deutsche Schuld begonnenen Krieg nun auf dem Boden der deutschen Nation zwei deutsche Staaten bestehen. Wir erstreben die geordnete Zusammenarbeit und die Annäherung der beiden deutschen Staaten. Damit wir Deutsche den Frieden fördern und die menschlichen Beziehungen, insbesondere zwischen Familienangehörigen, wieder voll zu ihrem Recht kommen."

Diese fünf Punkte sind in ihrer Klarheit, Verbindlichkeit und im Kontext der konkreten Situation als Grundlagenprogramm des Wirkens evangelischer Kirchen in der sozialistischen Deutschen Demokratischen Republik zu werten.

Die Synodaltagungen des neugegründeten Bundes vertiefen dazu noch einige Aspekte:

Potsdam 1970 – Umkehr zu Gott und Hinkehr zum Nächsten

Das Darmstädter Wort wird in aller Form aufgenommen und erklärt: Gott verstellt alte Wege, um uns auf neue zu weisen. Christus stellt uns in die Verantwortung für das Ganze – für die Stadt, für den Staat, in welchem wir leben.

Eisenach 1971 – Kirche im Sozialismus

Wir wollen Kirche nicht neben, nicht gegen, sondern wir wollen Kirche im Sozialismus sein. Kirche im Sozialismus, das heißt zuerst Anwesenheit der Kirche dort, wo ihre Glieder leben und arbeiten, heißt Teilnahme an den Problemen und Errungenschaften der Gesellschaft, heißt aber auch Bewahrung ihrer Eigenständigkeit, die aus ihrem Auftrag kommt. Die Formel „Kirche im Sozialismus" will die notwendige Balance zwischen Anpassung und Verweigerung markieren.

Dresden 1972 – Konkret unterscheidende Mitarbeit

Christus befreit, darum Kirche für andere. Wir dürfen glauben, daß auch die sozialistische Gesellschaft unter der Herrschaft des befreienden Christus ist. Wir verstehen unsere Gesellschaft im Lichte der Christusverheißung. Christus befreit aus der lähmenden Alternative zwischen Antistellung und unkritischem Sich-vereinnahmen-lassen zu konkret unterscheidender Mitarbeit.

Schwerin 1973 –
Wegorientierung in der Freiheit und Bindung des Glaubens

Kirche im Sozialismus wäre die Kirche, die dem christlichen Bürger und der einzelnen Gemeinde hilft, daß sie einen Weg in der sozialistischen Gesellschaft in der Freiheit und Bindung des Glaubens finden und bemüht sind, das Beste für das Ganze zu suchen.

Die Positionsbeschreibung evangelischer Kirchen in der sozialistischen Gesellschaft ist zwischen 1968 und 1973 im wesentlichen vollzogen. Die Bischöfe und die erste Bundessynode haben daran sich ergänzend gleichermaßen Anteil. Diese Position heißt in ihrem Kern:

1. Gott weist uns neue Wege. Wir dürfen glauben, daß auch die sozialistische Gesellschaft unter der Verheißung Christi steht.
2. Die Aufgabe wird angenommen, den Sozialismus als Gestalt gerechteren Zusammenlebens zu verwirklichen. Wir haben konkrete Erwartungen an diese Gesellschaft, für die Menschen und für die Kirche.
3. Christen sind zu konkreter Mitarbeit in der sozialistischen Gesellschaft gerufen, um in konstruktiver und freimütiger Solidarität das Beste für das Ganze zu suchen. Kirche im Sozialismus hilft dem einzelnen Christen und der Gemeinde, den Weg in der Freiheit und Bindung des Glaubens zu finden.

Diese Position wird in einer Reihe von Einzelentscheidungen und Erklärungen von gesellschaftlicher Relevanz konkretisiert. Hervorgehoben seien hier das Schreiben des Bischofskonvents an die Brüder im Ephoralamt zur Lage auf dem Sektor der Volksbildung 1971, der Beschluß der Konferenz der Kirchenleitungen zum Antirassismusprogramm 1971, das Wort der Bischöfe zur Schwangerschaftsunterbrechung 1972, die Orientierung der Konferenz zur Verantwortung der christlichen Gemeinde in der sozialistischen Gesellschaft der DDR für ihre Kinder und Konfirmanden 1975, die Erklärung der Leitenden Geistlichen zur Zionismusresolution der UNO 1975, das Kommuniqué über eine gemeinsame Beratung des Vorstandes der Konferenz zum 1. Jahrestag der KSZE 1976, die Meinungsbildung der Konferenz betreffend Fragen des Zusammenlebens von Bürgern verschiedener Weltanschauungen und Gewissensbildungen nach dem Entwurf des Programms der SED 1976, der Aufruf des Vorstandes der Konferenz anläßlich des 10. Jahrestages der Ermordung Martin Luther Kings 1978, die Stellungnahme der Konferenz zum Gespräch mit dem Vorsitzenden des Staatsrats am 6. März 1978, die Orientierungshilfe der Konferenz zum Wehrkundeunterricht 1978, das Wort der Konferenz anläßlich des 40. Jahrestages der sogenannten Kristallnacht 1978 und der Brief der Konferenz an die Allgemeine Evangelische Kirche in Vietnam 1979. Eine Analyse, insbesondere auf dem Hintergrund der Positionserklärungen von 1968 bis 1973 kann hier nicht erfolgen. Die Themen kennzeichnen deutlich die konkreten Sachfragen. Sie lassen Probleme der Weltverantwortung und des Lebens in der sozialistischen Gesellschaft in etwa gleichem Umfang erkennen. Das kann als Indiz für eine größere Unbefangenheit und Offenheit gedeutet werden, die sich auch im Inhalt der Erklärungen nachweisen läßt.

Der sozialistische Staat hatte in seiner Kirchenpolitik eine dialektische Spannung zu praktizieren zwischen der philosophischen Einschätzung der Unwissenschaftlichkeit religiöser Auffassungen einerseits und der Notwendigkeit des Gewinnens aller Kräfte zum sozialistischen Aufbau andererseits. Der Platz für den einzelnen christlichen Werktätigen war von Anfang an deutlich. Stellenwert und Möglichkeiten der Kirche und damit der religiösen Betätigung des einzelnen waren zu finden. Die Stellung der Kirche in der Klassenauseinandersetzung, in den politischen Grundfragen, gibt den Ausschlag, ob sie zu bekämpfen, zu neutralisieren oder zu tolerieren ist. Hierzu hat insbesondere in den letzten zehn Jahren in der DDR ein wechselseitiger Lernprozeß stattgefunden, in dem staatlicherseits ein erstes deutliches Signal in einer Rede Paul Verners 1971 erkennbar wurde, und der 1978 in dem Gespräch des Vorsitzenden des Staatsrats Erich Honecker mit dem Vorstand der Konferenz der Kirchenleitungen einen Höhepunkt fand.

Die führende Partei und die Regierung können unbeschadet ihrer weltanschaulichen Haltung zur Religion eine Kirche tolerieren, die ihre Position als Kirche im Sozialismus erklärt und praktiziert. Das Akzeptieren der Entwicklung und die Ermunterung an die Christen zur Mitarbeit durch die Kirche geben der Gesellschaft die Möglichkeit, auch gesamtgesellschaftliche Funktionen der Religionsausübung der Kirche zu bestätigen: ihren Friedensauftrag, ihre Weltverantwortung und ihre diakonisch-soziale Tätigkeit. Das Abwägen von Differenzen und Übereinstimmungen zwischen Staat und Kirche gebietet einen modus vivendi: Übereinstimmung besteht darin, daß beide an die gleichen Menschen gewiesen sind, beide deren Wohl und Würde und deshalb die Sicherung des Friedens wollen und die Verbesserung sozialer Bedingungen als hohes Ziel erkennen. Die Kirche akzeptiert die sozialistischen Produktionsverhältnisse und damit die Basis der Gesellschaft. Abweichende Standpunkte, Differenzen sind da zu erwarten, wo die Kirche – aufgrund ihrer Verpflichtung auf ihren Herrn – gebunden ist. Das sind nach bisheriger Erfahrung überwiegend nicht Fragen des Ob, sondern des Wie. Das Versöhnungsgebot ihres Herrn kann die Haltung der Kirche in Friedensfragen, im Verhältnis zu Israel und im Zusammenleben der Menschen eigengeartet prägen.

Der gegenwärtige Stand des Verhältnisses von Staat und Kirche in der DDR ist das Ergebnis eines kontinuierlichen beiderseitigen Lernprozesses. In diesem Land sind Bürger unterschiedlicher Weltanschauung unausweichbar aufeinander angewiesen. Dazu gibt es keine vernünftige Alternative. Der erreichte Stand ist nach Lage der Dinge die realistischste und günstigste Möglichkeit. Er bedeutet:

1. Der Kirche sind heute als eigenständiger Größe in aller Form gesellschaftliche Bedeutung und Mitspracherecht zuerkannt worden. Ihre eigene Verantwortung für die Zukunft aller ist unbestritten.
2. Gleichberechtigung und Gleichachtung aller Bürger und die Möglichkeit für jeden Bürger, gerade auch für jeden Jugendlichen, zu hoher Bildung, Ausbildung und Entwicklung sind eine für alle verbindliche Norm.
3. Bei klarer Trennung von Staat und Kirche sowie unter Achtung der unterschiedlichen Grundüberzeugungen kann das gewonnene Verhältnis in allen Ebenen weiter entwickelt werden, prägend auf die Beziehungen der Bürger einwirken und dem Wohl aller dienen.

Zum Verhältnis von Ordnung und Auftrag

Die Entwicklung der letzten zehn Jahre legt es nahe, das Verhältnis von Ordnung und Auftrag am Beispiel der organisatorischen Veränderungen auf gesamtkirchlicher Ebene in den Jahren 1968/69 und im Hinblick auf Anregungen der Eisenacher Delegiertenversammlung vom Januar 1979 zu betrachten.

Von 1948 bis 1968 wurde die Gesamtvertretung auch der in der DDR gelegenen evangelischen Kirchen durch die Evangelische Kirche in Deutschland wahrgenommen. Diese damals gesamtdeutsche Kirchenorganisation war nach Sitz und Mehrheitsverhältnissen eine überwiegend westdeutsch geprägte Organisation. Nachdem alle Wiedervereinigungsbemühungen spätestens 1955 gescheitert waren und eigenständige Entwicklungen in unterschiedlichen Gesellschaftsordnungen die beiden deutschen Staaten prägten, wurde die Handlungsfähigkeit der EKD für die DDR zunehmend erschwert. Nach Abschluß eines Militärseelsorgevertrages zwischen EKD und Bundesrepublik Deutschland 1958 waren Verhandlungen mit der Regierung der DDR nicht mehr möglich. Seit 1961 konnten die Organe der EKD, Synode und Rat, nicht mehr unter Beteiligung von Vertretern der Kirchen aus der DDR zusammentreten. Die Gesamtkirche war in der DDR faktisch handlungsunfähig geworden. Bemühungen um eine entschlossene Regionalisierung der EKD scheiterten zuletzt 1967 am Widerstand politisch rechts orientierter Kräfte in der BRD. Um die notwendigen Verabredungen und gemeinsamen Aufgaben zu erledigen, schufen sich die Kirchen 1962 eine Konferenz der Evangelischen Kirchenleitungen in der DDR, die dann neben den Rumpforganen der EKD kirchenleitende Funktion ausübte. Es gab keine wirkungsvolle Gesamtvertretung der evangelischen Christen und Kirchen in der DDR. In einigen Fachbereichen wurde zwischen den Landeskirchen kooperiert, ohne daß Gemeinsamkeiten stärker praktiziert werden konnten. Gesamtkirchliches Handeln mußte sich überwiegend auf Abwehrverabredungen und Lageeinschätzungen beschränken. Einigkeit - auch in Grundfragen - war oft nur mühsam erreichbar.

Ein gemeinsames Zeugnis der Kirchen in der DDR und ein gemeinsames ökumenisches Handeln war kaum möglich. Impulse für die Gemeinden, Ermutigungen oder Aktionen erfolgten nur ganz vereinzelt. Der Zustand war insgesamt unbefriedigend und auf Dauer nicht verantwortbar. Er bedeutete eine Verkümmerung von Kirchengemeinschaft und gesamtkirchlichem Leben.

Äußerer Anstoß für ernsthafte Veränderungen wurde eine Vereinigungsverordnung des Staates Ende 1967 und die Vorbereitung der neuen DDR-Verfassung. Danach mußte eine weitere Erschwerung aller auf die EKD bezogenen gesamtkirchlichen Arbeit erwartet werden.

Nun wurde kurzfristig die überfällige Entscheidung für eine eigenständige Kirchenorganisation, den Bund der Evangelischen Kirchen in der DDR, getroffen. Er wurde mit großen Hoffnungen und breiter Zustimmung in der Erwartung gebildet, die Zusammenarbeit zwischen den Landeskirchen zu vertiefen und in der Einheit und Gemeinsamkeit des Zeugnisses und Dienstes zusammenzuwachsen.

Tatsächlich konnten durch die Veränderung der Ordnung Erschwerungen des Dienstes beseitigt und neue Möglichkeiten eröffnet werden; insbesondere hinsichtlich der gesellschaftlichen Verantwortung und der ökumenischen Aufgaben. In einigen innerkirchlichen Aufgabenfeldern, wie Ausbildung, Kirchensteuer, Dienstrecht, wurde unter dem Eindruck einer Gemeinschafts-Euphorie zunächst das Schwergewicht der Landeskirchen unterschätzt. Hier konnten nach ersten Fehlschlägen nur langsam Gemeinsamkeiten praktiziert oder vorbereitet werden. Die Realitäten der eigenen Ordnung und ihre Zuständigkeitsentscheidungen wurden verkannt. Dagegen wuchs die Gemeinsamkeit sehr viel stärker in ordnungsfreien Räumen, wie bei Arbeitshilfen für die Gemeinden und Aktionen. Das stärkere Aufeinanderzugehen der Kirchen wurde ergänzt und begünstigt durch einen Klärungsprozeß in theologischen Grundfragen, der 1976 mit der Feststellung der vollen Kirchengemeinschaft seinen Höhepunkt fand.

Durch die Annahme der Situation und durch eine den Erfordernissen des Dienstes angemessene Ordnung ergibt sich heute auf der gesamtkirchlichen Ebene des Bundes folgender Sachstand:

1. Die Gemeinschaft der Kirchen im Bund versteht sich theologisch selbst als Kirche. Nach Klärung theologischer Grundfragen und praktizierter Gemeinsamkeit konnte eine neue ekklesiale Qualität festgestellt werden.

2. Für die Arbeit der Gemeinden und spezieller Gruppen, wie der Kinder und Jugendlichen, wurde eine Vielzahl von Impulsen, Arbeitshilfen, Materialien, Seminare und Aktionen erarbeitet beziehungsweise ausgelöst.

3. In den Aufgabengebieten Ausbildung, Kirchensteuer, Dienst- und Besoldungsrecht werden Gemeinschaftsaufgaben gesehen. Die Verwirklichung gemeinsamer Vorhaben bedarf jedoch der sorgfältigen Beachtung der verschiedenen Verantwortlichkeiten und Bedarfssituationen. Zu dem allseits vorhandenen Willen zur Gemeinschaft muß hier die Geduld hinzukommen, um alle nötigen Rückkopplungsvorgänge eines föderativen Zusammenschlusses sorgfältig und verbindlich vorzunehmen.

4. Eine umfangreiche ökumenische Arbeit konnte neu aufgebaut werden. Die Kirchen in der DDR sind heute geschätzte Mitglieder der internationalen kirchlichen Zusammenschlüsse und begehrte Partner vieler Kirchen, insbesondere in den Entwicklungsländern. Die Grenze der Leistungsfähigkeit ist hier erreicht. Dennoch muß gesehen werden, daß ökumenisches Miteinander Teil des Zeugnisses ist, daß für unsere Gemeinden Besuche ausländischer Kirchenvertreter eine wichtige Ermutigung sind; und daß wir als Kirche im Mutterland der Reformation und in einer sozialistischen Gesellschaft Antworten geben müssen.

5. Die innerkirchliche Informationsarbeit konnte deutlich verbessert werden. Die Information der Gemeinden und Mitarbeiter durch kircheneigene Informationswege hat sich als günstig erwiesen. Zugleich ist deutlich geworden, daß Information und Vertrauen zusammenhängen und die besten Papiere niemals das offene Gespräch kirchenleitender Vertreter mit Gemeinden, Konventen und Synoden ersetzen können.

6. Die Wirkungsmöglichkeiten der Kirchen in der Gesellschaft konnten bis in die Medien hinein deutlich verbessert werden. Das Maß der Gemeinsamkeit kirchlichen Handelns in gesellschaftlichen

Fragen ist erheblich verstärkt worden. In den letzten zehn Jahren sind auf der gesamtkirchlichen Ebene keine prinzipiellen Differenzen in diesen Fragen aufgetreten.

7. Die Gesamtkirche hatte sich in einer Reihe von schweren äußeren und inneren Belastungsproben zu bewähren. Aus Krisensituationen wurden Schlußfolgerungen, insbesondere zur Glaubwürdigkeit und dem Verhältnis zu den Gemeinden, angegangen. Intensive Bemühungen um sachgerechteres kirchenleitendes Handeln im Interesse der Verkündigung wurden begonnen.

8. Die Gesamtkirche hat Offenheit für neue Entwicklungen und Aufgaben gezeigt und dabei vor allem Fragen der geistlichen Bewegung und auch der Seelsorge beachtet. Es konnte die Gemeinsamkeit gehalten werden mit Gruppen, die intensive charismatische Erneuerung suchen, und auch die Arbeit an Verkündigungsangeboten aufgenommen werden, die sich in der Sprache und Methodik der Zeit an Nichtglaubende wenden.

9. Der Bund ist im Bewußtsein der Gemeindeglieder als ihre Gesamtvertretung gegenüber der Gesellschaft und anderen Kirchen vorhanden. Für viele Christen ist das gesamtkirchliche Wirken Ermutigung und Hilfe.

10. Die Ordnung und das Arbeitsinstrumentarium des Bundes haben sich weithin bewährt. Unzulänglichkeiten lagen nicht daran, daß Sach- und Verfahrensregelungen unzureichend waren, sondern daß sie nicht ausgeschöpft wurden und daß das Nebeneinander von EKU - VELK - Bund besteht. Das Verhältnis Synode und Leitung ist sachlich und ausgewogen. Der Synode ist es gelungen, Kompetenzschwächen durch Sachqualität aufzuwiegen. Das unmittelbare Weisungs- und Mitwirkungsrecht der Leitung (Vorstand) in der Exekutive hat sich als günstig erwiesen. Ein Gegenüber Apparat - Leitung/Synode konnte nicht aufkommen. Das neue Modell der Kommissionen als Beratungsgremien aus kirchenamtlichen und unabhängigen Experten bedeutet eine Bereicherung der Arbeit und eine fruchtbare Verbindung zwischen Gesamtkirche und Gemeinde.

Insgesamt kann eingeschätzt werden, daß die Bildung des Bundes und die in ihr enthaltene Positionsentscheidung der Kirche als die dem Dienst angemessenere Ordnung eine Bereicherung der gesamtkirchlichen Arbeit ausgelöst und Belebungen des kirchlichen Lebens mit sich gebracht hat. Aber geblieben sind harte Realitäten. Der Verlust der Quantität, der zahlenmäßige Rückgang hat sich fortgesetzt: Die Resignation ist noch nicht überwunden, der ideologische Gegenwind und die Säkularisierung sind geblieben. Wie hat dem die Gesamtkirche heute und künftig zu begegnen?

1. Gesamtkirche muß der Gemeinderealität entsprechen. Sie muß deshalb ihren Umfang und ihre Tätigkeit, den Einsatz personeller Kräfte und finanzieller Mittel, nach den wirklichen Kräften und dem tatsächlichen Bedarf der Gemeinden orientieren. Der akuten Gefahr der Kopflastigkeit muß begegnet werden durch den Abbau eines Überangebots an Strukturen, Informationen und Aktivitäten auf gesamtkirchlicher Ebene.
2. Gesamtkirche muß sich noch intensiver der Belange der Gemeinden und Christen annehmen, unmittelbaren Kontakten den Vorrang geben; glaubwürdig, durchschaubar und vertrauenswürdig orientieren und informieren.
3. Die Chance der Einheit in der Vielfalt, die reichen Gaben und Kräfte in den Landeskirchen müssen noch stärker für die Gemeinschaft erschlossen und allen nutzbar gemacht werden. Modelle arbeitsteiliger, dezentralisierter Aufgabenbewältigung müssen weiter entwickelt werden, Erfahrungen schneller und selbstverständlicher zwischen den Landeskirchen ausgetauscht werden.
4. Anstalts-Diakonie und Auslandsökumene haben eine erfreuliche Entwicklung nehmen können und behalten einen hervorgehobenen Stellenwert für Verkündigung und Ermutigung. Vor weiteren Expansionen in diesen Gebieten muß jedoch die Verhältnismäßigkeit zur geistlichen, personellen und finanziellen Situation der Gemeinden bedacht werden. Es muß vermieden werden, daß die Aktivität angrenzender Aufgabenfelder unangemessen zurückbleibt; so neben der Auslandsökumene die ökumenische Zusammenarbeit im Inland und neben der Anstaltsdiakonie die Fürsorge für Gefährdete.
5. Gesamtkirche muß noch massiver und unbefangener für Frieden und Gerechtigkeit wirken. Das Eintreten für Abrüstung und Menschenrechte auf internationalem Gebiet und für Offenheit und gegenseitige Achtung im Zusammenleben der Menschen unseres Landes ist unmittelbarer Bestandteil des Zeugnisses und Dienstes und sollte in Eigenständigkeit und Freimut erfolgen, wo es nötig ist.

Gesamtkirche benötigt zur Bewältigung ihrer Aufgaben die angemessene Ordnung. Die Erfahrung der letzten zehn Jahre legt es nahe, das Verhältnis von Ordnung und Auftrag zu beachten und die Gestalt gesamtkirchlicher Arbeit zu suchen, die der Realität kirchlicher Existenz hier und den Notwendigkeiten des Dienstes heute entspricht. Die Eisenacher Empfehlungen der Delegiertenversammlung vom Januar 1979 bieten dafür eine Lösung an.

Danach könnte mit geringem organisatorisch-strukturellem Aufwand die Zusammenfassung von Evangelischer Kirche der Union, Vereinigter Evangelisch-Lutherischer Kirche und Bund der Evangelischen Kirchen in der Deutschen Demokratischen Republik erfolgen und anstelle von drei konkurrierenden Handlungsformen auf gesamtkirchlicher Ebene eine föderative Kirche geschaffen werden.

Die Eisenacher Empfehlungen haben dazu handfeste Vorschläge unterbreitet, die realistisch und flexibel sind. Die Leitungen der gesamtkirchlichen Zusammenschlüsse haben die Notwendigkeit der stärkeren Zusammenfassung grundsätzlich gebilligt, die Landeskirchen haben die Beratung aufgenommen. Eine Vereinfachung und Zusammenfassung wird kommen. An der Gestalt des neuen Zusammenschlusses sollten alle Gemeinden mitwirken. Von ihrer Ordnung wird es mit abhängen, ob Gesamtkirche hilfreich für unser aller Dienst ist. Ob Ordnung helfend oder hemmend wirken wird, darauf können jetzt alle Mitarbeiter und Gemeindeglieder einwirken, und ich möchte ausdrücklich zu kritischer Mitarbeit ermuntern. Künftige Ordnung und Gestalt der Gesamtkirche geht nicht nur die Experten an, sondern wird alle berühren. Die neue Kirche muß zur Bewältigung ihrer Aufgaben Einfachheit, Profil und Kontinuität zeigen:

Einfachheit, denn es geht nicht um eine Kombinatsbildung, nicht um Addition von Organisationen und Aktivitäten. Bei der Neuen Kirche muß nachweislich mit Kräften und Mitteln gespart werden.

Profil, denn es geht nicht um eine Uniformierung. Bekenntnisbedingte und landeskirchliche Profile und Traditionen müssen erhalten, für alle erschlossen und ökumenisch wirksam werden können.

Kontinuität, denn bewährte Wege sollen weiter gegangen werden. Positive Erfahrungen und Entwicklungen im gesellschaftlichen Bereich müssen fortgeführt werden. Gewachsene geistliche Bindungen, wie zum Beispiel die aus dem 19. Jahrhundert tradierte Kirchengemeinschaft zwischen rheinisch/westfälischen und brandenburgischen Gemeinden, sollten unter Wahrung der Eigenständigkeit fruchtbar bleiben.

Die kirchliche Entwicklung nach 1968 hat uns gelehrt: Gott weist uns neue Wege, und es gilt, seinen Auftrag zu erkennen und anzunehmen, Zeugnis und Dienst danach auszurichten und die dafür gemäße Ordnung zu finden. Das ist heute nicht anders. Möge uns die Gnade und Hilfe zuteil werden, das Nötige zu tun und den Anforderungen der nächsten zehn Jahre gerecht zu werden!

Auch in dieser Gesellschaft sind wir an die Verheißung Christi gewiesen

Sieben Anmerkungen zu Dienst und Auftrag evangelischer Gemeinden in der sozialistischen DDR, Vortrag im Dom zu Greifswald am 15. Oktober 1980

Mir ist das Thema „Kirche, Staat und Welt" für heute gegeben worden. Solche Themenstellungen verführen dazu, eine Gesamtschau, ein globales Weltbild zu zeichnen. Das will ich nicht tun!

Ich werde im folgenden sieben Anmerkungen zu Dienst und Auftrag evangelischer Gemeinden in der sozialistischen DDR im Herbst 1980 vortragen. Dabei will ich an konkreten Fragen aufzeigen, wie wir uns den Herausforderungen einer atheistisch geführten Gesellschaft und der uns vom Glauben gebotenen Mitverantwortung für die Welt stellen.

Der Brief an die Gemeinden in der DDR

Jeden Sonntag hören wir in unseren Gottesdiensten die Epistel. Das sind Briefe, die die Apostel an die ersten christlichen Gemeinden in Rom, Korinth und anderswo geschrieben haben. Briefe mit Lob und Tadel; Ratschlägen zum Lebenswandel, zum Umgang mit den Heiden und der Regierung, zu Fragen des Glaubens und des Gottesdienstes. Oft sind wir beim Zuhören überrascht von der Aktualität dieser Briefe. Als ob nicht fast zweitausend Jahre dazwischen lägen, als ob sie an uns geschrieben wären!

An uns wurde geschrieben. 1979 war eine Gruppe des Weltkirchenrates mehrere Wochen in vielen Gemeinden unserer Kirchen zu Gast, nahm am Gemeindeleben teil und führte viele Gespräche; man war beeindruckt, bewegt und schockiert. Und diese Gruppe – Laien und Theologen aus Afrika, Asien, Ost- und Westeuropa – entschloß sich, den Gemeinden in der DDR zu schreiben.

Der Brief der ökumenischen Besuchergruppe an die Kirchengemeinden in der DDR ist aus tiefer Verbundenheit im Glauben und ehrlicher Teilhabe an unserem Mühen geschrieben. Ich empfinde ihn als einen uns gemäßen Zuspruch zu Glaube und Dienst, als Anfrage und Ermahnung, ob wir unseren Anteil an der Verpflichtung der Weltchristenheit erfüllen, die Wahrheit von Jesus weiterzugeben, Salz der Erde, Saat der Hoffnung zu sein.

Werden wir unserem Auftrag gerecht, oder hindern wir mehr, als wir nützen! Hören wir einige Stichworte aus dem Brief an uns in Auswahl und freier Übertragung:

Euer Christsein in der DDR nötigt Euch zum Umdenken. Ihr müßt noch viel ändern, denn die Sicherheiten einer Volkskirche sind vorbei. Das Schwergewicht muß bei den Gemeinden liegen. Die Pfarrer sollen die Gemeindeglieder noch stärker an den Entscheidungen beteiligen.

Bedenkt, daß andere an Eurem Umgang miteinander, zwischen Pfarrern, Mitarbeitern, Ältesten, Gemeindegliedern die Liebe Christi messen! Wird diese Liebe wirklich praktiziert? Nutzt Ihr Euren Freiraum richtig? Was ist die Mitte Eures Gemeindelebens? Uns beunruhigt, daß Ihr viele Aktivitäten entwickelt und keine Zeit zum Gottesdienst habt!

Ist es richtig, in einer Gesellschaft, wo überall monologisiert wird, die Monolog-Predigt als Mitte des Gottesdienstes zu halten?

Christ sein heißt nicht, ein eintöniges Leben zu führen. Deshalb schlagen wir vor, mehr Farben, mehr Bewegung, mehr Leben in der gottesdienstlichen Liturgie, damit auch die Kinder integriert werden!

Wir sehen, daß zwischen Staat und Kirche bestimmte Schwierigkeiten beseitigt wurden. Wir sehen auch, daß es Unterschiede gibt zwischen dem Streben der Regierung und den Erfahrungen von Christen auf örtlicher Ebene. Die Kirchenleitungen müssen mit Rat und Tat an der Seite derer stehen, die Probleme haben. Allen, die meinen, ihres Glaubens wegen benachteiligt zu sein, möchten wir sagen: Laßt Euch durch Schwierigkeiten nicht davon abhalten, Zeugen Jesu Christi zu sein!

Ihr verkennt die Bedeutung der kirchlichen Finanzen. Die Gemeindeglieder werden in Unsicherheit gelassen. Die persönliche Verantwortlichkeit der Gemeindeglieder für das finanzielle Leben muß durch Information, Diskussion und Mitentscheidung geweckt werden. In den meisten Ländern lebt die Kirche ausschließlich von den freiwilligen Gaben der Gemeindeglieder, aber bei Euch gibt es eine große Diskrepanz zwischen dem persönlichen Einkommen der Gemeindeglieder und der Höhe der Spenden. Wir bitten die Kirchenleitungen, ihre Abhängigkeit von finanziellen Hilfen durch andere Kirchen zu überprüfen!

Uns fiel auf, daß dem Eifer nach ökumenischen Verbindungen zu Kirchen in weitentfernten Ländern nicht ein gleicher Eifer für ökumenische Zusammenarbeit im eigenen Lande entspricht!

Soweit aus dem Brief an die Gemeinden in der DDR.

Kirche im Verlust der Quantität

Die in vielen Industriestaaten infolge Veränderung sozialer Bedingungen wirksame Säkularisation, Entkirchlichung, und die Tatsache, daß Kirchenzugehörigkeit keine gesellschaftliche Norm mehr ist, haben unsere Gemeinden in den letzten Jahrzehnten grundlegend verändert.

Vor etwa einem halben Jahrhundert gehörten in unserem Lande mehr als 90 Prozent der Bevölkerung einer evangelischen Landeskirche an. Fast alle Menschen wurden getauft, konfirmiert, kirchlich getraut und bestattet. Auch heute haben wir durchaus Landstriche in der DDR, in denen es noch genauso ist. Zum Beispiel in einigen Gebieten Südthüringens, des Erzgebirges und der Lausitz. In der Regel Gebiete mit alteingesessener Bevölkerung und geringeren sozialen Veränderungen. Landesweit aber sieht die Realität anders aus:

1980 sind nicht ganz 50 Prozent der Bevölkerung Mitglieder einer evangelischen Kirche. Die Alterszusammensetzung dieser Kirchenmitglieder zeigt einen hohen Anteil älterer Jahrgänge. Die Zahl der Taufen beträgt etwa ein Viertel der Vergleichszahlen von 1950, die Zahl der Konfirmationen ein Fünftel und die Zahl der Trauungen ein Sechstel der Vergleichszahlen von 1950. Die Zahl der Gottesdienstbesucher beträgt die Hälfte des Vergleichsjahres, und kirchliche Bestattungen sind in diesem Vergleichszeitraum um mehr als ein Drittel weniger geworden.

Dies sind keine amtlichen Zahlen, sondern Mittelwerte, Hochrechnungen oder Trendangaben anhand der Statistiken in einigen Landeskirchen. Sie machen deutlich, daß landesweit die evangelischen Kirchen die Quantität verloren haben. Das ist bekannt.

Weniger bekannt ist vielleicht, daß im gleichen Zeitraum das Opfereinkommen der Kirchen sich verdoppelt hat, die Kirchensteuereinnahmen sich gehalten haben und die Zahl der Abendmahlsgäste gestiegen ist. Weniger geben mehr und nehmen intensiver am Leben der Gemeinde teil. Neue Formen der Gemeindearbeit haben sich entwickelt und nehmen zahlenmäßig zu; zum Beispiel die Rüstzeitarbeit als Form gemeinsamen Lebens, der Meditation und des Gebetes, und Gemeindeseminare, in denen gemeinsam über christliches Leben nachgedacht wird.

Untersuchungen haben ergeben, daß es einen direkten Bezug zwischen Größe und Intensität gibt. In volkskirchlichen Bereichen gibt es weniger Bereitschaft zu neuen Arbeitsformen. In kleiner gewordenen Gemeinden ist die Bereitschaft zum Einsatz des einzelnen leichter zu wecken. Zusammengehörigkeitsgefühl und Hilfsbereitschaft nehmen zu. Die Erkenntnis von der Notwendigkeit, das Zeugnis vorzuleben, und der Verpflichtung zur Ausstrahlung kann geweckt werden. Viele solcher Gemeinden üben eine deutliche Anziehungskraft aus.

Es ist nötig, darüber mehr nachzudenken, den Umbruch auch geistlich zu verarbeiten. Vielfach ist die unterschwellige Wirkung des Verlustes der großen Zahlen eine Ursache von Resignation. Sehr verständlich. Denn es muß bedrückend wirken, zum Beispiel für einen Gemeindepfarrer, der in den fünfziger Jahren sechzig Konfirmanden hatte, wenn es heute vielleicht noch fünf sind oder wenn er sonntags zum Gottesdienst in sein Filialdorf fährt und nicht weiß, ob überhaupt ein Gemeindeglied kommen wird.

Wir sind in neue Verhältnisse geführt, die Selbstverständlichkeiten und Bequemlichkeiten einer Kirche, der fast alle Bürger angehören, sind vorbei. Nicht Gottes Botschaft ist schlechter oder weniger nötig geworden, aber die Formen und Möglichkeiten ihrer Bewahrung und Verbreitung haben sich grundlegend verändert. Das müssen wir begreifen, das muß aufgearbeitet werden bis in die Seelsorge an den Mitarbeitern und bis in unsere Organisationsformen. Nur so werden wir die große Chance einer Freiwilligkeitskirche wahrnehmen können. Wir haben uns darauf einzurichten, daß uns in den neunziger Jahren die Gnade geschenkt sein könnte, in einem Lande zu leben, in dem sich schon 25 Prozent der Bevölkerung namentlich mit ihrem Geldopfer und mit ihrer Teilnahme am Gemeindeleben zu ihrer Kirche stellen.

Der Zusammenhang von Auftrag und Gestalt der Kirche

Nach evangelischem Verständnis haben Ordnung und organisatorische Gestalt der Kirche die Durchführung des Verkündigungsauftrages zu fördern. Grundlegende Veränderungen der Situation nötigen zum Bedenken vorhandener Ordnungen und Strukturformen.

Im Interesse einer wirksameren Wahrnehmung ihres Auftrages kann die Kirche ihre Ordnung verändern.

Seit Januar 1979 liegen die Eisenacher Empfehlungen vor, in denen vorgeschlagen wird, die gegenwärtig noch bestehenden drei gesamtkirchlichen Zusammenschlüsse, nämlich die Evangelische Kirche der Union als Zusammenschluß der fünf altpreußischen Kirchen, die Vereinigte Evangelische Lutherische Kirche als Zusammenschluß der drei lutherischen Kirchen und den Bund der Evangelischen Kirchen als Zusammenschluß aller acht Kirchen zu einer Gesamtkirche aller Landeskirchen zu vereinigen. Seitdem ist viel diskutiert worden. Viele haben erst jetzt begriffen, welchen Aufwand wir treiben, und drängen auf schnelle Klärung. Andere befürchten eine Verarmung der kirchlichen Gegebenheiten und raten zu Behutsamkeit.

Warum muß etwas geschehen? Die drei Zusammenschlüsse sind in unterschiedlichen historischen Epochen mit jeweils verschiedenen Zielvorstellungen entstanden. Heute bestehen andere Anforderungen und Voraussetzungen. Unsere veränderte Lage der geringeren Zahlen und der gewachsenen Herausforderungen macht eine Konzentration der Kräfte und Mittel erforderlich. Die gesamtkirchliche Organisation muß der Gemeinderealität entsprechen. Sie muß deshalb ihren Umfang und ihre Tätigkeit, den Einsatz personeller Kräfte und finanzieller Mittel nach den Möglichkeiten und dem Bedarf der Gemeinden orientieren. Der aktuen Gefahr einer Kopflastigkeit unserer Kirche ist durch Abbau des gegenwärtigen Überangebots an Strukturen und Aktivitäten zu begegnen.

Die verwirrende Vielfalt unserer gesamtkirchlichen Organisation gefährdet zudem die Klarheit und Glaubwürdigkeit unseres Redens und Handelns gegenüber der Gesellschaft und den Kirchen der Ökumene. Die auf der Bundessynode in Züssow 1976 festgestellte Kirchengemeinschaft, die weitgehende Übereinstimmung in Grundfragen, die erklärte Kanzel- und Abendmahlsgemeinschaft einschließlich der Interzelebration, das gemeinsame Zeugnis in Predigt, Unterweisung, Seelsorge und diakonischem Handeln und das Bewußtsein der Gemeindeglieder über ihre Zusammengehörigkeit drücken bereits heute eine Evangelische Kirche in der DDR aus, die nun des Nachvollziehens dieser Gemeinschaft in der Organisation bedarf, um die Gestalt auf den veränderten Auftrag auszurichten.

Eine entsprechende Beschlußvorlage liegt seit Ende September dieses Jahres allen Landessynoden vor. Ich hoffe, daß noch offene Fragen, wie nach dem Stellenwert der reformierten Gemeinden, nach der gleichberechtigten Teilhabe aller Landeskirchen – unabhängig von ihrer Größe – an der Leitung und Exekutive der neuen

Kirche und nach der eventuellen Notwendigkeit, die Evangelische Kirche der Union und vielleicht auch die Vereinigte Evangelisch-Lutherische Kirche als Relikt zu erhalten, geklärt werden. Ich erwarte, daß wir bis Jahresende 1981 die nötigen Schritte vollzogen haben, um uns wieder stärker unseren eigentlichen Aufgaben zuwenden zu können.

Unsere Hauptaufgabe

„Welches ist eigentlich Eure Hauptaufgabe als Kirche?", fragten mich am Rande der Weltfestspiele junge FDJler, Menschen, die bisher mit der Kirche nichts zu tun hatten; höchstens hatten sie Vorurteile aufgenommen. Sie fühlten sich vom alten Kirchengebäude und der Orgelmusik angezogen. Sie waren beeindruckt, vom diakonischen Handeln, der internationalen Solidarität und dem Friedensengagement der Kirche zu hören. Nun wollten sie mehr wissen: „Verwaltet Ihr ein Museum und tut sonst, was andere auch schon tun? Oder ist da mehr?"

Die Frage nach dem „harten Kern", dem Wesentlichen unseres Anliegens ist berechtigt. Die Vielfalt unserer Aktivitäten, die unterschiedlichen Redeweisen, unsere Sprachgefangenschaft, das Unvermögen, unsere Anliegen in die heutige Zeit zu übersetzen, hindern den Außenstehenden, die Aufgabe der Kirche zu erkennen.

Diese Aufgabe ist heute für unsere Kirche nach neutestamentlicher Weise eine doppelte: in der Gemeinde den Glauben zu stärken und die Gemeinschaft zu festigen, und gegenüber jedermann die ewige Wahrheit der Botschaft von Jesus Christus vorzuleben und weiterzusagen.

Die Chance unserer evangelischen Kirche liegt in ihrer Offenheit und Gesprächsbereitschaft. Auch in der Vielfalt des Angebots, den verschiedenen Formen des Gemeindelebens, den unterschiedlichen Frömmigkeitsformen. In *einer* Kirche ist eine Vielfalt des Glaubenslebens vorhanden, kann in verschiedener Weise angesprochen, eingeladen werden.

Unsere Gefahr ist es dagegen, daß wir dem Wort zu sehr den Vorrang lassen, daß emotionales Glaubenserleben in der Gemeinschaft des Gebetes und des Sakramentes zu wenig erfahren wird und die Bedeutung äußerer und gestaltender Elemente unterschätzt wird.

Die Botschaft von Jesus Christus muß bei den Christen und der Kirche erfahren werden können. Christen und Kirche werden nach ihrem Handeln gefragt. Nur was wir selber leben, wird Gehör finden.

Der Glaube muß erlebt werden können, seine Wirkung muß am Handeln der Kirche und der Christen deutlich werden, und wir müssen in der Lage sein, den Menschen von heute verständlich zu machen, was uns aufgetragen wurde. Damit das Unverwechselbare kirchlichen Handelns verstehbar und wirksam wird, im Verkündigen und Lehren, aber auch im Helfen und Heilen, im Frieden stiften und Gerechtigkeit fordern.

Diakonie der Kirche und Eintreten für Gerechtigkeit

In dem komplizierten Lernprozeß, in dem Christen und Marxisten miteinander stehen, nämlich sich gegenseitig als real existierend und dauerhaft zu akzeptieren, die Beweggründe des anderen zu hören und gemeinsame Aufgaben zu erkennen, hat die Diakonie der Kirche eine wesentliche Rolle. Durch ihre nicht ersetzbare Einsatzbereitschaft für Schwerstbehinderte, für die Schwächsten der Schwachen, für Pflegefälle, für Alte. Durch die Erfahrung, daß Hilfe für die Menschen, gemeinsames Handeln auch von unterschiedlichen Grundüberzeugungen her möglich ist und zum Respekt vor der anderen Überzeugung führen kann. Und durch die Erfahrung, daß kirchliche Arbeit wichtige Hilfe für gesamtgesellschaftliche Aufgaben leisten kann, wenn sie eigenständig und eigenverantwortlich bleibt, wenn sie nicht in ihr wesensfremde Systeme eingeordnet wird.

Diakonische Einrichtungen unserer Kirchen stellen heute für gesellschaftliche Aufgaben des Gesundheits- und Sozialwesens der DDR etwa jeden vierten Heimplatz für geistig oder körperlich Geschädigte, jeden zehnten Platz für alte Menschen und jeden sechsten Platz in Pflegeheimen. Unsere Einrichtungen führen mit dem Einsatz ihrer Mitarbeiter und ihrer Finanzmittel gesamtgesellschaftliche Aufgaben durch. Die Wahrnehmung dieser Aufgaben und auch die dabei notwendigen finanziellen Abrechnungsverfahren haben die Eigenständigkeit und den kirchlichen Charakter unserer Einrichtungen nicht beeinträchtigt. Dagegen hat sich deutlich gezeigt, daß Kirche Menschen zum Dienst am Menschen gewinnen kann, weil christlicher Glaube zum Dienst am Menschen weist!

Die Arbeit unserer diakonischen Einrichtungen hat für die Kirche und ihren Auftrag eine Öffnung zur Gesellschaft mit bewirkt. Die Arbeit der Diakonie wirkt weit in den gesellschaftlichen Bereich hinein, weckt Aufmerksamkeit und Verständnis für den Dienst der Kirche. Es wird nötig sein, diese Chance durch eine enge Bindung von Kirche, Diakonie und Gemeinde wirksam werden zu lassen.

Empfindlich sein für das Leid des anderen, sich vom Elend bewegen lassen, Mund der Schwachen und Benachteiligten zu sein sind Wirkungsweisen christlicher Nächstenliebe. So wie sie sich im diakonischen Handeln der Kirche, aber auch in ihrem Bemühen um eine gerechtere Welt äußern. Die Annahme des Menschen durch Gott in Jesus Christus ruft die Christen zum Dienst an allen Menschen, zum Eintreten für den Menschen, seine Würde und seine Rechte.

Mit dem Weltkirchenrat treten unsere Kirchen für ein universales Menschenrechtsverständnis ein. Wir meinen, daß die Rechte des einzelnen und seine Pflichten gegenüber der Gemeinschaft nicht losgelöst voneinander gesehen werden können, und daß Würde und Rechte der Menschen in weltweitem Zusammenhang mit den Fragen des Friedens, des Kampfes gegen den Hunger und der Bewahrung der Erde als Lebensraum verstanden werden müssen.

Aus unserem Eintreten für eine gerechtere Welt folgt die Mitarbeit zweier Vertreter unserer Kirchen in ökumenischen Beratungsgremien über Menschenrechte und unser Engagement gegen den Rassismus.

Hier ist auch der Einsatz unserer Gemeinden gegen Hunger und Not im Rahmen der Aktion *Brot für die Welt* zu erwähnen. Seit Bestehen der Aktion im Jahre 1959 wurden 50 Millionen Mark von unseren Gemeinden aufgebracht und 450 Hilfssendungen in über 60 Länder geleitet. Im Zusammenwirken mit dem Roten Kreuz der DDR und dem Solidaritätskomitee konnten umfangreiche Hilfen zur Selbsthilfe und schnelle Katastrophenhilfen vermittelt werden. Oberlandeskirchenrat Ulrich von Brück hat über 20 Jahre als Bevollmächtigter der Landeskirchen und Freikirchen entscheidend dazu beigetragen, daß dieser Dienst an den Menschen so wirksam werden konnte!

Zum Friedensauftrag der Kirche

Das Bemühen um den Frieden ist von der Kirche als eine der wichtigsten Herausforderungen an ihr Zeugnis und ihren Dienst verstanden worden. Der Friedensauftrag der Kirchen folgt unmittelbar aus der Verkündigung des Evangeliums.

Der Friede, den Jesus Christus gestiftet hat, setzt uns in den Stand, für den Frieden heute zu arbeiten. Dieser Auftrag verbindet uns mit den Kirchen in anderen Staaten. Mit den Kirchen der Ökumene stimmen wir darin überein, daß die politischen Bemühungen um

Sicherheit und Entspannung in Europa nicht in Frage gestellt werden dürfen, weil es um des Weltfriedens willen zur Entspannungspolitik keine vernünftige Alternative gibt. Mit Sorge sehen wir die Fortsetzung des Rüstungswettlaufs, die Installierung neuer gefährlicher Waffensysteme und die Gefahr, daß neue Krisenentwicklungen und Handlungszwänge die Lage weiter verschärfen.

Gerade dann, wenn aus Bündnisverpflichtungen oder anderen Gründen schwer einsichtige Entscheidungen und Handlungsweisen die Situation erschweren, ist es besonders wichtig, das Ziel Entspannung nicht aus dem Auge zu verlieren!

In der sich objektiv verschärfenden Lage halten die Kirchen Gesprächsbereitschaft und Vertrauensförderung bei den politisch Verantwortlichen für unbedingt nötig. Die Schlußakte von Helsinki hat einen wichtigen Ansatz geliefert, der auch weiterhelfen kann. Die in der Schlußakte gegebene Absichtserklärung zur Zusammengehörigkeit von Frieden und Gerechtigkeit, von Sicherheit und Menschenrechten ist eine große Hoffnung. Sie kann bei nüchterner und redlicher Handhabung auch helfen, aktuelle Spannungen zu bewältigen. Deshalb messen unsere Kirchen der Nachfolgekonferenz von Madrid besondere Bedeutung zu.

Wir haben die Hoffnung, daß die Vertreter der Regierungen ihrer hohen Verantwortung entsprechend mit Geduld und Kompromißbereitschaft die Vorbereitung und Durchführung dieser Konferenz angehen. Vorrang haben die anstehenden Abrüstungsfragen. Die Vereinbarung einer europäischen Konferenz für militärische Entspannung und Abrüstung könnte ein möglicher erster Schritt sein. Wünschenswert wären auch Verabredungen vertrauensbildender Maßnahmen und Methoden der friedlichen Regelung von Streitfällen.

Die Zusammenarbeit auf den Gebieten des Handels und der Wirtschaft, der Wissenschaft und in Umweltfragen könnte gefördert werden. Weitere Verträge zwischen Staaten unterschiedlicher Gesellschaftsordnungen könnten die Stabilität und die Sicherheit auf dem europäischen Kontinent erhöhen. Möglichkeiten der Zusammenarbeit im humanitären Bereich, im Bereich der menschlichen Kontakte sollten gerade auch im mitteleuropäischen Raum, an der Trennungslinie der unterschiedlichen Gesellschaftssysteme ernsthaft geprüft werden.

In diesem Zusammenhang ist mehrfach der Reiseverkehr zwischen den deutschen Staaten angesprochen worden. Er ist nach Überzeugung der Kirchen Bestandteil der Entspannungspolitik. Mit der Fortsetzung der Entspannungspolitik, mit einer wirklichen Normalisierung im Verhältnis der beiden deutschen Staaten – einschließlich eines modus vivendi in der Staatsbürgerschaftsfrage – erscheint auch eine Normalisierung des Reiseverkehrs zwischen den deutschen Staaten möglich.

Normaler Reiseverkehr zwischen den deutschen Staaten würde aber ein Reiseverkehr zwischen einem sozialistischen und einem kapitalistischen Staat sein. Also vergleichbar dem Reiseverkehr der CSSR oder Polens mit den entsprechenden Möglichkeiten für die Bürger dieser Länder. Ich habe persönlich die Hoffnung, daß die Angleichung der Mindestumtauschsätze bei Einreisen in die DDR an entsprechende Regelungen anderer sozialistischer Länder auf eine solche Perspektive für Reisemöglichkeiten von DDR-Bürgern hinweist, sofern Entspannung und Normalisierung fortgesetzt werden. Es ist wichtig, daß unsere Regierung auch in der gegenwärtigen komplizierten Lage an diesen Zielen festhalten will.

Den evangelischen Kirchen in beiden deutschen Staaten kommt für die Sicherung des Friedens eine besondere Verantwortung zu. Wegen ihrer gemeinsamen Schuld aus der Vergangenheit, zu der sie sich in Stuttgart und Darmstadt bekannt haben, damit von deutschem Boden nie wieder ein Krieg ausgeht. Wegen ihrer besonderen geistlichen Gemeinschaft, in der sie vom gleichen reformatorischen Erbe her, verbunden in Tradition, Gottesdienstformen, Bibelübersetzungen und Gesangbuch stehen. Und wegen des Versöhnungsauftrages, unter dem Kirche Jesu Christi steht.

Zu dieser besonderen und gemeinsamen Verantwortung für den Frieden haben sich die Evangelische in Deutschland und der Bund der Evangelischen Kirchen in der DDR am 1. September 1979, vierzig Jahre nach Kriegsausbruch, bekannt, und in dieser besonderen und gemeinsamen Verantwortung fühlten sie sich gefordert, als seit Spätherbst 1979 die internationale Lage sich erheblich verschärfte und es entscheidend darauf ankommt, alle Möglichkeiten zu nutzen, um eine Ausweitung friedensgefährdender Tendenzen zu verhüten, Vertrauen zu erhalten und im Interesse der Menschen die Entspannungspolitik fortzusetzen.

Auf Vorschlag des Bundes konstituierte sich Anfang dieses Jahres eine Konsultationsgruppe von je sechs Vertretern der EKD und des Bundes, die seitdem regelmäßig zusammenkommt. Von seiten des Bundes nehmen an diesen Konsultationen Bischof Schönherr, Bischof Gienke, Präsident Domsch, Propst Falcke, Superintendent Große und Oberkonsistorialrat Stolpe teil. Ziel dieser Konsultationen ist es, für die besondere Verantwortung der evangelischen Kirchen in den deutschen Staaten Informations- und Gesprächsmöglichkeiten zu bieten und Vorschläge an die jeweiligen Leitungen zu geben.

Angesichts der dramatischen Gefährdungen des Friedens in den letzten Monaten hat diese Gruppe den Leitungen des Bundes und der EKD empfohlen, am drittletzten Sonntag des Kirchenjahres, am 9. November, einen Bittgottesdienst in allen evangelischen Gemeinden in der DDR, in der BRD und in Westberlin durchzuführen. Wir freuen uns, daß diese Anregung aufgegriffen und zum Beschluß erhoben wurde und sich auch die Mitgliedskirchen der Arbeitsgemeinschaft christlicher Kirchen angeschlossen haben.

Dieser Bittgottesdienst wird

- die Sorge der Christen für den gefährdeten Frieden demonstrieren,
- die Bereitschaft der Christen und Kirchen herausstellen, auch in unterschiedlichen Gesellschaftssystemen ihrem Versöhnungsauftrag konkret nachzukommen und mit allen zusammenzuarbeiten, die ehrlich für die Erhaltung des Friedens eintreten,
- eine Ermutigung auch für andere Menschen sein, die Erhaltung des Friedens als wichtigste Aufgabe unserer Tage zu erkennen und über Gegensätze und Grenzen hinweg mit denen zusammenzuarbeiten, die auch diese Aufgabe erkannt haben,
- und er wird die der Kirche gemäße Form sein, für den Frieden einzutreten. Im Gottesdienst, im Gebet ihren Herrn anzurufen, ihr Thema handfest und aktuell wahrzunehmen, indem in etwa 30 000 Gottesdiensten Millionen von Christen in gleicher Liturgie und gleichem Gebet zusammenwirken.

Evangelische Kirche in der sozialistischen Gesellschaft der DDR

Die Stellung der evangelischen Kirchen unseres Landes zu dieser sozialistischen Gesellschaft kann heute wie folgt beschrieben werden: Gott hat uns neue Wege gewiesen, die wir uns nicht gesucht haben. Aber wir dürfen glauben, daß auch diese sozialistische Gesellschaft unter der Verheißung Christi steht, wir an sie gewiesen sind und christliche Gemeinde hier ihren konkreten Auftrag hat.

Christen sind zur Mitarbeit in der sozialistischen Gesellschaft aufgefordert. Sie werden in konstruktiver und freimütiger Solidarität das Beste für das Ganze suchen und da mithelfen, wo Sozialismus als Gestalt gerechteren Zusammenlebens verwirklicht werden kann.

Kirche im Sozialismus will dem einzelnen Christen und der Gemeinde helfen, ihren Weg in der Freiheit und Bindung des Glaubens zu finden.

In der gesellschaftlichen Realität der DDR findet dies seinen Ausdruck in der millionenfachen Mitarbeit christlicher Bürger an den Aufgaben der sozialistischen Gesellschaft, dem Engagement der Diakonie für wichtige Aufgaben des Gesundheits- und Sozialwesens, der Unterstützung weltweiter Bemühungen gegen den Rassismus, für Befreiungsbewegungen und den Aufbau der jungen Nationalstaaten sowie in dem eigenständigen Beitrag, den die Kirchen für die Sicherung des Friedens leisten. Dieser gesellschaftlichen Bedeutung der evangelischen Kirchen trägt die staatliche Kirchenpolitik Rechnung, so wie es in den Ausführungen des Staatsratsvorsitzenden Erich Honecker am 6. März 1978 erkennbar wurde.

Der Kirche ist heute als eigenständiger Größe in aller Form gesellschaftliche Bedeutung und Mitspracherecht zuerkannt worden. Ihre eigene Mitverantwortung für die Zukunft aller ist unbestritten. Die Kirche wird demzufolge heute nicht als Institution des Klassengegners, sondern als eigenständige gesellschaftliche Kraft gewertet.

Geblieben ist der weltanschauliche Gegensatz, die marxistische Vorstellung von der Unwissenschaftlichkeit der Religion und der Notwendigkeit ihres Absterbens. Die staatliche Kirchenpolitik steht insofern in einer dialektischen Spannung. Im Interesse der Erhaltung des Friedens und des Wohles der Menschen besteht der Wunsch zu einer Zusammenarbeit mit den Christen und den Kirchen. Gleichzeitig aber soll die Wirksamkeit der marxistisch-materialistischen Weltanschauung gefestigt werden, ist diese weiter zu verbreiten und gerade auch jungen Menschen nahezubringen. Das wird auch künftig nicht ohne Probleme gehen. Die Kirchen werden damit leben müssen, daß die marxistisch-leninistische Weltanschauung in diesem Lande, insbesondere in allen Bildungseinrichtungen, verbreitet wird. Sie werden unbeschwert damit leben können, wo es bei einem Lehrangebot bleibt und keine Gewissensbedrängung versucht wird; wo darauf verzichtet wird, die weltanschauliche Grundentscheidung eines Christen bei Zensuren oder anderen Einschätzungen zu seinen Ungunsten mitzuwerten; wo vom Glauben herkommende Entscheidungen und Verhaltensweisen des Christen geduldet werden und wo im beruflichen Fortkommen kirchliche Bindung wirklich unberücksichtigt bleibt.

Eine kommunistische Erziehung, die so Gleichberechtigung und Gleichachtung aller Bürger als für alle verpflichtend praktiziert, wird für Christen kein Anlaß zu unnötiger Sorge sein müssen.

Meinungsverschiedenheiten, Auseinandersetzungen werden unvermeidbar sein, aber es wird darauf ankommen, wie sie ausgetragen werden. Offenheit und Redlichkeit der Argumentation werden nötige Voraussetzungen sein, um Vertrauen wachsen zu lassen. Das gilt für beide Seiten, auch für die Christen. Ein Stück Vertrauensvorgabe, das offene Wort wagen, billige Mißdeutungen zurückweisen, Verantwortung für das Ganze vorleben könnten praktizierte Tugenden sein, die das gesellschaftliche Zusammenleben mit verbessern helfen.

Es wird auch auf jeden Christen mit ankommen, ein entkrampftes Miteinander aller Menschen, unabhängig von ihrer Weltanschauung weiter zu entwickeln. Ein Miteinander, zu dem es hierzulande keine dauerhafte Alternative gibt. Dabei dürfen wir Christen unserer Sache etwas zutrauen! Denn wir wissen, diese Welt braucht die Botschaft von Jesus Christus, und nur seine Wahrheit kann weiterhelfen! Wir sollten das auch im Alltag nicht vergessen und uns immer wieder gegenseitig ermutigen!

Lassen Sie mich noch einmal auf den „Brief an die Gemeinden in der DDR" zurückkommen. Dort wird uns gesagt: Wir haben in der Entwicklung Eures Landes auch viele positive Aspekte gesehen. Denn nun ist es nötig, zu wissen, warum man Christ ist!

Die Menschenrechte und die Verantwortung der Kirchen für Frieden und Vertrauensbildung

Sachstandsbericht für eine ökumenische Konsultation, 31. Januar 1981

Dieser bei einer internationalen Menschenrechtskonsultation des Ökumenischen Rates der Kirchen in Glion vorgetragene Text trägt auch die Unterschriften von Christa Lewek, Referentin für Kirche und Gesellschaft im Sekretariat des evangelischen Kirchenbundes, Günter Krusche, Generalsuperintendent in Berlin, und Helmut Zeddies, Leiter des Lutherischen Kirchenamtes in Berlin, mit denen zusammen er erarbeitet worden ist. Die Konferenz der Evangelischen Kirchenleitungen nahm den Sachstandsbericht am 14. März 1981 zustimmend zur Kenntnis.

Zur gegenwärtigen Situation

Die gegenwärtige weltpolitische Situation hat den Zusammenhang aller wirksamen politischen Faktoren in einer globalen Gesellschaft deutlich gemacht. Die Bedeutung dieses Zusammenhangs ist bei den Vorgängen während der letzten Monate in unserem Nachbarland Polen erkennbar geworden. Die allgemeine Destabilisierung der Weltlage und der „zunehmende Verlust an Sachlichkeit und Verständigungsbereitschaft" (Erklärung des Bundes der Evangelischen Kirchen in der DDR vom 22. Januar 1980) machen es nötig, nach Wegen zu suchen, um gegenseitiges Vertrauen zwischen den Völkern und zwischen den Weltmächten insbesondere zu stärken und unter Umständen neu aufzubauen.

Daher hat die Kirche vor allem darauf hinzuwirken, daß die bei der Verwirklichung der Helsinki-Schlußakte bereits gemachten Fortschritte in Richtung auf Zusammenarbeit, Entspannung und Vertrauensbildung nicht rückgängig gemacht werden. Darauf ist schon von der V. Vollversammlung des Ökumenischen Rates der Kirchen (ÖRK) in Nairobi 1975 hingewiesen worden:

„Die Fünfte Vollversammlung des ÖRK ruft die Unterzeichner auf, das Abkommen von Helsinki unverzüglich und vollständig zu verwirklichen. Ein Klima gegenseitigen Vertrauens wird durch die Einhaltung der zehn Grundsätze geschaffen werden, die die Beziehungen zwischen den Nationen regeln ... Wir verweisen nachdrücklich auf die Klausel, in der von den Grundrechten des Menschen die Rede ist, wie sie in der Allgemeinen Erklärung der Menschenrechte der Vereinten Nationen verkündet wurden. Es gehört zu der Verantwortung der Kirchen, dabei mitzuwirken, wann immer deutlich gemacht werden muß, daß Sicherheit und die Entwicklung echter grenzüberschreitender, zwischenmenschlicher Beziehungen zusammengehören" (Bericht aus Nairobi, 182).

Für die Kirchen in Europa ergibt sich daraus die Verpflichtung, den Prozeß der Verwirklichung der Menschenrechte in Europa zu fördern; andernfalls würden Frieden und Sicherheit in Europa aufs Spiel gesetzt. Diese Verantwortung hat das Aide-mémoire der Konferenz des ÖRK mit Mitgliedskirchen aus sozialistischen Ländern Europas in Budapest (28.–31. Januar 1980) unterstrichen:

„In einer Situation, in der die Beziehungen zwischen den Nationen angespannt sind oder gar blockiert oder unterbrochen werden, glauben wir, daß es die Aufgabe der Kirchen ist, als Instrument der Kommunikation zu dienen. Sie können sich nicht an der Eskalation der Polemik beteiligen, sondern sind dazu aufgerufen, Vertrauen und gegenseitiges Verstehen wiederherzustellen, auch dann, wenn solche Aktionen mißverstanden werden."

Der Zusammenhang von Menschenrechten und Vertrauensbildung

Wenn auch in der gegenwärtigen Situation die Aufgabe der Erhaltung des Friedens im Vordergrund zu stehen hat, darf darüber nicht die Verwirklichung der Menschenrechte in Vergessenheit geraten. Ja, es wäre geradezu ein Rückschlag gegen die Entspannungspolitik, wenn die Verschärfung der weltpolitischen Spannungen zum Vorwand dafür genommen würde, bereits gewährte Menschenrechte und Verbesserungen auf dem Gebiet der sogenannten menschlichen Erleichterungen zurückzunehmen. Denn – das macht auch der Verbund der „drei Körbe" der Helsinki-Schlußakte deutlich – zwischen Sicherung des Friedens, Zusammenarbeit und Verwirklichung der

Menschenrechte besteht ein unauflöslicher Zusammenhang. So ist es kaum mehr möglich, die Diskussion über die Menschenrechte in allen Ländern Europas zu verhindern. Es darf nicht übersehen werden, daß die Verwirklichung der Menschenrechte unmittelbare Bedeutung für die Vertrauensbildung und damit auch mittelbar für die militärische Abrüstung und Entspannung hat. „Ein künftiger Krieg würde beim derzeitigen Stand der Waffentechnik keine Sieger hervorbringen. Insofern ist Vertrauensbildung eine Frage der Selbsterhaltung" (Regionaltreffen der ÖRK-Kommission der Kirchen für Internationale Angelegenheiten [CCIA] in Kiew, 3.–7. Juni 1979). Nur in einem Klima der Entspannung können ihrerseits Menschlichkeit und Vertrauen unter den Völkern gedeihen. Denn: Was gegen die Menschenrechte geschieht, ist auch gegen den Frieden gerichtet.

Das ganzheitliche Verständnis der Menschenrechte

Nach der Unterzeichnung der Helsinki-Schlußakte sind die Menschenrechte häufig zum Gegenstand von Auseinandersetzungen zwischen Ost und West geworden. Dabei hat es an wechselseitigen Beschuldigungen und Verdächtigungen nicht gefehlt. Kapitalistische Staaten warfen den sozialistischen häufig die Verletzung individueller Menschenrechte unter Berufung auf „Korb drei" vor: Behinderung der Religionsausübung, der Redefreiheit, der Gedankenfreiheit (Dissidenten) und auch der Reisefreiheit. Dies führte eher zu einer Verhärtung gegenüber den Kritikern im eigenen Lande. Andererseits ist gerade auf dem Gebiet der Religionsfreiheit als Folge der KSZE-Konferenz eine Öffnung eingetreten (zum Beispiel für die lutherischen Gemeinden in Sibirien).

Aber auch die sozialistischen Staaten konnten auf handfeste Defizite bezüglich der sozialen Menschenrechte in den kapitalistischen Ländern hinweisen: Arbeitslosigkeit, besonders der Jugendlichen, soziale Unsicherheit, Benachteiligung der Armen, der Arbeiter, der sozial Schwachen, Übergewicht der Interessen der „Unternehmer" und „Multis" (vgl. dazu auch: Towards a Church in Solidarity with the Poor, Commission on the Churches' Participation in Development, WCC Geneva 1980).

So wurde das Thema „Menschenrechte" gerade nicht zum Mittel der Vertrauensbildung und der Entspannung, sondern zu einem Kampfinstrument im ideologischen Schlagabtausch. Die Defizite der „anderen Seite" wurden zu einem Argument für die Berechtigung des eigenen Weges und dienten damit der ideologischen Begründung eigener Verteidigungsbemühungen und also der Verstärkung gegenseitigen Mißtrauens. Deshalb ist die Frage der Menschenrechte ein zentraler Punkt in der Politik der Entspannung. Wer hier Antworten meint schuldig bleiben zu können, arbeitet den Gegnern der Entspannung in die Hände.

Wenn wir daher sagen, daß der Friede unteilbar sei, müssen wir auch sagen: Die Menschenrechte sind unteilbar. Denn in dem Begriff „Menschenrechte" wird auf ein ganzes, freies, gesichertes und menschenwürdiges Dasein des Menschen Bezug genommen. Der individuelle und der soziale Aspekt sind nicht voneinander zu trennen; denn Frieden und Gerechtigkeit gehören zusammen. Beschränkung von Freiheit und Verweigerung von Gerechtigkeit sind zwei Seiten eines menschenfeindlichen Tatbestandes: der gestörten und behinderten Kommunikation, welche die Würde des Menschen beeinträchtigt. Deshalb dürfen Defizite in einem der beiden Bereiche nicht mit solchen aus dem anderen verrechnet werden; sie heben einander nicht auf. So entbindet die Verwirklichung von Gerechtigkeit nicht von der Gewährung der Freiheiten, deren ein Mensch bedarf, um die gewährte Gerechtigkeit erfahren zu können.

Die Menschenrechtsfrage hat aber auch einen internationalen Aspekt. Darauf hat Papst Johannes Paul II. am 2. Oktober 1979 vor der 34. Vollversammlung der Vereinten Nationen hingewiesen:

Soziale Ungerechtigkeiten und Mangel an Teilhabe führen notwendig weltweite Konflikte herbei. Sie erhöhen ebenso die Kriegsgefahr wie sie Aufrechterhaltung von ungerechten Verhältnissen fördern.

Doch es gibt auch noch einen zweiten Aspekt bei der Bedrohung des Menschen in der gegenwärtigen Situation: Das ist der Verlust von Freiheit und Würde des Menschen. Wo dies geschieht, ist die internationale Ordnung, also der Weltfriede, ebenfalls bedroht: „Es ist eine Frage von höchster Wichtigkeit, daß im inneren sozialen Leben ebenso wie im internationalen Leben alle Menschen in jeder Nation und jedem Lande in der Lage sein sollten, ihre vollen Rechte wirksam zu genießen, unter jedem politischen Regime oder System. Nur die Bewahrung dieser Vollständigkeit von Rechten für jeden Menschen ohne Diskriminierung kann den Frieden von seinen Wurzeln her sichern" (Papst Johannes Paul II.).

Die Schlußakte von Helsinki ist ein Beispiel für die gemeinsame Inanspruchnahme der Menschenrechte bei unterschiedlicher Interpretation. Ein ganzheitliches Verständnis der Menschenrechte „verpflichtet dazu, Freiheits-, Gleichheits- und Teilhaberechte aufeinander zu beziehen und sie nicht gegeneinander auszuspielen. Der

Versuch sollte gewagt werden, die rivalisierenden Menschenrechts-Interpretationen auf ihre Gemeinsamkeiten zu befragen. Gemeinsame Interessen auch bei unterschiedlichen gesellschaftlichen Zielen sind eine Grundbedingung für eine gemeinsame Zukunft. Das aufzuweisen, könnte ein wichtiger Schritt in die Richtung auf mehr Vertrauen zwischen den Völkern sein" (CCIA, Kiew, 3.–7. Juni 1979). Dies unterstreicht auch die Botschaft des Menschenrechtsprogramms der Kirchen zur Verwirklichung der Schlußakte von Helsinki (Delémont, November 1980):

„Das Konzept der Menschenrechte darf nicht eingeengt werden auf den Blickwinkel der einen oder anderen politischen oder kulturellen Tradition. Bürgerrechte, soziale Rechte und das Recht der Völker auf Selbstbestimmung gehören zusammen. Der mit der Schlußakte von Helsinki in Gang gesetzte Prozeß muß zu einem breiter gefaßten und umfassenderen Verständnis der Menschenrechte führen. In diesem Zusammenhang sollten die Kirchen in den Signatarstaaten Initiativen zum Dialog miteinander ergreifen und einander helfen, die Menschenrechte in all ihren Dimensionen zu sehen."

„Die Menschenrechte sind unteilbar. Man kann sie nicht im eigenen Land respektieren und anderen Ländern vorenthalten, genausowenig, wie man sie im eigenen Land verweigern und woanders fordern kann."

Die Aufgabe der Kirchen

Die Kirche hat von ihrem Auftrag her für die Würde des Menschen einzutreten. Sie kann dies nicht durch wortreiche Erklärungen allein tun, sondern muß selbst ein Beispiel für Vertrauensbildung durch Gewähren von Freiheit und Gerechtigkeit geben.

In der Öffentlichkeit wird sie für die Verwirklichung der umfassenden Menschenrechte eintreten:

- indem sie auf den unlösbaren Zusammenhang von Freiheit und Gerechtigkeit hinweist;
- indem sie die wechselseitigen Beschuldigungen zu Fragen an die eigene innere Ordnung umpolt;
- indem sie an die verantwortlichen Politiker des eigenen Landes herantritt und – ohne daraus politisches Kapital zu schlagen und die ideologischen Kontroversen anzuheizen – die vorhandenen Defizite beim Namen nennt;
- indem sie ihre ökumenischen Verbindungen nutzt, um Verständnis für die Politik der Regierung des eigenen Landes und deren ge-

rechte Beurteilung herbeizuführen. Das muß nicht die unkritische Übernahme der offiziellen Lesart bedeuten; gerade dies würde ja das bestehende Mißtrauen verstärken, statt es abbauen zu helfen. „Vertrauen entsteht, wenn die Regierungen es wahrmachen, was sie in der Schlußakte von Helsinki den Völkern und den einzelnen Menschen versprochen haben. Wir sollten dafür sorgen, daß dies nicht in Vergessenheit gerät“ (Botschaft der VIII. Vollversammlung der Konferenz Europäischer Kirchen [KEK] an die Christen in Europa).

„Es ist dringend geboten, alles zu unternehmen, um das gegenwärtige Wettrüsten zu stoppen, das zu unkontrollierbaren Konflikten und zum Tod ganzer Bevölkerungen führen kann. Das Recht auf Leben ist *das* grundlegende Menschenrecht. Die Regierungen aller Signatarstaaten sollten alles in ihrer Macht Stehende tun, um ein Klima des gegenseitigen Vertrauens zu schaffen und zu konstruktiven Abrüstungsmaßnahmen zu finden“ (Delémont, November 1980).

Zur Frage der Religionsfreiheit

Der Religionsfreiheit gilt nach wie vor besonderes Interesse, wenn es um die Verwirklichung der Menschenrechte geht. Sie wird als ein Grundrecht des Menschen gefordert, wo ihre Praktizierung eingeschränkt oder behindert wird. Nicht selten wird Religionsfreiheit als ein Gradmesser für die Verwirklichung der Menschenrechte überhaupt angesehen.

Der Zentralausschuß des ÖRK hat sich deshalb auf seiner Sitzung vom 14. bis 22. August 1980 aufgrund einer Vorlage der CCIA mit der Frage der Religionsfreiheit beschäftigt und dabei einige charakteristische Herausforderungen und Erfahrungen im Zusammenhang mit dieser Fragestellung beschrieben:

1. Kirchen in Ländern raschen sozialen Wandels können vor dem Problem stehen, besonders dann, wenn es sich um einen Prozeß der totalen Säkularisierung von Staat und Gesellschaft handelt, der dann auch zu einer Neuordnung der juristischen Beziehungen zwischen Staat und religiösen Gemeinschaften führt.
2. Das Problem begegnet auch dann, wenn Kirchen durch ihre Beteiligung am Befreiungskampf des Volkes in Gegensatz zu den Herrschenden geraten und dann wegen ihrer Verbindung zu religiösen beziehungsweise kirchlichen Organisationen außerhalb des Landes und wegen der von diesen erhaltenen Unterstützung in Konflikt zu nationalen Auffassungen und Loyalitäten treten.
3. In einigen Gesellschaften wird das Engagement der Kirchen,

wiewohl es aus dem Eintreten für das Evangelium begründet ist, politisch verdächtigt und als eine politische Aktivität gedeutet und verfolgt.

4. In einer zunehmenden Zahl von Ländern gewinnen neuerdings religiöse Bewegungen wieder an Boden, und politische Bewegungen artikulieren sich in religiösen Begriffen. Dadurch können religiöse Minderheiten, darunter auch Christen, in einen politischen Gegensatz zu den herrschenden Religionen geraten.

Durch diese neuen, teils unerwarteten Entwicklungen hat die Frage der Religionsfreiheit ganz neue Dringlichkeit bekommen.

Auch für die Schlußakte von Helsinki gehört die Religionsfreiheit unabdingbar zu der Gesamtheit der Menschenrechte hinzu. Die Signatarstaaten haben erklärt, daß sie „die Menschenrechte und Grundfreiheiten, einschließlich der Gedanken-, Gewissens-, Religions- oder Überzeugungsfreiheit für alle ohne Unterschied der Rasse, des Geschlechts, der Sprache oder der Religion achten" werden. Diese Freiheiten sind integraler Bestandteil der zehn Prinzipien der Schlußakte. Sie sind zugleich mit anderen Freiheitsrechten ziviler, politischer, wirtschaftlicher, sozialer und kultureller Art verbunden.

„In diesem Rahmen werden die Teilnehmerstaaten die Freiheit des Individuums anerkennen und achten, sich allein oder in Gemeinschaft mit anderen zu einer Religion oder einer Überzeugung in Übereinstimmung mit dem, was sein Gewissen ihm gebietet, zu bekennen und sie auszuüben" (KSZE-Schlußakte, Prinzip VII).

Als Gemeinschaft von Menschen, die sich zu einem bestimmten Glauben bekennen, haben auch die Kirchen in zunehmendem Maße den Zusammenhang erkannt, der zwischen der Religionsfreiheit und den anderen grundlegenden Menschenrechten besteht. Gerade deshalb gilt ihr Einsatz für die Menschenrechte nicht nur der Freiheit für die eigene Arbeit, sondern der Entfaltung des ganzen Menschen und der Entwicklung der Gesellschaft, in der er lebt.

„Die Religionsfreiheit ist und bleibt ein Hauptanliegen der Mitgliedskirchen des ÖRK. Dieses Recht sollte jedoch nicht als ausschließliches Recht der Kirche angesehen werden. Die Ausübung der Religionsfreiheit hat nicht immer die ganze Vielfalt der Überzeugungen widergespiegelt, die auf der Welt besteht. Dieses Recht ist von anderen grundlegenden Freiheitsrechten der Menschen nicht zu trennen. Keine Religionsgemeinschaft darf für sich selbst Religionsfreiheit beanspruchen, ohne selbst die Glaubensüberzeugungen und die grundlegenden Menschenrechte der anderen zu respektieren und zu wahren“ (V.Vollversammlung des ÖRK, Bericht aus Nairobi 75, 80).

Die Kirchen sind sich auch dessen bewußt, daß Religionsfreiheit nicht mit Privilegien für sie selbst zu verwechseln ist. Für die Christen und die Kirche ergibt sich daraus die Aufgabe, gemeinsam mit Andersdenkenden für die volle Verwirklichung der Gedanken-, Gewissens-, Religions- und Überzeugungsfreiheit einzutreten. „Im Mittelpunkt dieser Verpflichtungen steht der Dienst an der ganzen Gemeinschaft“ (Bericht aus Nairobi 75, 81).

„Unter Religionsfreiheit verstehen wir das Recht, aus freiem Entschluß eine Religion oder einen Glauben zu haben oder anzunehmen, sowie das Recht, diese Religion oder diesen Glauben einzeln oder gemeinsam mit anderen öffentlich oder im privaten Bereich, im Gottesdienst, in dem herkömmlichen Brauchtum, in Praxis und Lehre zu äußern. Zur Religionsfreiheit muß auch das Recht und die Pflicht der religiösen Institutionen gehören, die herrschenden Mächte, wo dies notwendig ist, im Einklang mit ihren religiösen Überzeugungen zu kritisieren“ (Bericht aus Nairobi 75, 81).

Gewissens- und Überzeugungsfreiheit schließt auch das Recht ein, keiner Religion anzugehören und keinen Glauben zu haben.

„Für die Kirchen ist die Religionsfreiheit ein wesentlicher Bestandteil der Menschenrechte. Bei der Religion geht es um die innersten Überzeugungen des Menschen: Leben, Tod, Liebe, Gemeinschaft, Gerechtigkeit, letzte Bestimmung. Die Religionsfreiheit darf gemäß dem geltenden Recht – und die Schlußakte von Helsinki hat dies hervorgehoben – keinen gesetzlichen oder administrativen Einschränkungen unterworfen werden. Ebensowenig haben die Kirchen das Recht, Sonderrechte oder Privilegien für sich in Anspruch zu nehmen, noch dürfen sie einer staatlichen Behörde, einer politischen Partei oder wirtschaftlichen Interessen zu Diensten sein“ (Delémont, November 1980).

Religionsfreiheit beinhaltet auch das Recht, den gemeinsamen Glauben über politische Grenzen hinweg zu praktizieren. Die Kirchen unterstreichen die Bedeutung, die ihre umfassende ökumenische Zusammenarbeit für die Verständigung und das Vertrauen unter den Völkern als Voraussetzung eines sicheren Friedens hat. In dem Bewußtsein der Zusammengehörigkeit der Grundrechte und Freiheiten erklären unsere Kirchen in Übereinstimmung mit der KSZE-Schlußakte ihre Bereitschaft, mit ihrer ökumenischen Arbeit weiterhin diesem Ziel zu dienen.

Berlin, den 31. Januar 1981 Krusche, Lewek, Stolpe, Zeddies

Mut zum Risiko

Vortrag in der Reihe „Chancen zum Leben" in der Nikolaikirche zu Leipzig am 11. November 1982

Wir sind uns sicher einig, daß es unter dem Thema „Mut zum Risiko" heute abend nicht um die Anwerbung von Rennfahrern oder Fallschirmspringern gehen soll. Nicht besondere Kühnheit soll hier propagiert werden. Aber ich möchte werben für das Wagnis im Angesicht von Herausforderungen oder Schwierigkeiten. Ich möchte ermuntern zu dem kleinen Schritt oder kleinen Ruck, den es manchmal nur braucht, um sich auf etwas Neues einzulassen, sich zu bewegen, sich zu verändern. Wirkliches Leben geht nicht ohne solches Wagen, geht nicht ohne Mut zum Risiko. Und ich möchte Sie bitten, meinen Überlegungen in drei Richtungen zu folgen:

Auf Christus einlassen, auf andere einlassen, Frieden wagen.

Auf Christus einlassen

Vor einem Monat stand ich mit einem Bekannten in Afrika am Indischen Ozean. Ich war mit einer Delegation des Kirchenbundes in Moçambique. Mein Bekannter lebt dort seit drei Jahren als Spezialist. Er hatte mich an das Ufer des Meeres mitgenommen, weil er dort seit längerer Zeit Beobachtungen machte, die ihn faszinierten. Ich sollte ihm bei der Klärung dramatischer Vorgänge helfen. Wir mußten nicht lange suchen. Sie waren nicht zu übersehen. Eine Gruppe von vielleicht fünfzig Afrikanern, Männer, Frauen und Kinder, stand am Strand des Ozeans beisammen. Einer las etwas vor, die anderen hörten gespannt zu. Mehrere trugen farbige Umhänge, die mit großen Kreuzen bemalt waren. Sie beteten lange und sangen. Dann zog die ganze Gruppe prozessionsartig ins Meer, bildete in Gürteltiefe einen Kreis, und wir erlebten die Taufe von etwa dreißig afrikanischen Christen. „Und das kannst Du allein an dieser Stelle jeden Sonnabend beobachten", sagte mein Bekannter und fügte hinzu: „Die machen offenbar ganz Ernst mit Jesus. Haben die denn mit

Euch etwas zu tun? So gründlich nehmt Ihr das doch gar nicht zu Hause."

Irgendwie hatte ihn, den Genossen und wohl auch Atheisten, dieser Vorgang gepackt. In einem Lande, das seit sieben Jahren unter Führung einer atheistischen Partei- und Staatsführung auf dem Wege zum Sozialismus ist, haben die eigenständigen afrikanischen Kirchen großen Zuwachs. Sie haben eigentlich keine Theologie, keine eindeutige Lehre und auch noch nicht einmal einen Namen als Kirche. Sie lesen aus der Bibel vor, manche nur abgeschriebene Teile des Neuen Testaments in ihrer Stammessprache, sie hören von Jesus Christus und sind bereit, sich ganz auf ihn einzulassen. Das spürte man ihnen an, das brauchte überhaupt keine klugen Erklärungen. Uns beiden Europäern, dem Genossen und dem Kirchenmann, war deutlich, daß diese Ganzheit und Echtheit das Geheimnis ihrer Anziehungskraft ist.

Und wie halten wir es mit Jesus? Lassen wir uns wirklich auf ihn ein? Sind wir nicht immer wieder in der Gefahr, ihn zu einem Winkelgötzen zu machen, der zu bestimmten Zeiten und möglichst ganz privat berücksichtigt wird? Statt daß wir ihn wirklich als Herrn unseres Lebens gelten lassen? Sind wir nicht ständig in der Gefahr, ihn zu erklären, von ihm zu reden, wie von einem fernen Märchenhelden, statt ihn durch uns, durch unser Verhalten auf andere wirken zu lassen?

Sich auf Gott einlassen heißt: „Über alle Dinge und in allem, was wir tun, uns bemühen, seinen Willen zu erkennen und danach zu leben."

Leben mit Christus muß bedeuten, die materiellen Güter dieser Welt nicht zum Mittelpunkt, zum Götzen zu machen. Das Auto, das Haus, die Datsche, die Urlaubsreise, das besondere Kleid oder der Farbfernseher dürfen nicht zum Goldenen Kalb werden, das unser Sinnen und Trachten bestimmt und uns unfrei macht. Das gilt auch noch für andere Dinge. Jesus hat uns nicht versprochen, daß wir glatte Wege gehen können in der Schule, zur Oberschule, zur Berufsausbildung, im Arbeitsleben. Ja, er hat uns noch nicht einmal volle Regale in den Kaufhallen versprochen. Was aber tue ich, wenn ich nicht weiterkomme, wie ich es wollte, wenn ich nicht bekomme, was ich mir wünsche, wenn ich verzichten soll? Ich klage, bedaure mich und ertappe mich im günstigsten Fall dabei, daß ich überhaupt nicht besser bin als andere Leute, die jedenfalls nicht behaupten, daß sie Christen seien.

Leben mit Christus kann uns die Gelassenheit geben, zu verzichten und Lasten zu tragen; andere an unserem Leben und Handeln spüren zu lassen, daß es Wichtigeres gibt als den Konsum oder das Fortkommen, nämlich ihn und seine ewige Wahrheit.

Diese Wahrheit fordert unsere Wahrhaftigkeit. Wahrhaftigkeit riskieren ist im Leben des einzelnen mit das Schwierigste. Sie beginnt beim Stehen zu Christus. Wir müssen nicht alle ständig ein großes Schild über unsere Kirchenzugehörigkeit tragen. Aber wir sollen unseren Herrn nicht verleugnen, und das ist oft schwer genug: In der Vereinzelung der Schulklasse oder in der Anonymität des Berufslebens. Im Gegenüber von Unverständnis oder gar Spott. In der Herausforderung harter Fragen an Glaubensaussagen und Werte, zum Beispiel an die Auferstehung. Es geht dabei selten um das Überzeugen, um logische Argumente. Es geht aber immer darum, ob wir zu unserer Sache stehen. Das ist das beste Zeugnis und wichtiger als kluge Ausreden oder Halbheiten.

Und die Wahrhaftigkeit sollen wir auch gegenüber den Menschen haben. „Auf unsere Christen ist Verlaß", sagte mir während der Getreideernte ein Ratsvorsitzender in einem Agrarbezirk, und er dankte der Kirchenleitung, daß die Kirchenmitglieder zuverlässig und fleißig arbeiteten. Es war mir etwas peinlich. Offenbar glaubte er fester daran als ich. Aber dann wurde mir deutlich, daß das ja nicht nur den einzelnen und die Kirche meint. Nein, wenn Christen als wahrhaftig, zuverlässig und fleißig erfahren werden, dann sind sie auch Zeugen ihres Herrn.

Christen können aber auch unbequeme Zeugen sein. Wenn es um die Wahrhaftigkeit, um die Gerechtigkeit im Zusammenleben der Menschen geht, dann sind Christen auch gefordert. Sie werden Unwahrheiten anfragen müssen und dürfen sie nicht durch Schweigen bestärken. Manchmal genügt eine Frage unter vier Augen, um ein Signal zu setzen, daß die Wahrheit nicht untergehen darf, um andere nachdenklich zu machen.

Christen werden Benachteiligten zur Seite stehen und sich gegen Ungerechtigkeiten wenden. Das setzt das eigene Bemühen um Gerechtigkeit voraus. In der Familie und überall da, wo sonst zu entscheiden oder mitzuwirken ist. Nur, wer sich selber anfragen läßt und wirklich hört, kann dann selbst fragen. Der Christ muß um der Gerechtigkeit willen fragen, wo es nötig ist. Die Angst vor Nachteilen, Mißverständnissen oder spöttischen Bemerkungen soll kleiner sein als das Vertrauen, daß Gott selbst seine Sache zum guten Ende bringt. Das kann uns auch die Freiheit geben, nicht mit letzter Verbissenheit wie weiland Michael Kohlhaas die Gerechtigkeit zu Tode zu reiten. Auch in der Auseinandersetzung muß aus unserem Verhalten sein Gebot der Nächstenliebe spürbar bleiben. Sie gilt auch gegenüber dem, der Unrecht tut, der Macht mißbraucht oder andere Meinungen unterdrückt.

Wir dürfen vergeben, weil auch uns immer wieder vergeben wird. Wie sollten wir ohne die Vergebung leben? Wir müssen uns unserer Halbherzigkeit, unserer Trägheit, unserer Feigheit, allem unseren Versagen stellen und dürfen auf die Vergebung vertrauen.

Unser Vertrauen in ihn läßt uns auch Vertrauen wagen.

Auf andere einlassen - Vertrauen wagen

Der fromme Einsiedler hat es leichter als wir. Er ist mit seinem Gott allein. Wir dagegen haben unseren Glauben in der Herausforderung anderer Menschen zu bewähren, bei Gleichgesinnten, bei Gleichgültigen und bei Gegnern.

Es mit anderen zu riskieren, eröffnet aber auch eine weitere Dimension des Lebens, erschließt die Freuden, Stärkungen, Belastungen und Leiden des menschlichen Zusammenlebens. Man kann heute Einsiedler auch mitten in der Großstadt sein. Die Kontakte zu anderen Menschen lassen sich auf kühle Formalitäten reduzieren: auf das Allernotwendigste und Unvermeidbare. Nicht wenige Menschen leben so. Und doch leben sie am Leben vorbei.

Christen sollten den ersten Schritt auf andere zu wagen. Das freundliche Wort, das das Schweigen unterbricht - zum Beispiel im Bahnabteil; oder die kleine Hilfestellung, die in der hektischen Geschäftigkeit des Einkaufs den Bann brechen kann. Den ersten Schritt auf andere zuzugehen, ist der Anfang praktizierter Nächstenliebe. Unser Herr erwartet dies von uns, und wir sollten uns bemühen. Es ist immer auch ein Wagnis, eine Vorgabe, bei der unsicher ist, was sie bringt.

Was wird das schon für ein Mensch sein, den ich anspreche? Vielleicht ist er mir zu häßlich oder zu schmutzig, zu alt oder zu jung? Vielleicht mag ich auch keine Preußen oder Sachsen oder Polen oder Afrikaner? Oder soll ich mich vielleicht mit Atheisten einlassen?

Auch Christen haben Vorurteile! Aber Christen sollen Vorurteile überwinden. Im Umgang mit anderen sind wir oft die Gefangenen unserer eigenen Vorstellungen, Ängste und Probleme. Wir projizieren sie auf andere, produzieren Vorurteile und belasten das Miteinander.

Eine chinesische Fabel stellt das so dar:

Ein Mann hatte seine Axt verloren und glaubte, daß sie der Sohn seines Nachbarn gestohlen habe. Jedesmal, wenn er den Jungen sah, schien es ihm, als ob er wirklich ein Dieb sei. Sein Gang, sein Gesichtsausdruck, seine Sprache und überhaupt alles an dem Jungen schienen davon zu zeugen, daß er die Axt gestohlen hatte. Wenig später fand der Mann seine Axt wieder. Als er am nächsten Morgen den Sohn seines Nachbarn erneut traf, war es ihm, als ob der Junge in keiner Weise einem Dieb gliche.

Bemühen wir uns, Gutes zu vermuten und Vertrauen vorzugeben. Vertrauen ist ein Risiko. Wir leben von der Vertrauensvorgabe Gottes. In Jesu Leben sehen wir den Weg riskierenden Vertrauens. Er läßt es darauf ankommen, daß Gott sich zu ihm stellt. In diesem Vertrauen riskiert er sein Leben. Nachfolge Jesu heißt, sich auf Vertrauen einzulassen. Heißt, anderen Menschen zunächst einmal Gutes zuzutrauen, weil wir Gott Gutes zutrauen. Das ist keine blinde Vertrauensseligkeit, keine Vogel-Strauß-Politik gegenüber Gefahren und Schwierigkeiten. Vertrauen soll wachsam sein, auch um des anderen willen, der durch unser unbedachtes leichtsinniges Verhalten in Versuchung gebracht werden kann. Vertrauen wagen heißt, beim Abwägen zwischen der Möglichkeit, vom anderen ein ablehnendes, gefährliches und schädliches Verhalten oder eine offene, verständigungsbereite und förderliche Haltung erwarten zu können, das Bessere zu vermuten. Vertrauen wagen heißt, im Zweifel das Gute vermuten und darauf setzen. Und Jesus erwartet, daß wir solches Vertrauensrisiko immer und immer wieder eingehen.

Das gewagte Vertrauen muß konkret gelebt werden. Es beginnt beim Zuhören, dem wirklich mitdenkenden Zuhören, das den anderen ernst nimmt, ihn respektiert, sich anfragen läßt und zurückfragt; sich hineindenkt in die Vorstellungen des anderen, seine Sorgen und seine Ziele. Das erschließt den anderen für uns, bedeutet, freiwillig ein Stück Weges mit ihm zu gehen.

Vertrauen wagen gilt nicht nur für den einzelnen Christen, sondern auch für die Kirche. Ein Beispiel versagten Vertrauens ist der Stand der Bemühungen um eine intensivere Gemeinschaft der evangelischen Landeskirchen in der DDR. Die Berlin-brandenburgische Kirche hat dabei den „Schwarzen Peter". Bei ihrer Synodaltagung im November 1981 scheiterten die Beschlußvorlagen über den Plan zur verbesserten Gemeinschaft und das Gesetz über den ersten Schritt. Das hat viele entmutigt, die Hoffnung setzten auf eine wirksamere Gemeinschaft unserer Kirchen im Interesse des Verkündigungsauftrages hier und heute. Aber die Brandenburger sagten nur, was manche andere dachten. Hauptargument der Zögernden war, man könne keinen Blankoscheck auf die Zukunft ausstellen, nicht in Züge steigen, deren Fahrplan unklar sei. Das ist sachlich richtig. Der

Vorschlag, auf mehr Gemeinschaft zwischen unseren Landeskirchen zuzugehen, eine einfachere, überschaubare und überzeugendere Gestalt evangelischer Kirche in diesem Lande zu schaffen, dieser Vorschlag ist nur ein Startplan, ein Aufbruchsplan, ein Vorschlag zum gemeinsamen Wagnis. Man kann ihm viel entgegenhalten: Wo bleiben die Bekenntnisse? Wo bleibt die Stabilität und Verantwortung der Landeskirchen? Wo bleiben die besonderen Beziehungen und Möglichkeiten der einzelnen Kirchen? Wer hat künftig das Sagen? Alles Fragen, auf die niemand garantiert sichere Antworten geben kann. Trotz vieler noch möglicher Absprachen wird ein letztes Risiko bleiben. Wenn Vorsicht und gar Mißtrauen weiter bestimmen, wird nichts geschehen. Wege können nicht ohne Wagnis begangen werden. Der Weg der Gemeinschaft unserer Kirchen wird seit Jahrzehnten bewußt und bei wachsender Zusammenarbeit gegangen. Wenn diese Weggemeinschaft sich neu formieren will, muß sie es allerdings gemeinsam tun. Zögern sollte nicht durch das Versprechen risikofreien Fortgangs überwunden werden. Das wäre eine gefährliche Illusion. Bei aller Vorsorge muß das Vertrauen in Gottes Wege bleiben. Eins aber sollte man tun, nämlich die Zeit der Verzögerung nutzen, um sich besser kennenzulernen, auf die Vorbehalte zu hören und sie zu verstehen. Weggenossen müssen voneinander wissen. Je besser sie sich kennen in ihren Schwächen und Stärken, um so getroster können sie sich auf das Abenteuer des gemeinsamen Weges einlassen. Ich bin froh, daß wir in einem solchen Prozeß intensiveren Kennenlernens stehen. Gerade vor kurzem haben die Kirchenleitungen der sächsischen und der Berlin-brandenburgischen Kirche in Großenhain ein hartes, aber hilfreiches und hoffnungsvolles Gespräch miteinander geführt.

Wir sind zur Gemeinschaft verpflichtet um unserer Glaubwürdigkeit, um unseres Auftrages willen. Unser Herr will die Einheit seiner Herde, er erwartet von uns herzhafte Schritte zur ökumenischen Gemeinschaft. Auch diese sind fällig, beginnend im Inland. Zuvor aber sollten wir unsere überfälligen eigenen Gemeinschaftsprobleme klären!

Ein gemeinsames Wagnis ist und bleibt das Verhältnis von Kirche und Staat in unserem Lande. Die Kirchen hatten Grund zur Vorsicht. Ist doch der Atheismus fester Bestandteil der Weltanschauung des Marxismus-Leninismus, nach der unter Führung der Partei die sozialistische Entwicklung gestaltet wird. Nach dieser Lehre ist Religion unwissenschaftlich, falsch, behindert das Denken im Interesse des Fortschritts, und Religion und Kirche werden aussterben, sobald ihre sozialökonomischen Wurzeln entfallen. Hinzu kommen entsprechende Erlebnisse von einzelnen Christen, insbesondere im Bildungsbereich, die solche Lehre existentiell erleben ließen. Leider nicht selten wurde dabei von den Machtträgern Überzeugung durch Entscheidung ersetzt. Solche biografischen Erfahrungen, solche Wunden gibt es bei nicht wenigen Christen. Und Narben schmerzen – besonders bei schlechtem Wetter.

Auch Staat und Partei hatten Grund zum Mißtrauen. Für sie gab es zu Anfang eine Art Feindvermutung, zumindest gegenüber kirchlichen Amtsträgern. Die Geschichte hatte gelehrt, daß die Kirchenvertreter im Zweifel auf der anderen Seite der Barrikade standen. Auch in der Geschichte der DDR gibt es dafür handfeste Beispiele.

Für beide Seiten wurden in einem jahrzehntelangen Erfahrungsprozeß Klischeevorstellungen in Frage gestellt. Verfolgungen und Opfer der Nazizeit auf beiden Seiten erleichterten eine Hörbereitschaft, die das Gespräch auch in Zeiten harter Auseinandersetzung nicht abreißen ließ. Miteinanderreden ist eine wichtige Voraussetzung des Verstehens. Verständnis wuchs zwischen Staat und Kirche aus der Einsicht in die gegenseitige Unausweichlichkeit. Den Kirchen ist in einem langwierigen Klärungsprozeß deutlich geworden, daß ihr Auftrag sie an die Menschen in dieser sozialistischen Gesellschaft weist, hier und nirgendwo sonst der Stadt Bestes zu suchen. Staat und Partei haben sich darauf eingestellt, unvermeidbar und auf unabsehbare Zeit mit den Kirchen leben zu müssen.

Zur Einsicht kam die Erkenntnis, an die gleichen Menschen gewiesen zu sein. In zentralen Aufgaben, wie der Vermeidung einer atomaren Katastrophe, der Sorge um Alte und Behinderte sowie der Verpflichtung zur internationalen Solidarität, sind Bemühungen der Kirche heute als willkommener und eigenständiger Beitrag anerkannt. Die Partei- und Staatsführung hat wiederholt ihre Haltung zu Kirchen und Christen positiv beschrieben. Zuletzt bei Gelegenheit der Arbeitsberatung des Martin-Luther-Komitees der DDR am 29. Oktober 1982. Danach wird die Kirchenpolitik offener, sachlicher und verständnisvoller Gespräche mit der Bereitschaft zur konstruktiven Regelung anstehender Fragen, wie sie am 6. März 1978 zwischen dem Staatsratsvorsitzenden und der Leitung des Kirchenbundes vereinbart wurde, fortgesetzt.

Die Möglichkeit, unter Wahrnehmung unterschiedlicher Standpunkte Lösungswege auch in kritischen Situationen zu finden, hat sich in diesen Tagen an einer einvernehmlichen Regelung zwischen Staat und Kirche über das Symbol der Friedensdekade 1982 bestätigt. Die Regierung hat das Symbol *Schwerter zu Pflugscharen* legalisiert durch die Erteilung von Druckgenehmigungen für Plakate und Lesezeichen. Es ist damit als das Zeichen eigenständiger kirchlicher Friedensbemühungen, als Symbol unserer Abrüstungsforderungen auch staatlich anerkannt. Die Kirchenleitungen haben ihrerseits akzeptiert, daß eine zusätzliche Herstellung des Symbols als Aufnäher nicht möglich ist und entsprechende Genehmigungen nicht erteilt werden. Die Kirchen haben demzufolge jetzt von einem Antrag auf die Genehmigung des Symbols als Aufnäher abgesehen. Die Kirchenleitungen raten den Gemeinden, keine neuen zusätzlichen Aufnäher auszugeben. Selbstverständlich wird niemand von der Kirchenleitung aufgefordert, einen bereits vorhandenen Aufnäher zu entfernen. Die Träger von Aufnähern können im Gegenteil bei eventuellen Schwierigkeiten um die Hilfe ihrer Kirchenleitung nachsuchen. Wir gehen jedoch davon aus, daß der Status quo unbeanstandet bleiben wird.

Wir müssen auch Kompromisse wagen, ohne sie bliebe nur die Konfrontation zu Lasten einzelner Menschen. Kompromisse sind auch gewagtes Vertrauen. Auch der Kompromiß um das Symbol *Schwerter zu Pflugscharen*. Wenn er gelingt, wenn er von beiden Seiten durchgehalten wird, dann sind nachträglich alle Diskriminierungen der vergangenen Monate gegenüber Trägern des Symbols zurückgenommen, und dann haben Staat und Kirche eine große Ermutigung erhalten, auch für andere anstehende Fragen, für Waffendienstverweigerer und im Bildungsbereich, beiderseits befriedigende Lösungen zu suchen.

Frieden wagen

Im Grunde ist die Auseinandersetzung um das Symbol Schwerter zu Pflugscharen für alle Beteiligten eine Übung zur Friedenserziehung. Ich bin dankbar für die friedliche Gesinnung, die viele junge Christen in den dramatischen Wochen zeigten, und ich bin dankbar für die Geduld und auch die Großzügigkeit nicht weniger Staatsfunktionäre in den Auseinandersetzungen. Das war gewagter Friedenswille im kleinen, und der ist nötig. Denn die Bedrohung des Friedens trifft uns alle, Christen und Marxisten.

Niemals ist so viel vom Frieden geredet worden, und doch sind niemals die Gefahren für die Menschheit größer gewesen als heute! Nach Jahrzehnten eines Abschreckungsfriedens, in dem durch immer mehr Rüstung die jeweils andere Seite vor einem Angriff zurückschrecken sollte, hat dieser Rüstungswettlauf ein Ausmaß und eine Eigengesetzlichkeit erreicht, die im Selbstlauf auf eine Katastrophe zugeht. Jeder weiß, daß das schon vorhandene Vernichtungspotential mehrfach ausreichen würde, um alles vorhandene Leben auf dieser Erde zu vernichten. Es ist sogar wahrscheinlich, daß im Falle eines globalen Nuklearkrieges eine Zerstörung der Atmosphäre und damit eine Unbewohnbarkeit der Erde eintreten würde. Natürlich will das niemand, aber das gewaltige Waffenarsenal ist politisch nur noch schwer lenkbar und nach Aussage von Experten nicht mehr mit letzter Sicherheit kontrollierbar. Zufälle, Computerirrtum oder menschliches Versagen können die totale Katastrophe auslösen und unwiderruflich die Schöpfung zerstören. Und mit jeder Weiterentwicklung wird aus der Wahrscheinlichkeit der Zerstörung die Gewißheit des Untergangs. Die Menschheit ist dabei, nicht nur Gottes Friedensgebot zu verletzen, sondern Gottes Schöpfung zu zerstören. Bereits jetzt mißbraucht sie die Schöpfung, indem sie die meisten Mittel und Kräfte zur Vorbereitung der Zerstörung einsetzt und darüber Millionen Menschen verhungern läßt. Die Vorbereitung eines Atomkrieges ist Gotteslästerung, die größte und damit wohl die letzte Sünde dieser Menschheit, der Gott seine Schöpfung anvertraute! Philip Potter, der Generalsekretär des Ökumenischen Rates der Kirchen, mahnte vor der Abrüstungskonferenz der UNO im Sommer dieses Jahres: Wir leben in der apokalyptischen Stunde zwischen Leben und Tod der Menschheit, und wir müssen uns des Wortes im 5. Buch Mose erinnern: „Ich habe euch Leben und Tod, Segen und Fluch vorgelegt, damit du das Leben erwählst und am Leben bleibst, du und deine Nachkommen!"

Die weltweite Christenheit ist herausgefordert, Gottes Gebot zu folgen und dieser Entwicklung entgegenzutreten. Mit der Ökumene sehen auch unsere Kirchen heute in der Sorge um den Frieden der Welt eine Notwendigkeit des Glaubensgehorsams. Die Kirche hat die Verpflichtung, darauf hinzuweisen, daß ein Atomkrieg die Bedingungen eines menschenwürdigen Lebens zerstören und deshalb nichts die Auslösung eines solchen Krieges rechtfertigen würde.

Christen, die glauben, daß Gottes Welt und das menschliche Leben ein unverletzbares heiliges Gut sind, müssen schon die Vorbereitung und die Drohung mit dem Atomkrieg ablehnen. Und noch einmal: Der tatsächliche Einsatz von Atomwaffen wäre eine absolute Sünde, die nie und unter keinen Umständen gerechtfertigt werden darf:

Jesus Christus, der für uns Menschen in unserem inneren und äußeren Frieden gestorben ist, Jesus Christus will, daß wir mit friedlichen Mitteln die Chancen des Friedens in der Welt stärken.

Heute wissen Politiker in Ost und West, daß mehr Sicherheit nicht durch mehr Waffen erreichbar ist. Der Abschreckungsfrieden geht seinem Ende entgegen. Die Menschheit geht zugrunde, wenn sie nicht umkehrt. Nur durch Umdenken, nur wenn den vorhandenen Realitäten eine neue Richtung gegeben wird, wenn neue Wege gegangen werden, ist eine Rettung möglich. Der Abschreckungsfrieden führt zum Untergang, er muß durch einen Vertrauensfrieden abgelöst werden.

Vertrauen aber ist ein Risiko und für einen Politiker und Militär noch eine Zumutung. Erfahrungen sprechen dagegen, und die hohe Verantwortung nötigt geradezu, auf Mißtrauen, Vorsicht und Sicherheit zu setzen. Kirchen und Christen müssen dennoch mahnen und bitten, auf das Vertrauen zu setzen.

Kleine konkrete Schritte können hilfreich sein: Es sollte von allen Seiten auf feindselige, haßschürende Rhetorik verzichtet werden. Alle Möglichkeiten des Gesprächs sollten genutzt werden. Gegenseitige Verteufelung muß durch Bemühungen um gegenseitiges Verständnis ersetzt werden. Das Sicherheitsbedürfnis auf der anderen Seite muß berücksichtigt werden. Sicherheit und Frieden sind nur noch gemeinsam erreichbar. Deshalb ist der Verzicht auf weitere Steigerungen der eigenen Rüstung zur Erreichung einer Überlegenheit nötig, um das Sicherheitsbedürfnis der anderen Seite nicht zu Gegenmaßnahmen und weiteren Rüstungssteigerungen zu provozieren. Durchschaubarkeit und Glaubwürdigkeit politischer Maßnahmen, konstruktive Kompromißbereitschaft in Verhandlungen und Gesten des Entgegenkommens müssen Verhaltensmaximen werden.

Christen in aller Welt hoffen auf die Fortsetzung der Verhandlungen über europäische Sicherheit und Zusammenarbeit in Madrid, daß Vertrauen wächst und nicht das Zeichen der Hoffnung, das von Helsinki ausging, zerstört werde.

Mit besonderer Besorgnis müssen wir auf die geplante Stationierung zusätzlicher Atomwaffen in Westeuropa sehen. Wenn diese Pläne durchgesetzt werden, kommt es zur qualifizierten Eskalation des Wettrüstens, werden die Gefahren sich potenzieren. Unvermeidbar wird dann auch eine weitere Rüstungssteigerung in unserem Lande sein. Die Militarisierung unserer Gesellschaft und eine noch stärkere wirtschaftliche Belastung werden unausweichlich sein. Darüber hinaus befürchte ich, daß alle Friedenswilligen und auch die Kirchen einen schweren Stand haben werden. Es gehört jedenfalls nicht viel Fantasie dazu, um sich vorzustellen, daß die für Westeuropa geplante Raketenstationierung uns erheblich belasten wird. Wir müssen alle, die dafür Verantwortung zu tragen haben, dringend bitten, diese schwerwiegenden Nebenfolgen zu bedenken.

Die Kirche muß sich mit klugen Ratschlägen an die Politiker zurückhalten, sie muß sich vor Besserwisserei und Dilettantismus hüten. Aber die Kirche muß dringend alle Regierungen bitten, bei ihren Entscheidungen alle Folgen, insbesondere für die Menschen, zu bedenken. Die Kirchen müssen bitten, daß Folgen und Auswirkungen auch für die jeweils andere Seite bedacht werden. Die Kirchen müssen bitten, Wege zu suchen, die für beide Seiten gangbar sind, auch Schritte zu tun, die Vertrauen schaffen können.

Der erste und spezifische Beitrag der Kirchen zum Frieden der Völker besteht darin, daß sie den Frieden Gottes bezeugen und darum für den Frieden der Menschen untereinander beten. Dazu haben sich die evangelischen Kirchen in der Deutschen Demokratischen Republik und in der Bundesrepublik Deutschland gemeinsam bekannt. Es ist für alle Bemühungen um den Frieden eine große Ermutigung, daß in diesen Tagen in den deutschen evangelischen Gemeinden in tausenden Gottesdiensten für den Frieden gebetet wird.

Wir sind froh, daß die besondere deutsche Verantwortung für den Frieden auch von beiden deutschen Regierungen gesehen wird. Diese an der Grenzlinie der Militärbündnisse und aus der geschichtlichen Verantwortung erwachsende Aufgabe hat für den Weltfrieden eine hohe Bedeutung. Sie kann den Frieden retten, wenn sie von beiden Regierungen mit ganzem Ernst gehandhabt und von den Völkern mitgetragen wird. Dabei sind wir Christen zur Unterstützung und Mitverantwortung herausgefordert. Als eigenständiger Teil unserer jeweiligen Gesellschaft können wir Verständnis für die andere Seite fördern helfen und zu Gesprächen ermutigen.

Im übrigen sei hier nur angemerkt, daß es die Belastungen aus unserer Vergangenheit und die ständig wachsenden Gefahren verbieten, deutsche Friedensbemühungen zum Vehikel von gesamtdeutschen Träumereien zu machen.

Seit gestern sind wir im 500. Geburtsjahr eines großen Sohnes unseres deutschen Volkes. Wir sollten es getrost wagen, ein Jahr lang etwas lauter und auch mit Stolz von Martin Luther zu reden. Wir sollten diese gute Möglichkeit der Ermutigung für uns und besonders auch für unsere Kinder in den Schulen fröhlich nutzen. Wir sollten uns freuen, daß die ganze DDR-Gesellschaft bei Martin Luther lernen will, und deshalb sollten wir es zuallererst tun.

Martin Luther ist nicht nur der Schöpfer unserer deutschen Schriftsprache und der größte Dichter vor Goethe, er ist nicht nur der größte Ökonom vor Marx und der größte Philosoph vor Hegel. Das mag alles sein. Vor allem können wir Christen von ihm den Mut zum Risiko des Lebens im Glauben lernen. Es lohnt heute und 1983 und immer wieder, auf ihn zu hören. Wenn er uns zum Beispiel mahnt in der Erklärung zum Ersten Gebot:

Wir sollen Gott über alle Dinge fürchten, lieben und vertrauen. Also verstehst du nun leicht, was und wieviel dies Gebot fordert: Das ganze Herz des Menschen nämlich und alle Zuversicht auf Gott allein und niemand anders setzen. Lasse dich nicht davon reißen, sondern wage darauf alles!

Die Kirchen sind um des Friedens willen herausgefordert, zur Stabilität der deutschen Staaten beizutragen

Anmerkungen zur besonderen Gemeinschaft der evangelischen Kirchen in der Bundesrepublik, Berlin West und in der DDR, vorgetragen in der Evangelischen Akademie Tutzing am 24. März 1984

Die Bildung des Bundes der Evangelischen Kirchen in der DDR brachte 1969 die rechtlich-organisatorische Lösung der acht östlichen Landeskirchen von dem bis dahin die Landeskirchen in beiden deutschen Staaten umfassenden Zusammenschluß in der Evangelischen Kirche in Deutschland (EKD) mit sich. Jedoch sollte keine geistliche oder „ideologische“ Trennung damit verbunden sein, im Gegenteil. Die Verfassung des Kirchenbundes enthielt in Artikel 4 (4) das verpflichtende Bekenntnis: „Der Bund bekennt sich zu der besonderen Gemeinschaft der ganzen evangelischen Christenheit in Deutschland. In der Mitverantwortung für diese Gemeinschaft nimmt der Bund Aufgaben, die alle evangelischen Kirchen in der DDR und in der Bundesrepublik Deutschland gemeinsam betreffen, in partnerschaftlicher Freiheit durch seine Organe wahr.“ Angesichts der scharfen Kritik der SED gegen diese rechtliche Festlegung ist die „besondere Gemeinschaft“ im ersten Jahrzehnt des Kirchenbundes zwar nach Kräften praktiziert, aber öffentlich wenig thematisiert worden. Die Einladung der bayerischen Evangelischen Akademie gab Gelegenheit, dies nunmehr nachzuholen.

I.

Alfred Kardinal Bengsch, eine der großen Gestalten im geteilten Deutschland, bedauerte seine protestantischen Brüder wegen deren Sorgen um Kirchen- und Staatsgrenzen und sagte uns: „Meine Zentrale ist in Rom, denn die Kirche ist international!“

Luthers Erben haben es da schwerer: Denn protestantische Kirchenorganisation mußte sich in der Reformationszeit an die Territorialfürsten binden und ging gerade auch im ostdeutschen Raum das klassische Bündnis von Thron und Altar ein. Der Landesfürst und die Staatsräson waren jahrhundertelang für evangelisches Kirchenwesen entscheidende Orientierungspunkte. Das galt jedoch nur in den Territorien, das Heilige Römische Reich deutscher Nation dagegen hat eine solche Staatstreue nicht erfahren können. Dem kleindeutschen Nationalstaat Bismarcks allerdings wuchs sie geradezu als Potenzierung der territorialen Bindung zu. Der Nationalstaat im Range eines kirchlichen Dogmas – da kommen wir her!

Einen grundlegenden Wandel erfuhr diese evangelische Kirche in der Auseinandersetzung mit dem Nationalsozialismus. Sie mußte begreifen, daß sie ihre Lehre und ihre Ordnung nicht an Staat und Nation binden darf. Diese Erkenntnis wurde in der Barmer Theologischen Erklärung 1934 festgehalten. Sie brachte für die deutschen evangelischen Territorialkirchen den entscheidenden Schritt zur kirchlichen Eigenständigkeit. Denn sie gewannen ihre geistliche Selbständigkeit in der Erfahrung, daß sie nur an Christus gebunden sind. Die Barmer Theologische Erklärung hat in den deutschen Kirchen den Rang eines Bekenntnisses. Mit dieser neuen Qualität des eigenständigen Kirchseins gewannen die evangelischen Kirchen zugleich eine neue Nähe zu anderen Kirchen. Denn Kirchen aller Konfessionen haben die Verpflichtung, die ewige Wahrheit von Jesus Christus an allen Orten und unter allen Bedingungen und gegenüber jedermann weiterzusagen. Ihr Auftrag ist an keine Nation, keinen Staat, keine Gesellschaftsordnung gebunden oder begrenzt; er ist weltweit. Die ökumenische Gemeinschaft verbindet die Kirchen über alle Grenzen hinweg in ihrem Ursprung und Auftrag, fordert sie gemeinsam in die Aufgaben kirchlicher Weltverantwortung und gibt ihnen zugleich die Möglichkeit, über alle politischen Gegensätze hinweg Brücken der Verständigung zu schlagen.

II.

1. Die deutschen evangelischen Kirchen wurden 35 Jahre nach der Barmer Erklärung erneut massiv herausgefordert. Sie hatten sich 1948 in Eisenach zu einer Evangelischen Kirche in Deutschland zusammengeschlossen. Die Hoffnung, daß diesem Zusammenschluß bald auch ein gesamtdeutscher Staat entsprechen würde, erwies sich spätestens 1961 als trügerisch. Es waren nicht nur zwei Staaten ent-

standen, sie standen zudem noch in gegensätzlichen Gesellschaftssystemen und Militärbündnissen. Spannungen und Abgrenzungen zwischen den deutschen Staaten machten nach 1961 ihre gesamtkirchliche Organisation handlungsunfähig. Um die notwendigen Verabredungen zu gemeinsamen Aufgaben der in der Deutschen Demokratischen Republik gelegenen evangelischen Landeskirchen zu erreichen, wurde 1962 eine Konferenz der Evangelischen Kirchenleitungen in der DDR gegründet. Dennoch gab es keine wirkungsvolle Gesamtvertretung der evangelischen Kirchen und Christen in der DDR. In einigen Fachbereichen, zum Beispiel der Jugend- und Kinderarbeit, wurde zwischen den Landeskirchen kooperiert, ohne daß jedoch Gemeinsamkeiten stärker praktiziert werden konnten. Gesamtkirchliches Handeln mußte sich überwiegend auf Abwehrverabredungen und Lageeinschätzungen beschränken. Ein gemeinsames Zeugnis der Kirchen in der DDR war erschwert, ein gemeinsames Handeln aller deutschen evangelischen Kirchen war unmöglich. Dieser Zustand war auf die Dauer nicht zu verantworten, denn er bedeutete eine Behinderung des kirchlichen Auftrages durch eine Organisationsform, die nicht mehr der Situation entsprach.

2. Äußerer Anlaß zur Veränderung wurden in der DDR eine Vereinigungsverordnung Ende 1967 und die Vorbereitung einer neuen Verfassung. Danach mußte die völlige rechtliche und tatsächliche Einstellung aller auf die Evangelische Kirche in Deutschland bezogenen gesamtkirchlichen Arbeit erwartet werden. Mit verfassungsändernden Mehrheiten aller Synoden entschlossen sich 1969 die evangelischen Landeskirchen in der DDR, die organisatorische Gemeinschaft mit den westdeutschen evangelischen Kirchen in der EKD aufzugeben und einen Bund der Evangelischen Kirchen zu bilden. Diese Entscheidung bedeutete eine Änderung der Organisation und Struktur der Kirche zur Ermöglichung ihres Dienstes. Der Bund blieb den Barmer Erkenntnissen treu, indem er den Dienstcharakter der kirchlichen Ordnung deutlich machte und im Artikel 4 Absatz 2 seiner Ordnung seine Selbständigkeit und Unabhängigkeit festschrieb.

Die Evangelische Kirche in Deutschland, in der faktisch nur noch Vertreter der evangelischen Kirchen aus der Bundesrepublik und aus Westberlin mitwirken konnten, stimmte den Entscheidungen der evangelischen Kirchen in der DDR zu und begrenzte ihre Tätigkeit auf den Raum der Bundesrepublik Deutschland und Berlin West. Sie erklärte: Die äußeren Formen der Gemeinschaft sind zerbrochen, die Gemeinsamkeit der Verantwortung für das Zeugnis und den Dienst der Kirche bleibt bestehen.

III.

1. Der Bund der Evangelischen Kirchen in der DDR verstand seine Entscheidung als eine klare organisatorische Trennung von der Evangelischen Kirche in Deutschland, bekannte sich aber gleichzeitig zur besonderen Gemeinschaft der ganzen evangelischen Christenheit in Deutschland. Damit wurde neben der eindeutigen rechtlichen Trennung und Verselbständigung die besondere Gemeinschaft als eine vorgegebene und außerhalb rechtlicher Verfügung stehende Größe festgeschrieben. Sie ist rechtlicher Entscheidung entzogen, bedeutet eine geistliche Gemeinschaft und ist real existierend.

Der erste Präses der Bundessynode, der spätere thüringische Bischof Ingo Braecklein, erklärte unter Zustimmung der Synode am 14. September 1969:

Wir haben ausgesprochen, daß wir durch die Gesetzgebung des Staates, in dem wir durch Gottes Beschluß leben, genötigt sind, die organisatorische Verbindung, wie wir sie geschenkt bekommen hatten, nicht mehr ausführen können und darum eine selbständige Organisation schaffen müssen. Wir haben darin zum Ausdruck gebracht, daß wir bei aller Annahme der Lage, in die wir gebracht worden sind, das, was in diesem Artikel mit dem Stichwort besondere (spezifische) Gemeinschaft bezeichnet wird, weder aufkündigen noch aufgeben noch in irgendeiner Weise anzweifeln wollen. Wir sind als Deutsche evangelischen Glaubens durch Sprache, Geschichte und Bekenntnis in einer anderen Gemeinschaft, als sie etwa mit den Kirchen gleichen Bekenntnisses in der Ökumene gegeben ist. Und wir können den Artikel 4 nur so ehrlicherweise interpretieren, daß es uns ernst war mit der Selbständigkeit der Organe des Bundes, daß wir aber ebenso leidenschaftlich daran festhalten, daß die Gemeinschaft des Dienstes, des Glaubens, der theologischen Arbeit, die uns mit den Kirchen auch im anderen deutschen Staat verbindet, erhalten werde!

2. Es war ein konsequenter, aber auch ein schmerzlicher Weg, den die evangelischen Kirchen in der DDR vorangingen und den die evangelischen Kirchen in der Bundesrepublik und in Westberlin mit vollzogen. In beiden deutschen Staaten standen die Kirchen mit ihrer Entscheidung gegen die jeweils vorherrschende politische Position. In der DDR wurde mehr Abgrenzung gefordert und wegen des Bekenntnisses zur besonderen Gemeinschaft der neue Kirchenbund erst 1971 von der Staatsführung voll anerkannt. In der Bundesrepublik wurde in der organisatorischen Trennung der deutschen evangelischen Kirchen eine Anerkennung der Deutschen Demokratischen

Republik und ein Verzicht auf den Alleinvertretungsanspruch gesehen. In der Tat war der Weg der evangelischen Kirchen eine Vorwegnahme späterer Entwicklungen zwischen den deutschen Staaten. 1969 waren in der Bundesrepublik Weitsicht und Mut nötig, um diese Entscheidung mitzutragen. Der damalige Ratsvorsitzende der EKD, der bayerische Landesbischof Dietzfelbinger, hat einen hohen Anteil daran, daß durch den Bruch der Strukturen die Gemeinschaft durchgetragen werden konnte.

IV.

1. Die Grundlage der besonderen Gemeinschaft zwischen den deutschen evangelischen Kirchen ist die Gemeinschaft des Glaubens, die ein Werk des Heiligen Geistes und darum von äußeren Mächten unzerstörbar ist. Sie ist eingebunden in die weltweite ökumenische Gemeinschaft der Christenheit. Die Substanz der besonderen Gemeinschaft liegt in spezifischen Gegebenheiten, durch die sie vertieft und gefestigt wird. Neben Gemeinsamkeiten der Sprache, der Kultur und der Geschichte sind es vor allem zentrale Elemente geistlicher Kirchengemeinschaft:
- Gemeinsamkeiten im Bekenntnis,
- die Abendmahlsgemeinschaft,
- gemeinsame Agenden,
- gemeinsame Bibeltexte und Leseordnungen,
- das gemeinsame Gesangbuch und
- die geistliche Einsicht und Sammlung, die aus gemeinsamer Schuld erwachsen sind.

2. In Bekenntnisfragen tun sich die deutschen Protestanten untereinander schwer. In internen Einigungsbemühungen jeweils innerhalb der EKD und des Kirchenbundes sind beide steckengeblieben; sozusagen eine besondere Schadensgemeinschaft. Einen Durchbruch gab es bisher lediglich auf europäischer Ebene durch die Leuenberger Konkordie, die mehr Gemeinsamkeit zwischen reformiertem und lutherischem Bekenntnis ermöglichte. Die Bindungen an die verschiedenen reformatorischen Bekenntnisse sind in beiden Kirchenbünden in ähnlicher Weise verteilt. Die Bemühung um gemeinsames Zeugnis reformatorischer Kirchen unterschiedlicher Prägung erfolgt im engen Austausch innerhalb der Konfessionsfamilien. Die Zusammenschlüsse der lutherischen, der unierten und der reformierten Kirchen erweisen sich hier zwischen den deutschen

Kirchen als grenzüberschreitende und besondere Gemeinschaft stabilisierende Faktoren.

Die Barmer Theologische Erklärung, in ihrem Bekenntniswert weithin anerkannt, wird 1984 ein Hauptgesprächsgegenstand der deutschen evangelischen Kirchen sein. Dabei wird es auf die Sichtung der Grundlage, die gemeinsame Bindung, aber auch das Ernstnehmen der jeweiligen Situation ankommen. Es bleibt zu hoffen, daß sich die besondere Gemeinschaft deutscher evangelischer Kirchen gerade auch in der Spannung von Bindung und Freigabe bewähren kann.

3. Die gottesdienstliche Gemeinsamkeit durch Beibehaltung und Weiterentwicklung der Agenden, der Bibelausgaben, der Leseordnungen und des Gesangbuches sind der deutlichste Ausdruck der besonderen Gemeinschaft und das Instrumentarium ihrer Gemeindewirksamkeit. In ihr erlebt und trägt der einzelne evangelische Christ die Gemeinschaft mit. Durch gemeinsame Überarbeitungen und parallele beschlußmäßige Verabschiedungen wurden in den letzten Jahren mehrfach diese Gemeinsamkeiten erneuert und gefestigt. Zum Beispiel in der Neuordnung der biblischen Lesungen, der Bestätigung einer neuen Lutherbibelübersetzung und der Vorbereitung eines neuen gemeinsamen Gesangbuches. Interessanterweise hat sich bei dieser Zusammenarbeit eine Erweiterung auf den gesamten deutschsprachigen Raum ergeben, die erst nach der organisatorischen Trennung der Kirchen in den deutschen Staaten möglich war, und die sich heute als wertvolle inhaltliche Vertiefung und ökumenische Bereicherung erweist.

4. Nach den Versuchungen und Anfechtungen der nationalsozialistischen Zeit und unter der Last der Mitschuld an den Verbrechen und dem Versagen des deutschen Volkes bekannten sich die deutschen evangelischen Kirchen 1945 im Stuttgarter Schuldbekenntnis zu ihrer gemeinsamen Verantwortung. In dieser Haftungsgemeinschaft bleiben die deutschen evangelischen Kirchen gebunden, und aus ihr können sie nicht durch äußere Maßnahmen entlassen werden. Das deutsche Volk, das mit den Untaten der Naziherrschaft unendliche Schuld auf sich geladen hat, und auch seine jeweiligen Regierungen werden immer wieder in der Versuchung der Verdrängung und des Vergessens sein. Nachwachsende Generationen helfen dabei natürlicherweise mit. Und doch wird das deutsche Volk nicht von dieser Haftung freikommen. Es sei denn um den Preis des Identitätsverlustes. Die Erinnerung an die Untaten, das Beklagen der Opfer und die Verfolgung Schuldiger genügen nicht. Die Schlußfolgerungen für heute müssen gezogen werden. Die deutschen Kirchen sind

aufgefordert, dem Volk in den beiden deutschen Staaten zu helfen, seine Vergangenheit im Lichte der Vergebung zu sehen, die Probleme der Gegenwart auch als Folge vergangener Schuld zu begreifen und bei der Suche nach den Wegen und Aufgaben der Zukunft zu helfen. Das ergibt Verpflichtungen zwischen den deutschen Staaten, wo nur einer, und dazu noch der Kleinere, die ökonomische Hauptlast der Kriegsschuld zu tragen hat. Das ergibt aber auch Verpflichtungen für den einzelnen. Denn solange er ein Deutscher bleiben will, kann er sich nicht dieser Haftungsgemeinschaft entziehen. Das spürt jeder spätestens bei einer Reise in Nachbarstaaten.

Das Volk, das Frieden und Gerechtigkeit in der Welt mit Stiefeln zerstampfte, hat die Verpflichtung, heute alles ihm Mögliche zu tun, um Frieden und Gerechtigkeit in der Welt durchzusetzen. Das ist über alle heutigen deutschen Staatsorganisationen und Bündnisverpflichtungen hinweg die spezifische und bleibende Kollektivverpflichtung der Deutschen! Wir dürfen es nicht versäumen, einander zu helfen, den rechten Weg zum irdischen Wohl der Deutschen, ihrer Nachbarn und der ganzen Menschheit in Friedfertigkeit, Wahrheit, Gerechtigkeit und vernünftiger Einsicht in die konkreten Notwendigkeiten zu finden, damit wir nicht in alte Schuld fallen und neue Schuld auf uns laden.

V.

1. Aus dieser Einsicht wandten sich 1979, vierzig Jahre nach Beginn des Zweiten Weltkrieges, die leitenden Bischöfe der Evangelischen Kirche in Deutschland und des Bundes der Evangelischen Kirchen in der Deutschen Demokratischen Republik mit einem gemeinsamen Wort zum Frieden an die Öffentlichkeit. Sie erklärten ihre Betroffenheit und Schuld und bekannten sich zur besonderen Verantwortung für den Frieden. Angesichts der gewachsenen Bedrohung des Friedens stellen sich beide Kirchenbünde seitdem ihrer Mitverantwortung für die Erhaltung des Friedens an der Nahtstelle der Bündnissysteme. In einem gemeinsamen Arbeitsbericht zur Friedensverantwortung wird 1982 ausgeführt:

Kein Ziel oder Wert kann heute die Auslösung eines Krieges rechtfertigen ... Angesichts der unaufhörlich weiterbetriebenen Aufrüstung und der damit immer stärker werdenden Totalbedrohung menschlichen Lebens gehört es heute zur politischen Vernunft, Konzeptionen zu erarbeiten, die die Sicherung des Friedens und damit die Erhaltung des Lebens mit anderen als militärischen Mitteln zu erreichen suchen.

Sicherheit ist heute nur noch im Rahmen eines Systems denkbar, das gegensätzliche Interessen gleichermaßen berücksichtigt und zu friedlichem Ausgleich nötigt.

Unsere Kirchen müssen den Primat politischer Bemühungen zur Sicherung des Friedens vor militärischem Sicherheitsdenken geltend machen und deswegen
- den Aufbau einer europäischen Friedensordnung auf den durch die Beschlüsse von Helsinki angezeigten Wegen fördern,
- das Bewußtsein für die gemeinsame Verantwortung aller Industrienationen bei der Entwicklung einer gerechteren Weltwirtschaftsordnung stärken,
- die Erziehung zum Frieden in allen Bereichen des öffentlichen und gesellschaftlichen Lebens mit eigenen Programmen, wachsamer Kritik und der Unterstützung geeigneter Initiativen wirksam machen.

Unsere Kirchen müssen in ihren Entscheidungen und Stellungnahmen zum Ausdruck bringen, daß zu einer künftigen Friedensordnung unabdingbar gehört,
- daß jede Seite die Existenz der anderen Seite und die Koexistenz mit ihr glaubhaft bejaht,
- daß jede Seite das Sicherheitsbedürfnis der anderen mitbedenkt,
- daß jede Seite auf die Maximierung der eigenen Macht verzichtet und der Optimierung beiderseitiger Sicherheit dient,
- daß jede Seite diejenigen Faktoren reduziert, die Mißtrauen erwecken und Bedrohungsängste vermehren, und den Aufbau von Vertrauen fördert,
- daß jede Seite eine Form der Rüstung anstrebt, die ihre defensiven Absichten möglichst glaubhaft erkennen läßt.

Wir können heute hinzufügend unterstützen:
- den Abschluß einer Gewaltverzichtsvereinbarung,
- die Schaffung atomwaffenfreier Gebiete,
- das Einfrieren und die Reduzierung der Rüstungsbudgets.

2. Die Rüstung wurde fortgesetzt und hat mit der zusätzlichen Raketenstationierung in den deutschen Staaten eine neue Gefährdungsqualität erreicht. Sicher standen die sowjetischen Raketen zuerst da, aber erst mit der sogenannten „Nachrüstung" wurde ein komplettes nukleares Vorfeld geschaffen, das im extremen Fall die beiden deutschen Staaten als Ersatzkriegsschauplatz zur atomaren Wüste verwandeln kann. Denn die Warnzeichen werden im Ernstfall vielleicht noch reichen, um die Weltkatastrophe zwischen Washing-

ton und Moskau auszuschließen. Für Schwaben und Thüringen aber dürfte es dann vielleicht schon zu spät sein. Die erhöhte Gefährdung muß die Friedensbemühungen verstärken. Die Deutschen haben auf beiden Seiten nicht die Auslöseverantwortung, aber die Klimaverantwortung. Nach menschlichem Ermessen wird es eben nicht zu einer Katastrophe kommen, wenn im Hochexplosivraum Deutschland beide Großmächte ihre Interessen gewahrt sehen und sich der absoluten Zuverlässigkeit sowie inneren Stabilität ihrer jeweils wichtigsten Verbündeten sicher sein können. Die deutschen Kirchen, die deutschen Staaten und die deutschen Menschen sind nach der „Nachrüstung" und den Gegenmaßnahmen nun erst recht zum Friedenschaffen verpflichtet. Für den Preis des eigenen Überlebens tragen sie zugleich eine hohe Verantwortung für die Erhaltung des Weltfriedens. Das ist die größte moralische und politische Aufgabe, die in Deutschland jemals wahrgenommen werden mußte!

3. Die verantwortlichen Politiker in den beiden deutschen Staaten haben das offenbar erkannt. Denn die ideologischen Gegensätze zwischen der imperialistischen Bundesrepublik und der sozialistischen DDR sind keineswegs verschwunden. Wenn trotzdem Kontakte gesucht und Verständigung versucht werden, so ist eine solche beiderseitige Politik der Vernunft nur zu begrüßen. Schadensbegrenzung als Schadensverhütung und Friedensstabilisierung sind heute existentielle Aufgaben deutscher Politik. Die evangelischen Kirchen werden dazu ermutigen und um des Friedens und der Menschen willen um behutsame Fortsetzung bitten.

Diese Fortsetzung kann nur erfolgen mit dem Ziel weiterer Normalisierung des Verhältnisses zweier souveräner deutscher Staaten, die stabil in ihren Bündnisverpflichtungen bleiben. Normalisierung schließt ein, sich gegenseitig ernsthaft zu respektieren, auf Diskriminierungen zu verzichten und aufeinander Rücksicht zu nehmen. Die Beibehaltung der Erfassungsstelle Salzgitter scheint mir hierzu das klassische Gegenbeispiel zu sein. Wenn die Bundesrepublik aus grundsätzlichen Erwägungen nicht auf ein Staatsbürgerschaftsrecht verzichten kann, das alle Deutsche umfaßt, und umgekehrt die DDR sicher nicht bereit sein wird, ihrerseits allen Deutschen die DDR-Staatsbürgerschaft zu verleihen, dann müssen dringlich Möglichkeiten einer nicht-diskriminierenden Handhabung des westdeutschen Staatsbürgerschaftsrechts gesucht werden. Auch deshalb, weil die gegenwärtige Rechtslage eine Versuchung für DDR-Bürger bedeutet, sich dem schwereren Teil der deutschen Nachkriegsbürde zu entziehen und damit eine wirksame und gerechte Lockerung der Reisebestimmungen verhindert wird.

Normalisierung bedarf der Stabilisierung durch kontinuierliche, mehr vertrauenschaffende und weniger spektakuläre Gespräche auf verschiedenen Ebenen. Dabei sollte wegen der gemeinsamen Gefährdung auch der militärische und sicherheitspolitische Bereich nicht ausgeschlossen werden.

Mittelfristig sollten alle Möglichkeiten der Zusammenarbeit, insbesondere wirtschaftliche Kooperation, genutzt und vertraglich gesichert werden. Vertragsverhandlungen nötigen zum Hören, üben bei der Kompromißsuche, stabilisieren und helfen Frieden sichern.

Langfristig werden die deutschen Staaten neben der Friedenssicherung auch ihre Verpflichtung bedenken müssen, mehr Gerechtigkeit in der Welt zu schaffen. Das bedeutet vor allem, sich der Not in den Entwicklungsländern anzunehmen. Schon heute ist erkennbar, daß etwa im notleidenden Afrika eine hohe Erwartung an deutsche Hilfe besteht. Bei näherer Betrachtung ist dann jeweils ein bestimmter deutscher Staat gemeint, und gerade der kann vielleicht im Einzelfall die nötige Hilfe gar nicht bringen – und umgekehrt. Zum Nutzen der Notleidenden und keineswegs zum Schaden der Deutschen ist hier vielleicht manche hilfreiche Kooperation möglich! Man sollte es in den deutschen Staaten unterlassen, sich gegenseitig Menschenrechtsverletzungen vorzuhalten und darüber die Mißachtung primitivster Basisrechte in den Entwicklungsländern vergessen.

4. Normalisierung zwischen den deutschen Staaten muß für die Menschen erfahrbar und von ihnen getragen werden. Erfahrbar wird Normalisierung, wenn soziale Unterschiede verständlich und erträglich bleiben, wenn gewünschte menschliche Begegnungen in einsichtiger und gerechter Weise realisierbar werden sowie wenn sachliche Informationen über die jeweils andere Seite gleichwertig ausgetauscht werden können. Dafür gibt es gute Ansätze, aber auch noch viele weitere Möglichkeiten, die mit Fantasie und Geduld schrittweise verwirklicht werden könnten.

Die deutschen Menschen werden solche Entwicklungen verantwortlich mittragen müssen, wenn sie gelingen sollen. Ein solider und geradezu friedensichernder Faktor ist hierbei die Geduld der großen Mehrzahl der DDR-Bürger. Unabhängig von ihrer Weltanschauung oder Religion tragen sie mit Fleiß, Umsicht und Zuverlässigkeit zur Stabilität ihres Staates bei. Eine Triebkraft ist für alle dabei die Hoffnung auf die Sicherung des Friedens und auf weitere Verbesserungen ihrer Lebensbedingungen. Die Kraft zum langen Atem will gelernt sein. Es ist verständlich, wenn immer wieder einzelne und Gruppen ungeduldig werden und aussteigen wollen. Das ist durchaus innenpolitisch verkraftbar. Wenn jedoch durch den Verstärkereffekt der westdeutschen Medien der Eindruck der Instabilität und damit Unzuverlässigkeit der DDR im Bündnis erweckt wird, dann wird der Handlungsspielraum politischer Führung gemindert.

VI.

1. Probleme sind allerdings nicht durch Medienschelte zu lösen. Die besondere Gemeinschaft der deutschen Kirchen ist direkt herausgefordert, um des Friedens willen zur Stabilität der deutschen Staaten beizutragen. So verstehe ich die Haltung der EKD zur „Nachrüstung".

Für die evangelischen Kirchen in der DDR sind neue Fragen aufgetaucht. Sie haben im Lutherjubiläumsjahr hohes gesamtgesellschaftliches Ansehen erworben, finden sogar Martin Luther und seine Lehre sachlich in den Schulbüchern wieder, können alle originären kirchlichen Arbeitsformen nahezu ungehindert betreiben, könnten eine zufriedene Kirche im Sozialismus sein und bekommen nun zunehmend Unruhe ins Haus getragen. Gott scheint den Müßiggang seines Personals in Sachsen, Preußen und Thüringen nicht zu schätzen!

Gruppen, vorwiegend junge Menschen, treten an die Kirche heran, wollen eigene Vorstellungen vom Leben entfalten, erwarten Gehör und Raum. Wir sehen neue Chancen für das Evangelium, aber wir tun uns schwer damit. Die Kirchenleitungen haben nach einiger Unsicherheit Position bezogen und erklären: Ihr könnt alle zu uns kommen, sogar als geschlossene Gruppen, wenn ihr zwei Grundbedingungen einhaltet, nämlich die Glaubensbindung der Kirche respektiert und die Letztverantwortung der Kirchgemeinde, vor allem auch für Außenaktivitäten, beachtet. Die meisten Gruppen sind dazu bereit, aber nur wenige Gemeindekirchenräte sind zur Aufnahme willig. Sie wollen ihre Stammgemeinde nicht verschrecken, den kirchlichen Alltagsdienst nicht gefährden und Streit mit der hier offenkundig ebenfalls konfliktscheuen Staatsmacht vermeiden!

2. Wir denken über die Ursachen nach und spüren, daß Kirche mit ihrer Gesellschaft offenbar nicht nur einen Formalfrieden schließen kann, sondern damit auch Verantwortung auf sich lädt!

Die Alten haben das schon 1968 gewußt. Als nämlich unsere DDR-Bischöfe in einer Klausur im Kloster Lehnin bei Brandenburg sich zur Annahme der Herausforderung Sozialismus entschlossen, erklärten sie:

Wir sehen uns vor die Aufgabe gestellt, den Sozialismus als eine Gestalt gerechteren Zusammenlebens zu verwirklichen.

Wir bitten, daß die Christen und diejenigen Mitbürger, die die Weltanschauung der führenden Partei nicht teilen, an der Verantwortung mit unverletztem Gewissen teilhaben können.

Dem Recht, der Rechtssicherheit und der Gleichheit aller Bürger wird zentrale Bedeutung zugemessen. Der Mensch und die Menschenrechte sollen im Mittelpunkt stehen.

Die Anerkennung des kirchlichen Lebens soll eindeutig zugesagt werden.

Wir gehen davon aus, daß nach dem durch deutsche Schuld begonnenen Krieg nun auf dem Boden der deutschen Nation zwei deutsche Staaten bestehen. Wir erstreben die geordnete Zusammenarbeit und die Annäherung der beiden deutschen Staaten. Damit wir Deutsche den Frieden fördern und die menschlichen Beziehungen, insbesondere zwischen Familienangehörigen, wieder voll zu ihrem Recht kommen.

Ein fürwahr prophetisches Wort, das auch für die nächsten fünfzehn Jahre noch genügend Aufgaben enthält. Seine Konkretisierung wird bedeuten, die Formel einer Kirche im Sozialismus als gesellschaftliche Aufgabe zu erfüllen. Kirche im Sozialismus als eine Kirche, die nicht nur auf ihre Position bedacht und auf das Gegenüber Staat fixiert ist, sondern die dazu beiträgt, die sozialistische Gesellschaft stabiler, gerechter und besser zu machen. Damit alle Menschen voll teilhaben können und der Frieden gesichert wird.

3. Wenn die evangelischen Kirchen in der DDR sich ihrer umfassenden Verantwortung für Frieden und Gerechtigkeit in der eigenen Gesellschaft zuwenden, werden sie ihre Nähe zu den evangelischen Kirchen in der Bundesrepublik und in Westberlin neu entdecken. Wir haben ihnen in der Vergangenheit oft falsche Rücksicht auf ihre Regierungspolitik vorgeworfen; beinahe die Abkehr von Barmen empfunden und dabei vielleicht übersehen, daß Mitdenken und Einflußnehmen der EKD in gesellschaftliche Zusammenhänge kaum durch lärmende Proteste oder extreme Forderungen erwirkt werden kann. Wo die Hörfähigkeit einer Gesellschaft für eine sie konstruktiv-kritisch begleitende Kirche wächst, wird das auch die Handlungsweise der Kirche beeinflussen. Die evangelischen Kirchen in der Bundesrepublik und Westberlin haben wirksam Einfluß genommen und positive Entwicklungen gefördert. Sie haben es tun können, weil sie echte Vermittler von Standpunkten waren und auch die Position der Mächtigen mit bedacht haben. Das ist sicher leichter, wo zwischen den handelnden Personen gleiche Grundüberzeugungen bestehen.

Aber wir werden es um des Friedens und der Menschen willen auch unter schwierigeren Bedingungen versuchen müssen. Denn auch die evangelischen Kirchen in der DDR müssen für ihren Staat ein berechenbares, redliches und vertrauenswürdiges Gegenüber sein. Glaubwürdige Zeugen ihrer Botschaft, Sachwalter des Friedens in der Welt und der Gerechtigkeit zwischen den Menschen, Kirchen, die damit ihre Integrationskraft für die gesamte Gesellschaft einbringen. Ich vermute, daß die Evangelische Kirche in Deutschland ihre Aufgabe ähnlich sieht, und halte dafür, daß besondere Gemeinschaft eine neue Dimension gewinnen könnte.

VII.

1. Die evangelischen Kirchen in der Bundesrepublik mit Westberlin und in der DDR haben nach ihrer organisatorischen Trennung jahrelang geflissentlich kontroverse Sachdebatten vermieden. Man wollte wechselseitig Rücksicht nehmen und hörte sich höchstens den anderen Standpunkt an, um dann unter sich kopfschüttelnd oder lächelnd die Position der anderen zu verwerfen. Den Dialog in gesellschaftlichen Fragen haben wir erst wieder in der Friedensdebatte gelernt. Wir waren erschrocken, wie die anderen durch ihre gesellschaftliche Situation bestimmt sind. Wir haben erst allmählich begriffen, daß wir es auch sind. Nun sind wir dabei, auch die Chance zu sehen, die darin liegt. Auf dem Hintergrund der besonderen Gemeinschaft, die uns in den Grundlagen eint, können wir – ohne den eigenen Standort aufzugeben – im Dialog Impulse zur Selbstklärung empfangen. Als gleichberechtigte und gleichwertige Partner können die Kirchen ihre spezifischen Erfahrungen und Einsichten entwickeln, anfragen lassen, erhärten oder auch ohne Gesichtsverlust revidieren. Ein Gespräch, das noch vieler Übung bedarf und das vielleicht ein Modell deutsch-deutschen Dialogs sein könnte. Besondere Gemeinschaft selbständiger und unabhängiger Partner, die dennoch zutiefst verbunden sind, wird sich auch darin üben müssen, kritisch miteinander mitzudenken, um sich gegenseitig zu helfen und sich auch unter dem Evangelium zu fragen, wie man seinen Dienst versteht. Dieser Aufgabe müssen wir uns stellen.

Besondere Gemeinschaft vollzieht sich auch in praktischer Zusammenarbeit und gegenseitiger Hilfe. Die materielle Hilfe ist einseitig von West nach Ost. Von den DDR-Kirchen wird sie unbefangen und dankbar entgegengenommen. Denn sie wurde immer ohne alle Auflagen gegeben, wurde von den Empfängern als ein zwischenkirchlicher Lastenausgleich empfunden und war zugleich Ansporn zur Hilfe für andere. In den letzten Jahren sind bei uns Diskussionen aufgekommen, die wegen unserer gemeinsamen Verantwortung gegenüber den Entwicklungsländern Höhe und Art der Unterstützung anfragen. Man wird zu dieser berechtigten Frage mittelfristig effektive Antworten finden müssen.

Die praktische Zusammenarbeit zwischen den deutschen evangelischen Kirchen betrifft den Erfahrungsaustausch zu den meisten innerkirchlichen Fragen und vollzieht sich in den verschiedensten Ebenen auf breiter Basis in gegenseitiger Anregung und Ermutigung. Unbestritten ist nach wie vor die gegenseitige Anerkennung von Ordination, Ämtern und Ausbildung. Die Kirchenmitgliedschaft wird ebenfalls gegenseitig anerkannt.

2. Die Erfahrungen unserer besonderen Gemeinschaft lassen vor falschen Träumen warnen. Den evangelischen Kirchen haben sie lange Jahre der Mühe und Trennung gekostet, die nur mit großer Behutsamkeit wieder auszugleichen waren.

In der Bundesrepublik wird heute von zunehmendem Nationalbewußtsein geredet. Man hört, die deutsche Einheit komme bestimmt, und über eine gesamtdeutsche Nation wird intensiv nachgedacht.

Ich möchte warnen. Vielleicht hat man in der Bundesrepublik einen Nachholbedarf zur Besinnung auf die deutsche Verantwortung. Wir haben in der DDR keine Probleme mit unserem Deutschsein. Ich bin auch sicher, daß wir nicht nur uns gemeint haben, wenn wir von Deutschen oder Deutschland sprachen. Ich kann mir nur überhaupt nicht vorstellen, wer etwas davon haben soll, wenn zum Beispiel darüber gestritten wird, ob die Deutschen in ihren beiden Staaten zu einer Nation gehören. Man wird bei uns in einem solchen Falle nur vermuten können, daß die offensive Rede von einer deutschen Nation aus einem größeren und stärkeren deutschen Staat ein Nachguß der Alleinvertretung sein könnte. Der Begriff Nation ist von der Definition abhängig, und das wird unterschiedlich möglich und kann nicht friedensfördernd sein. Die Nationalität hingegen ist trotz unterschiedlicher Staatszugehörigkeit unbestritten deutsch. Das Adjektiv deutsch beschreibt einen realen Sachverhalt. Begriffe wie Nation und Wiedervereinigung hingegen stiften Unruhe und lösen Ängste aus. Nicht zuletzt bei allen Nachbarn. Ich kenne jedenfalls dort niemanden, der entsprechenden Plänen ruhig zusehen würde. Das fürchten viele mit Recht, mehr als die Raketen. Und zudem ist es auf alle absehbare Zeit auch völlig unrealistisch. Zentraleuropa hat im Wechsel der Geschichte mancherlei politische Strukturen gehabt. Darunter auch das Modell eines Einheitsstaates.

Das wurde historisch verspielt. Man kann das bedauern, aber man sollte den Menschen nicht vorgaukeln, als ob es zurückgewinnbar wäre. Nach allen heute erkennbaren und spekulierbaren Möglichkeiten gibt es keine realistische Konzeption, die eine Wiedervereinigung zuläßt. Schon gar nicht im Frieden. Dessen Erhaltung aber ist die Hauptaufgabe beider deutscher Staaten. Die Bundesrepublik als der Osten des Westens und die Deutsche Demokratische Republik als der Westen des Ostens. Sie müssen an einer explosiven Grenze hochgerüsteter Militärbündnisse für alle den Frieden sichern. Diese Aufgabe kann durch die ein Jahrtausend alte Gemeinschaft deutscher Menschen erleichtert werden und sie zugleich erhalten helfen.

3. Unsere bewegten Zeiten verunsichern in meiner Heimat manche Menschen. Sensible Naturen spüren die Gefahren, die Unklarheiten und reagieren mit Ausbürgerungsanträgen. Andere erliegen den Verlockungen des Wohlstandsgefälles. Auch Familien sind noch getrennt und wollen zusammengeführt werden. Eine große Zahl von ihnen wendet sich um Rat und Hilfe an die Kirchen. Eine seelsorgerliche Aufgabe. Wir werden oft zu spät gefragt, um noch Illusionen wirksam abbauen zu können. Leider gelingt es auch nur selten, Menschen deutlich zu machen, daß sie ihre persönlichen Probleme auf die Umwelt projizieren und daß diese um nichts gebessert sein werden, wenn sie das Land wechseln. Häufig mußten wir auch einsehen, daß Menschen aussichtslos mit der DDR zerfallen waren, und haben staatliche Organe um die Genehmigung der Ausbürgerung gebeten. Nun werden solche Fälle großzügig gehandhabt. Das ist gut so. Aber es birgt auch Gefahren in sich. Werden die Menschen diese Großzügigkeit richtig verstehen? Werden nicht unnötig neue Begehren entstehen? Wird die Neigung zu Erpressungen, wie den Botschaftseindringungen, nicht zunehmen?

Die deutschen evangelischen Kirchen werden auch in dieser konkreten Lage ihre besondere Gemeinschaft zu bewähren haben. Die Kirchen der EKD werden helfen können, die Realität des Westens deutlicher zu machen, den falschen Glanz abzubauen, und sie sollten ihrer Regierung Mut zur deutschen Solidarität mit der DDR machen. Die Kirchen in der DDR werden über die Ursachen solcher Entwicklungen, auch über eigenes Versagen, nachdenken und helfen müssen, sie auszuräumen. Sie werden die Menschen mehr ermutigen müssen, ihren Platz in ihrer Gesellschaft anzunehmen und ihre Möglichkeiten, aber auch ihre Verpflichtungen zu erkennen.

In einer Zeit, wo Menschen verunsichert sind, gewinnen Vorbilder Bedeutung. Ein Deutscher, der in Ost und West überzeugte, ist der kürzlich verstorbene Martin Niemöller. Sein Ringen um Frieden und Gerechtigkeit kann Ermutigung und Ansporn sein. Lassen wir den unbequemen Mahner zu Wort kommen:

Was heißt christlich handeln angesichts des Faktums der atomaren Massenvernichtungsmittel, angesichts der Möglichkeit, daß damit die Menschheit ihr eigenes und aller übrigen Lebewesen Schicksal beschließt und besiegelt? ... Gott, der lebendige wahre Gott, ist radikal. Er meint es ernst mit dem, was Er sagt und will ... Wir werden gerufen... Wir können nur hören und den Glauben wagen; Gott gebe uns, daß wir's können!

Die Kirche ist von Gott ins Recht gesetzt

Anmerkungen zur dritten These der Barmer Theologischen Erklärung, Vortrag bei einem Studientag in der Französischen Friedrichstadtkirche zu Berlin am 28. April 1984

Im Frühjahr 1934 trat in Barmen eine Reichssynode der Bekennenden Kirche zusammen. Sie formulierte die aktuelle Bekenntnisgrundlage der evangelischen Kirche für die Auseinandersetzung mit dem Totalitätsanspruch des Hitlerstaates. Die Barmer Theologische Erklärung blieb aktuell, auch nach fünfzig Jahren.

Das Wunder von Barmen

„Gott hat uns zusammengeprügelt, und vielleicht brauchen wir noch mehr Prügel", rief einer der Teilnehmer der Bekenntnissynode in Barmen 1934 aus, als in zunächst fruchtlosen Debatten die Verständigung gefährdet schien. Offenbar genügten aber doch im Mai 1934 die Prügel, um die erforderlichen Mehrheiten zu erreichen.

Seit Mitte Mai 1933 bemühte sich die Kirchenpartei „Deutsche Christen" um die Gleichschaltung der evangelischen Kirche – entsprechend dem, was in jenen Monaten allen gesellschaftlichen Gruppen und Organisationen widerfuhr. Die Traditionen der deutschen Protestanten, ihre deutsch-nationale Grundhaltung zum Antisemitismus und ihre Angst vor den Kommunisten kamen Hitler voll zugute. Am Vorabend der Kirchenwahl vom 23. Juli 1933 griff Hitler selbst mit einer Rundfunkrede zugunsten der Deutschen Christen ein und verhalf ihnen zur Mehrheit in den meisten Landeskirchen und unzähligen Gemeinden, so daß sie fast alle leitenden Stellen besetzen konnten. Die neue Nationalsynode wählte im September 1933 Hitlers Kirchenbevollmächtigten Ludwig Müller, vorher Wehrkreispfarrer in Königsberg, zum Reichsbischof. Dieser gliederte noch im gleichen Jahr die evangelische Jugend in die Hitlerjugend ein. In einer Massenveranstaltung der Deutschen Christen zum Lutherjubiläum im November 1933 im Berliner Sportpalast machten sie ihre wahren Ziele deutlich. In einer Erklärung hieß es unter anderem:

„Wir erwarten, daß unsere Landeskirche als eine deutsche Volkskirche sich frei macht von allem Undeutschen in Gottesdienst und Bekenntnis, insbesondere vom Alten Testament und seiner jüdischen Lohnmoral ... Wir bekennen, daß der einzige wirkliche Gottesdienst für uns der Dienst an unseren Volksgenossen ist, und fühlen uns als Kampfgemeinschaft von unserem Gott verpflichtet, mitzubauen an einer wehrhaften und wahrhaften völkischen Kirche, in der wir die Vollendung der deutschen Reformation Martin Luthers erblicken und die allein dem Totalitätsanspruch des nationalen sozialistischen Staates gerecht wird.“

Das war eine massive Bedrohung von Botschaft und Ordnung der Kirche. Ein Notstand, der sich als Bekenntnisnot und als Rechtsnot äußerte und der zum Widerstand herausforderte. Die Berufung auf das Bekenntnis, der rechtliche Widerstand einiger Landeskirchen und die Aktivität des Pfarrernotbundes wehrten der völligen Preisgabe von Botschaft und Ordnung der Kirche an die herrschenden weltanschaulichen und politischen Überzeugungen. Günter Jacob formulierte auf Bitte Martin Niemöllers in der Verpflichtungserklärung des Pfarrernotbundes:

„Ich verpflichte mich, mein Amt als Diener des Wortes auszurichten allein in der Bindung an die Heilige Schrift und an die Bekenntnisse der Reformation als die rechte Auslegung der Heiligen Schrift...“

Es entstand eine Bekenntnisfront, eine Bekennende Kirche der Verteidiger christusgemäßer Botschaft und Ordnung. In der Stunde gemeinsamer Gefahr kam wie durch ein Wunder über alle Unterschiede der Tradition und der Theologie hinweg eine fundamentale Aussage zum Bekennen und Widerstehen evangelischer Kirche zustande. „Zum ersten Male seit der Reformation kamen die Protestanten Deutschlands auf dem Boden ihres gemeinsamen Erbes von Schrift und Bekenntnis zusammen und sagten ein bekennendes Wort, von dem sie überzeugt waren, daß Gott es ihnen in den Mund gelegt hatte“ (Joachim Beckmann).

In dieser historischen Situation ging es vor allem um die Bewahrung der rechten Kirche, ihrer Botschaft und ihrer Ordnung. Die Kirche sollte Kirche bleiben. „Darum ist es wesentlich, daß die Kirche mit ihrem Wort bezeuge und durch die Art ihres Daseins ein aufgerichtetes Zeichen sei, daß sie nur Kirche ist als Eigentum Jesu Christi ...“ (Hans Asmussen).

Das Ziel der Barmer Theologischen Erklärung war die Wiederherstellung geordneter Zustände in der evangelischen Kirche, und „ihr Herzstück ist die dritte These“ (Wolfgang Schweitzer). Sie lautet:

„Lasset uns aber wahrhaftig sein in der Liebe und wachsen in allen Stücken zu dem hin, der das Haupt ist, Christus, von welchem aus der ganze Leib zusammengefügt ist und ein Glied am andern hanget durch alle Gelenke, dadurch ein jegliches Glied dem andern kräftig Handreichung tut nach seinem Maße und macht, daß der Leib wächst und sich selbst auferbaut in der Liebe. Epheser 4, 15. 16

Die christliche Kirche ist die Gemeinde von Brüdern, in der Jesus Christus in Wort und Sakrament durch den Heiligen Geist als der Herr gegenwärtig handelt. Sie hat mit ihrem Glauben wie mit ihrem Gehorsam, mit ihrer Botschaft wie mit ihrer Ordnung mitten in der Welt der Sünde als die Kirche der begnadigten Sünder zu bezeugen, daß sie allein sein Eigentum ist, allein von seinem Trost und von seiner Weisung in Erwartung seiner Erscheinung lebt und leben möchte.

Wir verwerfen die falsche Lehre, als dürfe die Kirche die Gestalt ihrer Botschaft und ihrer Ordnung ihrem Belieben oder dem Wechsel der jeweils herrschenden weltanschaulichen und politischen Überzeugungen überlassen."

Vom evangelischen Kirchesein

Die Väter von Barmen fanden ihr Anliegen im vierten Kapitel des Epheserbriefes und machten dessen fünfzehnten und sechzehnten Vers zur Überschrift der dritten These, um die Orientierung der Kirche auf Christus als ihrem alleinigen Herrn und Haupt darzustellen und die Übernahme weltlicher Ordnung für die Kirche abzulehnen:

„Lasset uns aber rechtschaffen sein in der Liebe und wachsen in allen Stücken an dem, der das Haupt ist, Christus, von welchem aus der ganze Leib zusammengefügt ist."

Christus ist das regierende Haupt, er hält die Kirche und gibt ihr die Richtung.

Seine Herrschaft ist eine Herrschaft der Liebe und der Wahrhaftigkeit und braucht die Liebe und Wahrhaftigkeit jedes einzelnen Christen.

Unter der Herrschaft des einen Christus gehören alle Christen zusammen zu einem Leib und einem Haupt und sind so zur Einheit gerufen.

Durch das Bild des Wachstums wird diese Einheit der Kirche zugleich zum Ziel allen praktischen Verhaltens der Christen.

Das Zusammenleben der Christen in der Kirche und die Form ihrer Gemeinschaft gestalten sich funktional und prozessual auf Christus zu, ergeben sich aus dem gemeinsamen Wachstum und haben teil an ihm.

Tatsächlich enthält dann auch die dritte Barmer These Elemente einer evangelischen Definition von Kirche, die durch die sechste und vierte These noch zu ergänzen wären. Vier Elemente evangelischen Kircheseins legen sich aus den Einsichten von Barmen III meines Erachtens nahe:

- Die Kirche ist eine Gemeinschaft von Schwestern und Brüdern, die in wechselseitiger Zuwendung und Treue sich als Person gegenseitig anerkennen und alle sozialen, rassischen und biologischen Unterschiede zweitrangig werden lassen.
- In der Kirche wirken die Christen in gegenseitiger Zuwendung und Stärkung gleichwertig zusammen und helfen sich zur Entfaltung der je besonderen Gaben zum Dienst, dessen Unterschiede sich nur aus verschiedenen Aufgaben und Gaben ergeben.
- Die Formen des Zusammenwirkens der Glieder der Kirche haben deren grundsätzlich gleichwertige Mitwirkung zu berücksichtigen. Die Kirche soll eine vorbildhafte Kraft entwickeln, um durch ihre Gestalt den Willen ihres Herrn erkennen zu lassen.
- Mit der Kirche wirkt Jesus Christus durch die Wortverkündigung, die Sakramentsverwaltung und den Dienst am Nächsten als gleichberechtigten Handlungsweisen in die Welt. Die Kirche ist an alle Menschen gewiesen und deshalb eine radikal offene Gemeinschaft, deren besondere Zielgruppen die Notleidenden, die Benachteiligten und die Entrechteten sind.

Christus gemäße Botschaft und Ordnung

Christus gemäße Botschaft wird eindeutig und wahrhaftig verwerfen müssen, was nicht Christus entspricht. Wie aber findet die Kirche die Gewißheit der aktuellen Botschaft? Weiß sie die Wahrheit zum Rüstungswettlauf, zur Ausbeutung der Dritten Welt, zum Wohlbefinden der Menschen in diesem Lande, und was kann sie dazu dem Glauben und Gehorsam der Christen sagen? Allgemeine Formeln können dabei günstigstenfalls der Selbstklärung dienen, aber sie werden nach außen häufig mehr verdunkeln als helfen. Christus gemäße Botschaft zu konkreten Herausforderungen der Welt wird Anstoß sein müssen, keine ethischen Schaukelformeln enthalten können und nur selten konsensfähig sein. Kirchliche Entscheidungsgremien werden in aller Regel durch Kompromißzwänge im Sowohl-Als-auch hängen bleiben und dabei die Klarheit verlieren.

Die Kirchenleitungen, aber auch die Synoden sollten sich nicht unter Erfolgszwang stellen. Barmen lehrt auch, daß erst klare Herausforderung erfahren werden muß, um klares Reden zu bewirken. Doch die kirchlichen Verantwortungsgremien müssen hörfähig bleiben für das prophetische Wort einzelner. Wenn Verantwortung und Gesamtzusammenhänge Leitungen selbst am Bekennen hindern, werden sie das gewagte Bekennen einzelner schützen müssen.

Die Kirche wird alles tun müssen, um die schlichte Botschaft des Evangeliums zu bekennen und im demütigen Dienst am Nächsten vorzuleben. 35 Jahre Deutsche Demokratische Republik lehren, daß gerade hier die Menschen die ewige Wahrheit von Jesus Christus brauchen und hören können. Die Kirche machte hier die überraschende Erfahrung, daß Gottes Atem länger ist als der Kleinmut seines Personals. Die Kirche erlebte, daß Gott neue Menschen anspricht und sich dabei moderner, aber auch traditioneller Verkündigungsformen der Kirche bediente. Die Kirche erlebte, wie Gott durch das schlichte Vorbildhandeln einzelner Christenmenschen wirkt.

Unsere Kirche steht in einer dramatischen Herausforderung zum Bekennen christusgemäßer Botschaft im Zeugnis und Dienst an den Menschen in einer sozialistischen Gesellschaft, und sie darf über großen Weltfragen nicht den kleinen Zeugendienst vernachlässigen. Sie darf auch nicht aus dem Auge verlieren, daß vor allem gezielten Wirken an anderen die Stärkung im Glauben und der Ruf zum Gehorsam für ihre Glieder erfolgen muß.

Die Notwendigkeit Christus gemäßer Ordnung ist für evangelische Kirche erst durch Barmen voll erkannt worden. Jahrhundertelang blieben Organisationen und Ordnung der Kirche dem Staat überlassen. Institutionalität der Kirche ist unverzichtbar, weil die Kirche die Verkündigung auf Dauer verbürgen muß, und weil Regelungen des Zusammenwirkens sowie des Umgangs mit anvertrauten Mitteln erforderlich sind. Die besondere Zuspitzung der dritten Barmer These liegt in der Erkenntnis, daß die unvermeidbare Institution und Ordnung in einem untrennbaren Zusammenhang zur Botschaft steht. Auch die Ordnung der Kirche hat Zeugnischarakter und ist gegen Beliebigkeit und Fremdbestimmung zu schützen. Denn die Kirche ist in allen ihren Lebensäußerungen Christus verpflichtet, auch in ihren Strukturen. Der weltweite Herrschaftsanspruch Jesu Christi ist der zwingende Ausgangspunkt für das Nachdenken über die institutionelle Gestalt der Kirche. Die Kirche ist von ihrer Stiftung her etwas anders als gesellschaftliche Organisationsformen. Die Kirche würde ihren Auftrag verraten, wenn sie sich direkt oder indirekt in das System der sozialistischen Massenorganisation einreihen ließe. Die Kirche würde ihren Auftrag verraten, wenn sie sich als Ersatzstruktur für gesellschaftspolitische Bewegungen hergeben würde.

Die institutionelle Gestalt der Kirche ist ihre Antwort auf Gottes Stiftung. An dieser Antwort ist ihre geistliche Verfassung, ihre Treue zum Auftrag erkennbar. Mängel der Institution Kirche verdunkeln ihr eigentliches Anliegen, gefährden ihre Glaubwürdigkeit. Die Kirche ist nicht frei von der Gefahr des Mißverhältnisses zwischen organisatorischem Aufwand und erfahrbarer Lebendigkeit, eines Mißverhältnisses zwischen institutionellem Gehäuse und wirksamer Kraft der Kirche.

So ist denn auch die aktuelle Fragestellung nach der institutionellen Gestalt der Gemeinschaft evangelischer Landeskirchen in der Deutschen Demokratischen Republik eine Frage aus der dritten Barmer These.

Wir haben eine real gewachsene Gemeinschaft der Christen, Gemeinden und Landeskirchen. Diese Gemeinschaft wird vom Bewußtsein der Gemeindeglieder getragen und in vielfältiger Zusammenarbeit der Landeskirchen praktiziert. Diese Gemeinschaft ist eine geistliche Antwort auf den Ort, an den Gott uns gerufen hat, und sie hat ihre theologische Grundlegung in der historischen Erklärung der Züssower Bundessynode 1976 gefunden, mit der diese Gemeinschaft von allen Bekenntnissen als Kirche erkannt wurde (Erklärung von Landesbischof Braecklein für das lutherische Bekenntnis und von Pfarrer Langhoff für das reformierte Bekenntnis). Gemeinsame Überzeugung war auch die Erkenntnis der Bekennenden Kirche, daß in der Gemeinschaft gleichwertig die verschiedenen reformatorischen Bekenntnistraditionen zusammenwirken und als verschiedene Antworten zu gleichen Herausforderungen die Gemeinschaft bereichern, aber auch gemeinsames Bekennen heute suchen dürfen. Die Bekenntnisbindung ist in dieser Weise eine Stärkung der Gemeinschaft. Eine Erfahrung der Bekennenden Kirche ist auch das Erkennen der stabilisierenden Bedeutung der Landeskirchen. Sie sind und bleiben als Träger der rechtlichen, personellen und finanziellen Verantwortung das institutionelle Rückgrat evangelischen Kircheseins in der DDR.

Die Züssower Bundessynode setzte zugleich den Auftrag, für diese reale und geistliche evangelische Kirche in der DDR behutsam nach der angemessenen institutionellen Gestalt zu suchen. Auf dieser

Suche entstand 1979 in Eisenach die Vision einer Vereinigten Evangelischen Kirche, die unter Wahrung bekenntnisgebundener Landeskirchen eine schrittweise Fusion von Kirchenbund, Evangelischer Kirche der Union und Vereinigter Evangelisch-Lutherischer Kirche in der DDR anstrebte. Die dazu 1980 erarbeiteten Beschlußvorlagen, eine Gemeinsame Entschließung zum Weg und Ziel sowie ein Änderungsgesetz zur Bundesordnung, sind an der fehlenden Zustimmung der Evangelischen Kirche in Berlin-Brandenburg gescheitert. Das ist schmerzlich. Denn das Änderungsgesetz hätte dem Bund für die bereits real vorhandene Kirchengemeinschaft die geeignetere institutionelle Gestalt gebracht. Die Gemeinsame Entschließung hatte dazu die Aufgabe verbindlich gemacht, die Ordnung der Kirche nach dem Auftrag zu gestalten, den Jesus Christus für uns hier und heute gemeinsam bereithält. Dieses Ziel bleibt, und die lebendige und kräftige Kirchengemeinschaft evangelischer Landeskirchen in der DDR wird zu suchen haben, wie sie es mit angemessenem Aufwand bewältigt. Vorrang hat jetzt dreierlei:

1. Den Kirchenbund stabilisieren und effektuieren,
2. landeskirchliche Eigenbröteleien entschlossen zurückweisen,
3. die vorhandene Bereitschaft von EKU und VELK zur arbeitsteiligen Zusammenarbeit mit dem Bund unverzüglich abrufen.

Die dritte (und vierte) Barmer These brachte einen Anstoß zur Neubesinnung auf die Grundlagen kirchlicher Ordnung. Barmen trug entscheidend dazu bei, daß die Notwendigkeit einer eigenständigen kirchlichen Ordnung erkannt wurde. „Eigenständigkeit heißt, daß die Kirche die Verpflichtung und die Möglichkeit hat, ihren Auftrag als Zeugnis- und Dienstgemeinschaft so zu verwirklichen, wie es dem Wesen dieses Auftrages entspricht“ (Eberhard Winkler). Die Wiederentdeckung eines eigenständigen Kirchenrechts als Wesensmerkmal der Kirche durch die Bekenntnissynode von Barmen ist für Verständnis und Wesen evangelischen Kircheseins von zentraler Bedeutung.

Evangelisches Kirchenrecht wird heute allgemein als eigenständiges Recht verstanden, das nicht von weltlichen Gewalten hergeleitet ist und nicht deren Verfügung unterliegt. Ein Recht sui generis, das nicht abgeleitet ist von staatlicher Rechtsetzung. Das evangelische Kirchenrecht wird als eine mit der Natur der Kirche begründete Erscheinung gesehen, weil sie eine in dieser Zeit lebende und der Ordnung bedürftige Gemeinschaft von Menschen ist. Das Kirchenrecht tritt nicht erst äußerlich, additiv zum inneren Leben der Kirche hinzu. Es ist Wesensbestandteil der Kirche, um sie in ihrer Wirksamkeit zu fördern. Das ist trotz mancher Unterschiede in der evangelischen Rechtstheologie ein heute weithin bestehender Konsens.

Die Hauptmerkmale eigenständigen evangelischen Kirchenrechts lassen sich im folgenden zusammenfassen:

1. Das Kirchenrecht ist ein wesentliches Element der Kirche. Die Kirche ist von Gott ins Recht gesetzt zum Bekennen, Zeugnis-Geben und Dienen. In dieser Welt muß die Kirche ihr Anliegen und ihre Aufgabe gestalten, sie muß die Modalitäten ihres Handelns organisieren. Die Kirche benötigt zur Durchführung ihres Auftrags eine organisatorische, rechtliche Gestalt schon deshalb, um im jeweiligen gesellschaftlichen Kontext ihre Identitätsmerkmale, ihr unverwechselbares, ihr spezielles Anliegen deutlich machen zu können.

2. Das Kirchenrecht ist an die biblische Weisung gebunden. Das Kirchenrecht hat mit seinen spezifischen Mitteln den Bestand der Kirche zu wahren, den Dienst der Verkündigung zu fördern und muß an den Erfordernissen des Auftrags gemessen werden. Hemmt es die Ausbreitung des Evangeliums, verdunkelt es die Botschaft, behindert es die Wirksamkeit kirchlicher Arbeit, so muß es erneuert werden. Die biblische Weisung ist dabei grenzsetzende und orientierende Norm. Das Neue Testament gibt allem kirchlichen Recht Orientierungspunkte, nicht unmittelbare Rechtssätze, aber Eckwerte und Auslegungshilfen. Sie markieren Ziel und Auftrag eines evangelischen Kirchenrechts.

3. Das Kirchenrecht ist eigenständiges Recht. Das Kirchenrecht lebt aus eigener Wurzel. Es ist menschliches Recht, gesetzt innerhalb der kirchlichen Gemeinschaft, aber durch seinen Bezug auf die göttliche Ermächtigung vom weltlichen Recht unterschieden. Es bedarf keiner weltlichen Ermächtigung und Gestaltung. Die Kirche wird die Aufgabe des Staates, für Frieden und Gerechtigkeit zu sorgen, achten und bestrebt sein, ihre Tätigkeit in Übereinstimmung mit den staatlichen Grundnormen, doch in der letzten Bindung an ihren Herrn, zu gestalten. Die Tatsache, daß Kirchenrecht menschliches Recht ist, bedeutet auch, daß es an geschichtlichen Wandlungen Anteil hat. Das Kirchenrecht hat Formen und Institutionen rechtlicher Art und wird Erkenntnisse und Entwicklungen des allgemeinen Rechts beachten und auch rezipieren, soweit sie mit dem Wesen der Kirche vereinbar sind.

4. Das Kirchenrecht ist ökumenisches Recht. Das Recht jeder partikularen Kirche oder auch jeder Kirchenvereinigung muß auf dem Hintergrund der ganzen Nachfolgeschaft Christi gesehen werden. Kirchenrecht muß gedeutet und gewertet werden, wie weit es sich einfügt in die größere geschichtliche und geistliche Fülle der gesam-

ten Kirche. Nur mit dieser ökumenischen Dimension kann das Recht der einzelnen Kirche dem Auftrag recht dienen.

5. Das Kirchenrecht ist ein Recht der Liebe. Evangelisches Kirchenrecht muß die Achtung des Nächsten praktizieren. Es muß auch Buße, Umkehr und Versöhnung offenlassen. Kirchenrecht muß um der Liebe willen auch Klarheit bringen, Entscheidungen ermöglichen und erforderlichenfalls Trennungen vollziehen. Aber Kirchenrecht sollte keine absoluten Verurteilungen aussprechen.

6. Kirchenrecht ist brüderliche Ordnung. Es muß zwischen Anarchie und Autokratie eine bruderschaftliche Struktur notwendiger Eigenverantwortung und möglicher Weisungsbefugnis finden. Ordnung in der Kirche macht eine Abstufung von Verantwortlichkeiten und Differenzierung der Kompetenzen erforderlich. Die in Christus begründete Basis fundamentaler Gemeinsamkeit ermöglicht und erfordert einen partnerschaftlichen Leitungsstil, der durch die Anerkennung hilfreicher funktionaler Autorität getragen wird. Kirche von Schwestern und Brüdern erfordert eine kirchliche Ordnung, die die Stellung des Menschen als des von Gott geliebten und gerechtfertigten erkennen läßt.

7. Das Kirchenrecht ist verbindliches Recht. Das Recht ist an bestimmte Grundstrukturen gebunden. Es muß eine verbindliche Ordnung persönlicher und sachlicher Bezüge schaffen. Dabei müssen seine Vorschriften positiv beschrieben und allgemein erkennbar sein. Das evangelische Kirchenrecht muß für alle, die unter seine Gültigkeit fallen, Gerechtigkeit wahren, und es darf keiner Willkür in seiner Anwendung Raum geben. Gesetzliches Recht muß um der Rechtssicherheit willen auch dann angewandt werden, wenn es im Einzelfall unzweckmäßig erscheint. Der deutlich erkennbare Rechtstatbestand ist ein Gebot jeder rechtlichen Ordnung. Die Einhaltung dieser Grundstrukturen gibt dem Recht Autorität und sichert seine Verbindlichkeit. Seine Verbindlichkeit hat das Kirchenrecht aus der Autorität des göttlichen Auftrags. Entscheidung für die Kirche bedeutet auch Entscheidung für ein verbindliches Kirchenrecht. Die Verbindlichkeit des Kirchenrechts wird unterstrichen zuletzt durch die Möglichkeit der Trennung von der Gemeinschaft.

Es ist nicht zwingend, den Begriff Recht für die eigenständige Ordnung der Kirche zu verwenden. Man könnte auch zum Beispiel von Kirchenordnung sprechen. Dies würde die Eigenständigkeit dieser Regelungen vielleicht noch stärker hervorheben. Dennoch gibt es gewichtige Argumente für die Verwendung des Begriffs Recht:

- Recht beschreibt am eindeutigsten den Sachverhalt, denn es handelt sich um verbindlich geordnete Tatbestände.

- Recht ist seit jeher ein auch mit Religion und Kirche verbundener Begriff.
- Die Verwendung des Begriffs Recht für die verbindlichen Normen der evangelischen Kirche erleichtert das ökumenische Verständnis.

Die dritte (und vierte) Barmer These erheben einen hohen Anspruch auf Verwirklichung der Ordnung evangelischer Kirche. Unsere heutige Praxis kann dagegen nicht ohne Sorge gesehen werden.

Nicht selten wird um der vermeintlichen theologischen Wahrheit oder sogenannten evangelischen Freiheit willen kirchliche Ordnung mißachtet. Die Hauptursachen solcher destabilisierenden Ansätze sind in folgendem zu sehen:

- Unklarheiten über den notwendigen Zusammenhang von Kirche und Ordnung. Unreflektierte und unbewußte Fortführung der Sohmschen Formel, wonach Kirche und Recht unvereinbar seien. Eine Haltung, die Sohms historischen Ansatz sowie seine Zielstellung außer acht läßt und die weder durch Luther noch durch Calvin gedeckt ist.
- Neigungen kirchenleitender Organe, Rechtsnormen nach Zweckmäßigkeitserwägungen und jeweiligen Zielvorstellungen anzuwenden oder nicht anzuwenden. Häufig wird durch seelsorgerliche Entscheidungen die Ordnung unterlaufen. Das schafft Rechtsunsicherheit und Rechtsverdrossenheit, die sich als Disziplinlosigkeit auswirken kann. Theologische und seelsorgerliche Einsichten sollen die Rechtssetzung und die Rechtsanwendung lenken, dürfen aber nicht das Recht ersetzen.
- Ansätze eines Rechtsperfektionismus, um möglichst alles kasuistisch geregelt zu haben. Derartige Neigungen zum Positivismus und Ordnungsfetischismus behindern die flexible Handhabung des Kirchenrechts, erschweren Entscheidungen, bei denen theologische und seelsorgerliche Erkenntnis im Rahmen der Ordnung verbindlich umgesetzt werden. Es entsteht ein Nebeneinander von formalem Kirchenrecht und theologisch-seelsorgerlichem Erkenntnisstand; ein Nebeneinander, das dem Wesen des Kirchenrechts widerspricht und es diskriminiert.
- Mängel im Rechtsbewußtsein, die auf die unmündige Haltung zurückgehen, nur bei Zwangsandrohung oder Gefahr der Gewaltanwendung Rechtsnormen zu respektieren. Recht kann dagegen eine wirklich positive Rolle nur einnehmen, wenn seine Notwendigkeit bejaht und es aus eigenem Antrieb befolgt wird. Richtig verstandenes Kirchenrecht setzt sich nicht zwangsweise durch, sondern erwartet eine aus Glauben frei erwachsende Befolgung

seiner Regelungen. Kirchliche Ordnung soll auch dem einzelnen Halt gewähren, ihn stützen, ihm ordnen und verwalten helfen, Grenzen und Möglichkeiten zeigen.

Rechtes Barmen-Gedenken

Im Gedenken können wir schnell in die Gefahr geraten, „Barmen als den großen Dom zu verstehen, in dem alle verschiedenen kirchlichen Heiligtümer und Altäre Platz finden können" (Rosemarie Müller-Streisand). Dann wären wir auf dem Gegenwege und würden in die Irre gehen. Barmen fordert uns heraus, seine zunächst zeitgebundenen Aussagen auf allgemeine Gültigkeit zu bedenken und die gefundenen Glaubenssätze im konkreten Gehorsam heute anzuwenden. Das wird nicht ohne Auseinandersetzungen möglich sein.

Zum Beispiel wurde in der Synode der Evangelischen Kirche von Berlin-Brandenburg bei der Debatte um die Institution evangelischer Kirche in der DDR Barmen kontrovers angewandt. Die Befürworter der Beschlußvorlagen zogen Barmen III heran und verwiesen auf das Gebot der Zeugnisgebundenheit der Ordnung. Die Gegner gebrauchten ebenfalls Barmen III als Argument und verwiesen auf das Verbot der Beliebigkeit in der Gestalt der Ordnung. Das hätte streitig klar ausdiskutiert werden müssen. Ähnliche Fragen ergibt rechtes Barmen-Gedenken zu vielen Problemen in unserer evangelischen Kirche. Die Klarheit der Aussagen von Barmen gebietet die Klärung offener Fragen und verbietet, sie zu vernebeln.

Rechtes Barmen-Gedenken heißt, sich der Verpflichtung zur ständigen Fortführung der Reformation bewußt zu sein und daraus Folgerungen zu ziehen. Denn nicht nur ihre Worte, sondern die ganze Existenz der Kirche hat Verkündigungscharakter. Es nützt nichts, wenn wir Barmen gedenken und bejahen, es muß gelebt werden!

Die Gemeinde als Zeugnis- und Dienstgemeinschaft heute

Vortrag vor der Kreissynode Wittstock am 17. Juni 1984

I.

Ob in Berlinchen Kreis Wittstock oder in Berlin, in diesem Thema stehen Christenmenschen allerorts. Die konkreten Herausforderungen, Belastungen und Ermutigungen mögen verschieden sein, doch der Grundauftrag unseres Herrn steht überall: Die Wahrheit des ewigen Gottes haben seine Jünger an allen Orten und in allen Gesellschaftsordnungen zu bewahren und weiterzugeben. Die äußeren Bedingungen können sehr unterschiedlich sein. Christsein wird in China anders als im Vatikanstaat möglich sein. Die Staatskirche in Schweden hat andere äußere Möglichkeiten als die jungen, ständig wachsenden schwarzen Gemeinden in Moçambique. Sie alle haben den gleichen Grundauftrag. Und es gehört zu seinen Geheimnissen, daß er oft seinen Zeugen unter schweren äußeren Bedingungen die größere Gnade erweist. Die barfüßigen schwarzen Prediger im Süden Afrikas, die im günstigsten Falle zwanzig oder dreißig Seiten der Bibel sowie eine in Europa ausrangierte Lesebrille besitzen, die haben den größten Zulauf. Und die Protestanten aller Richtungen in China, die durch das Feuer der Kulturrevolution gegangen sind und bereits totgesagt wurden, haben heute eine Vereinigte Kirche. Und wir sind irgendwo dazwischen im Mittelfeld, wo man nicht genau weiß, ob man sich auf die Sonnenseite oder die Schattenseite zählen soll. Viele meinen, wir hätten es besonders schwer, und manche denken, uns ginge es noch viel zu gut, um wirklich begnadete Zeugen Jesu Christi sein zu können.

Wo stehen wir? Wo gehen wir hin? Wo kommen wir her? Bischof Forck erzählte kürzlich, daß er als Schüler bei der Suche nach einer Ferienbeschäftigung von einem Unternehmer gefragt wurde, ob er konfirmiert sei. Auf sein Erstaunen über die Frage antwortete der Unternehmer: „Ich stelle nur anständige Leute ein.“ Da kommen wir her. Das war evangelische Kirche in diesem Lande vor fünf Jahrzehnten. Jeder „anständige“ Mensch gehörte dazu. Volk und Kirche waren nahezu identisch. Heute gehören in der DDR etwa ein Drittel der Bevölkerung der evangelischen Kirche an, und alle volkskirchlich bedingten Zahlen wie Taufe, Konfirmation, Trauung und auch Bestattungen sind deutlich zurückgegangen. Von einigen Dörfern im Spreewald, im Fläming, in der Rhön oder im Erzgebirge abgesehen, ist die Volkskirche zusammengebrochen. Der Doppelgegenwind allgemein europäischer Säkularisation und atheistischer Herausforderung hat die Mitläufer verschwinden lassen. Kirchenzugehörigkeit ist kein Beweis für Anstand, ja macht hier und da verdächtig. „Warum gehören Sie noch zur Kirche?“ ist eine Frage, die uns allen begegnet ist. Eine manchmal bedrängende, aber oft auch erwartungsvolle Frage!

Wozu gehören wir? Das griechische Wort *ecclesia* erlaubt eigentlich keine Differenzierung zwischen Kirche und Gemeinde. Und so möchte ich auch hier Gemeinde als die Gemeinschaft der Christen verstehen, die sich um Gottes Wort und Sakrament sammeln und seinen Auftrag hier ernst nehmen. Das ist Gemeinde in der Gestalt von Ortsgemeinde, Kirchenkreis, Landeskirche, Kirchenbund, ja wohl auch als Gemeinschaft aller Christen dieses Landes. Diese Gemeinde will unser Herr. Wir haben seine Zusage, daß dort, wo zwei oder drei in seinem Namen versammelt sind, er mitten unter ihnen ist. Und wir haben im Pfingstwunder die Entstehung der Kirche, wo in der Apostellehre und im Brotbrechen und im Gebet und in der Gemeinschaft (Apostelgeschichte 2,42) die Gruppe erwächst, die Christi Sache fortführen soll. Mit den Worten der Grundordnung der Evangelischen Kirche in Berlin-Brandenburg heißt das: Gott selbst bereitet sich aus denen, die auf sein Wort hören und die Sakramente empfangen, seine Gemeinde, die Kirche Jesu Christi auf Erden, indem er in ihren Herzen durch den Heiligen Geist den Glauben weckt und die von ihm Berufenen zu Zeugen ihres Herrn und zu Dienern ihres Nächsten macht (Grundordnung der Evangelischen Kirche in Berlin-Brandenburg, Grundsätze über Amt und Gemeinde Ziffer 1). Gemeinde, das ist die Gemeinschaft derer, die um Wort und Sakrament gesammelt, Zeugen ihres Herrn und Diener ihres Nächsten sind.

II.

Zeugnisgemeinschaft – das heißt, die Gemeinde hat durch ihr Wort und durch ihr Leben von dem Jesus zu reden, den sie als Gottes Sohn erkannt hat. In Jesus begegnet uns der Mensch, der mitten unter den

Tüchtigen, Vergnügten und Gedankenlosen lebt, der zu den Verachteten, Entrechteten und Schuldigen steht und der hinausgeht, um vor dem Tor für sie alle zu leiden. Was sich durch das ganze Leben dieses Menschen hindurchzieht, findet sich gerafft in den Worten Jesu bei der Einsetzung des Abendmahls: „für euch gegeben“, „für euch vergossen“ (Heinrich Rathke). Jesus, den Menschen für andere, den Gekreuzigten, hat seine Gemeinde zu bezeugen. Nicht nur als einen, der von den Toten auferstanden ist, sondern als den, der heute lebendig ist durch das Wirken seiner Anhänger. Die Existenz christlicher Gemeinde, ihr Hören auf Gottes Wort, ihr Sammeln um das Sakrament, ihre Antwort im Gebet und ihr Streben, nach seinen Weisungen zu leben, kann der Welt den lebendigen Gott bezeugen.

Zeugnisgemeinschaft heißt, die zu stärken und zu sammeln, die hier und heute Christen sein möchten. Dies sollte das erste Anliegen der Gemeinde sein, Zweifelnde und Resignierende zu ermutigen, die Gewißheit um Gottes gute Sache zu stärken, Ängste abzubauen. Wir dürfen der Zusage Gottes vertrauen, die über alle Anschläge oder Ideologien der Menschen hinweg gilt, daß wir gerufen und gefordert sind, gerade hier und genau heute seine Sache zu bewahren und zu vertreten.

Die Praxis unserer Arbeit wird noch zu häufig von äußeren Dingen bestimmt. Ich habe die Sorge, daß sowohl Gemeindekirchenräte und Kreiskirchenräte als auch Kirchenleitungen zuviel Zeit für politische oder rechtliche Streitigkeiten verwenden. Bemühungen um Stärkung und Sammlung der Gemeinde kommen oft viel zu kurz. Wissen überhaupt die Gemeindekirchenräte, wer zur Gemeinde gehört? Sind die Gemeindeglieder überhaupt richtig erfaßt? Fehlt nicht häufig schon die rein technische Voraussetzung (zum Beispiel durch eine Gemeindekartei), um den einzelnen zu betreuen und zu begleiten? Das Voneinander-Wissen, das Besuchen oder der schriftliche Gruß sind wichtige Zeichen von Gemeinschaft, das Abwarten, ob sie einmal von selbst kommen, kann uns in eine elitäre, sektierende Gemeindehaltung führen oder unberechtigte Resignation aufkommen lassen. Gottes evangelisches Volk ist in diesem Lande größer, als wir meinen, und kann nicht nur am Gottesdienstbesuch, auch nicht am Heiligabend, gemessen werden. Weithin gehen wir noch zu wenig auf die zurückhaltenden Gemeindeglieder zu. Mindestens alle, die Kirchensteuer zahlen, ja auch alle, die nicht ausgetreten sind, oder warum nicht eigentlich alle Getauften, wird unser Gott nicht loslassen. Warum eigentlich sollten wir das tun? Schon ein freundlicher Segenswunsch zum Geburtstag ist ein Signal an den Christen in der Vereinzelung, daß die Gemeinde zu ihm steht, ihm gehört.

Zeugnisgemeinschaft heißt, die Vielfalt der Gaben und Aufträge in der Gemeinde zu entfalten und brüderlich wahrzunehmen. Die Kirche soll eine Gemeinschaft von Schwestern und Brüdern sein, die in Zuwendung und Treue sich als Menschen gegenseitig anerkennen, soziale, politische, methodische Unterschiede zurückstellen können und sich im gemeinsamen Auftrag verbunden wissen. In der Kirche sollen die Christen in gegenseitiger Hilfe und Stärkung zusammenwirken. Die je besonderen Gaben und Aufträge sollen geweckt und gegenseitig unterstützt werden. Unterschiede sollen sich nur aus der Verschiedenheit der Gaben und Aufgaben ergeben. Diese Erwartungen sind in der Barmer Theologischen Erklärung, insbesondere in den Thesen III und IV, festgehalten und sollten Anstoß sein, unsere Praxis zu bedenken. Die verschiedenen Ämter in der Kirche begründen keine Herrschaft der einen über die anderen, sondern die Ausübung des der ganzen Gemeinde anvertrauten und befohlenen Dienstes (Barmer These IV). Das bedeutet die Verpflichtung zur Zusammenarbeit und das Verbot der Einzelführung. Das schließt aber Verantwortungsteilung nicht aus. In unserer kirchlichen Arbeit beobachte ich drei Verhaltensweisen, die Gemeinde im Zeugnis behindern: Zunächst Eigenbrötelei und Rechthaberei, die oft unnötigen Streit auslösen, Gemeinde belasten und unglaubwürdig machen. Zweitens basisdemokratische Tendenzen, die alle Leitung und Koordinierung in Frage stellen, jede Kleinigkeit im Grundsatz diskutieren und sich im Grunde nicht einordnen wollen. Sie lähmen die Gemeinschaft und verhindern deren Effektivität. Schließlich gibt es bei manchen Pfarrern die Neigung, Katecheten, Kirchenmusiker, Diakone, Gemeindehelferinnen und andere Mitarbeiter als Hilfskräfte zu behandeln und deren eigenverantwortlichen Dienst zu verkennen. Sicher ist das Pfarramt der wichtigste Dienst der Gemeinde, und wo es die Ordnung vorsieht, kommen ihm auch Leitungsbefugnisse zu. Jedoch allein das Amt berechtigt nicht zur Überordnung. Falsches Hierarchiedenken kann die Gaben anderer Dienste verkümmern und die Gemeinde verarmen lassen.

Die Barmer Theologische Erklärung erinnert uns auch daran, daß die Gemeinde mit ihrer Botschaft wie mit ihrer Ordnung Zeugnis zu geben hat (Barmer These III). Die Notwendigkeit christusgemäßer Ordnung ist für die evangelische Kirche erst durch Barmen voll erkannt worden. Jahrhundertelang blieben Organisation und Ordnung der Kirche dem Staat überlassen. Institutionalität der Kirche aber ist unverzichtbar, weil die Kirche die Verkündigung auf Dauer verbürgen muß und weil Regelungen des Zusammenwirkens sowie des Umgangs mit anvertrauten Mitteln erforderlich sind. Die dritte

Barmer These beschreibt die Erkenntnis, daß die nötige, unvermeidbare Institution und Ordnung in einem untrennbaren Zusammenhang zur Botschaft stehen. Auch die Ordnung der Kirche hat Zeugnischarakter und ist gegen Beliebigkeit und Fremdbestimmung zu schützen. Denn die Kirche ist in allen ihren Lebensäußerungen Christus verpflichtet, auch in ihren Strukturen. Die institutionelle Gestalt der Kirche, ihre Ordnung und deren Handhabung ist die Antwort der Gemeinde auf Gottes Stiftung. Verwirrende, nicht effektive Organisationsformen und Mißachtung der eigenen Ordnung verdunkeln das Anliegen der Kirche und gefährden ihre Glaubwürdigkeit. Unsere Kirche ist in der Gefahr eines Mißverhältnisses zwischen organisatorischem Aufwand und Gemeinderealität, dem Mißverhältnis zwischen institutionellem Gehäuse und wirksamer geistlicher Kraft. Diese Gefahr wächst vom Dorf zur Großstadt, von der Gemeinde bis zur Gesamtkirche.

Zeugnisgemeinschaft heißt, die Botschaft an alles Volk auszurichten. Will die Gemeinde ihrem Herrn getreu sein, darf sie sich nicht auf den innerkirchlichen Bereich beschränken. Das Evangelium verdirbt, veraltet, wird dummes Salz, wenn die Gemeinde es nur für sich selbst bedenkt. „Wir können es ja nicht lassen", hören wir die Apostel sagen, als man ihnen nahelegt, ihren Glauben doch für sich zu behalten (Apostelgeschichte 4,20).

Nur im Anreden der andern erweist sich, ob unser Zeugnis verstanden wird. Es geht vielleicht gar nicht so sehr darum, daß wir die christlichen Wahrheiten in der Sprache von heute ausdrücken oder modische Formen entwickeln. Christi Botschaft wird da deutlich, wo wir wirklich auf den anderen eingehen, zeigen, wie Christus unser Leben prägt, wie er für uns und andere da ist. Die Menschen sollen am Reden und Leben der Gemeinde und des einzelnen etwas von Gott erfahren, dem Gott, der den Sinn des Lebens zeigt, der auf den anderen weist. Dieser Gott läßt sich nicht im Bild eines alten Mannes oder eines Throns über den Wolken einfangen. Unser Gott ist in der Höhe und in der Tiefe, in der Länge und in der Breite, im Großen und im Kleinen, als die Alldimension des Guten und der Wahrheit. Dieser Gott ist durch Menschen erfahrbar. Die Botschaft wird erfahrbar durch das Vorleben von Christenmenschen. Mitarbeiter und Älteste wissen davon, wie sie von Außenstehenden betrachtet und an ihrem Verhalten die Glaubwürdigkeit der Botschaft gemessen wird, am Lebenswandel, an der Zuverlässigkeit, der Redlichkeit, der Hilfsbereitschaft.

Zeugnisgemeinschaft heißt: Offenheit für andere. Gemeinde kann nicht eine verriegelte Burg, sondern muß radikal offen für alle sein, die an unserem Auftrag interessiert sind. Ein offenes Haus, ja auch eine Schutzhütte, jedenfalls mit einladend geöffneten Türen. Und wer kommt, muß sich darauf verlassen können, daß er ernst genommen wird, daß er angehört wird und daß versucht wird, ihm zu helfen. Wer zu uns kommt, muß aber auch wissen, daß er in ein Haus kommt, in dem die Gemeinde Jesu Christi Ton und Ordnung angibt. Nicht wenige Menschen, vor allem auch in den Großstädten, kommen neu zur Kirche. Es kommen junge Menschen, die wissen wollen, ob wir etwas Glaubhaftes zum Sinn des Lebens sagen können und bereit sind, nach unseren Erkenntnissen zu handeln. Sie bringen Leben und nicht selten Unruhe in die Gemeinde. Aber sie sind auch Signale für die bleibende Aktualität der Botschaft. Es kommen Menschen, die von der sozialistischen Gesellschaft enttäuscht sind, einen Halt oder einen Neuanfang suchen. Manche von ihnen sehen einen Ausweg ihrer Probleme nur in einem Verlassen des Landes und wünschen uns als Zwischenasyl. Das löst Fragen und Diskussionen aus. Aber auch hier sind wir zum Zeugnis aufgefordert. Manche konnten in der Gemeinde und im Lande gehalten werden. Andere waren nicht von der Pflicht zum Bleiben zu überzeugen, aber konnten für die Gemeinde Jesu gewonnen werden. Es kommen auch ganze Gruppen, mit festen Zielen und Erwartungen. Friedens- und Ökologiegruppen, auch Homosexuelle und Punks, die Raum und Schutz der Kirche erbitten. Das ist eine Chance und Aufgabe für eine lebendige Gemeinde. Denn die Gemeinde nimmt Anteil an allem, was die Menschen bewegt, und ist für alle Menschen offen. Gerade darum ist es unerläßlich, daß alles Tun in den Gemeinden darauf ausgerichtet ist, daß die Botschaft verstanden und als guter Weg zum Leben erkannt wird. Diesem Grundsatz muß sich auch die Aktivität von Gruppen unterordnen. Dem Mißbrauch der Gemeinde für andere Ziele wird durch Klärung der Motive und notfalls durch Abgrenzung begegnet werden müssen.

III.

Erst im Dienst am Nächsten verwirklicht die Gemeinde die Botschaft. Die Rede vom Endgericht in Matthäus 25 macht deutlich, daß auch der kleinste Dienst an dem andern, an dem geringsten Bruder, entscheidende Bedeutung bei der endgültigen Beurteilung des Menschen gewinnt. „Dasein für andere“ spricht das ganze Wesen der Gemeinde aus. Gemeinde lebt nicht aus sich selbst und nicht für sich selbst, sondern läßt Gott zum Zuge kommen, indem sie als Kirche für andere den Dienst Jesu für die Menschen vergegenwärtigt (Heinrich Rathke). Der Dienst der Gemeinde für andere ist Angebot und Herausforderung an die Welt und an den einzelnen Menschen, von Jesus her, als dem „Menschen für andere", zu denken und zu leben. Die Kirche bietet damit, was sonst in der Welt nicht geboten werden kann. Die von Gott für die Welt berufene Gemeinde läßt sich auf die Welt ein; wird allen alles, damit sie auf alle Weise etliche rette – wie Paulus schreibt (1. Korinther 9, 22). Sie wird dennoch nicht der Welt gleich, muß eigenständig bleiben, denn sie muß prüfen, was komme (Römer 12, 2). Das Sein in Christus vollzieht sich in der Dienstgemeinschaft mit anderen Christen an anderen, die den Dienst Christi brauchen. Dienstgemeinschaft – das heißt, die Gemeinde hat die Augen aufzumachen für die Not und die Gefährdung unserer Zeit und das ihr Mögliche zu tun, um sie abzuwenden (Albrecht Schönherr). Dienstgemeinschaft heißt Mitverantwortung für die Abwendung von Belastungen und Bedrohungen am nahen und fernen Nächsten. Dienstgemeinschaft Christi wird zu prüfen haben, wo gerade sie gefordert ist. Sie muß nicht tun, was schon von anderen bewältigt wird. Sie soll sich beteiligen, wo ihre Stimme oder Hilfe zusätzlich nötig ist und dabei um der Nächstenliebe willen vor der Zusammenarbeit mit anderen keine Berührungsängste haben. Dienstgemeinschaft Christi darf sich nicht entziehen, wenn niemand sonst die Nöte der Nächsten angehen will oder kann.

Die nächsten Nächsten haben wir in der Familie. Das sind die beruflich und familiär doppelt belasteten Ehefrauen, die nicht selten unter dem Kircheneifer ihrer Partner seufzen und das unmittelbare Handanlegen und die direkte Zuwendung brauchen. Viele kirchliche Aktivitäten sind nicht familienfreundlich. Sie könnten belebt, versachlicht und nicht selten verkürzt werden, wenn man die Ehepartner dazu holte. Hat eigentlich schon einmal jemand probiert, eine Kreissynode ganz oder teilweise darauf zu orientieren?

Unsere nächsten Nächsten sind auch die Kinder. Sie stehen im äußersten Vorfeld christlichen Zeugnisses und haben als an Zahl und Argumentationskraft Unterlegene, als Unmündige und Unkundige, in Kindergarten, Schule oder Jugendorganisation Christus zu vertreten. Sie sind eigentlich unsere größten Glaubenshelden, und ich habe oft aus Berichten den Eindruck, daß sich an ihnen die Zusage unseres Herrn erfüllt: Sorget nicht zuvor, was ihr reden sollt, sondern was euch zu der Stunde gegeben wird, das redet (Markus 13, 11). Tut die Gemeinde genug, um ihnen zu helfen? Hier ist auch die Familie gefordert. Entscheidend in der Familie sind die Liebe, die Fürsorge und Geborgenheit, das Vertrauen untereinander und das Vertrauen in Christi Sache. Wo Kinder das erfahren können, werden sie die Kraft gewinnen, um Konflikte, Probleme und Schwierigkeiten durchzustehen. Sie können darüber hinaus maßgeblich für ihr Leben geprägt werden, um dann auch selbst sich für andere einbringen zu können.

Für alte, kranke, behinderte Nächste tritt unsere Kirche mit einem leistungsstarken Netz diakonischer Einrichtungen ein, praktiziert damit vorbildliche Nächstenliebe und erfüllt zugleich sonst nicht leistbare gesamtgesellschaftliche Aufgaben. Gemeinde ist aber in der Gefahr, sich mit dieser Delegierung abzufinden. Hier sollte mehr getan werden. Die diakonischen Einrichtungen brauchen mehr Gemeindekontakt. Patenschaften von Gemeinden zu Einrichtungen oder auch einzelnen Bewohnern haben sich bewährt und sind eine Möglichkeit, Dienstgemeinschaft zu leben.

Aber es gibt auch unmittelbare Aufgaben für die Gemeinden. Haben wir nicht die Notfälle in nächster Nähe? Die pflegebedürftigen Alten, die Alkoholkranken oder die Verhaltensgestörten? Notfälle, die die zuständigen staatlichen Stellen oft überfordern. Notfälle, in denen eine kirchliche Schwesternstation viel helfen kann. Notfälle, in denen aber auch organisierte Dienstgemeinschaft der Gemeinde Nächstenliebe praktizieren kann. Ich weiß, wie schwer das ist, aber Dienst Christi ist so gemeint, und das sind vielleicht die Aussätzigen von heute!

Die Zeugnis- und Dienstgemeinschaft der evangelischen Kirchen in der DDR hat sich ihrer Mitverantwortung in diesem Lande gestellt. Die Zuversicht zu Gottes Handeln erlaubt und gebietet uns, unser Leben auch in einer sozialistischen Gesellschaft zusammen mit unseren Mitmenschen als unsere Situation anzunehmen. Jesus Christus geht uns auch in die für uns ungewohnte gesellschaftliche Situation voran und erschließt sie uns als Auftragsfeld und Dienstchance. Zur Bundessynode 1973 in Schwerin wurde das so ausgedrückt: „Kirche im Sozialismus wäre die Kirche, die dem christlichen Bürger und der einzelnen Gemeinde hilft, daß sie einen Weg in der sozialistischen Gesellschaft, in der Freiheit und Bindung des Glaubens finden und bemüht sind, das Beste für alle und für das Ganze zu suchen. Kirche im Sozialismus wäre eine Kirche, die ... in ... Freiheit des Glaubens, bereit ist, dort, wo in unserer Gesellschaft menschliches Leben erhalten und gebessert wird, mit vollem Einsatz mitzutun ... Es kann sich ... ergeben, daß wir Christen im Lichte der Verheißung Gottes und unter seinem Gebot Probleme und Nöte in Welt und Gesellschaft anders sehen ... oder Fragen hören, die andere nicht so hören. Wir haben dann unsere Anfragen geltend zu machen."

Vielleicht sollten wir das 15. Jahr des Kirchenbundes und das 35. Jahr der DDR zum Anlaß nehmen, um Richtigkeit und Aktualität dieser Position zu bedenken. Nach meiner Überzeugung hat sich diese Position als richtig erwiesen. Gemeinde Jesu Christi hat auch in dieser Gesellschaft ihren unverzichtbaren Platz und kann sie in konstruktiv-kritischer Solidarität begleiten, indem sie des Dorfes und der Stadt Bestes unbefangen fördert, aber auch Fehlentwicklungen anfragt. Mit der Vereinbarung vom 6. März 1978 wurde diese eigenständige gesellschaftliche Position der Kirche auch staatlicherseits anerkannt. Sie ist eine gute Möglichkeit, in dem unausweichlichen Zusammenleben von Kirche und Staat im Interesse der Menschen Wege zu finden. Aber sie ist auch eine ständige Herausforderung zur Bewährung für beide Seiten. Über alles kann heute zwischen Staat und Kirche offen gesprochen werden. Für viele Probleme konnten Lösungen gefunden werden, zum Beispiel für die Seelsorge im Strafvollzug, für kirchliche Neubauten oder für die Waffendienstverweigerung aus Glaubensgründen. Andere Probleme, etwa im Bildungswesen, der Rechtspolitik oder bei Baubilanzen für die Erhaltung von Kirchen, müssen weiter verhandelt werden. Zum offenen und sachlichen Gespräch zwischen Staat und Kirche mit beiderseitiger Kompromißbereitschaft und echter Klärungsabsicht gibt es im Interesse der Menschen, der Kirche und der Gesellschaft keine vernünftige Alternative. Möge dieser Weg in guten und bösen Tagen auf allen Ebenen und in allen Bereichen weiterentwickelt werden können!

Die Präsidenten des Weltkirchenrats haben zu Pfingsten noch einmal an die Botschaft von Vancouver erinnert, die den Dienst der Gemeinde für die Gerechtigkeit, den Frieden und die Erhaltung der Schöpfung fordert: „Unsere Welt – Gottes Welt muß wählen zwischen Leben und Tod, ... Segen und Fluch. Diese kritische Entscheidung zwingt uns, von neuem zu verkündigen, daß Leben Gottes Geschenk ist ... ein Geschenk voll Wunder und Herrlichkeit, unbezahlbar, zerbrechlich und unersetzlich. Nur wenn wir darauf mit einer liebenden Beziehung zu Gott, zueinander und zur Welt der Natur antworten, kann er Leben in seiner Fülle geben."

Dankbar kann festgestellt werden, daß in unseren Gemeinden die Mitverantwortung für den Frieden, die Gerechtigkeit und die Erhaltung der Schöpfung erkannt wird. Gerade nach der Enttäuschung über die neuen Raketenaufstellungen im Herbst 1983 ist der Zusammenhang der Abwehr nuklearer Bedrohung, der Hilfe für die Entwicklungsländer und der Rettung der Natur in unseren Gemeindegruppen erkannt worden. Zugleich haben die orginär kirchlichen

Handlungsweisen, wie das Friedensgebet, an Bedeutung gewonnen. Die Friedensarbeit in der evangelischen Kirche hat an den Raketen nicht resigniert, sie ist vielmehr inhaltlich breiter und geistlich tiefer geworden. Die Friedensdekade vom 11. bis 21. November 1984 wird unter dem Motto „Leben gegen den Tod" diese größeren Dimensionen aufnehmen können.

IV.

Gemeinde als Zeugnis- und Dienstgemeinschaft heute ist vielseitig gefordert, hat gute Chancen und Möglichkeiten und wird doch immer auch in der Gefahr des Irrweges sein. Ihre größten Gefahren sehe ich im Nachlaufen hinter fremden Themen und in der Zweideutigkeit. Sicher ist es schwer, immer glasklar und eindeutig zu reden. Aber man darf auch als Kirche zugeben, daß man etwas nicht genau weiß oder daß es mehrere Möglichkeiten gibt, zum Beispiel beim Wehrdienst. Nötig ist es nicht, zu allen Fragen nur eine Antwort zu haben, aber nötig ist es, durchschaubar und berechenbar zu bleiben. Die Menschen, andere Kirchen, die Gesellschaft müssen wissen, woran sie mit uns sind. Jeder muß wissen, daß die Kirche und ihre Leute sicher nicht alles mitmachen und gelegentlich eigenartig oder schwierig sind, aber daß sie auch vertrauenswürdig und verläßlich sind.

Damit hängt zusammen, daß auch erkennbar bleiben muß, wer eigentlich unsere Tagesordnung bestimmt. Vor allem bei politischen Äußerungen konnte und kann der Eindruck entstehen, daß uns die Themen vom Staat oder von den Westmedien suggeriert wurden. Ich will nicht zur politischen Abstinenz auffordern. Das geht gar nicht, denn unser Herr erwartet den Dienst der Gemeinde im ganzen Leben. Aber es ist nötig, bei scheinbar fremden Themen, wie den Raketen oder der Ökologie, für uns und für andere deutlicher zu machen, daß es sich um Glaubensherausforderung handelt. Die erste Frage muß lauten, warum ist hier Gemeinde gefordert? Dies brauchen wir auch zur Selbstkontrolle. Sonst könnte es uns so gehen, wie Kurt Tucholsky es den Kirchen vorwarf: „Atemlos japsend laufen sie hinter der Zeit her, auf daß ihnen ja niemand entwische. Wir auch, wir auch! ... Sozialismus? Wir auch! Jugendbewegung? Wir auch! Diese Kirchen schaffen nichts ..."

Nehmen wir die Herausforderung an – beweisen wir das Gegenteil!

Die Kirche ist heute ein Integrationsfaktor für das Leben in der DDR

Aus einem Vortrag während der Leipziger Frühjahrsmesse am 18. März 1987

Das Vortragsthema hieß: Evangelische Kirche in der DDR unterwegs zum Jahr 2000. Beschrieben wurde der Mitgliederschwund, der Umbruch von der früheren Großkirche zu einer Freiwilligkeitskirche mit kleinen Zahlen. Im Rahmen des Vortrags wurden fünf Erfahrungen der evangelischen Kirche in der DDR angeführt, die helfen könnten, der Zukunft gerecht zu werden:

1. Die biblische Botschaft schafft sich Raum! Sie wird auch heute und künftig Menschen ergreifen. Auch in der säkularisierten Welt mit einem ständig wachsenden Anteil hochgebildeter, wissenschaftlich denkender Menschen stoßen viele, die ernsthaft über ein verantwortungsbewußtes Leben und die Notwendigkeit eines friedlichen und gerechten Zusammenlebens der Menschheit nachdenken, auf das Angebot des christlichen Glaubens. Die Bibel vermittelt Aufschlüsse, Zugänge zu Grundfragen und Grundbedürfnissen des Menschen, die alternative Möglichkeiten für die Verwirklichung des Menschseins darstellen. Die Suche nach dem Sinn des Lebens und das Streben nach einer wertorientierten Lebensgestaltung können eine Antwort in der Botschaft der Bibel finden. Sie eröffnet zudem für den einzelnen und die Menschheit die Dimension der Hoffnung. In der Zeit höchster Bedrohung der Menschheitsexistenz durch Superrüstung und weltweite soziale Ungerechtigkeit bietet die Lehre Jesu den Menschen eine Chance. Gerade heute können wir Christen staunend und dankbar feststellen, daß die Bibel das Lebensbuch für Menschen von heute und morgen sein kann und für viele, auch außerhalb der Kirche, geworden ist.

2. Religion bleibt ein Grundbedürfnis der Menschen. Die Trennung von der Volkskirche bedeutet kein Ende religiösen Verhaltens. Das Zeitalter der Säkularisation ist keine emotionslose Zeit. Der ratio-

nale Bereich des Lebens ist bei weitem nicht alles. Liebe, Glück, Zufriedenheit, aber auch Leid, Unglück und Trost sind nicht in Formeln und Lehrsätzen erfaßbar. Der Mensch sucht nach irrationalen, übersinnlichen Ansatzpunkten. Wo die in der Kirche angebotene Religion diese Nachfrage nicht decken kann oder darf, können die Sekten oder der Aberglaube wirken. Außerhalb der Kirchen wächst auch in der DDR Religiosität mit veränderten Fragen und Ausdrucksformen. Dazu gehören für den einzelnen die geradezu kultische Bedeutung, die das Heim oder das Auto gewinnen können. Dazu gehören in der Gesellschaft der Symbolwert, der dem Bau öffentlicher Gebäude und Mahnmale zugemessen wird; aber auch die Zeremonien und Rituale, die bei öffentlichen Veranstaltungen Platz greifen können.

„Woran Du Dein Herz hängst, das ist Dein Gott" (Luther).

3. In der Kirche und an ihrem Rande entwickeln sich neue Formen, neue Themen und neue Aufgaben.

In unserer Zeit, wo Worte und Bilder durch die modernen Medien eine Inflation erleben, wächst die Rolle des Nonverbalen. Die Symbole gewinnen an Bedeutung. Sie sollen Hoffnung ausdrücken, wie das Symbol „Schwerter zu Pflugscharen" es tat und weiter tut. Zeichenhaftes Handeln, wie zum Beispiel Fastenübungen, soll der Vergewisserung dienen. Der blasse evangelische Gottesdienst nach der Regelagende kann diesen Bedarf nicht decken. In der kirchlichen Jugendarbeit gibt es interessante Beispiele, den Symbolen, dem zeichenhaften Handeln und dem mitlebbaren Gottesdienst mehr Raum zu geben.

Die bedrängenden Überlebensprobleme der Menschheit, die sich weltweit aus der Nuklearrüstung, aus der ständig wachsenden Verelendung der Entwicklungsländer und der Gefährdung der Umwelt ergeben, haben für unsere Kirche die biblische Botschaft des „schalom" brennend aktuell gemacht. Die evangelische Kirche hat sich diesen neuen Themen nicht entzogen, sondern versucht, Orientierung zu geben.

Die Annahme dieser Themen durch die Kirche hat die Aktivität von Gruppen begünstigt, in denen auch viele Menschen, die nicht der Kirche angehören, sich zum Nachdenken und Handeln in den Lebensfragen der Menschen zusammenfinden und Bewegung in Kirche und Gesellschaft gebracht haben. Die Bildung thematisch orientierter Gruppen, aber auch von Kommunitäten und charismatischen Gruppen am Rande der Kirche und über sie hinaus gehört zu den neuen Erfahrungen einer sich wandelnden evangelischen Kirche.

Bewegte Zeiten können Menschen aus sehr verschiedenen Gründen, wegen persönlicher oder gesellschaftlicher Anlässe in Bedrängnis bringen. Die Kirche wird von vielen Menschen, unabhängig davon, ob sie selbst zur Kirche gehören, als Vertrauensfaktor gesehen, in Anspruch genommen und um Rat und Hilfe ersucht. Die seelsorgerlichen Aufgaben und Pflichten der Kirche, zum Beispiel in der Betreuung Suchtgefährdeter, in der Eheberatung, aber auch für Ausbürgerungsentschlossene sind gewachsen. Sie alle müssen sich darauf verlassen können, daß die Kirche wohl nicht ihre Position teilt, aber sie vertrauenswürdig anhört, sie redlich berät, und wo es möglich ist, auch zuverlässig hilft. Die Kirche hat die Aufgabe, sich gegen die Diskriminierung und für die Menschenwürde Gestrauchelter, Bedrängter und Andersdenkender einzusetzen.

4. Der weltanschauliche Gegensatz von Gottesglaube und Atheismus bleibt. Zugleich aber haben evangelische Kirchen und die führende Partei in der DDR die Erfahrung gemacht, daß die langfristige Realität beiderseitiger Existenz und anstehende Lebens- und Tagesfragen um der Menschen willen einen modus vivendi brauchen. Der ist vor neun Jahren, am 6. März 1978, zwischen der Leitung des Bundes der Evangelischen Kirchen und dem Vorsitzenden des Staatsrates, der zugleich Generalsekretär der SED ist, beschrieben. Diese Vereinbarung ist eine entwicklungsfähige Grundlage für die langfristige und unausweichliche Weggemeinschaft von Kommunisten und Christen, Staat und Kirche im Sozialismus. Wo sie konstruktiv praktiziert wird, hat sie sich als hilfreich für die Menschen und den Frieden erwiesen. Es lohnt, solche Bemühungen in allen Bereichen und auf allen Ebenen fortzusetzen. Als entscheidendes Mittel hat sich das offene Gespräch über alle anstehenden Fragen bei gleichzeitiger energischer Suche nach allseits befriedigenden Lösungen bewährt. Das Verhältnis von evangelischer Kirche zum sozialistischen Staat DDR ist heute gekennzeichnet von der beiderseitigen Bemühung um die Respektierung des entgegengesetzten anderen Standpunktes. Aus dieser Position sind im letzten Jahrzehnt zwei neue Erfahrungen erwachsen:

a) Die Versuche, die jeweils andere Grundüberzeugung zu verstehen und zu diskutieren, haben zugenommen. Dabei haben sowohl örtliche Gesprächskreise als auch zentrale Debatten, zum Beispiel bei der Erberezeption, eine Rolle gespielt. Wichtig ist daran, daß durch solche Gespräche aus dem Erdulden und Ertragen das Achten der anderen Meinung erwachsen und praktisch wirksam werden kann.

b) Staat und Gesellschaft müssen an allen Kräften interessiert sein, die, aus welchen Motiven auch immer, in den Lebensfragen der Menschheit positiv mitwirken und den Menschen helfen, in der DDR ihren Platz zu finden. Die Evangelische Kirche ist objektiv sowohl ein Wirkungsfaktor für das weltweite Ringen um Frieden, Gerechtigkeit und Menschlichkeit als auch ein Integrationsfaktor für das Leben in der Deutschen Demokratischen Republik. Es mag also sein, daß ein atheistischer Kommunist Religion für unwissenschaftlich und falsch hält. Er kann auch die Kirche und ihre Lehre für absterbewürdig halten. Wenn ihm aber die DDR, seine und unsere DDR, am Herzen liegt, dann muß er die auf unabsehbare Zeit notwendige Existenz der Kirche, ihrer Lehre und der alten und jungen Menschen, die daran glauben und danach leben, auch für sich akzeptieren.

5. Die freundliche Erfahrung der Konzentration. Wer nicht nur nach den großen Zahlen schielt und den Zeiten nachtrauert, als ganze Schulklassen geschlossen zur Konfirmation antraten, weiß auch um die Chancen der Konzentration. Die Kirche Jesu Christi wird nicht von den Engagierten verlassen. Wer Gottes Gute Nachricht wirklich kennengelernt hat, kann ihr höchstens zeitweise den Rücken zukehren. Die Glaubenden haben die hiesige leibhaftige evangelische Kirche nur durch Umzug oder Tod verlassen. Nur Mitläufer haben sich von der Kirche getrennt. Die Treuen aber haben sich stärker engagiert. Sie beteiligen sich häufiger am Gottesdienst und am Abendmahl, sie geben mehr Geld, und das Bewußtsein der Zusammengehörigkeit, der Gemeinschaftssinn, sind gewachsen. Mit dem Verlust der großen Zahlen wachsen die geistlichen und materiellen Anstrengungen der Gemeinde. Zugleich hat sich die Vielfalt des kirchlichen Angebotes vergrößert, so daß sich auch viele Menschen an kirchlichen Veranstaltungen beteiligen, die formell nicht zur Kirche gehören. In vielen Kinder- und Jugendgruppen sind das heute mehr als die Hälfte der Teilnehmer. Unübersehbar ist schließlich auch, daß die kleiner werdende Kirche ein großes Sympathisantenumfeld besitzt.

Günter Jacob, der vor zwanzig Jahren das Ende der Volkskirche vorausgesagt hatte, hatte recht, die evangelische Volkskirche in der DDR ist gefallen. Doch sie erlebte die Gnade eines weichen Falls, und sie ist Kirche im Volk geblieben. Möge es ihr geschenkt sein, aus diesem Umbruch die neuen Aufgaben zu sehen und zu bewältigen!

Wir werden eine offene Kirche im Volke bleiben

Gespräch mit Günter Geschke und Dietrich Sattler vom „Deutschen Allgemeinen Sonntagsblatt“ Hamburg, erschienen am 3. und 10. Mai 1987

Seit ihrer organisatorischen Trennung im Jahre 1969 sprechen die evangelischen Kirchen in der Bundesrepublik und in der Deutschen Demokratischen Republik von einer besonderen Gemeinschaft, die sie verbindet. Jahrelang haben sie Kontroversen geflissentlich vermieden. Nur in der Friedensfrage gab es unterschiedliche Akzente. Hindern die unterschiedlichen Loyalitäten, denen die Kirchen in ihren Staaten unterworfen sind, offene Diskussionen?

Zweifellos gibt es eine gewisse Scheu, eine eigentlich gesunde Zurückhaltung von kontroversen Debatten. Man möchte den auf beiden Seiten vorhandenen Willen zur Gemeinschaft und die positiven Erfahrungen gewachsener Gemeinschaft nicht gefährden. Manchmal habe ich allerdings den Eindruck, daß hüben wie drüben auch heute noch ein Rollenspiel aus den 50er und 60er Jahren vorhanden ist: Im Westen lebt die Vorstellung von den notleidenden und bedrängten Brüdern und Schwestern in der DDR fort, bei uns die Vorstellung von den hilfsbereiten, wohlhabenden und erhaltenden Kirchen der Bundesrepublik.

Beides verbietet, kontrovers zu diskutieren. Im Grund aber befinden wir uns in einer weithin anderen Situation. Beide Kirchen leben in unterschiedlichen politischen Systemen, haben dort unterschiedliche Aufgaben zu lösen und entsprechend auch unterschiedliche Rücksichten zu nehmen. Das kann zu Entfremdung, das sollte nach meiner Überzeugung aber dazu führen, daß man die Chance erkennt, die darin liegt. Denn die Gemeinschaft hat Verständnis und Vertrauen zueinander mit sich gebracht. So können Kontroversen ausdiskutiert, kann ein echter Dialog geführt werden.

Was können beide Staaten von diesem Dialog lernen?

Wir haben eine gemeinsame Grundüberzeugung über die Aufgaben des Christen in der Welt. Das gibt einen festen inneren system- und grenzüberschreitenden Zusammenhalt. Darauf aufbauend gestehen wir uns gegenseitig unterschiedliche Einsichten und Rücksichten sowie Aufgaben zu. Wir leben in verschiedenen Systemen, und die Kirchen spiegeln dies in gewisser Weise wider, was manchmal verärgert. Dennoch liegt unsere Chance gerade darin, daß wir aufgrund unserer kirchlichen Gemeinschaft ohne politischen Krampf diskutieren können. Wir erlauben uns unterschiedliche Positionen, tragen sie aus – so können wir auch unsere Staaten ermutigen: Ihr müßt miteinander reden, weil wir politisch keine andere Wahl als das Gespräch haben.

Die EKD vor 1969 galt als eine der wenigen Klammern zwischen beiden deutschen Teilstaaten. Heute gehören die Kirchen zu den wichtigsten Fürsprechern der Normalisierung. Setzen sie damit in gewandelter Form ihre frühere gesamtdeutsche Funktion fort?

Das Wort „gesamtdeutsch" möchte ich aussparen. Das ist ein Thema für sich. Aber den Ton Ihrer Frage möchte ich positiv aufgreifen: Die Kirchen nehmen real eine besondere deutsche Verantwortung wahr. Ein Beispiel war das gemeinsame Wort vom 1. September 1979 zum 40. Jahrestag des Kriegsausbruchs. Wer wie die Kirchen für Frieden und Versöhnung eintritt, muß auch für Normalisierung eintreten. Freilich sind wir von der Normalität noch weit entfernt.

Wir haben ein strenges Grenzregime zwischen unseren Staaten. Zwar sind im Laufe der letzten Monate die Reisemöglichkeiten verbessert worden, aber im Blick auf die millionenfachen familiären und persönlichen Bindungen liegt das weit unter den Möglichkeiten, die andere Staaten verschiedener Systeme haben.

Welche Voraussetzungen müssen von westlicher Seite geleistet werden, damit die Normalisierung ins Rollen kommen kann? Für Sie muß es doch ein irritierender Vorgang sein, wenn sich SPD-Politiker für die Respektierung der DDR-Staatsbürgerschaft einsetzen, während unsere Regierung dadurch wesentliche Grundpositionen gefährdet sieht.

Ich habe Erich Honeckers Forderungen von Gera, auf die Sie jetzt anspielen, immer als beispielhafte Punkte verstanden, an denen man die Hauptfrage festmachen kann, ob und wie man den anderen deutschen Staat als gleichberechtigt ansieht, ob und wie man bewußt auch darauf verzichtet, in ihm ein lästiges Provisorium zu sehen.

Nach meiner Überzeugung folgert daraus, daß man die Staatsbürgerschaft des anderen respektieren muß. Die Modalitäten werden nicht leicht zu regeln und auch nicht mit der Staatsbürgerschaftsfrage zwischen anderen Staaten voll vergleichbar sein. Schließlich ist auch zu überlegen, inwieweit es zu einer Entkrampfung beitragen könnte, wenn die Bundesrepublik die Erfassungsstelle in Salzgitter aufheben würde. Bei uns hier herrscht nun einmal der Eindruck vor, daß in Salzgitter Vorgänge aufgehoben werden für den gewünschten Tag, an dem die DDR zusammenbricht, und dann kommt die Nacht der langen Messer...

Für die Bundesregierung ist nach wie vor das Bundesverfassungsgerichtsurteil gültig. Der von Ihnen erhoffte Bewußtseinswandel vollzieht sich mit den Jahren, aber die Rechtsvoraussetzungen binden unsere Politiker; vielleicht ist in dieser Spannung mancher bei uns sogar überfordert.

Als Jurist habe ich viel Respekt vor den beeindruckenden Leistungen des Bundesverfassungsgerichts. Dennoch werden wir uns miteinander die Frage stellen müssen, was die vom Bundesverfassungsgericht entfaltete Vorstellung von Wiedervereinigung eigentlich heißt. Solange sie ungeklärt als ein U-Boot auf unserem hoffentlich gemeinsamen Geleitzug zum Frieden mitfährt, werden wir zu keiner Normalisierung kommen. Natürlich gibt es auch hierzulande manch überzeugten Kommunisten, der an eine deutsche Nation glaubt und der sagt: Eines freundlichen Tages werden wir diejenigen sein, die euch helfen, zu einer besseren Gesellschaft zu kommen. Das wäre die Stunde der Wiedervereinigung in einer allerdings anderen Richtung, als Sie es meinen.

Wir dürfen dem Problem nicht ausweichen. Bleibt es dabei, daß wir uns gegenseitig belauern? Oder können wir uns auf ein Modell verständigen, das von zwei deutschen Staaten ausgeht, die dennoch in einem besonderen Verhältnis zueinander bleiben? Das ist die Frage, über die wir reden müssen.

Können die Kirchen dabei weiterhelfen?

Ich glaube ja, doch ich kann mich nicht erinnern, daß wir unter uns schon einmal über die Frage der Wiedervereinigung richtig diskutiert hätten.

Christen in der DDR machen spezifische Erfahrungen, von denen die Bundesbürger dispensiert sind. Da gibt es die auf eine atheistische Ideologie festgelegte SED, den historischen Materialismus als ein philosophisch-weltanschauliches Lehrgebäude, da gibt es die Geschichte der Kommunisten mit dem Kaiserreich, der Weimarer Republik und dem Nationalsozialismus. Wenn man, wie Sie, mit den gewachsenen Vertretern dieses Dreiklangs umzugehen, mit ihnen Kompromisse zu finden hat – was läßt sich von diesen Erfahrungen den Bundesbürgern mitteilen?

Im Westen sollte man aufmerksam sehen, daß der historisch gewachsene deutsche Antikommunismus, der hier genauso vorhanden war wie im westlichen Deutschland, bei uns deutlich nachgelassen hat. Aus dieser Tatsache können Sie zwei Schlüsse ziehen: Entweder, daß wir hier unterderhand alle ein bißchen kommunistisch geworden sind, oder aber daß die Kommunisten doch nicht so allgemeingefährlich sind, wie es den Deutschen seit Kaisers Zeiten eingeträufelt worden ist. Wenn letzteres zutrifft, dann könnten unsere Einsichten hier Ihnen in der Bundesrepublik helfen, etwas offensiver im Dialog mit Kommunisten zu werden.

In Wahrnehmung ihrer politischen Verantwortung könnte gerade die evangelische Kirche hier noch eine Menge tun. Es wäre doch sicher ganz sinnvoll, wenn man einmal ein Gespräch zwischen Christen und Kommunisten am Rande eines Kirchentages versuchte. Ich kann mir auch vorstellen, daß es möglich ist, einen verantwortlichen Politiker aus der DDR für ein solches Vorhaben zu gewinnen. Auf diese Weise könnte man zeigen, daß es um der gemeinsamen Zukunft willen lohnt, miteinander zu reden.

Politiker, die das bei uns versuchen, gehören meist nur einer bestimmten Partei an. Sie sind bei uns einer gewissen Kritik ausgesetzt. Wie sieht man das von der DDR aus?

Ich wünschte mir, daß solche Gespräche, wie sie die SPD mit den Kommunisten hier und weiter östlich führt, auch andere Parteien beginnen. Könnten nicht auch ein paar kluge Köpfe, die doch die CDU ohne Zweifel hat, mit vergleichbaren Persönlichkeiten aus der DDR in Grundsatzgespräche kommen? Die Berührungsangst scheint doch vorbei zu sein. Man ist ja in der Lage, auf Regierungs- und Verwaltungsebene pragmatisch miteinander zu sprechen. Aber auf Dauer wird das nicht gelingen.

Zur deutsch-deutschen Realität gehört auch das Identitätsbewußtsein der Bürger. Identifizieren sich DDR-Bürger, gleich welchem Lager sie angehören, mit ihrem Staat? Und was bedeutet das für das Verhältnis zwischen beiden deutschen Staaten?

Für die DDR-Bürger ist die Staatsbürgerschaft in diesem Land Realität. Es gibt Solidarisierungseffekte und – was nicht zu unterschätzen ist – Heimatbewußtsein. Und unsere Regierung sieht, daß die Frage des Wohlbefindens und des Ernstgenommenwerdens dabei eine wichtige Rolle spielt und beachtet werden muß. Außerdem machen wir die Erfahrung, daß für die Identität auch die Betrachtung des eigenen Landes von draußen ein interessanter Vorgang ist. Reisen in andere Länder festigen das Bild vom eigenen Land, und es erleichtert, das alles zu verarbeiten.

Je offener die Grenzen, desto selbstbewußter lebt man hier?

Ja, dafür gibt es zwei gewichtige Gründe. Einmal die Beseitigung eines gewissen Provinzialismus. Zum anderen ist für den Staatsbürger die Überlassung eines Passes, der ihm die Ausreise erlaubt, ein ganz wichtiger partizipatorischer Vorgang. In vielen Gesprächen im Laufe der letzten vierzehn Monate habe ich die Beobachtung gemacht, wieviel es für die Menschen bedeutet, wenn sie von ihren Staatsorganen den Reisepaß in die Hände bekommen und ihnen damit Vertrauen und Freiheit gegeben wird.

Eine liberale Reisepraxis kann aber auch dazu führen, daß die Leute die Gelegenheit nutzen und im Westen bleiben, so daß der Staat eines Tages die Reisemöglichkeiten wieder einschränkt.

Seit der Verbesserung der Möglichkeit von Besuchsreisen im Februar 1986 ist deutlich geworden, daß die allermeisten in ihrer Grundentscheidung für ein Leben in der DDR nicht erschüttert worden sind. Ausnahmen bestätigen die Regel. Es wird aber nötig sein, noch mehr über die Erfahrungen, die die Menschen bei Westreisen jetzt neu gemacht haben, zu sprechen.

Wir ermuntern unsere Kirchengemeinden, darüber zu reden, weil hin und wieder Menschen so stark beeindruckt sind, daß sie nach ihrer Rückkehr tiefsinnig werden, ob es vielleicht nicht doch besser wäre, sich mitsamt der Familie für eine Übersiedlung zu entscheiden. Diese Menschen darf man nicht sich selbst überlassen, sonst kommen sie zu einsamen Entscheidungen und verkennen die Realitäten, die man mit einer einzigen Westreise gar nicht erfassen kann.

Sind denn Ausreiseanträge zurückgegangen, nachdem Besuchsreisen in den Westen erleichtert worden sind?

Ich bin nicht der Innenminister, genaue Zahlen sind mir nicht bekannt. Ausbürgerungsbegehren sind im übrigen relativ unabhängig davon, ob man reisen kann oder nicht. Man kann ja nicht darüber hinwegsehen, daß es millionenfache familiäre und freundschaftliche Verbindungen über die Grenze nach drüben gibt. Vermutlich wird es über lange Jahre noch einen gewissen Trend zu einer deutsch-deutschen Ost-West-Wanderung geben. Das muß man nüchtern sehen. Aber bessere Reisemöglichkeiten werden zu einer Abflachung beitragen, weil sie das Beurteilungsvermögen der Menschen verbessern.

Einigen DDR-Bürgern war es bislang nahezu versagt auszureisen. Kürzlich erhielt der Sohn eines Generals die Genehmigung für eine Übersiedlung in die Bundesrepublik. Sehen Sie darin ein neues Signal, daß sicherheitsrelevante Gruppen nicht mehr auf ewige Zeiten abschlägig beschieden werden?

Wird ernsthaft eine Übersiedlung angestrebt, ist keine Berufsgruppe völlig ausgeschlossen. Natürlich spielt es eine Rolle, ob jemand als Geheimnisträger eingeschätzt wird. Familiäre Bindungen waren nach meinen Beobachtungen keine grundsätzlichen Hinderungsgründe. Schwieriger scheint es mir bei Besuchsreisen zu sein, weil nach meinen Beobachtungen Betriebe und Institutionen dazu neigen, die Verantwortung für Geheimnisse weiter zu ziehen als wirklich nötig ist.

Hat ein DDR-Bürger, dem ein Reise- oder Ausbürgerungsantrag versagt worden ist, die Möglichkeit, die Entscheidung an anderer Stelle überprüfen zu lassen? Bei uns könnte man gegebenenfalls vor ein Verwaltungsgericht ziehen.

Eine Verwaltungsgerichtsbarkeit gibt es bei uns nicht. Stattdessen aber ein blühendes Eingabewesen, was sich im Lauf der letzten Jahre vervielfacht hat. Nach unserer Verfassung hat jeder Bürger das Recht, sich unbeschadet von Fristen, Gegenstand und Aktivlegitimation zu jeder Zeit an jedermann mit jeder Frage zu wenden. Dies hat nach meiner Beobachtung derzeit dazu geführt, daß Hauptadressat solcher Beschwernisse der Staatsratsvorsitzende ist.

Wir wissen aus Gesprächen mit verantwortlichen Leuten des Staatsapparates, daß man die Eingaben der Bürger sehr ernst nimmt, weil man sich über den Zusammenhang zwischen der Behandlung der Bürger und ihrem Wohlbefinden, ihrem Heimatgefühl völlig im klaren ist. Manche Ausbürgerungsanträge haben ihre Ursache im früheren Versagen von Staatsorganen angesichts durchaus berechtigter Belange der Menschen gehabt. Fehlverhalten von Staatsfunktionären kann Frust erzeugen, der in das Bestreben, die DDR zu verlassen, umschlagen kann.

Auf der sächsischen Synode wurde eine Art verwaltungsgerichtlicher Überprüfung abgelehnter Reiseanträge angeregt. Kommt hier eine neue Forderung auf den Staat zu?

Ob das ein geregeltes Verfahren sein muß, scheint mir nicht zwingend zu sein. Wichtig wäre in der Tat für viele Bürger, daß Entscheidungen, die über ihr Anliegen ergehen, für sie einsichtig sind. Schlimm ist, wenn über mich entschieden, mir aber nicht gesagt wird, warum die Entscheidung so und nicht anders gefallen ist. Es sollte auch ein Instanzenzug dasein, der gewährleistet, daß die Instanz, die Beschwerden bearbeitet, nicht identisch ist mit der Stelle, über die man sich beschwert.

Ich habe deutlich den Eindruck, daß die Staatsführung begriffen hat, daß ein einsichtiges, menschenwürdiges Beschwerdesystem zur Integration der Menschen beiträgt. Dabei ist Rechtssicherheit ein ganz wichtiges Moment.

Glasnost und Perestroika auch in der DDR?

Wir befinden uns schon seit einiger Zeit in einem Prozeß der Veränderung, auf dem Wege, wie man das nennen könnte. Wir Kirchen bemühen uns, dazu zu ermutigen – in zwei Richtungen. Die Staatsorgane bitten wir, die Bürger ernst zu nehmen und alle Entwicklungen, die in diese Richtung zielen, zu begünstigen. Den Bürgern raten wir zu Geduld. Denn das Geheimnis des Erfolges liegt hier in der Kunst des gemeinsamen, verändernden Vorwärtsschreitens von Regierung und Bevölkerung.

Auf einer Klausurtagung hat die Konferenz der Evangelischen Kirchenleitungen in der DDR kürzlich darauf hingewiesen, bei kirchli-

chen Äußerungen zu gesellschaftlichen und politischen Fragen sei darauf zu achten, daß die Bindung an das Evangelium deutlich erkennbar wird. Wem galt die in dieser Feststellung enthaltene Kritik? Gab es in dieser Hinsicht Versäumnisse oder Unklarheiten in den Kirchen der DDR?

Das Gespräch galt der Selbstkontrolle und der Selbstvergewisserung. Alle Kirchen müssen sich kontrollieren, wieweit sie ihrer Sache treu sind. Wir müssen als Kirche unverwechselbar bleiben. Das ist sowohl eine Inhalts- als auch eine Formfrage. Jede Kirche muß prüfen, wann es nötig ist zu reden. Wir dürfen nämlich nicht der Inflation des Mitplapperns anheimfallen und bei jeder Frage, die ansteht, rufen: Wir auch, wir auch ...

Gibt es inflationäre Tendenzen dieser Art in den Kirchen der DDR?

Es gibt eine Neigung – aus der Einsicht der Mitverantwortung heraus. Manche eher gesellschaftskritischen Gruppen äußern sich meinem Eindruck nach zu häufig bei den verschiedensten Gelegenheiten oder schreiben öffentliche Briefe. Das hat inflationären Charakter und entwertet den sinnvollen Gehalt solcher kritischen Stimmen.

Kirchenleitungen und Synoden sehe ich in Gefahr eines gewissen Bestätigungsrituals politischer Auffassungen, die andere bereits öffentlich ausgesprochen haben. Zum Beispiel ist nach meiner Überzeugung der richtigen und wichtigen Position Michail Gorbatschows nicht damit gedient, daß ständig und überall erklärt werden muß, daß man mit ihm übereinstimmt.

Inflationäre Tendenzen gibt es auch in der Bundesrepublik, ein offenbar gemeinsames kirchliches Schicksal. Deuten sie nicht darauf hin, daß die Kraft der Kirchen, zu eigenen politischen Aussagen zu kommen, abgenommen hat?

Wie das bei Ihnen ist, kann ich nicht beurteilen. Bei uns ist die Bereitschaft und Kreativität, sich verantwortlich zu äußern, im Laufe der letzten Jahre gewachsen. Natürlich kann man nicht jeden Tag etwas Wichtiges, Eigenes und Neues sagen. Insofern ist eine gewisse maßvolle Zurückhaltung angemessen.

Wer in der DDR hört auf Äußerungen, die kirchliche Gruppen oder Synoden erarbeiten?

Wenn unsere Äußerungen glaubwürdig sind, unverwechselbar und originär, wenn sie erkennen lassen, daß die Kirche von der Botschaft der Bibel getrieben ist und sich nicht wie eine der anderen Instanzen geriert, die sich äußern, dann hören hier alle darauf. Das ist unsere Erfahrung. Für ein wirkliches Zeugnis zu Fragen der gesellschaftlichen Verantwortung ist die Hörbereitschaft in der DDR sehr groß – größer als in einer pluralistischen Gesellschaft.

Können Sie ein Beispiel nennen?

Ein Beispiel war die Bemühung unserer kirchlichen Jugendarbeit, mit der Aktion „Schwerter zu Pflugscharen" zu konkreter Friedensverantwortung aufzurufen. Das war ein deutlicher Aufbruch mit viel persönlichem Engagement. Leider hat es damals Ängste sowohl in der Kirche als auch in der Gesellschaft gegeben. Im ganzen aber haben wir hier plötzlich etwas von der Hörbereitschaft gemerkt, die quer durch die ganze Gesellschaft ging, wenn auch streckenweise mit unproduktiven Abwehrreaktionen.

Bezieht sich die Hörbereitschaft auf das eigenständige Christliche, was die Kirche sagt, oder darauf, daß sie ein Tabu aufgreift?

Beides spielt eine Rolle. Natürlich ist die Hörbereitschaft größer bei Themen, die viele bewegen, über die aber sonst nicht öffentlich gesprochen wird. Das haben wir in der letzten Zeit bei der Ausbürgerungsfrage wieder erlebt. Aber wichtig bleibt die unverwechselbare und in der hiesigen Situation auch unvertretbare Äußerung der Kirche, die niemand anders so sagen kann.

Gilt das auch für den Umweltschutz? Wie lange hat es gebraucht, bis die Partei aufgegriffen hat, was dazu die Kirche bereits artikuliert hatte?

Die Umweltdiskussion ist erst nach der Friedensdebatte in Gang gekommen. Dazwischen lag ein Lernprozeß – bei der Kirche insofern, daß wir nicht gleich nervös reagieren dürfen, wenn sich in den kirchlichen Gruppen etwas Außerplanmäßiges regt. Auch Staat und Gesellschaft haben gelernt, daß es so etwas wie Bürgerinitiativen gibt, die Themen anfassen, an die man noch nicht vorrangig gedacht hat.

Auf die Umweltinitiativen hat der Staat sehr viel unbefangener und sogar aufnahmebereiter reagiert als ein paar Jahre vorher auf eigenwillige Friedensinitiativen.

Übt die Kirche mit ihren Gruppen so etwas wie eine demokratische Funktion im sozialistisch gelenkten Staat aus?

Dieser Ausdruck ist mir zu groß. Ich kann ihn so nicht übernehmen. Aber die Feststellung ist richtig, daß kirchliche Aktivitäten, die sich um die Klärung wichtiger Themen bemühen und ihre Fragen in die Öffentlichkeit tragen, der Gesellschaft Hilfestellung leisten.

Von der SED aus gesehen ist es vermutlich eine mehr als ernüchternde Einsicht, daß außerhalb der Partei, die doch bis in die letzten Gliederungen hinein den Willen der Bevölkerung aufgreifen und gestalten will, wichtige politische Gedanken formuliert werden.

Ich glaube nicht, daß die SED sagen wird, sie sei darauf angewiesen. Aber sie hat in den letzten Jahren begriffen, daß Initiativen einzelner oder einzelner Gruppen, auch ganzer Organisationen wie der Kirche, durchaus ein gesamtgesellschaftliches Interesse berühren können und nicht nur deshalb negativ sind, weil kein Sekretär der Partei sie erfunden hat.

Trifft für diese gesellschaftliche Funktion der Kirche noch das traditionelle Selbstverständnis als Volkskirche zu?

Das ist eine spannende Frage. Die Volkskirche als Massenkirche, in die man hineingeboren wird und zu der jeder ordentliche Bürger gehört, gibt es in der DDR nicht mehr. Um die Jahrtausendwende werden 20 bis 25 Prozent der Bevölkerung zur Kirche gehören. Aber wir werden eine offene Kirche im Volk bleiben, die Aufgaben für das Ganze übernimmt, die zum Beispiel diakonische Dienste unterhält und weit über ihren Mitgliederbestand hinaus für seelsorgerliche Beratung zur Verfügung steht. Das zeichnet sich heute schon ab. Die kirchliche Beratungstätigkeit nimmt zu. Menschen, die Probleme haben, fragen uns um Rat und bitten um Hilfe.

Last not least haben wir auch künftig eine kulturelle Verantwortung wahrzunehmen. Die Kommunisten müssen begreifen, daß selbst für einen bewußten Atheisten das Wissen um die Bibel und ihre Aussagen ein zwingender Faktor der Bildung ist.

Können Sie sich vorstellen, daß in der Schule wieder die Bibel gelesen wird, um Schülern die wichtigsten Symbole christlichen Denkens zu erläutern, die ihnen in Literatur, Kunst und Architektur begegnen?

Ich kann es mir nicht nur vorstellen, ich erwarte es – und zwar im Interesse der Menschen. Ich empfinde es als eine ausgesprochene Verarmung, daß unsere Lehrpläne jungen Menschen das reiche humanitäre Angebot – ich sage bewußt nur: humanitäre Angebot – und den weiten kulturellen Horizont vorenthalten, den das Christentum für alle bereithält, ohne sie gleich zu nötigen, sich taufen zu lassen. Wenn man das alles ausblendet, kann man eigentlich nicht mehr von allseitig gebildeten Menschen reden.

War dies ein Plädoyer für das Fach Bibelkunde?

Kirche und Schule sind getrennt. Ich werde mich hüten, der verehrten Frau Minister für Volksbildung hier Vorschriften zu machen. Im übrigen sehen nicht nur wenige Menschen im Staat und in der Partei dieses Problem auch. Und es muß ja nicht der Lehrplan verändert werden. So hat zum Beispiel bei Schulausflügen die Unbefangenheit zugenommen, touristisch interessante Kirchen zu besichtigen. Und wenn wir Kirchenleute dann selber nicht schlafen, sondern den jungen Menschen, die interessiert, aber ahnungslos in die Kirche kommen, Architektur, Symbole und Bilder erklären, dann können wir doch von uns auch mithelfen.

Wäre nicht auch der Geschichtsunterricht geeignet, das von Ihnen beklagte Defizit aufzuarbeiten?

Damit keine Zweifel aufkommen: Mit meinen Bemerkungen über die Defizite im Bildungsangebot möchte ich nicht unterderhand Religionsunterricht einführen. Den erteilen wir lieber selbst. Aber im Geschichts- und Kunstgeschichtsunterricht gäbe es tatsächlich Möglichkeiten der Horizonterweiterung. Und redlicherweise muß ich hinzufügen, daß sie bereits heute nicht selten genutzt werden.

Wie steht es mit dem Dialog zwischen Marxisten und Christen?

Der Begriff Dialog verspricht mehr als im Augenblick die Praxis deckt. Zwei Dinge sind jedoch Realität: daß man unausweichlich miteinander auskommen muß, daß es unterschiedliche Grundüberzeugungen gibt und geben wird und daß die gemeinsamen Herausforderungen alle betreffen. Es genügt nicht, sich ständig vorzuhalten, daß der Glaube an Gott richtig und wahr ist, oder entgegenzuhalten, daß es keinen Gott gibt und daß der Glaube unwissenschaftlich ist. Wir sind eigentlich auch schon einen Schritt weiter. Es gibt Gesprächskreise von Marxisten und Christen, auch offizielle, wo man beginnt, sich die Motivation und Denkweise der anderen Seite anzuhören und in einen Gedankenaustausch darüber einzutreten.

Seit 1981 führt die Theologie-Sektion der Universität Rostock alle zwei Jahre Christen und Marxisten, meist Wissenschaftler, zusammen. Das jüngste Gespräch war einem sehr zeitlosen Thema gewidmet, nämlich Mensch und Tod.

Das ist zum Glück kein Einzelspiel. Solche Gesprächsprozesse sind dort am leichtesten in Gang gekommen und führen zu den unverkrampftesten Gesprächen, wo man, wie im wissenschaftlichen Bereich, unbefangener sein kann.

Christen und Marxisten müßten doch auch deshalb miteinander sprechen, um in dieser Welt überleben zu können. Ist dies nicht für beide Seiten ein Anlaß genug, das gemeinsame Überlebensinteresse herauszuarbeiten als auf das Trennende zurückzublicken?

Da gebe ich Ihnen recht. Allerdings fürchte ich, daß beide Überzeugungssysteme nicht nur logisch reagieren, sondern auch in ihrem missionarischen Impetus gefangen sind. Beide haben es gleichermaßen schwer, ihre Einsichten über den anderen in entsprechendes Praxisverhalten umzusetzen.

Wie die Bundesrepublik ist auch die DDR eine säkularisierte Gesellschaft. Aber religiöse Empfindungen gibt es auch außerhalb der Kirche. Wie nehmen im Alltagsleben hier die religiösen Empfindungen der Menschen Gestalt an? Sind sie für die Verkündigung der Kirche Anknüpfungspunkte?

Religiöses Bedürfnis – ich greife hier bewußt einen Begriff auf, der bei Marxisten üblich ist – ist nicht an eine Kirchenzugehörigkeit gekoppelt. Wir haben Anzeichen dafür, daß sich das Interesse an religiösen, also überweltlichen, übersinnlichen Fragen einen Ausweg sucht, wenn die Zugehörigkeit zu einer Kirche keine Antwort mehr geben kann. Sekten haben Zulauf, Aberglauben und Okkultismus nehmen zu. Und ich beobachte höchst bemerkenswerte Verhaltensweisen von bewußt areligiös oder atheistisch-säkularisiert lebenden Menschen.

So staune ich immer wieder darüber, welche geradezu kultische Bedeutung die Fragen der Wohnung, des Heims, des Autos gewinnen. Unverkennbar ist auch die Neigung im offiziellen gesellschaftlichen Leben zu Ritualen, die fast liturgische Anklänge haben.

Wie hat sich die Kirche darauf eingestellt? Ich gestehe, wir haben bisher überwiegend eine defensive Linie gefahren. Unsere Kirchen sind bis heute eigentlich mehr mit einer Rückzugsmentalität behaftet.

Sie haben in der DDR größere Erfahrungen als die Kirchen in der Bundesrepublik im Umgang mit Menschen, die erst im Erwachsenenalter zur Kirche kommen und Christen werden wollen. Sie haben unlängst einen Gaststatus für jene vorgeschlagen, die noch nicht getauft sind, aber in der Kirche bereits mitarbeiten.

Ich bin überzeugt davon, daß wir hier etwas tun müssen. Viele Menschen sind zu uns unterwegs. Unsere Kinder- und Jugendarbeit erreicht einen hohen Anteil von Ungetauften. An vielen Gruppen und Aktivitäten der Kirche beteiligen sich Menschen, die nominell nicht Mitglied sind. Auch für sie tragen wir ein Stück Verantwortung. Wir müssen eine Regelung vorsehen, die eine Art Gast- oder Kandidatenstatus beschreibt. Sie brauchen ihn nach meiner Überzeugung im Blick auf die Ungeduld so mancher Kirchenleute, die allzu schnell auf die Taufe drängen. Denen muß man sagen, daß es eben eine gewisse Warte- oder Prüfungszeit gibt.

Aber der Gaststatus ist auch aus gesellschaftlichen Gründen nötig. Zum Beispiel bei Strafverfahren gegen Waffendienstverweigerer haben Wehrkreiskommandos gesagt, der Mann sei nicht getauft, also könne er sich nicht auf christliche Motive berufen. Mühsam haben wir ihnen erklären müssen, daß er schon zu uns gehört, auch wenn er noch nicht getauft war.

Seit einigen Jahren wird in der DDR über die kirchlichen Finanzen heftig diskutiert – auch über die Hilfen, die aus der Ökumene kommen.

Ich hoffe, daß das Nachdenken über das Geld und das Nachdenken über die Gestalt unserer Kirche ein wachsendes Thema wird. Die Veränderung von der Volks- zu einer Freiwilligkeitskirche muß auch strukturelle und finanzorganisatorische Konsequenzen nach sich ziehen. Unser Finanzsystem, einschließlich der von uns dankbar empfundenen Hilfen aus der Bundesrepublik, hat eine gewisse Starre erreicht. Es stützt den Bestand, verhindert aber Veränderungen.

Kritiker bei uns sagen: Den Kirchen in der DDR geht es relativ gut. Sie könnten sich auch allein über Wasser halten – allerdings mit der harten Konsequenz, volkskirchlichen Ballast abzuwerfen. Diese Kirche empfängt nun noch ständig Geld aus der Bundesrepublik, und das sehenden Auges im Blick auf Millionen Verhungernder. So die Kritiker. Ich hoffe, daß die Debatte darüber nicht erstickt und daß die Kritiker nicht totgeredet werden.

Halten Sie es für realistisch, daß eines Tages die Kirchen der DDR ihre Freunde in der Bundesrepublik bitten, die Leistungen zu reduzieren?

Die Reduktion findet bereits wegen der relativen Geldentwertung statt. Denn die absoluten Summen sind nicht gestiegen. Das halte ich auch für richtig so. Im übrigen haben wir uns mit der EKD darauf verständigt, daß wir stärker projektbezogene Hilfe erbitten. Mit den Geldern aus der Bundesrepublik werden Programme finanziert, die uns helfen, Probleme der Vergangenheit zu bewältigen, materielle Engpässe der Gegenwart aufzufangen oder auch Versorgungsprobleme zu lösen.

Für uns ist es immer wieder ein Rätsel, warum der Staat die kirchlichen Subsidien aus der Bundesrepublik zuläßt. Wie reagiert er auf die innerkirchliche Diskussion um das Geld und die nicht unbeträchtlichen Anteile der kirchlichen Haushalte, die aus der Bundesrepublik stammen?

Ich spüre hier Zurückhaltung, auch Besorgnis, daß die Mechanismen der westöstlichen Finanzleistungen mißverständlich dargestellt werden könnten. In ihrer gegenwärtigen Gestalt gehen sie ja bis auf die Währungsreform zurück, ihre Wurzeln haben sie im preußischen Kirchenwesen. Da hat es immer eine West-Ost-Finanzierung gegeben.

Schicken Sie eigentlich Gelder in den Westen?

Eine materielle Leistung in die Bundesrepublik gibt es nicht. Wir unterstützen Projekte in Entwicklungsländern, helfen Kirchen in sozialistischen Ländern und leisten Beiträge zu Vorhaben des Ökumenischen Rates. Aber vielleicht wäre in der Tat darüber nachzudenken, ob wir nicht auch ganz bewußt Demonstrationen der Verbundenheit mit Christen in der Bundesrepublik in Gestalt von Gaben aus der DDR initiieren können.

Wenn es auch nur symbolischen Charakter hätte ...

Nun, die Herrnhuter Losungen übernehmen Sie ja schon ...

Empfangen die Kirchen in der DDR Gelder vom Staat?

Ja, wie in der Bundesrepublik gehen diese Staatsleistungen auf die Säkularisierungsmaßnahmen des Reichsdeputationshauptschlusses von 1803 zurück. In der DDR sind sie allerdings nicht als Rechtsansprüche anerkannt. Staatsleistungen machen insgesamt ein knappes Zehntel unserer Finanzwirtschaft aus. Dazu gehören – eine Spezialität der DDR – Ausgleichszahlungen im Rahmen von sozialpolitischen und anderen Preismaßnahmen. Hier sind die Kirchen den Bürgern gleichgestellt. Das Subventionssystem in der Wirtschaft führt dazu, daß gewisse Preise stabil gehalten werden, während sich der tatsächliche ökonomische Aufwand verändert hat. Das führt zum Beispiel bei Löhnen zu bestimmten Ausgleichszahlungen des Staates, so daß hier auch die Kirchen gestützt werden.

Insgesamt liegt allerdings der ökonomische Nutzen, den die Kirche und ihre Diakonie in gesamtgesellschaftlichen Aufgaben wie dem Gesundheits- und Sozialwesen, der Denkmalpflege und dem Friedhofswesen erbringen, weit über der Summe aller staatlichen Geldleistungen an die Kirche. Dabei rechne ich nicht mit, daß auch eine sozialistische Gesellschaft die Verkündigung und Seelsorge der Kirche Jesu Christi braucht!

Gott braucht die Christen in der DDR, weil sie die Hoffnung auf Veränderung weitergeben können

Kirche im Bewährungsfeld im Sommer 1987

Dieser – hier leicht gekürzte – Text erschien im August 1987 in Berlin (West) in der Zeitschrift „Kirche im Sozialimus" (Heft 4/87). Grundlage war ein im Frühsommer in der Universität Tübingen gehaltener Vortrag.

Die evangelische Kirche in der DDR hat in wenigen Jahren die Hälfte ihres Mitgliederbestandes verloren. Sie hat keinen direkten Einfluß auf die politische Macht. Sie ist ins soziale Abseits geraten. Angesichts dieser Tatsachen muß es wie ein kleines Wunder Gottes wirken, daß die evangelische Kirche in der DDR weder eine integrierte sozialistische Organisation noch eine antikommunistische Widerstandsbewegung, weder eine Auswanderungsgesellschaft noch eine sektiererische Fluchtburg wurde. Die evangelische Kirche in der DDR hat in der größten Umwälzung ihrer Geschichte, bei allen existentiellen Gefährdungen und auch massiven Versuchungen den Kurs von Barmen, die Suche nach der Wegweisung Gottes, durchhalten können. Die Gnade unseres Herrn, die Treue von Millionen Gläubigen zu ihrer Kirche und zu ihrer Heimat sowie die tapfere und umsichtige Haltung kirchenleitender Persönlichkeiten wie Johannes Jänicke, Ingeborg Becker, Friedrich Wilhelm Krummacher, Gottfried Noth oder auch Moritz Mitzenheim und Otto Dibelius – um nur einige Namen zu nennen – erwirkten, daß evangelische Kirche in der DDR Kirche blieb.

Als Kirche erkannte sie, daß auch die neue sozialistische Gesellschaftsordnung unter Gottes Herrschaft steht. Die DDR ist kein weißer Fleck auf der Landkarte Gottes. Auch ihre politischen und gesellschaftlichen Gegebenheiten sind Gottes Verfügungsgewalt untergeordnet. Christen in der DDR glauben, daß der Gekreuzigte auch in dieser Gesellschaft Menschen sucht und findet, die ihm dienen. Christen in der DDR sehen Gott, den Schöpfer, am Werk, selbst durch Menschen, die ihn leugnen. Christen in der DDR glauben, daß der auferstandene Herr auch in dieser Gesellschaft Schritte zu seinem Reich ermöglicht. Christen in der DDR sehen im real existierenden Sozialismus das Bewährungsfeld ihres Glaubens. Nach einem jahrzehntelangen mühsamen Weg der Kämpfe, der Ängste, der Irrtümer haben die evangelischen Kirchen in der DDR aus Zuversicht zu Gottes Handeln auch in diesem Lande die sozialistische Gesellschaft als die ihnen vorgegebene Situation angenommen. Jesus Christus geht uns auch in die für uns ungewünschte und unbekannte gesellschaftliche Situation voran und erschließt sie uns als Auftragsfeld und Dienstchance.

Fast vier Jahrzehnte sozialistischer Entwicklung lehren uns, daß gerade hier Menschen die ewige Wahrheit von Jesus Christus brauchen und hören können.

Die evangelische Kirche in der DDR machte die überraschende Erfahrung, daß Gottes Atem länger ist als der Kleinmut seines Personals.

Es ist mein persönlicher Glaube, daß Gott die Kirche in der DDR um der Menschen willen braucht, damit sie ihre Sorgen und Nöte mitträgt und damit sie von seiner Wahrheit und seinem Erbarmen Zeugnis gibt.

Gott braucht Kirche und Christen in der DDR, weil er möchte, daß viele Menschen in unserem Lande seine Liebe erfahren sollen, die nur Christen ihnen zusagen, zutragen, zuleben können. Eine Liebe, die ihnen allen gilt, auch wenn sie nichts von ihr wissen oder wissen wollen. Gott braucht Kirche und Christen in der DDR, um das notwendige Geflecht mitmenschlicher Beziehungen erhalten zu helfen. Zwischenmenschliche Beziehungen helfen in Schwierigkeiten, Belastungen oder Gefährdungen. Die Gemeinde bietet die Möglichkeit des vertrauensvollen Gesprächs, des geschwisterlichen Rates und der mittragenden Gemeinschaft. Das ist ein Angebot, das auch nach außen gilt und wirkt.

Gott braucht Kirche und Christen in der DDR, um mitzuhelfen, daß der von ihm geliebte Mensch zu seinem Recht kommt. Den Christen ist die Menschenliebe Gottes aufgetragen. Das fordert, sensibel zu sein, wo Menschen gekränkt, beleidigt, entmündigt, nicht ernst genommen, bedrängt oder in anderer Weise in ihrer Würde verletzt werden. Christen sollen Kontakt halten, wo sich andere ängstlich zurückziehen, und konkret für andere eintreten. Die christliche

Gemeinde soll ein Raum des Schutzes, der Beratung und der Hilfe sein.

Gott braucht Kirche und Christen in der DDR, weil sie davon wissen, daß Verhältnisse nicht endgültig sind, daß Bewegung unausweichlich ist, und weil sie diese Hoffnung auf Veränderungen weitergeben können. Nicht wenige Menschen haben deprimierende Erfahrungen bei Bemühungen um Verbesserungen und Veränderungen machen müssen. Solche Vergeblichkeitserfahrungen können lähmen, verzweifeln lassen oder auch Aggressionen wecken. Christen sollen Mut machen zu kleinen Schritten, zur Geduld für neue Versuche zur friedlichen Konfliktbewältigung. Denn Kirchen und Christen in der DDR haben Erfahrungen der Hoffnung gemacht, auch von der Kraft der Schwachen, auch im Umgang mit den Mächtigen, und sie sollen diese Erfahrung der Hoffnung weitersagen.

Kirche und Christen müssen sich auf die Welt, auf ihre Gesellschaft einlassen, aber sie dürfen sich nicht einordnen lassen. Die Kirche hat ihren eigenen Auftrag in der Gesellschaft. Denn Jesus Christus gibt ihr die Daseinsberechtigung und die Aufgaben. Kirche hat in der Gesellschaft einen eigenständigen Auftrag, der für sie unverzichtbar und in dem sie unvertretbar ist. In diesem eigenständigen Auftrag muß Kirche unverwechselbar bleiben. Es muß erkennbar bleiben, wer ihre Tagesordnung vorgibt, warum sie sich scheinbar fremder Themen annimmt. Die Kirche muß beim Handeln in der Gesellschaft deutlich machen, daß ihr Herr den Dienst der Gemeinde im ganzen Land erwartet, daß es sich um Glaubensherausforderungen handelt. Bei Themen der Gesellschaft muß die Kirche sich und anderen die Frage beantworten, warum sie sich dem Thema stellt, wo sie ihre Legitimation her hat, wo sie den biblischen Bezug sieht.

Handlungsauftrag in der DDR

Nach dem Willen ihres Herrn soll evangelische Kirche in der DDR Salz der Erde und Licht der Welt in den konkreten Fragen des Lebens sein. Die Christen sollen im Gebet Gott vertrauen, und sie sollen gute Werke tun, damit sie an ihren Früchten erkannt werden und Gott gepriesen wird. Jesu Ethik, in der Bergpredigt nach dem Matthäus-Evangelium, gibt einen Handlungsauftrag auch für Christen und Kirche in der DDR. Bei den Theologen ist in den letzten Jahren die Diskussion um die Bergpredigt neu in Gang gekommen, wieweit sie die Gewissen schärfen oder auch ein politikfähiges Überlebensrezept sein könne. Die Bergpredigt beschreibt eine bessere Gerechtigkeit, nämlich die des Reiches Gottes. Ob nun Gesinnungs- oder Verantwortungsethik, jedenfalls wird eine Richtung angegeben, werden Aufgabenfelder benannt, in denen Christen im Sinne Jesu handeln sollen. Handeln als „unnütze Knechte", die selbst wenn sie alles getan haben, was sie konnten, darum wissen, daß sie noch zu wenig getan haben. Sie dürfen aber die Hoffnung haben, daß ihr redliches Bemühen ein Stück weit Gottes Gerechtigkeit widerspiegeln kann. Jesu Ethik in der Bergpredigt muß Unruhe in die Herzen bringen, Fragen an die Verhältnisse laut werden lassen und die Suche nach ihrer Veränderung anstoßen. Die Kirche wird bei ihrem Bemühen um gesellschaftliche Mitverantwortung auf die Grundorientierung der Ethik Jesu zu achten haben, indem sie für Versöhnung und Feindesliebe, für ein verantwortungsbewußtes Leben in Wahrheit und Gerechtigkeit eintritt.

Die Forderung nach Versöhnung und Feindesliebe gehört zum Kern der Botschaft Jesu: Versöhne dich mit deinem Bruder; liebet eure Feinde, segnet, die euch fluchen, tut wohl denen, die euch hassen, bittet für die, so euch beleidigen und verfolgen. Damit wird das urmenschliche Auge um Auge, Zahn um Zahn aufgekündigt und soll durch Nächstenliebe, Friedensfähigkeit und Konfliktbewältigung überholt werden. Den Aggressionen soll nicht ausgewichen, dem Bösen soll widerstanden werden, jedoch auf neue Weise, die auf Überwindung und Zukunft setzt. Für Christen in der DDR gibt es für die Friedensfähigkeit persönliche und gesellschaftliche Bewährungsfelder. Die Kirche bittet die Gemeindeglieder in der Nachfolge Jesu, das friedliche Zusammenleben in Familie und Gemeinde zu üben. Berufliche Überforderungen, Probleme aus sozialen Veränderungen oder unterschiedliche politische Positionen liefern genügend Anlaß zu internen Auseinandersetzungen der Christen. Solche Streitigkeiten lähmen die Gemeinschaft, verhindern ihre Ausstrahlungskraft und machen gesellschaftliches Friedenswirken zunichte. Selbstkritisch muß hier gesagt werden, daß wohl Programme zur Friedenserziehung erarbeitet wurden und die Zusammenhänge gesehen werden, aber der Christen-Alltag noch weit hinter der Orientierung Jesu zurückgeblieben ist.

Ein spannendes Bewährungsfeld der Friedensfähigkeit ist in der DDR das Zusammenlebenmüssen unterschiedlicher Grundüberzeugungen, insbesondere von Gottgläubigen und Nichtgläubigen, Christen und Kommunisten. Die Kirche weiß in Gott Sinn und Mitte allen Seins. Die führende Partei lehrt, daß Religion unwissenschaftlich, falsch, fortschrittshemmend und zum Absterben verurteilt ist. Kirche und führende Partei sind von der Richtigkeit ihrer jeweiligen

Positionen zutiefst überzeugt und wissen zugleich um die Unausweichlichkeit eines Zusammenlebens, Koexistierens, auf unabsehbare Zeit. Die Umgangsweise der Spitzen entspricht einem kultivierten Waffenstillstand mit deutlichen Ansätzen von Vertrauen und Verständnis. Zugleich aber macht natürlich die Kirche ihren Christen und die Partei ihren Kommunisten klar, wer recht hat und was wahr ist. Und natürlich nehmen deutsche Kommunisten und deutsche Christen Orientierungen von oben ernst und praktizieren Unvereinbarkeit. Auch manche Christen, indem sie von vornherein schlußfolgern, daß man mit „denen" gar nicht auskommen kann. Und die Kommunisten, indem sie in Versuchung geraten, bei Entscheidungen über Bildungs- und Berufswege von Christenmenschen ihnen weniger zuzutrauen, weil sie keine „wissenschaftliche Weltanschauung" haben.

Die Kirche pickt solche Fälle auf und verbreitet sie mit inzwischen geringem Risiko und mit Hilfe der Westmedien weltweit als Benachteiligung oder Diskriminierung von Christen. Doch das Spiel geht auf Dauer nicht gut. Nach Jesu Ethik kann ich dem Kommunisten sagen, was mir an ihm nicht gefällt, aber ich muß ihm auch helfen, den Konflikt zu bewältigen. Die evangelische Kirche hat hier eine große Aufgabe, Frieden zu stiften und über das Lärmschlagen hinauszukommen. Folgendes könnte hilfreich sein:

Alle Christenmenschen müssen ermuntert werden, sich zu erkennen zu geben. Das gilt besonders für Schule, Beruf, Armee und ist schon durch eine schlichte persönliche Erklärung gegenüber Lehrer, Leiter oder Kommandeur getan: „Nur für alle Fälle sollen Sie wissen, daß ich Christ bin." Vorwarnung kann Konflikte vermeiden.

Sofern Menschen wegen ihrer Glaubensüberzeugung zurückgesetzt werden, müssen solche Fälle schnell aufgegriffen und unter Mitwirkung der Kirche mit Namen und Hausnummern bei den zuständigen Staatsorganen zur Sprache gebracht werden. Jeder geklärte Fall hilft, ähnliches zu verhindern, übt Konfliktbewältigung und schafft Friedensfähigkeit. Jeder ungeklärte Fall fördert Verärgerungen und Aggressionen.

Mit Staat und führender Partei müssen die Gespräche über Toleranz und Gewissensfreiheit verstärkt werden. Das Menschenrecht der Gewissensfreiheit kann für den Marxismus-Leninismus und die Botschaft der Kirche ein gemeinsamer Bezugshorizont sein, der über die Umgangsweise Toleranz zu einer Friedensfähigkeit führt, die heute die Menschheit braucht.

Die evangelischen Kirchen in der DDR und ihre Gemeindeglieder verstehen Jesu Aufforderung zum Friedenstiften als konkreten

Handlungsauftrag, für die Sicherung des Friedens zwischen den Staaten einzutreten. Synoden und Kirchenleitungen haben sich vor allem für Abrüstungsschritte und die Fortführung der Entspannungsprozesse eingesetzt. Die Schlußakte von Helsinki 1975, die Dokumente der Nachfolgekonferenzen und anderer Treffen wurden von der Kirche verbreitet und in den Gemeinden diskutiert. Der Zusammenhang von Rüstungsbegrenzung, Zusammenarbeit der Staaten und humanitären Erleichterungen ist für die Menschen in der DDR erfahrbar geworden. Viele Hoffnungen werden gegenwärtig an die Nachfolgekonferenz der KSZE in Wien geknüpft. Große Sympathien werden den Friedensinitiativen Gorbatschows entgegengebracht, und auch die Dialogpolitik der DDR-Führung wird von Kirchen und Christen unterstützt.

Friedensstifter

In vielen Gemeinden werden Friedensgebete, Friedensgottesdienste oder – besonders in der jährlichen Friedensdekade – Gesprächs-und Informationsveranstaltungen zur Friedensverantwortung durchgeführt. Die Anfang der achtziger Jahre neu entstandenen thematisch orientierten Friedensgruppen sind weiterhin aktiv und haben entsprechend der ökumenischen Orientierung ihre Thematik auf Gerechtigkeit – Frieden – Bewahrung der Schöpfung verbreitert. Der Gedanke einer verbindlichen Erklärung aller Kirchen und Christen zu diesen Aufgaben ist weiter lebendig, wenn er auch zunächst durch theologische Grundlagendebatten über den Begriff Konzil gehemmt wurde. Jetzt wird ernsthaft eine Zusammenkunft der Vertreter aller Kirchen in der DDR für diese Fragen vorbereitet, bei der auch die Basisaktivitäten unmittelbar mitwirken können.

Ein deutliches Friedenszeichen setzen in der DDR wehrpflichtige Männer mit ihrer Entscheidung für den waffenlosen Dienst in den Baueinheiten. Aufgrund staatlicher Zusagen kann damit gerechnet werden, daß der Einsatz der Baueinheiten künftig ausschließlich in zivilen Bereichen wie dem Verkehrswesen, dem Bergbau, der Melioration, dem Bauwesen oder bei Katastrophen erfolgen wird. Wehrpflichtige Christen haben vorgeschlagen, einen Zivildienst mit einer Dienstzeit von 24 statt 18 Monaten im Bereich des Gesundheits- und Sozialwesens, insbesondere in pflegerischen Aufgaben, einzurichten. Der Vorschlag erscheint nicht hoffnungslos, denn Abrüstungsfortschritte könnten ihn begünstigen, und im übrigen würden auch die Gründe einer Totalverweigerung des Wehrdienstes beseitigt werden.

Ein wichtiges Element unserer kirchlichen Friedensverantwortung ist die besondere deutsche Friedensverantwortung, die gemeinsam mit der Evangelischen Kirche Deutschland gesehen und wahrgenommen wird. Neben mehreren gemeinsamen Erklärungen, dem jährlichen gemeinsamen Friedensgottesdienst nach verabredeter Agende, erfolgt auch ein regelmäßiger Gedankenaustausch zu Fragen der Weltverantwortung und der Sicherung des Friedens. Zu den gemeinsamen Herausforderungen gehört auch das Nachdenken über deutsche Schuld an den Juden angesichts des 9. November 1938, der sich im nächsten Jahr zum 50. Male jährt.

Verantwortungsbewußtes Leben

Jesus fordert in der Bergpredigt: Häuft keine Schätze, sorget nicht um euer Leben, mäßigt euch, zügelt eure sexuellen Begierden, redet wahr und eindeutig, seht auf eure eigenen Fehler, geht gerecht miteinander um.

Das sind Orientierungen auf ein verantwortungsbewußtes Leben, auf Wahrhaftigkeit und Gerechtigkeit im Zusammenleben der Menschen.

Konsumorientierung, Umweltzerstörung, Verdrängen der Dritte-Welt-Problematik, leichtfertiges Sexualverhalten mit steigender Scheidungsrate und Tötung ungeborenen Lebens sind Gefährdungen, denen Menschen in der DDR ausgesetzt sind.

Die Befriedigung der Bedürfnisse ist eine gesamtgesellschaftliche Orientierung, die nach wie vor am Vergleich mit dem westdeutschen Lebensstandard orientiert ist. Vergleiche von Angeboten und Preisen bei allem, was über dem Grundbedarf der einfachen Rundumversorgung liegt, gehen weithin zuungunsten der DDR aus. Politischer Defaitismus wäre es für den Staat in dieser Situation, dem Konsumstreben entgegenzuwirken. Objektiv geschieht das Gegenteil, indem der gehobene Bedarf durch Exquisit-Läden oder Intershops geweckt und mühsam abgedeckt wird. Insbesondere im Bereich modischer Bekleidung, technischer Artikel und der Heimausstattung findet ein teilweise dramatischer Beschaffungskampf statt. Wer will dem auch entgegentreten? Wer wagt die Frage, ob in dieser ständig ärmer werdenden Welt der Lebensstil nach wenigen wohlhabenden Ländern der westlichen Welt orientiert werden kann? Die evangelische Kirche in der DDR schweigt bisher. Einige christliche Gruppen haben begonnen, über Zusammenhänge des Lebensstils und der Weltverantwortung nachzudenken.

In das Bewußtsein der Kirchen und Christen in der DDR sind dagegen die Mitverantwortung für die Umwelt und die Nöte in der Dritten Welt gedrungen und haben breite Informationen, Diskussionen und auch Aktionen ausgelöst. Umweltgruppen und Kirchgemeinden haben örtliche Mißstände ansprechen und auch durch eigene Mitarbeit beheben können. Hier hat sich eine sinnvolle Zusammenarbeit mit anderen gesellschaftlichen Kräften, zum Beispiel dem Kulturbund, ergeben. Deutliche Opferbereitschaft besteht zugunsten der Entwicklungsländer. Mit Geld- und Materialsammlungen – zum Beispiel Schuhen – konnte Unterstützung in solche Länder gegeben werden, die intensive Beziehungen zur DDR unterhalten, beispielsweise Moçambique. Neuerdings gibt es auch die Möglichkeit, kirchliche Helfer in solche Länder zu entsenden und Auszubildenden aus Afrika Gastfreundschaft in unseren Gemeinden zu gewähren.

Sehr zurückhaltend hat sich die evangelische Kirche in der DDR zu sexualethischen Fragen geäußert. Die wichtige Rolle der christlichen Familie wird hervorgehoben, die Rekord-Scheidungsraten werden beklagt, der legalen Homosexualität wird hilflos zugesehen. Die neue Herausforderung AIDS macht bisher an der gesicherten Staatsgrenze halt. Unverkennbar ist gegenwärtig ein wachsender Druck der Gemeinschaftskreise und fundamentalistischen Gruppierungen auf die Kirche, zu sexualethischen Fragen Position zu beziehen. Die evangelische Kirche in der DDR ist auch angefragt, wann sie erneut eindeutig gegen die Freigabe der Schwangerschaftsunterbrechung Stellung bezieht. Es häufen sich Berichte über leichtfertige Entscheidungen gegen das ungeborene Leben. Die evangelische Kirche wird dringend prüfen müssen, ob sie ihre Mitverantwortung für das Leben, als Gottes heiliger Gabe, hier nicht stärker artikulieren muß. Der nuklearen Katastrophe müssen und wollen wir gemeinsam wehren, aber wir dürfen auch nicht den tausendfachen stillen Tod Ungeborener vergessen. Gottes Liebe umfaßt alles Leben. Wo wir es nicht schützen, fördern wir eine Gesinnung der Zerstörung und des Tötens. Menschen in der DDR, als einer relativ geschlossenen Gesellschaft, sind in der Gefahr, provinziell und kleinkariert zu werden. Das Gesellschaftssystem des demokratischen Zentralismus kann zudem Paternalismus und Bevormundung, aber auch Heuchelei und Liebedienerei begünstigen. Aus alledem können Unzufriedenheiten, Verklemmungen und Selbstbemitleidung erwachsen. Hier stehen Probleme der Identität und der Partizipation, zu denen die evangelischen Kirchen in der DDR bisher punktuell Stellung nahmen. Es wurde auf Beschwernisse reagiert, zum Beispiel bei Reiseablehnungen, und um durchschaubare Entscheidungen gebeten.

Vielleicht liegen die Probleme tiefer. Denn mehr Mitwirkung der Bürger, mehr Rechte und Freiheiten erfordern Bürger, die ihre Mitwirkung abrufen, ihre Rechte und Freiheiten in Anspruch nehmen. Partizipation ist ein gegenseitiger Vorgang zwischen Bürger und Staat, der für beide Seiten hilfreich, aber von beiden Seiten geübt und praktiziert sein muß. Die Kirche hat die Aufgabe, hierfür Einsichten zu wecken, Staatsorgane zu ermutigen und ihre Gemeindeglieder zu befähigen, Konflikte durchzustehen. In der seelsorgerlichen Tätigkeit der evangelischen Kirche nehmen solche Fragen zu. Es ist ein gutes Zeichen für eine Gesellschaft, wenn die Zivilcourage der Bürger wächst. Aber es ist auch ein Lernvorgang für alle Beteiligten. Es hat nämlich nicht immer nur der Bürger recht, und umgekehrt stürzt auch nicht die Staatsmacht zusammen, wenn sie Entscheidungen korrigieren muß. Es ist eine erfreuliche Entwicklung der letzten Jahre, daß mehr und mehr Bürger der DDR lernen, ihre Anliegen anzubringen, und zugleich Staatsorgane erfahren, wie eine überzeugende und schnelle Erledigung von Eingaben und Beschwerden Heimatgefühl der Bürger festigt.

Unklar ist oft die unbewußte Frage nach der nationalen Identität. Natürlich sind sie alle DDR-Bürger, und sicher machen sie keinen Hehl daraus. Sie halten die sozialistischen Eigentumsverhältnisse sowie das soziale Netz unserer Länder für richtig und haben vielleicht doch in einem Winkel des Herzens den verborgenen Traum, daß noch etwas besser werden könnte in Deutschland, aber was? Dann kommen Sonntagsreden über die Wiedervereinigung und verwirren Menschen. Ich denke, daß Kirche, die in Jesu Nachfolge für das Leben der Menschen und den Frieden Mitverantwortung trägt, bald einmal über deutsche Träume reden muß. Wie kann von deutschem Boden zuverlässig Frieden gesichert werden? Was ist der Deutschen Vaterland? Kann verantwortlich von Wiedervereinigung gesprochen werden?

Vielleicht können die Evangelische Kirche in Deutschland und der Bund der Evangelischen Kirchen in der DDR hierzu eine Denkschrift erarbeiten?

Hoffnungsträger Kirche?

Das Nachdenken über große Fragen darf die Realitäten nicht aus den Augen verlieren. Auch nicht die Realität evangelische Kirche in der

DDR. Sie hat große Schwierigkeiten, vor allem mit sich selbst. Sie hat die Strukturen, den Organisations-, den Gebäudeaufwand einer Massenkirche, zu der fast die ganze Bevölkerung gehörte, weil sich das vor siebzig Jahren so gehörte. Aber das ist heute anders, Kirchenmitgliedschaft bringt keine Vorteile – manchmal im Gegenteil. Die Jahrgänge aus volkskirchlichen Zeiten, als fast jeder dazugehörte, sind gestorben, abgewandert oder ausgetreten. Der Kirchenaustritt wurde in den fünfziger Jahren sehr nahegelegt. Heute treten weniger Leute aus als ein. Aber dies sind leider geringe Zahlen, und der Hauptnachwuchs einer Massenkirche, nämlich das automatische Hineingetauftwerden, entfällt. Es kommt nur neu hinzu, wer das bewußt will. Aus der Massenkirche ist eine Freiwilligkeitskirche geworden. Sie wird noch kleiner werden, denn die Zahl der Bestattungen ist heute viermal größer als die Zahl der Taufen.

Da bei der verbliebenen Gemeinde der Anteil der Aktiven größer ist als früher, ist die geringere Gesamtzahl relativ lebendiger. So sind denn auch die Gottesdienstbesuche nur um ein knappes Drittel zurückgegangen, die Gesamtteilnehmerzahl am Abendmahl ist sogar gestiegen, das freiwillige Opfer hat sich verdoppelt, und selbst die Kirchensteuereinnahmen sind gestiegen. Die evangelischen Kirchen in der DDR haben viele Mitglieder verloren, aber die heutigen Mitglieder sind im Durchschnitt aktiver. Sie beteiligen sich stärker am Gottesdienst und am Abendmahl, bringen größere materielle Opfer, sind bei Gesprächskreisen oder Rüstzeiten beteiligt und lernen es selbst auf dem flachen Lande, Verantwortung für ihre Kirche zu übernehmen.

Dabei ist es nicht zu einer elitären Abgrenzung, sondern zu einer größeren Offenheit gekommen. Die Beteiligung ungetaufter Kinder und Jugendlicher aus kirchlichen Gruppen liegt bei 50 bis 60 Prozent; bei Jugendgroßveranstaltungen deutlich höher. In einer sonst einlinig orientierten Gesellschaft weckt eine lebendige Kirche Neugier. Zugleich wird sie von nichtchristlichen Künstlern, Schriftstellern und Philosophen als Entfaltungs- und Darstellungsmöglichkeit geschätzt. Das sind nicht selten Menschen, die ihre Anliegen sonst nirgends vorbringen können. Die Kirche muß dann nachdenken, wo vielleicht Grenzen ihrer Gastfreiheit bestehen. Hat Kirche eine diakonische Gastbereitschaft, eine Art kulturelle Asylpflicht, oder darf in ihren Veranstaltungen nur vorgebracht werden, was die Botschaft Jesu entfaltet? Wie ist es mit Liedermachern, die aggressiv und ohne jeden Bibelbezug ihren ganzen Sozialismus-Frust ablassen wollen?

In der Evangelischen Kirche in Berlin-Brandenburg haben wir uns darauf verständigt, daß auch nichtchristliche Äußerungen in unseren

Veranstaltungen legitim sind. Allerdings mit einer Begrenzung und einer Bedingung. Die Bedingung besteht darin, daß nichtchristliche Stimmen nicht allein stehen bleiben dürfen, sondern von der biblischen Botschaft aufgenommen, erwidert werden müssen. Der Verzweiflung über die Gesellschaft muß die frohmachende Hoffnungsbotschaft Jesu entgegengehalten werden können. Die Begrenzung besteht darin, daß wir Haß und Gewaltandrohung oder gar Rassismus und Hetze nicht zulassen.

Die evangelische Kirche in der DDR ist keine Macht und auch keine Bedrohung für das bestehende Gesellschaftssystem. Aber sie ist nicht integriert, ist selbstverwaltet, hat eine uneingeschränkte Personalhoheit, ist vom Staat nicht ökonomisch abhängig, verhält sich oft irrational, zieht Menschen weit über ihren Mitgliederkreis an und hat internationales Ansehen. Die evangelische Kirche ist im Sozialismus Realität, so wie die sozialistische Gesellschaft DDR für die Kirche Realität ist. Aus solcher Einsicht ist beiderseits das Streben nach einem modus vivendi gewachsen, der in den letzten zehn Jahren ausgebaut wurde und eine stabilisierende Wirkung für die DDR-Gesellschaft zeigt. Denn wenn Kirchen und Christen weiterhin ungehindert ihren Glauben leben können, werden Heimatgefühl und Arbeitsfreude wachsen können; werden Menschen sich wohlfühlen und der Gesellschaft nutzen.

Bei Beibehaltung und Betonung der antagonistischen Grundüberzeugungen erfolgt eine Kirchenpolitik des Interessenausgleichs. Die Methode des Gesprächs über alle ausstehenden Fragen hat Hörfähigkeit und Verständnis wachsen lassen, so daß es von Bausorgen über Jugendprobleme bis zu Ausbürgerungsfragen keinen Problemkreis gibt, der nicht zur Sprache gebracht werden kann. Dabei wird staatlicherseits auch das Aussprechen von Fragen, die Nichtchristen berühren, akzeptiert. Kritik, Verbesserungsvorschläge und offene Information gehören zu solchen Gesprächen.

Die evangelische Kirche hat in der DDR-Gesellschaft heute eine kritisch-stabilisierende Funktion. Sie wird allerdings stärker darauf achten müssen, diese gesellschaftliche Doppelaufgabe ihren Gemeindegliedern deutlich zu machen. Denn da die Stabilisierung erkennbar, die Kritik jedoch in der Regel nichtöffentlich ist, wird, verstärkt durch die westlichen Medien, die immer ärgerlich sind, wenn sie keine Einzelheiten über Regierungsgespräche melden können, der Eindruck einer gebundenen Kirche geweckt. Doch das trifft nicht zu: Die evangelische Kirche in der DDR ist eigenständig, kritisch, aber auch solidarisch in ihrer Gesellschaft.

Christlicher Glaube lebt auf die Hoffnung zu. Christen sollen sich als Hoffende verhalten. Denn die Hoffnung auf das Reich Gottes kann frei machen von Resignation. Sie gibt die Einsicht, daß alle vorhandenen Weltordnungen nicht vollendet sind, nicht perfekt sein können, immer auch verbesserlich sind. Die Hoffnung auf die Vollendung in Jesus Christus wird auch unsere Hoffnung auf einen weiter verbesserbaren Sozialismus beflügeln. Dabei dürfen wir uns auch immer froh erinnern, wie Gott uns auch in dieser Gesellschaft durchgetragen hat: Denn gegen alle Theorie vom Absterben der Religion erfahren wir, wie Jesu Botschaft gebraucht wird.

Ich kann dankbar bekennen: Gott führt uns neue Wege, aber er hilft uns auch!

Wir brauchen die Kultur des Meinungsstreits

Gespräch mit den Redakteuren Wolfram Bickerich und Ulrich Schwarz, erschienen in „Der Spiegel", Hamburg, Nr. 7 (1988)

Entgegen den Erwartungen vom Sommer 1987 hatte die DDR-Führung nach der Rückkehr Erich Honeckers vom Besuch in Bonn jeder Kursänderung in Richtung Glasnost und Perestroika eine Absage erteilt. Sichtbar wurde das im Verhältnis zwischen Staat und Kirche. Es vereiste, nachdem die Regierung bereits vereinbarte Sachgespräche abgesagt hatte und im November die Sicherheitskräfte gegen die im Schutz der Kirche in der Umweltbibliothek der Ost-Berliner Zionskirche arbeitenden Gruppen vorgehen ließ. Die Zahl der Anträge auf Ausreise stieg. Im Januar 1988 kam es beim Gedenkmarsch der SED für Rosa Luxemburg und Karl Liebknecht in Ost-Berlin zu Demonstrationen sowohl von Ausreisern wie von Bürgerrechtlern. Es gab Verhaftungen und Abschiebungen. Und es gab, wie schon im November, in den Kirchen Mahnwachen und Fürbittgottesdienste.

Herr Stolpe, ist die evangelische Kirche der DDR neuerdings ein Reisebüro für landesmüde Ausreisewillige?

Nein. Wir haben seit den fünfziger Jahren den Menschen in diesem Lande – und in besonderer Weise unseren Gemeindemitgliedern – die Aufgaben genannt, die sie hier haben. Jeder wird hier gebraucht, jeder sollte hier auch seine Chancen erproben, und eine Ausbürgerung kann nur eine allerletzte Möglichkeit unter ganz besonders schwierigen Umständen sein. Wir sind kein Ausreisebüro.

Vor diesen besonders schwierigen Umständen sahen sich noch Anfang letzter Woche offenbar viele Bürger. Hunderte standen vor den Türen eines von Ihnen eingerichteten Kontaktbüros.

Ja, in der Tat: Es hat ein ganz bedauerliches Mißverständnis gegeben. Im Angesicht der Bedrängnisse von Menschen, die in ihrer Ungewißheit über langjährige Ausbürgerungsanträge in den letzten Wochen in die Kirchen geströmt waren, hat der Generalsuperintendent von Berlin an unsere seelsorgerliche Verantwortung diesen Menschen gegenüber erinnert und daran, daß in all unseren Gemeinden Pfarrer und Mitarbeiter zu solchen seelsorgerlichen Gesprächen bereit sind. Diese Information, dieser Hinweis, dieses Vermittlungsangebot von Seelsorge ist ein bißchen falsch verstanden worden, als wolle die Kirche nun ein Büro zur Vermittlung von Ausreiseanträgen sein.

War da nicht auch bewußt etwas falsch formuliert? Generalsuperintendent Krusche hat diese Ankündigung in einem Gottesdienst in der Gethsemane-Kirche vor 3000 bis 4000 Zuhörern gemacht, von denen viele ausreisen und einige nach dem Gottesdienst draußen demonstrieren wollten. Sollte da nicht Dampf abgelassen werden?

Ein Angebot, die spürbare Erregung und Unruhe aufzufangen, ist es sicher gewesen, aber keine bewußte Irritierung. Es war wohl zu spüren, daß viele Menschen durch die Unsicherheit über die Behandlung ihres Ausbürgerungsantrages in großer innerer Erregung und Ratlosigkeit sind, die sie zu Verhaltensweisen führen könnten, die ihre Lage noch mehr verschlechtern würde. Deshalb unser Angebot: Ihr braucht faire Gesprächspartner.

Die vielen hundert aus allen Teilen der DDR wollten keine Seelsorge, sondern handfesten Rat.

Diese Beobachtung haben wir auch gemacht. Die Menschen wollten direkt, ganz handfest einen heißen Tip haben, wie man schnell ihr Ausbürgerungsanliegen befördern kann. Das haben wir erkannt – und mußten ganz eindeutig passen. Nichts ist schlimmer, als jetzt falsche Hoffnungen zu wecken und dann riesige Enttäuschungen auszulösen, die die Bedrängnis noch erhöhen.

Worin sehen Sie den Grund, daß der Staat dem Wunsch nicht entgegenkommt, Ausreisemöglichkeiten zu schaffen beziehungsweise auf eine rechtliche Basis zu stellen?

Staatliche Regeln für die Handhabung von Wünschen auf Verlassen der DDR gibt es de facto, aber nicht de jure, wenn ich einmal von der 83er Heiratsverordnung absehe. Das geht seit den sechziger Jahren so. Für den Staat gibt es ein entscheidendes Kriterium, nämlich die Beharrlichkeit und die Eindeutigkeit eines solchen Wunsches. Wir halten das für gerechtfertigt; denn es gibt Fälle, wo sehr spontan und kurzschlußartig ein Ausbürgerungsantrag gestellt wird, insofern ist eine Prüfung sinnvoll. Es wäre sicher auch sinnvoll, wenn dann in einem überschaubaren Zeitraum, der sich sicher nicht über drei Jahre hinziehen dürfte, eine Bearbeitung solcher Vorgänge erfolgen würde, bei denen keine zwingenden Hinderungsgründe wie Geheimnisträger oder ähnliches vorliegen.

Uns kommt es auf die Praxis an. Eher zweitrangig scheint die Frage, wie dann die Regeln für die Betroffenen durchschaubarer gemacht werden können - ob sie im Gesetzblatt veröffentlicht oder auf andere Weise für verbindlich erklärt werden. Die Ungewißheit über Jahre zerstört Persönlichkeiten und macht aus ruhigen Bürgern hysterische, die sich und die Gesellschaft gefährden.

Sehen Sie Anzeichen, daß der Staat nachgeben könnte?

Ich sehe keine Anzeichen, sondern eine Tendenz, die heißt: Wo eine eindeutige Beharrlichkeit ist, eine Endgültigkeit von Entscheidungen, da wird man dieser Entscheidung Rechnung zu tragen haben in Zeiträumen, die für die Gesellschaft, für die Arbeitsstelle, für das Umfeld, aber auch für den betroffenen Menschen zumutbar sind. Dieser Zeitraum wird ein Kompromiß zwischen den Belangen der einzelnen und den Interessen der Gesellschaft sein müssen.

Denn eines ist, glaube ich, ganz eindeutig: Man kann in dieser Frage der DDR nicht zumuten, daß jeder, der heute danach fragt, in kurzer Zeit die Übersiedlung bekommt.

Gibt es Kontakte zwischen Kirche und Staat, künftig mehr Transparenz zuzulassen?

Unsere Kirchen haben seit Jahren Beobachtungen, die sie zu gesamtgesellschaftlichen Fragen gemacht haben, den Staatsorganen vorgetragen und Anregungen gegeben. Sie haben auch Fragen der Ausbürgerung auf den verschiedenen Ebenen vorgebracht und gebeten, daß man zu durchschaubaren, menschenfreundlichen, humanitären Regelungen einerseits kommt, zum anderen aber auch natürlich etwas stärker nachdenkt über Ursachen und Zusammenhänge.

Wie hoch schätzen Sie die Zahl der Ausreisewilligen? Im Westen beziffert man sie zuweilen auf 500 000.

Ich halte diese Zahl für maßlos übertrieben. Ich würde mindestens eine Null bei dieser Zahl streichen.

Wenn die Kirche, wie wir hören, kein Reisebüro ist, versteht sie sich als Hort oder als Zentrale einer DDR-internen Opposition?

Wir sind als Kirche eigenständig und unabhängig. Wir sind also etwas anderes als die gesellschaftlichen Einrichtungen, die sonst in diesem Lande in Parteien und Massenorganisationen bestehen, weil wir eine andere Bindung haben. Insofern liegen wir von unserem Selbstverständnis her quer zu dem, was in den Normabläufen einer sozialistischen Gesellschaft der DDR vor sich geht. Ich denke aber, daß die Gesellschaft sich darauf eingestellt hat, daß sie eigenständige Kirchen hier hat, daß sie sich auch darauf eingestellt hat, daß diese Kirchen von ihrem Auftrag her handeln und bestimmte Aufgaben in der Gesellschaft wahrnehmen. Dies tut die Kirche aber nicht, um ein Widerpart des Staates zu sein, sondern um von ihrer Verantwortung her mitzudenken für das Ganze.

Die letzten Wochen haben gezeigt, daß die Kirche, ob sie will oder nicht, mehr geworden ist: eine Art gesellschaftliche, moralische Gegenmacht zur offiziellen Staatsmacht der DDR.

Ich würde den Begriff „Macht" vermeiden wollen, weil er absolut mißverständlich ist. Jeder Kenner der DDR-Verhältnisse weiß, wie machtlos wir sind. Denken Sie nur an unsere totale Überforderung mit einem solchen kleinen Seelsorge-Vermittlungsbüro wie das bei der Generalsuperintendentur! Was wir nie bestritten haben und wo wir in der Tat auch unsere Funktion sehen, ist, daß wir von unserer eigenen Verantwortung her Stellung nehmen zu Fragen der Gesellschaft und den Menschen zur Verfügung stehen, wenn sie ihrerseits Fragen haben oder wenn sie in Bedrängnis sind. Das kann sich in der Tat so darstellen, daß die Kirche etwas anderes und manchmal auch gegenteilig Wirkendes tut als das, was die offizielle Gesellschaft macht – das ist aber Ergebnis, Auswirkung ihres eigenständigen Auftrages. Ich denke, daß eine Gesellschaft, auch eine sozialistische Gesellschaft, ganz gut damit leben kann.

Jene Erwartungen der Menschen, von denen Sie sprechen, verpflichten Sie doch auch. Da sind Sie als moralische Autorität gefordert.

Ja, wir wissen uns in doppelter Weise in gesellschaftlichen Zusammenhängen verpflichtet - durch unseren Auftrag zur Wahrheit. Wir müssen uns sicher hüten, uns zu allem und jedem zu äußern; aber es gibt Situationen, wo wir unmißverständlich Position beziehen müssen zu gesellschaftlichen Zusammenhängen. Das kann für die Gesellschaft angenehm sein, etwa in Friedensfragen oder Fragen der europäischen Sicherheit und Zusammenarbeit. Das kann aber auch für die Gesellschaft weniger angenehm sein.

Wir sind zum zweiten als Kirche herausgefordert, wenn es darum geht, Menschen zu helfen, einzelnen oder Gruppen.

Manche von denen werden jetzt von Ihnen enttäuscht sein. Viele Tausend kamen zu Solidaritätsveranstaltungen in die Kirchen, die seit vorletzter Woche auf Weisung der Kirchenleitung nicht mehr stattfinden. Sie vergeben damit eine große Chance, Leuten geistiges Obdach zu bieten, die mit Ihnen bisher nicht viel im Sinn hatten.

Wir sehen das Problem, auch die Chance. Wir haben uns bemüht, dies in den Fürbittandachten zu praktizieren. Die hatten immer zwei Teile: den geistlich orientierten Andachtteil und den Informationsteil, in dem Stellung genommen wurde zu brennenden Tagesfragen. Wir denken darüber nach, ob dieses Angebot der Kirche nicht auf neue Weise in neuem Turnus fortzusetzen ist. Der ganz aktuelle Anlaß, die Inhaftierungen, ist beendet, und deshalb hat die Kirchenleitung einer Anregung der Koordinierungsgruppe stattgegeben, zunächst mal auszusetzen.

Über diese Anregung war die Kirchenleitung offenbar sehr froh; nicht mal eine Dankandacht hat mehr stattgefunden. Hat der Staat Druck auf die Kirche ausgeübt, diese Andachten schleunigst einzustellen?

Wir haben hier im Berliner Raum keinerlei Hinweise staatlicherseits in dieser Richtung gehabt. Die Schnelligkeit hängt damit zusammen, daß in den Gruppen der Eindruck entstand, es werde vor allem über neue Inhalte diskutiert - wie kommen wir am schnellsten aus der DDR raus? Diese Frage hat doch alle sehr verunsichert. Es bestand die Gefahr der Überfremdung.

Sind Sie selbst dafür, diese Art von Gottesdiensten und Andachten fortzusetzen?

Ich kann hier nur meine persönliche Meinung sagen: Wir sollten sehr ernsthaft prüfen, ob wir diese Arbeitsmöglichkeit weiter betreiben können. Wir brauchen dazu tragfähige Mehrheiten in der Kirche, nicht nur in der Kirchenleitung.

Die haben Sie nicht?

Fragen Sie nächste Woche nach. Da sind wir vielleicht klüger.

Glauben Sie, daß der Staat das auch so freundlich sieht wie Sie? Diese Gottesdienste waren ja etwas Unerhörtes – Versammlungen, die eigentlich unter den Paragraphen der „Zusammenrottung" fallen würden, wenn sie nicht in der Kirche gewesen wären.

Danke für den Nachsatz. Das waren in der Tat kirchliche Veranstaltungen mit eindeutig religiösem Charakter. Die Frage, die jetzt ansteht, ist, ob man für eine Stadt wie Berlin nicht in einem Turnus solche Möglichkeiten schafft, Themen anzuschneiden, die sicher unbequem sind in der Gesellschaft, aber auch Antworten aus verschiedenen Richtungen zulassen. Es ginge darum, ein Stück Meinungsstreit einzuüben. Der Grundgedanke wäre, daß unterschiedliche Positionen zum Tragen kommen. Wir haben ein paar Veranstaltungen gehabt, die waren mir einfach zu einseitig staatskritisch und hatten Töne dabei, die nur noch als ausgesprochen staatsfeindlich verstanden werden konnten. Das hilft auf Dauer nicht weiter.

Können Sie sich vorstellen, daß an einem kirchlichen Fürbittgottesdienst demnächst ein hoher Funktionär der SED teilnimmt und seine Meinung sagt?

Wenn Sie „demnächst" nicht zu eng sehen, würde ich es schon für denkbar und wünschenswert halten.

Noch in diesem Jahrtausend oder erst im nächsten?

Ganz sicher noch in diesem Jahrtausend.

Und die Prämisse ist nicht immer der religiöse Charakter der Veranstaltung?

Ich denke doch. Wir müssen dabei bleiben, daß auf der Basis der geistlichen Sammlung an brennende Fragen gelassener herangegangen werden kann.

Der Staat hat mit Ihnen kein Gegengeschäft vereinbart: Die Verhafteten kommen frei, die Andachten werden abgesagt?

Ich kann nur versichern, daß es solche Absprachen oder Geschäfte nicht gegeben hat. Es ist auch eigentlich allen deutlich geworden, daß die vermutlich von Herrn Honecker getroffene Entscheidung, die eine politische Lösung zum Ziel hatte, bereits viele Tage vorher – nämlich Anfang vorletzter Woche – gefallen ist.

Von Herrn Honecker persönlich?

Ich vermute es, ja.

Warum hat die Kirche dabei mitgemacht, daß die Bürgerrechtsbewegung aufgeweicht wurde? Die kleinen Leute wurden in die DDR entlassen, die führenden Köpfe ausgewiesen, das mittlere Personal darf sich im Besitz blauer DDR-Pässe auf eine Rückkehr am Sankt-Nimmerleins-Tag freuen.

Die Kirche hat von Anfang an, nämlich vom 18. Januar an, in allen Gesprächen mit Vertretern des Staates darum gebeten, daß es zu angemessenen Entscheidungen im Blick auf die Menschen kommen möge – im Rahmen der Rechtsordnung, aber unter Berücksichtigung der gesamtpolitischen Situation, außen- wie innenpolitisch, und daß es nicht zur Verbüßung von Freiheitsstrafen kommen möge. Wir wollten eine Gleichbehandlung, ja.

Die hat es nun gerade nicht gegeben.

Es gab von vornherein eine Differenzierung. Es gab eine unterschiedliche strafrechtliche Einschätzung; einigen wurde der Paragraph 217 vorgeworfen...

... *die „Zusammenrottung"*...

... anderen „landesverräterische Beziehungen". Uns wurde bald deutlich, daß hier besondere Belastungen im Blick auf Stephan Krawczyk und Freya Klier zusammengetragen worden waren. Nach Gesprächen mit Vertretern der Regierung und der Staatsanwaltschaft hatten wir den Eindruck, daß eine Fülle von Belastungsmaterial vorlag.

Wie kann das denn ausgesehen haben?

Als Jurist in diesem Lande muß ich sagen: Ich habe den Atem angehalten, weil dieses Material noch vor zehn Jahren ausgereicht hätte, um zu Verurteilungen zu kommen, bei denen Freiheitsentziehung von mehreren Jahren mit Sicherheit zu erwarten gewesen wäre.

Bei den Gesetzen dieses Landes, wo selbst die Weitergabe von nicht der Geheimhaltung unterliegenden *Nachrichten ein Verbrechen sein kann, wenn der Staat es will, ist es einfach, Material zusammenzutragen, das zum Vorwurf des Landesverrats ausreicht.*

Ich würde Ihnen abraten, das Strafrecht schärfer zu interpretieren, als es die Organe hier tun. Das nützt nichts. Offenbar haben die Freunde, die nach dem 17. Januar in Haft kamen, die Brisanz der Situation unterschätzt, und zwar im Blick auf die Rechtslage wie auf die Beweislage, was das Sammeln oder Entgegennehmen von Materialien aus Berlin-West und ähnliches bedeutet.

Was raten Sie einem DDR-Bürger, der ausreisen will? Muß er nicht vorgehen wie jene, die jetzt ausgebürgert worden sind, um den begehrten Ausreisestempel zu kriegen, also öffentlich Krach schlagen?

Sie spielen wieder auf die differenzierte Entscheidung an. Ich will Ihnen dazu sagen, daß ich diese Entscheidung außenpolitisch für richtig, für menschenfreundlich gegenüber den Betroffenen, aber innenpolitisch für kompliziert halte. Natürlich hat die Entscheidung außenpolitisch eine Entkrampfung und Entlastung bedeutet, zumal sie einigen die Chance bietet, in die Gesellschaft der DDR zurückzukehren. Ich glaube fest an die Redlichkeit dieser befristeten Ausreise.

Wir werden Sie in einem halben Jahr daran erinnern.

Ich weiß nicht, ob allen eine solche Rückkehr-Möglichkeit eröffnet wurde, bevor sie die DDR verließen. Ich muß hinzufügen: Ich halte diese Entscheidung innenpolitisch für riskant, aber für verantwortbar, wenn in greifbaren Zeiten – und jetzt meine ich „greifbar" enger, als wir es vorhin angesprochen haben – erkennbar wird, daß sie in einem Trend liegt, bei dem *Besuchsreise*möglichkeiten besser und verläßlicher werden und bei dem auf ein beharrliches und entschiedenes *Ausbürgerungs*bemühen durchschaubarer geantwortet wird.

Ich habe persönlich die Hoffnung, daß die sicher insgesamt durchaus gewagte Entscheidung auch ein Signal für mehr Beweglichkeit bedeutet. Es wäre schön, wenn das auf erkennbare Verbesserungen für alle zielt. Alle müssen ihren Wünschen näher kommen können. Sie dürfen nicht im Alltag die Erfahrung machen, daß Reisen sogar noch komplizierter wird, etwa in die ČSSR. Für einen Zentraleuropäer ist Reisen so wichtig wie Zeitung lesen.

Stephan Krawczyk wirft Ihnen vor, die Kirche habe mit dem Staat zusammengearbeitet, um die Bürgerrechtler, die dieses Land nicht verlassen wollten, zur Ausreise zu pressen.

Das muß ich mit Betroffenheit zurückweisen; gerade diejenigen, die in Haft gewesen und jetzt im Westen sind, müßten wissen, daß die Dinge anders gelaufen sind. Wir haben uns zuallererst eingesetzt für die Entlassung aller, mit der Freiheit der Wahl des Aufenthaltsortes. Wir haben bedauert, daß dies nicht in allen Fällen durchführbar war. Wir waren im Falle Stephan Krawczyk und Freya Klier voller Besorgnis, ob es überhaupt gelingen könne, die Rechtspflegeorgane von einem Strafverfahren mit mehrjähriger Haft abzubringen. Da haben wir die Anwälte ermächtigt, mit zu überlegen, ob nicht die sogenannte Künstlerlösung möglich wäre.

Ein Dauervisum für kritische Intellektuelle, wie es Künstlern zugestanden wurde, die 1976 gegen die Ausbürgerung Wolf Biermanns protestiert hatten?

Das Modell wird seitdem immer wieder praktiziert. Da haben wir den Anwälten übermittelt: Wenn die Bereitschaft da ist, auf ein Strafverfahren und eine Verurteilung zu Freiheitsstrafe ohne Bewährung zu verzichten, dann sollte eine Lösung gefunden werden, bei der die Menschen aufgefangen werden können. Darum ging es. Wir wissen, daß das Belastungsmaterial mehrere Jahre Freiheitsstrafe ohne Bewährung hergab und daß es nicht wenige Leute hier im Lande gibt, die es gern gesehen hätten, wenn es zu solchen Entscheidungen gekommen wäre.

Hat der 17. Januar die DDR auf mittlere Sicht verändert, oder kann die Staatsführung nach westdeutschem Muster locker aussitzen, was an diesem Tag und seitdem passiert ist?

Der 17. Januar ist schon ein Signal für die Gesellschaft dieses Landes, eine Erinnerung an anstehende Fragen. Ich bin sicher, daß die Verantwortlichen diesen Fragen mit größerem Ernst nachgehen werden, als es in den Wochen und Monaten vorher spürbar gewesen ist, und zwar in mehreren Aufgabenfeldern: Wir sprachen schon über die Fragen des Reiseverkehrs. Ich denke aber auch an die Notwendigkeit, in diesem Lande die Kultur des Meinungsstreites zu pflegen, an die Notwendigkeit, mit unterschiedlichen Positionen umzugehen.

Unser Land befindet sich seit zehn bis fünfzehn Jahren in einem langsamen, behutsamen Veränderungsprozeß, für den wir auch keine Fremdworte brauchen.

Sie denken an „Pluralismus"?

Das Wort brauchen wir nicht und auch kein russisches Fremdwort. Der Prozeß läuft, und er geht weiter. Er muß weitergehen. In diesem Veränderungsprozeß ist ein ganz wichtiges Element der Meinungsstreit, eine Kultur des Meinungsstreits. Diesen Veränderungsprozeß sollte man nach meiner Meinung jetzt nicht belasten mit Elementen und Momenten, die diese Gesellschaft noch nicht verkraftet.

Öffentliche Proteste?

Ich meine demonstrative Elemente, Vorgänge, die sich auf Straßen und in Aktionen äußern. Es ist durchgängige Überzeugung in der Kirchenleitung, daß hier eine Überforderung vorliegt. Der 17. Januar wird für die Staatsführung ein Erinnerungspunkt bleiben, den Veränderungsprozeß behutsam, aber eindeutig fortzusetzen; und für die Kirchen, Gruppen und Bürger ein Erinnerungspunkt, das Moment der Geduld zu beachten. Ungeduld und Beharrungsstreben sind die Hauptfeinde einer positiven Entwicklung in diesem Lande.

Herr Stolpe, wir danken Ihnen für dieses Gespräch.

Kurfürst Friedrich Wilhelm von Brandenburg

Erinnerungen und Anregungen zum 300. Todestag, im Berliner Dom am 9. Mai 1988

I.

Als heute vor dreihundert Jahren am hellen Tage die Stadttore verriegelt und die Berliner durch ihre acht Meter hohe Mauer von der Außenwelt abgeschlossen wurden, ahnten viele, daß der Mann gestorben war, der schon zu seinen Lebzeiten der Große Kurfürst genannt wurde.

Bei allen unterschiedlichen Wertungen, die sein Wirken erfahren hat, wird seine unerschütterliche Glaubensbindung und deren unmittelbarer Einfluß auf sein Handeln in allen Bereichen seines Lebens allgemein anerkannt. Friedrich Wilhelm, Kurfürst von Brandenburg, hat unter außerordentlich schwierigen Bedingungen aus christlicher Verantwortung politisch gehandelt. Er hat Gottes kräftigen Anspruch auf sein ganzes Leben und Handeln empfunden und sein Wirken als Gottes Auftrag an den ihm anvertrauten Menschen. Evangelische Christen im 20. Jahrhundert, in der von ihm mitgeprägten Kirche, in dem von ihm mitgeprägten Land, können bei ihrer Suche nach dem Weg „zur Weisheit und zur Gerechtigkeit und zur Heiligung und zur Erlösung“ (1. Korinther 1, 30/Barmen II) im dankbaren Erinnern hilfreiche Anregungen erfahren. Das soll hier an der Religionspolitik des Kurfürsten Friedrich Wilhelm und an seinem Wirken für das Wohl des Landes und seiner Bewohner entfaltet werden.

II.

Vor drei Jahren veranlaßte uns die Erinnerung an das Edikt von Potsdam, über die Kirchenpolitik des Kurfürsten Friedrich Wilhelm und ihre Bedeutung bis heute nachzudenken. Klaus Gysi erinnerte uns in seiner bemerkenswerten Rede im Neuen Palais daran, daß die

Geschichte immer mit am Tisch sitzt. Besonders auch dann, wenn aktuelle Entscheidungen anstehen; daß wir uns aber hüten müssen, historische Persönlichkeiten von aktueller Warte zu beurteilen, statt sie aus ihrer Zeit und ihren Motiven zu erklären. (Wege und Grenzen der Toleranz, Berlin 1987, S. 138 ff). Die Versuchung, den Kurfürsten Friedrich Wilhelm zum Vorreiter unserer Toleranzvorstellungen zu ernennen und zum Vehikel innenpolitischer Streitgespräche zu benutzen, ist zweifellos gegeben. Respekt und Wahrheit gebieten es, sorgsam an seine Politik mit anderen Meinungen heranzugehen.

Zuerst muß festgestellt werden, daß Friedrich Wilhelms Toleranz keine weltanschauliche Unverbindlichkeit wollte. Er war selbst weltanschaulich fest gebunden. Eine tiefe Frömmigkeit, ein unverrückbares Gottvertrauen und eine feste evangelisch-reformierte Bekenntnisbindung sind der bestimmende Grundzug seines Wesens. Seiner hohen politischen Begabung, seiner großen Dynamik und seinem außerordentlichen Gespür für Möglichkeiten der Machterweiterung setzte er selbst die Grenzen, wenn seine Grundüberzeugung tangiert war. Der Verzicht auf die Bewerbung um die polnische Königskrone, die ihm nachdrücklich angetragen war, macht diese innere Bindung plastisch: Die Verlockung war riesengroß. Ein Zusammengehen von Brandenburg und Polen hätte einen erstrangigen europäischen Machtfaktor schaffen können. Die Königskrone konnte die lebenslang erstrebte Unabhängigkeit bringen. Doch der Preis war der Übertritt zum Katholizismus. Andere europäische Herrscher hatten vor und nach ihm weniger Skrupel. Friedrich Wilhelm konnte und wollte seine Überzeugung, auch für großen Zugewinn, nicht verraten.

Der Kurfürst Friedrich Wilhelm hatte in seiner reformierten Bekenntnisbindung eine unverrückbare Position. Sie gab ihm aber auch die Freiheit, die Gewissensbindung anderer zu respektieren. Seine Überzeugungsbindung gab ihm die Voraussetzung, aus christlicher Nächstenliebe menschenfreundlich anderen Überzeugungen gegenüberzutreten, sie zu dulden und zu achten. In seinem politischen Testament mahnt er die Nachfolger, „die von Gott untergebenen Untertanen ohne Ansehung der Religion als ein rechter Landesvater zu lieben". Andere Glaubensrichtungen, die sonst in Europa allgemein verketzert und verfolgt wurden, konnten in Brandenburg mit Duldung rechnen. Die sich daraus ergebenden wirtschaftlichen Vorteile für das Land waren höchst willkommen, aber nur ein zusätzliches Motiv. Die Bereitschaft, anderen Menschen die Gewissensfreiheit zu gewähren, wurzelte bei diesem Kurfürsten tief in seiner eigenen Grundüberzeugung. Er praktiziert sie über Jahrzehnte und bringt sie zum Ende seines Wirkens unter dem Einfluß des sächsischen Juristen Pufendorf in die Grundsatzaussage, daß „der Mensch den Menschen zu tragen, zu dulden, ja dem ohne Schuld Gebeugten zu helfen verpflichtet ist". Aus christlicher Nächstenliebe wurde in Brandenburg durch den Kurfürsten Friedrich Wilhelm die Toleranz zur Staatsdoktrin erhoben.

In der Religionspolitik Friedrich Wilhelms müssen wir zwei Aufgabenfelder unterscheiden: die Sicherung des Kirchenfriedens zwischen Reformierten und Lutheranern und seine Toleranzpolitik gegenüber nicht evangelischen Auffassungen.

Den Streit der beiden evangelischen Konfessionen kannte Friedrich Wilhelm von klein auf. Großmutter Anna war lutherisch und Großmutter Louise Juliane war reformiert. Den Konfessionsstreit erlebte er schon früh in der Familie und schließlich als dramatischen Kirchenstreit vor allem in Berlin. Strenge Lutheraner hielten das reformierte Bekenntnis für Unglauben. Sie wurden von den konservativen Kräften in der Mark, aber auch in Pommern und Preußen, getragen. Für Friedrich Wilhelm war der Kirchenstreit eine innenpolitische Herausforderung, der er administrativ begegnete. Er selbst sah die beiden Konfessionen nahe beieinander: Für seine Glaubensbindung war es keine Anfechtung, sich jahrelang um die Heirat mit der schwedischen Königin Christine zu bemühen, obwohl damit der Übertritt zum lutherischen Bekenntnis verbunden gewesen wäre.

So wird man seine Härte gegenüber den Berliner Lutheranern wohl auch in seinem Unverständnis gegenüber deren Unduldsamkeit sehen müssen. Immerhin setzte er die administrativen Mittel maßvoll ein, lenkte auch gegenüber Paul Gerhardt ein und versuchte, das Gespräch zwischen den Konfessionen in Gang zu setzen. Das Berliner Religionsgespräch 1662/1663 brachte zwar trotz 17 Konferenzen keine entscheidende theologische Annäherung, es zeigte aber doch die Möglichkeit des friedlichen Zusammenlebens auf. Friedrich Wilhelm konnte eine Religionseinigung der Reformierten und Lutheraner nicht erreichen. Seine Position zum Kirchenstreit beschrieb er in der Forderung, das Schmähen anderer Kirchen zu unterlassen und Streitfragen nur aufgrund der geltenden Bekenntnisse und nicht nach Behauptungen zu betreiben. Im übrigen sollten die Prediger selbst ein beispielhaftes Leben führen und der Zerrüttung der gesellschaftlichen Eintracht wehren. Bemerkenswerte Hinweise für eine Kultur des Meinungsstreites: Dem Konsistorium wies er die Funktion der Schlichtung zu und entließ einen Konsistorialpräsidenten, der dieser Friedensfunktion nicht nachkam.

Im Ergebnis schuf der Kurfürst durch die Herstellung des Kirchenfriedens bei Konfessionsparität auch den Ansatz zu einer Trennung von Staat und Weltanschauung. Er gab damit eine wegweisende Orientierung zum Zusammenleben unterschiedlicher Grundpositionen in einem Gemeinwesen und ermöglichte einen staatstragenden Konsens, unbeschadet der unterschiedlichen Grundüberzeugungen der einzelnen Bürger.

Dieser Ansatz ist in der Toleranzpolitik gegenüber nicht evangelischen Überzeugungen verstärkt zu beobachten. Zur Gewährung der Religionsfreiheit gegenüber Katholiken war Brandenburg durch den Westfälischen Frieden und Abmachungen mit dem polnischen König verpflichtet. Daran hielt sich der Kurfürst. Doch er ging über seine Verpflichtungen hinaus und duldete auch Religionsgemeinschaften, denen nach dem Westfälischen Frieden das Recht öffentlicher oder privater Religionsausübung verwehrt war. Er duldete Mennoniten, Unitarier und Juden. Er gab ihnen Gleichberechtigung, Rechtssicherheit, duldete ihre private Religionsausübung und ihre nicht öffentlichen, gemeinschaftlichen Gottesdienste. In einem Erlaß von 1667 verspricht der Kurfürst, auch Araber und Ungläubige zuzulassen, und setzt damit ein Signal für Toleranz und Gewissensfreiheit, das Brandenburg zum Vorbild in Europa werden ließ.

Auch in seiner Außenpolitik trat der brandenburgische Kurfürst für Religionsfreiheit und Toleranz ein. Er intervenierte bei Religionsverfolgungen zum Beispiel in Ungarn, Savoyen und Frankreich und verwies auf seine guten Erfahrungen bei der Duldung anderer Überzeugungen, daß die Gewährung der Religionsfreiheit die Wohlfahrt und die Sicherheit des Staates fördere und die „Liebe der Untertanen durch die Freiheit in Gewissenssachen am meisten gewonnen, vermehret und konservieret wird".

III.

Die schreckliche Erinnerung an die Konfessionskämpfe des Dreißigjährigen Krieges dürften den Kurfürsten Friedrich Wilhelm immer wieder an den Zusammenhang von Toleranz und Frieden erinnert haben. Er war häufig in Kriege verwickelt, aber Kriege waren für ihn nur ein letztes Mittel. Doch die Zeiten waren unruhig. Die politische Lage in Europa war instabil. Ständige Machtkämpfe der Großmächte mit wechselnden Bündnissen bestimmten die zweite Hälfte des 17. Jahrhunderts. Immer neue Kriege waren die Folge, und der Brandenburger war mit seinem Streubesitz zwischen Maas und Memel regelmäßig davon betroffen. Aus der Ohnmacht unbewaffneter Neutralität im Dreißigjährigen Krieg, der seinem Lande mit die stärksten Zerstörungen gebracht hatte, zog er die Konsequenz, ein ständiges Heer aufzubauen. Im wechselnden Interessenspiel der Mächte versuchte er, die jeweils richtigen Bündnisse zu schließen, um entweder den Krieg zu vermeiden – und dafür gibt es gute Beispiele in seinem Wirken – oder wenigstens im Krieg den Besitz und die Anwartschaft zu sichern. Manche Zeitgenossen und Historiker warfen ihm zu Unrecht das „Wechselfieber" in seiner Bündnispolitik vor. Friedrich Wilhelm muß dagegen bescheinigt werden, daß er vor allem die Interessen seines Staates im Auge hatte, diesen möglichst aus Kämpfen heraushielt und, wo es unvermeidbar war, dann im Wechselreigen der Bündnispartner schneller reagierte als andere. Er konnte im Laufe seiner Regierungsjahre sein Land von der Ohnmacht zur relativen Sicherheit führen und schließlich ein Stabilisierungsfaktor der europäischen Politik werden.

Das Wohl des Landes und seiner Bewohner war Friedrich Wilhelms erstes politisches Anliegen. Seine Ausgangslage nach dem Großen Krieg war katastrophal. Die Menschenverluste und Zerstörungen waren schlimmer, als wir sie 1945 erlebt haben. Dazu bestand der Besitz aus völlig unterschiedlichen Landesteilen. Denn aus Erbschaften und Kriegsfolgen waren nun neben der Mark Brandenburg noch das polnische Lehen Preußen, rheinisch-westfälische Gebiete, das frühere Bistum Magdeburg und das von den Schweden zur besseren Hälfte einbehaltene Pommern zusammengekommen.

Alle hatten zwar den einen Landesherrn, dem sie mehr oder minder willig gehuldigt hatten, jedoch untereinander betrachteten sie sich als Ausland und waren in den Anfangsjahren freiwillig nicht zur gegenseitigen Unterstützung bereit. Der Kurfürst sah seine Aufgabe darin, dieses Erbe lebensfähig zu machen und zusammenzuführen. Vier wichtige Jahre hatte Friedrich Wilhelm als Prinz in den Niederlanden verlebt und dort Weltoffenheit, Staats- und Heeresorganisationen sowie eine florierende Wirtschaft kennengelernt. Wie armselig dagegen seine Herrschaft! Das Kernland Kurbrandenburg hatte nur Sand und Sümpfe, zerstörte Städte und viele wüste Dörfer. Pommernland war abgebrannt. Die übrigen Landesteile waren zwar im Großen Krieg besser weggekommen, fügten sich aber nur widerwillig in ihr Schicksal, unter dem roten Adler leben zu sollen. Mit ungeheurer Tatkraft, im Hauptziel unerschütterlich, in der Durchführung mit atemberaubender Flexibilität, ging der Kurfürst daran, aus diesem „halbverlorenen Land" einen Staat zu schaffen. Das ist ihm gelungen, weil er Menschen gewinnen und gerechte Verhältnisse schaffen konnte.

Menschen gewann Friedrich Wilhelm vor allem durch seine Toleranzpolitik. Er trat für die Glaubensverfolgten in fremden Ländern ein und nahm sie auf, wenn die Verfolgungen nicht nachließen. Auch vor der Aufnahme der Hugenotten hatte er mehrmals beim französischen König für Toleranz geworben, bevor er die Einladung durch das Edikt von Potsdam aussprach. Gezielte Anwerbungen wurden in Holland und der Schweiz vorgenommen. Alle ausländischen Neusiedler wurden gefördert. Sie brachten neue Fertigkeiten und wirtschaftliche Belebung ins Land.

Menschen gewann der Kurfürst durch eine bemerkenswert offensive Informationspolitik, die er ganz gezielt mit den damals neuen Medien Flugblättern und Zeitungen auch über die Landesgrenze hinaus einsetzte. Er kannte die Bedeutung der Meinungsbildung und verstand es sehr geschickt, die Gefühle der Menschen anzusprechen. Das trug erheblich zu seinem europäischen Ansehen, aber auch zum Zusammenhalt seiner Landeskinder bei.

Menschen überzeugte der brandenburgische Kurfürst durch sein Eintreten für Gerechtigkeit. Auch wenn er selbst gelegentlich versucht war, in die Rechtspflege einzuwirken, hat er doch insgesamt auf unparteiische Richter geachtet. Unter dem Einfluß Pufendorfs sprach er sich für die Rechte jedes Menschen - ob Christ oder Heide - aus und war so mit der Anerkennung allgemeiner Menschenrechte weit der Zeit voraus. Allerdings sah er die Rechte des Menschen immer auch mit seinen Pflichten an der Allgemeinheit verbunden. Friedrich Wilhelm wird vorgeworfen, daß er die Bauern dem Adel ausgeliefert habe, um diesen für den Verlust der politischen Macht abzufinden. Dabei sollte jedoch nicht übersehen werden, daß der in diesem Zusammenhang bedeutsame Landtagsabschied von 1653 auch die bestehenden Rechte festschrieb. Der Kurfürst konnte und wollte die Erbuntertänigkeit der Bauern nicht beseitigen. Sie blieben an ihren Wohnsitz gebunden. Doch sie konnten ihre Rechte vor Gericht geltend machen. Sie dankten diese Rechtssicherheit durch Treue zum Land, selbst in Not und Gefahr.

Nicht zuletzt hatte Kurfürst Friedrich Wilhelm die Gabe, gute Mitarbeiter zu gewinnen und sie sich eigenverantwortlich entfalten zu lassen. Er konnte delegieren. Er wollte keine Ja-Sager, sondern Menschen, deren Talente er neidlos anerkannte. Er beurteilte sie nicht nach ihren Meinungen, sondern nach ihren Taten für das Land. Insgesamt gelang es Friedrich Wilhelm, den Bewohnern seiner unterschiedlichen und verstreuten Landesteile ein gemeinsames Bewußtsein der Zugehörigkeit zu ihrem Staat, den man später Preußen nannte, zu vermitteln.

Doch auch mit der Sorge um die äußeren Verhältnisse suchte der Kurfürst dem Wohl der Menschen zu dienen. Das ließ sich in dem armen Land und in seinem mittelalterlichen Ständesystem nur mühsam verwirklichen. Und doch war es schließlich fast eine Revolution von oben, mindestens aber eine gelungene Reformpolitik. Das Ziel hieß Wirtschaftsbelebung und Wohlstand. Der Weg war oft verschlungen, und der Erfolg war immer wieder von Kriegen gefährdet. Letztlich waren es die veränderte Finanzverwaltung, eine geschickte Domänenwirtschaft und ein neues Steuersystem, die auf Dauer Stabilität im Inneren schufen und den Menschen zugute kamen. Wichtigen Anteil an der wirtschaftlichen Stabilisierung hatte die Währungspolitik, die der Kurfürst im Verbund mit dem wohlhabenden Sachsen durchführte. Bedeutsame Fortschritte erlebte die Infrastruktur durch Kanalbauten, Ausbau von Verkehrsverbindungen, die Errichtung der damals schnellsten Post in Deutschland, entscheidende Verbesserungen der medizinischen Versorgung und des Feuerschutzes. Eine disziplinierte Staatsverwaltung und eine effektive Polizei trugen zum Wohlbefinden der Bewohner bei.

Dieser Landesvater hat in den fast fünfzig Jahren seiner Herrschaft aus tiefer christlicher Überzeugung das Beste für das ihm anvertraute Land gesucht.

IV.

Friedrich Wilhelms Glaubensgewißheit ließ ihn viele schwere Schicksalsschläge aushalten. Vom Verlust geliebter Menschen bis zu tiefen politischen Enttäuschungen und schließlich großen gesundheitlichen Belastungen. In demütiger Frömmigkeit stand dieser Mann tapfer oft gegen übermächtige Verhältnisse, nur vom Glauben getragen und von der Pflicht erfüllt. Gerade hier liegt wohl seine wirkliche Größe.

Wir achten einen Mann, der beharrlich das nach seinen Einsichten und Möglichkeiten Beste tat für das Wohl des Landes und seiner Menschen, für die Zusammenarbeit unterschiedlicher Grundüberzeugungen in einem Staatswesen und für die Stabilität in Europa. Das ist Friedrich Wilhelms Vermächtnis an uns hier und heute. Wir ehren den Toten am besten, wenn wir die vor unseren Füßen liegenden Aufgaben im Glaubensgehorsam angehen, um realistisch das Bestmögliche für dieses Land und seine Menschen zu tun. Wir ehren ihn am besten, wenn wir zusammenarbeiten mit allen, die über heutige weltanschauliche und politische Grenzen hinweg gleiche Ziele haben.

Das Erbe des Großen Kurfürsten gibt im Horizont gegenwärtiger Hoffnungen und Bedrohungen einen Impuls, unsere Probleme verantwortlich anzugehen und gemeinsam mit allen zu lösen, die dazu bereit sind.

Christen und Marxisten im Dialog mit der Gesellschaft zu Fragen der Zeit

Gastvorlesung an der Ernst-Moritz-Arndt-Universität zu Greifswald am 21. September 1988

Der – hier am Anfang gekürzte – Vortrag fand unmittelbar nach der Dessauer Tagung der Synode des Bundes der Evangelischen Kirchen in der DDR statt, die angesichts der Lage im Lande zu einem breiten und öffentlichen Dialog über die Lebensfragen der DDR-Gesellschaft aufgerufen hatte, der keinen Lebensbereich ausklammern dürfe: „Mündige Bürger müssen mit der Vielfalt ihrer Erfahrungen in Kirche und Gesellschaft mitbestimmen können. Kritik darf nicht von vornherein als Gegnerschaft, sondern sollte im Gegenteil in ihrem konstruktiven Anliegen gesehen und ernstgenommen werden.“

Christen und Marxisten in Deutschland und dann in der Deutschen Demokratischen Republik haben trotz eines langen Neben- und Gegeneinanders gleiche Grunderfahrungen gemacht, die, oft nur von einzelnen durchgestanden, dennoch einen Fundus der Menschlichkeit und der Menschenwürde und eine wichtige Vorgabe angesichts wachsender Herausforderungen in Gegenwart und Zukunft bedeuten:

Die Marxisten und einzelne Christen haben sich gegen die Erniedrigung des Menschen in einem allein vom Profit bestimmten Ausbeutungssystem gewandt. Viele Marxisten und nicht wenige Christen haben sich gegen die menschenverachtende faschistische Barbarei gestellt, sich in Konzentrationslagern getroffen und ihr Leben für ihre Überzeugung gegeben.

Marxisten und Christen haben die Vernichtung der Hitlerherrschaft begrüßt und den Anfang der demokratischen Neugestaltung mit der Bodenreform und der Enteignung der Kriegsverbrecher gemeinsam begonnen.

Christen und Marxisten, Kirche und Gesellschaft in der DDR wenden sich gegen die Gefahr eines nuklearen Infernos und sehen in der Verhinderung eines Krieges die Vorrangaufgabe gesellschaftlicher Verantwortung.

Unbeschadet aller Unterschiede gibt es für Christen und Marxisten gleiche Grundwerte, die sie für die Erhaltung des Lebens, die Menschenwürde und die soziale Gerechtigkeit eintreten lassen. Diese Grundwerte werden allzuoft vom Lärm anderer Ereignisse überdeckt, von den jeweiligen Verantwortungsträgern verschwiegen oder im Alltagspragmatismus hintenangestellt. Doch diese Grundwerte gehören zur Substanz des Marxismus wie des Christentums; sind Hoffnung und Herausforderung zugleich.

Der Bund der Evangelischen Kirchen in der DDR hat in den siebziger und achtziger Jahren in mehreren Synodalerklärungen Zeugnis und Dienst in der sozialistischen Gesellschaft beschrieben und insbesondere in Schwerin 1973 den Auftrag einer Kirche im Sozialismus definiert:

„Kirche im Sozialismus wäre die Kirche, die dem christlichen Bürger und der einzelnen Gemeinde hilft, daß sie einen Weg in der sozialistischen Gesellschaft in der Freiheit und Bindung des Glaubens finden und bemüht sind, das Beste für alle und für das Ganze zu suchen. Kirche im Sozialismus wäre eine Kirche, die auch als solche, in derselben Freiheit des Glaubens, bereit ist, dort, wo in unserer Gesellschaft menschliches Leben erhalten und gebessert wird, mit vollem Einsatz mitzutun, und dort, wo es nötig ist, Gefahr für menschliches Leben abzuwenden zu helfen. Es kann sich, wie sich gezeigt hat, ergeben, daß wir Christen im Lichte der Verheißung Gottes und unter seinem Gebot Probleme und Nöte in Welt und Gesellschaft anders sehen, als sie von anderen Voraussetzungen aus gesehen werden, oder Fragen hören, die andere nicht so hören. Wir haben dann unsere Anfragen geltend gemacht."

Das ist auch fünfzehn Jahre danach die geeignete Formel, die Position evangelischer Kirche in der sozialistischen Gesellschaft im theologischen Ansatz, im pastoralen Auftrag und in der gesellschaftlichen Mitverantwortung zu beschreiben. Selbstverständlich darf der Gebrauch einer Formel nicht auf die jeweilige Konkretisierung einschließlich der ökumenischen und globalen Bezüge verzichten. „Kirche im Sozialismus" darf nicht als Leerformel erschöpft werden, sondern muß als Arbeitsauftrag auch in veränderten Bedingungen gelebt werden. Dabei werden gerade veränderte Herausforderungen und wechselseitige Belastungen im Verhältnis von Kirche und Gesellschaft, die neue Ansätze, neues Denken und neue Lösungen brauchen, in der Formel „Kirche im Sozialismus“ eine hilfreiche Ausgangsbasis finden.

Der Lernprozeß von Kirche und Gesellschaft, Christen und Marxisten in der Deutschen Demokratischen Republik, von der Konfrontation zum Gespräch über gemeinsame Herausforderungen fand einen demonstrativen Höhepunkt in der Übereinkunft vom 6. März 1978. Kernstücke der Übereinkunft vom 6. März 1978 sind die Übereinstimmung über die Notwendigkeit der Friedenssicherung als der politischen Vorrangaufgabe, die Mitwirkung der Kirchen in humanitären Aufgabengebieten in den Entwicklungsländern und im Inland, sowie die Zusagen der Gleichberechtigung und Gleichachtung aller Bürger bei Sicherung der Freiheit der Religionsausübung. Damit ist ein Verhältnis von Staat und Kirche beschrieben worden, das unter den Bedingungen der Trennung von Staat und Kirche sowie des Bestehens unterschiedlicher Grundüberzeugungen kaum sinnvoller möglich ist.

Das ist keine Selbstverständlichkeit, und es tut not, daran zu erinnern. Zugleich muß auch bedacht werden, daß richtige Prinzipien sich ständig in den Herausforderungen des Alltags zu bewähren haben. Dabei müssen sie immer wieder neu den Konsens aller Beteiligten gewinnen. Schließlich müssen nachwachsende Generationen selbst ihre Erfahrungen sammeln und aus eigener Einsicht die Richtigkeit der Prinzipien erkennen. Die formelhafte Beschwörung noch so richtiger Erkenntnisse reicht nicht aus, sie wirksam werden zu lassen. So muß auch hierzulande gemeinsam gefundene Kirchenpolitik sich ständig im Gespräch erproben und an der Bewältigung neuer Aufgabenfelder beweisen.

Das Gespräch ist als Instrument zur Suche nach einem Interessenausgleich zwischen Kirche und Gesellschaft entwickelt worden. Doch jedes Gespräch, das einen Streit zu lösen versucht, wird kaum umhin kommen, über Ausgangsüberlegungen des Gegenübers nachzudenken. Die Motive des anderen werden wichtig. Man muß versuchen, den Gesprächspartner zu begreifen, seine Bindungen und Freiheiten zu erkennen, wenn man wirklich tragfähige Lösungen erarbeiten will. Das Gespräch kann dann nicht am aktuellen Anlaß hängenbleiben, sondern muß sich auf Verständigungsfragen zubewegen. Der Gedankenaustausch über Grundanschauungen wird nötig.

Das gemeinsame Luthergedenken sah Marxisten und Christen im Dialog, der produktiven Meinungsstreit ebenso einschloß wie gemeinsames Bemühen, geschichtliches Erbe für die Gegenwart zu erschließen und fruchtbar zu machen. Das gemeinsame Nachdenken von Christen und Marxisten über Martin Luther hob das Gespräch zwischen ihnen auf eine neue Stufe. Martin Luther in seiner Vielseitigkeit für Kirche und Gesellschaft als Sprachschöpfer, Dichter, Realpolitiker, Soziologe, aber auch als Glaubenslehrer und Kirchenstifter ist nur aus seiner Grundanschauung zu verstehen. Das Gespräch über Luther nötigte zum Gespräch über den Glauben an Gott und eröffnete einen wirklichen Dialog.

Das Gespräch als Mittel der Streitlösung

Das Gespräch ist als Methode der Problemlösung zwischen Staat und Kirche, Marxisten und Christen verabredet. Gespräch heißt Verzicht auf den Schlagabtausch durch Worte. Gespräch heißt zuhören und die nüchterne Einschätzung der Position und Möglichkeit des anderen. Deshalb müssen auch Gegensätze klar benannt und Unterschiede deutlich gemacht werden. Die Kritik muß wechselseitig ausgehalten werden. Konstruktive Gespräche dürfen sich nicht in Freundlichkeiten und Bestätigungen erschöpfen, sondern müssen geradezu den Streit kultivieren, um konfliktfähig zu sein und wirkliche Belastungen, die immer wieder kommen werden, aushalten zu können.

Bischof Werner Leich hat am 3. März 1988 mit dem Staatsratsvorsitzenden Erich Honecker ein Gespräch führen können, das in Inhalt und Form wegeweisende Bedeutung für den Dialog von Christen und Kirchen mit der Gesellschaft zu den Fragen der Zeit hat. Der Bischof hat seinem hörbereiten und gesprächsfähigen Partner dringende Fragen des konkreten gesellschaftlichen Lebens vorgetragen und sie zugleich in den Horizont der internationalen Aufgabenstellung gesetzt. Dabei hat er die vorwärtsführende Rolle des Dialogs herausgestellt:

„Der Aufruf von Staat und Gesellschaft an jeden einzelnen zum persönlichen Eintreten für die Erhaltung des Friedens hat viele Menschen zum eigenen Nachdenken herausgefordert und zur Bereitschaft geführt, die eigene Mitverantwortung auch selbst wahrzunehmen. Darin sehe ich ein für unser Land positives Ergebnis. Jetzt braucht das gewachsene differenzierte Denken ein Gegenüber in Staat und Gesellschaft, das zu differenziertem Dialog bereit ist."

Dialog heißt auch Nachdenken über Ausgangspunkte und Ziele, und so spricht Werner Leich in Erinnerung an das gemeinsame Luthergedenken die Zukunftserwartung von Christen und Marxisten an:

„Wir sehen, daß die wirtschaftliche Entwicklung in der Welt mit erheblichen Schwierigkeiten behaftet und belastet ist. Sie fordert auch in unserem Land viel. Aber der Sinn des Lebens – dieses Wissen ist bewährten Kommunisten und Christen gemeinsam – erfüllt sich nicht durch die ökonomische Steigerung des Lebensniveaus, sondern durch menschliche Werte. Sie sind in unserer Gesellschaft vorhanden und können aufgerufen werden. Dazu brauchen wir die lebensnotwendige Zukunftserwartung: Es geht voran in der Sicherung des Friedens, der Bewahrung der Lebensbedingungen, in der Pflege menschlichen Umgangs und menschlicher Beziehungen."

Um des Lebens und des Friedens willen darf das Gespräch nicht aufhören. Das Gespräch ist angesichts der globalen Bedrohungen die Daseinsform der Zukunft. Das Gespräch ist aber auch das heute gebotene Mittel der Verkündigung. Christen haben in der sozialistischen Gesellschaft den Auftrag, von ihrem Herrn Jesus Christus Zeugnis zu geben. Sie haben diesen Auftrag in einer Gesellschaft zu erfüllen, die bewußt und gewollt säkularisiert ist. Sie haben diesen Auftrag an immer mehr Menschen zu erfüllen, die keine Vorkenntnisse über Gott, Glauben und Kirche haben und die demzufolge mit der herkömmlichen Wortverkündigung nicht zu erreichen sind. Diese vielen Menschen, die von Gott nichts wissen, werden von den Amtsträgern der Kirche nicht erreicht oder verstehen sie nicht. Christlicher Glaube kann sich deshalb in einer Gesellschaft, in der die Christen in der Minderheit sind, den anderen gegenüber vor allem in der überzeugenden christlichen Lebensführung und im Gespräch darstellen. Wenn das Reden von Gott nicht zum internen kirchlichen Reden werden soll, wenn Christen die Botschaft ihres Herrn an andere herantragen wollen, dann werden sie die Möglichkeit des persönlichen Umganges mit anderen Menschen im Gespräch nutzen. Das Gespräch wird zu einer wichtigen Form des Redens vom Glauben und von Gott. Es erhält seine Glaubwürdigkeit aus einer überzeugenden christlichen Lebensführung. Die im Alltagshandeln bewiesene Glaubensüberzeugung schafft Vertrauen und ist die Basis für Gespräche, in denen dann die Motive des Christen, seine Überzeugung von Jesus Christus und der dramatischen Aktualität seiner Forderungen zur Sprache kommen können. Christen sind noch weithin zum Gespräch über den Glauben nicht in der Lage. Sie fühlen sich angesichts säkularisierter Mehrheiten gehemmt und sind unsicher, ob sie genügend Sachkunde haben, um von Gottes Sachen reden zu können. Die Fachtheologen haben hier eine wichtige Aufgabe, zum Dialog zu ermutigen. Die Kirche muß mehr tun, um den einzelnen Christen zum Gespräch über den Glauben zu aktivieren.

Selbst Pfarrer lassen sich zu oft von der ideologischen Unvereinbarkeit der Weltanschauung fixieren und halten sich zurück, dem nichtchristlichen Gegenüber von ihrem Glauben zu erzählen. Der Dialog beginnt bei der Benennung der eigenen Glaubensüberzeugung und ist mit allen Nichtchristen zu suchen. Auch mit den Marxisten und selbst in förmlichen Verhandlungen wird es immer Gelegenheiten geben, seine Grundüberzeugung erkennen zu lassen. Redlicher Dialog schafft Vertrauen, und Vertrauen sichert friedliches Zusammenleben.

Das Verhältnis von Christen und Kommunisten, von Kirche und Staat in der DDR ist ein Lernprozeß, der sich über viele Jahre erstreckte und in dem wir weiter bleiben. Der Weltanschauungsunterschied ist eindeutig. Wir glauben an Gott und sehen in ihm die Mitte allen Seins. Die Kommunisten halten den Glauben an Gott für unwissenschaftlich und falsch. Das ist mehr als ein Meinungsunterschied, weil er Grundfragen des Lebens berührt und Christen wie Kommunisten aus ihrer Grundüberzeugung die Orientierung für ihr Alltagsverhalten bekommen. Die Christen sollen nach Jesu Weisung handeln, sie sollen Nächstenliebe üben und für Frieden, Gerechtigkeit und Erhaltung der Schöpfung eintreten. Die Kommunisten sollten sich für eine bessere Gesellschaft, für die Zukunft der Menschheit einsetzen. Da gibt es Unterschiede, aber auch Ähnlichkeiten. Die Grundeinstellungen von Christen und Kommunisten zum Beispiel zur Rolle des Menschen sind verschieden. Das können und wollen wir nicht verharmlosen. Aber wir sollten auch nicht übersehen: Sowohl die christliche Lehre als auch der Marxismus-Leninismus wollen ihre Anhänger anstoßen, das Leben der Menschen gerechter und friedlicher werden zu lassen und den Nöten und Gefahren in der Welt zu wehren. In den letzten Jahren ist immer deutlicher geworden, daß Christen, Kommunisten und auch alle Andersdenkenden herausgefordert sind, das Leben zu erhalten, die Natur zu bewahren und für Gerechtigkeit zwischen den Menschen einzutreten.

In unserem kleinen Land sollten wir alle das einüben, was in der ganzen Welt wirken muß: Christen und Kommunisten müssen sich aber auch nach den praktischen Ergebnissen ihrer Überzeugung fragen lassen: Hält der Alltag des einzelnen, was die Lehre verspricht? Das redliche Bemühen des Christen und des Kommunisten im Alltag kann der jeweils vertretenen Grundüberzeugung Respekt einbringen. Nicht nur das Ertragen der anderen Meinung, sondern ihre Respektierung, das Ernstnehmen des anderen als Zukunftspartner wäre dann wirkliche Toleranz, wie sie Friedrich der Große beschrieb:

„Der falsche Eifer ist ein Tyrann, der Länder entvölkert; die Toleranz ist eine zärtliche Mutter, die für ihr Wohlergehen sorgt."

Ein Streit von gestern ist in den Gesamtzusammenhängen die Auseinandersetzung um Probleme der Gewissensfreiheit, die sich im Bildungsbereich und für Wehrpflichtige ergeben. Auf dem Hintergrund gemeinsamer Verantwortung und der gewachsenen Dialogbereitschaft muß die volle Chancengleichheit christlicher Bürger und insbesondere Jugendlicher gewährleistet sein. Wo Verstöße dagegen sichtbar werden, muß ihnen konkret und schnell nachgegangen werden. Um der gemeinsamen Zukunft willen dürfen Diskriminierungen oder Benachteiligungen christlicher Bürger wegen ihres Glaubens nicht geduldet werden. Es hat sich bewährt, derartige Vorkommnisse unverzüglich durch die kirchlichen Vertreter bei den Räten der Kreise oder den Räten der Bezirke zur Sprache und zur Klärung zu bringen. Darüber hinaus wäre es allerdings sinnvoll, wenn im gesellschaftlichen Bereich hierzu vorbeugende, verbindliche Orientierung ergehen würde. Nicht jeder örtliche Entscheidungsbefugte kann die Kompliziertheit der veränderten Situation von sich aus einschätzen. Die Neigung eines überzeugten Marxisten, der Religion für unwissenschaftlich und falsch hält, einem christlichen Jugendlichen mindere Fähigkeiten zuzutrauen, ist naheliegend. Ihm muß bei der Einsicht geholfen werden, daß die unabdingbare gemeinsame Zukunftsbewältigung von Marxisten und Christen bei der Chancengleichheit beginnt. Christen und Kirchen haben diesen Lernprozeß selbst nötig. Sie sollten ihn bei den Marxisten mit Geduld und Nachdruck verfolgen.

Eine Reihe wehrpflichtiger Christen sieht sich aus der Friedensverantwortung zur Verweigerung des Wehrdienstes genötigt. Mit der Bildung von waffenlosen Baueinheiten ist für diese Gewissenshaltung ein rechtlicher Rahmen geschaffen worden. Doch durch den Einsatz von Baueinheiten an militärischen Objekten, durch den Wortlaut des Gelöbnisses und die äußerliche Einbeziehung der Baueinheiten in die Volksarmee bestehen noch Gewissensverletzungen. Im Dialog zwischen Kirche und Staat sollten hier bald Lösungen gefunden werden. Eine realistische Möglichkeit wäre der rechtlich gesicherte ausschließliche Einsatz der Baueinheiten an zivilen Objekten. Zum Beispiel im Wohnungsbau, im Verkehrswesen, der Energiewirtschaft oder dem Umweltschutz. Das kann ohne neue Gesetze erfolgen. Den Wünschen der Betroffenen würde ein zweijähriger ziviler Ersatzdienst im Gesundheits- und Sozialwesen am meisten entsprechen. In beiden Fällen darf aber nicht übersehen werden, daß es Wehrpflichtige gibt, die jeden Wehrdienst, jeden Wehrersatzdienst und jeden zivilen Ersatzdienst aus Gewissensgründen verweigern. Diese Bemerkung ist nötig, um vor der Illusion einer lupenreinen Lösung zu warnen. Dennoch sollte bald gehandelt werden.

Über eine Kultur des Streites haben abwechselnd am Scharmützelsee bei Berlin und im schwäbischen Freudenstadt Beauftragte der SED und der SPD nachgedacht. Dabei haben sie das Dokument „Der Streit der Ideologien und die gemeinsame Sicherheit" erarbeitet. Dieses Dokument ist eine außerordentlich bemerkenswerte praktische Arbeitshilfe für das Gespräch unterschiedlicher Positionen. Es gibt sowohl für einen grundsätzlichen Dialog als auch für eine konkrete Streitlösung hilfreiche Anregungen. Es lassen sich nämlich aus diesem Dokument Hinweise geben, die als Regeln des Umgangs unterschiedlicher Positionen verallgemeinert werden können. Ich nenne hier zehn Regeln für Dialoge und Streitgespräche, die im Papier der Grundwertekommission der SPD und der Akademie für Gesellschaftswissenschaften der SED enthalten sind:

1. Das Existenzrecht des anderen nicht bestreiten.
2. Von der Veränderbarkeit des anderen ausgehen.
3. Die Möglichkeiten und Grenzen des anderen sehen.
4. Die andere Seite realistisch und differenziert darstellen.
5. Sachliche Kritik gegenseitig einüben.
6. Grundsätze nicht verschleiern.
7. Selbst lernfähig sein.
8. Vorsätze durch Handlungen füllen.
9. Möglichkeiten der Zusammenarbeit wahrnehmen.
10. Geduld üben.

Diese Dialoghilfe ist direkt für unsere Gespräche mit der Gesellschaft anwendbar. Christen und Kirchen sollten das Dokument verbreiten, erläutern und in die Ökumene einbringen.

Gemeinsam die Fragen der Zeit angehen

Zu den Fragen der Zeit sind Christen und Kirche aus Glaubensgehorsam gefordert. Bischof Johannes Hempel hat dies bei der Zentralausschußtagung des Weltkirchenrates im August 1988 noch einmal deutlich benannt:

„Inzwischen sind die Fragen der zwischenmenschlichen Gerechtigkeit, der Bewahrung des Friedens und der Schöpfung im Weltmaßstab durch ökonomische und besonders durch militärische Entwicklungen so bedrängend geworden, daß hier Quantität in Qualität umgeschlagen ist. Es ist schwer geworden zu sagen, das ginge die Kirche nichts an. Wenn das jemand sagt, sagt er nicht im Grunde: Die andern Menschen gehen mich nichts an? Und das können wir vom Glauben her nicht sagen.

In den Bemühungen um akzeptable Gerechtigkeit, um glaubwürdigen Frieden, um die Bewahrung der Schöpfung ist in unserer Zeit ein großer Teil der gesellschaftlichen und politischen Probleme zahlloser Menschen zusammengefaßt. So kann man sagen, in diesem Programm hat die ökumenische Bewegung nach menschlichem Ermessen zumindest für eine gewisse Zeit ein klares Ziel für ihre spirituellen und sozialethischen Aktivitäten."

Die Aufgabenstellung für die Fragen der Zeit ist deutlich. Es ist unstreitig, daß der Christ sein ganzes Leben im Hören auf die Botschaft Jesu Christi leben und ihm zu eigen sein muß. Die Kirche hat ihn daran zu erinnern, ihn anzuleiten, ihm beizustehen. Die Kirche hat für sich selbst aber darauf zu achten, daß sie als Mittlerin der Botschaft von der freien Gnade Gottes an alles Volk zu wirken hat. Diese Aufgabe gerät in Gefahr, wenn die Kirche im politischen Handeln mit politischen Kräften verwechselt werden kann. Die Kirche muß eigenständig in ihrer Position bleiben, sie muß unverwechselbar in ihrer Handlungsweise sein, und sie darf erst dann tätig werden, wenn ihr vom Glauben gebotenes Wirken niemand anders wahrnehmen kann. Die Kirche hat bei alledem zu prüfen, ob ihr unmittelbares Hineinwirken in gesellschaftliche Bereiche vom Glauben geboten ist. Politisches Handeln steht unter der Beweislast geistlicher Notwendigkeit und unter der Prüfungspflicht nach dem Gehorsam gegenüber Gottes Mandat. Die Kirche hat im gesellschaftlichen Bereich weder die Aufgabe des Vordenkers noch die Berechtigung zu beliebiger Einmischung. Sie hat Menschen für Gott zu gewinnen, sie zu sammeln und zu stärken. Sie muß ihnen dabei helfen, wie sie in allen Bereichen ihres Lebens Gott gehorchen können.

Die Kirchen und Christen in der Deutschen Demokratischen Republik haben in ihren Gemeinden, ihren Synoden und nun auch gemeinsam in der Ökumenischen Versammlung der Kirchen und Christen erkannt und bekräftigt, daß es Sache ihres Glaubensauftrages und Gehorsams gegen Gott ist, Mitverantwortung für Recht und Frieden in der Welt wahrzunehmen. Die universalen Gefährdungen des Lebens, ja der ganzen Schöpfung und die wachsenden Ungerechtigkeiten zwischen den Menschen können vom Christen nicht mehr als beliebige politische Aufgabe gesehen werden, sondern fordern ihn unmittelbar zum Handeln aus Glaubensverantwortung; fordern ihn zu einem Handeln oder Unterlassen, das der Rechtfertigung und Heiligung durch Gott bedarf. Gehorsam gegen Gott gebietet heute,

Frieden unter die Menschen zu tragen, den fernen Nächsten in der Dritten Welt nicht zu vergessen, für Gerechtigkeit und Recht konkret einzutreten und der Zerstörung der Schöpfung zu widerstehen.

Die Position des Zuschauers ist untersagt. Jeder Christ ist zur Mitwirkung gerufen, und sie beginnt bei jedem selbst mit dem Umdenken; der Abkehr von Gewohnheiten, die mit dazu beitragen, Ungerechtigkeit fortzusetzen, Schöpfung zu zerstören und den Frieden zu gefährden.

Ungehorsam ist heute die Halbherzigkeit gegenüber den Menschen in den Entwicklungsländern. Zu schnell folgen wir der bequemen Vorstellung, nichts tun zu können. Dabei können auch Menschen eines kleinen Landes ohne frei konvertierbare Währung wirksam werden, wie zum Beispiel die Moçambique-Hilfe zeigt. Christen müssen das Teilen üben, Christen müssen sich über die strukturellen Ungerechtigkeiten kundig machen und sich gegen sie wenden.

Ungehorsam ist die Fixierung auf Wohlstand und Konsumverbesserung. Ohne nachzudenken, orientieren sich auch die meisten Christen in der DDR in ihrem Streben auf die materiellen Möglichkeiten des Westens. Dabei sollten nicht die Verlockungen eines Neckermann-Kataloges, sondern die Lebensorientierungen Jesu Christi ihr Denken bestimmen. Aber Christen in der DDR machen den Tanz um das Goldene Kalb Wohlstand mit. Christen unterstützen falsche Wertorientierungen und dürften es besser wissen. Denn die Zukunft der Menschheit liegt nicht bei einer Gesamt-Welt-Überflußgesellschaft, sondern bei einer relativ gerechten Verteilung begrenzter Möglichkeiten.

Ungehorsam ist die Gleichgültigkeit gegenüber Gottes Schöpfung in der Natur. Inzwischen weiß jeder, daß das Konsumverhalten des Menschen, seine Verschwendung, zu den Ursachen der Zerstörung der Natur, dem Verbrauch der Reserven und damit der Verschlechterung der Aussichten für künftige Generationen gehört. Doch auch Christen verschwenden Energie, bevorzugen Wegwerfpackungen, wollen die weißeste Wäsche haben und steigern ihren Nahrungsmittelverbrauch. Christen können aber wissen, daß solche Gleichgültigkeit gegen die Botschaft ihres Herrn steht.

Ungehorsam ist es, wenn Christen die Friedensverantwortung ganz den Regierenden überlassen. Erste Abrüstungsschritte dürfen keine Pause aufkommen lassen und nicht den Eifer des Friedensgebetes und die fortgesetzte Erinnerung an dieser wichtigen Aufgabe erlahmen lassen. Dabei haben Christen in der DDR eine besondere Friedensaufgabe in der Förderung des Zusammenlebens in der Gesellschaft. Christen können Hoffnung gegen Resignation setzen,

Gespräche gegen Gleichgültigkeit führen oder Wahrhaftigkeit gegen Mißtrauen einbringen. Christen dürfen aus der Botschaft der Bibel wissen, daß Gerechtigkeit im Kleinen den Frieden im Großen mitgestalten und mitsichern kann.

Im Dialog mit der Gesellschaft müssen Lösungen zu den Fragen der Zeit gefunden werden. Christen und Marxisten dürfen mit dem Erreichten nicht zufrieden sein, sondern müssen angesichts der erkennbaren Grenzen des Fortschritts und der Machbarkeit Wege in die Zukunft suchen. Die neue Qualität der Weltsituation braucht den Dialog aller, die auf Hoffnung und Zukunft setzen. Dabei muß auch das Gespräch über die Werteorientierung geführt werden. Die Christen und Kirchen werden stärker als bisher die Frage nach den materiellen Grundbedürfnissen stellen und das künftig im Weltzusammenhang Mögliche nennen müssen. Das Streben der Menschen nach immer größerem Wohlstand, immer besseren materiellen Möglichkeiten muß geistlich hinterfragt und ökonomisch als undurchführbar widerlegt werden. Die mit unseren Kirchen in besonderer Weise verbundene Vereinigte Kirche Christi in den USA hat, aus Matthäus 25 folgend, die materiellen Grundbedürfnisse Nahrung, Kleidung, Behausung, Gesundheit und Bildung beschrieben. Der biblischen Tradition folgend, hat die United Church of Christ in ihrem Beschluß „Die UCC als Kirche des gerechten Friedens" neun Dimensionen des menschlichen Lebens genannt, die Grundbedürfnisse der Menschen überall auf der Welt darstellen:

- Nahrung und sauberes Wasser,
- angemessene Wohnung,
- ausreichende Gesundheitsversorgung,
- sinnvolle Arbeit,
- gründliche Schulausbildung,
- Beteiligung an gesellschaftlichen Entscheidungen und politischen Prozessen,
- Freiheit zur Ausübung von Gottesdienst und Glaube,
- Schutz vor Folter und
- Schutz der Grundrechte ohne Rücksicht auf Rasse, Geschlecht, sexuelle Orientierung, Religion, nationale und soziale Herkunft.

Mit dem Hinweis auf die sogenannten immateriellen Grundbedürfnisse „Freiheit des einzelnen" und freie Religionsausübung ist also die Frage nach den Mindestbedingungen für die Erfüllung menschlicher Grundbedürfnisse noch nicht beantwortet. Sie bedarf vielmehr einer neuen theologischen und auch politischen Erörterung. (Nach Jörg Baumgarten, Kirchen und Christen in der ökonomischen Welt, in: Junge Kirche 1988, S. 403 f).

Die Marxisten unseres Landes haben über Wertorientierungen auf dem Hintergrund der Weltverantwortung nachgedacht. Professor Ernst Luther ist im Juni 1988 vor der Hauptversammlung des Diakonischen Werkes darauf eingegangen und mahnte:

„Ethik muß jene Vorstellung überwinden helfen, daß der einzelne beliebig einen Lebensstil ‚wählt', sie muß die tieferen sozialen Zusammenhänge aufdecken, die zwischen Lebensweise, Lebensstil und Gesundheit bestehen. Gleichzeitig ist es Aufgabe der Ethik, aus den gesellschaftlichen Erfordernissen den möglichen Reifegrad für Ansprüche an das Leben abzuleiten, das heißt, Wertorientierungen zu begründen und zu empfehlen.

Zusammengefaßt läßt sich aus der Sicht des marxistischen Ethikers feststellen, daß die für die sozialistische Gesellschaft tragenden Grundwerte wie Frieden, soziale Sicherheit, Geborgenheit, Freiheit und Menschenwürde Christen und Marxisten verbinden. Im Gespräch über die geistigen Quellen dieser Werte sowie über ihre gegenwärtige und künftige Ausgestaltung lernten und lernen wir voneinander.

Gemeinsamkeiten empfinden wir in der hohen Wertschätzung des Lebens und der prinzipiellen Ablehnung der Auffassung vom lebensunwerten Leben.

Gemeinsam stehen wir vor der Problematik, Lebenserhaltung und Lebensqualität nicht zu einem Gegenstand werden zu lassen, den vorzeitigen Tod zu vermeiden und die Endlichkeit des Lebens zu akzeptieren, Geborgenheit ebenso zu wahren wie die Souveränität und Freiheit der Entscheidung."

Der Dialog hat begonnen. Die konkreten Herausforderungen erfordern ihn. Hier sollen beispielhaft die Aufgaben der Friedenssicherung und des Zusammenlebens in der Gesellschaft entfaltet werden.

Gegenwärtig erste Erfolge der Rüstungsminderung dürfen nicht darüber hinwegtäuschen, daß die Gefahr eines Nuklearkrieges nicht verringert wurde. Kurzfristig können sich politische Konstellationen ergeben, die die Lage erneut verschärfen, und selbst der böse Zufall kann die nach wie vor gewaltige Vernichtungsmaschine in Gang setzen. Christen und Marxisten, Kirche und Gesellschaft in der DDR stimmen darin überein, daß die Sicherung des Friedens um der Zukunft der Menschheit willen die politische Hauptaufgabe bleibt. Sie darf auch in einer Phase von Abrüstungsgesprächen nicht vernachlässigt werden. Weiterhin gilt es, deutlich auf die bleibenden Gefahren hinzuweisen und mit allen Möglichkeiten für das langfristige Ziel einer Welt ohne Massenvernichtungswaffen einzutreten.

Die Beseitigung aller Kernwaffen steht dabei an erster Stelle. Sie bedeuten die größte Gefahr, die durch die vereinbarte Beseitigung der Mittelstreckenraketen nur sehr geringfügig vermindert wurde. Die kirchlichen Friedensaktivitäten in unserem Lande dürfen gerade jetzt nicht nachlassen, sondern sollten eindeutig durch Appelle und Aktionen für die Vereinbarung weiterer Abrüstung von Nuklearwaffen, anderen Massenvernichtungswaffen sowie die Verminderung konventioneller Waffensysteme eintreten.

Eine wichtige Voraussetzung für weitere Abrüstung ist die Vertrauensbildung zwischen den Militärbündnissen. Nur über mehr militärische Sicherheit und größeres Vertrauen zwischen den Staaten, wechselseitigen Informationsaustausch, Offenheit und Berechenbarkeit kann das Risiko eines Kriegsausbruchs verhindert werden. Ein Vorschlag für eine Zone des Vertrauens und der Sicherheit in Zentraleuropa wurde im Juli 1988 von der SPD und der SED vorgelegt. Er enthält sehr konkrete Anregungen, wie intensivere Manöverinformationen, einen kontinuierlichen militärischen Informationsaustausch, eine gemeinsame europäische Satellitenbeobachtung und „heiße Drähte" zur schnellen Verständigung bei Zwischenfällen zwischen den zentraleuropäischen Staaten.

Der Vorschlag liegt in der Linie des Stockholmer KSZE-Dokuments. Seine Verwirklichung wäre ein bedeutender Schritt zu einem Übergang auf ein nicht angriffsfähiges Rüstungssystem. Der Vorschlag bedarf der Unterstützung auch der Christen und Kirchen, die ihn an ihre ökumenischen Partner in Europa herantragen und um deren Mithilfe bitten sollten.

Für die Sicherung des Friedens im gemeinsamen Haus Europas hat der KSZE-Prozeß große Bedeutung. Unsere Kirchen haben die bisher dreizehnjährigen Bemühungen als Zeichen der Hoffnung begrüßt und seine Fortschritte im Bereich von Abrüstung, Sicherheit, Zusammenarbeit der Staaten und Menschenrechte begleitet und gefördert. Der gegenwärtig in Wien tagenden Nachfolgekonferenz muß unser besonderes Interesse gelten. Sie findet in einer weltpolitisch günstigen Situation statt. Die Verabschiedung eines abschließenden Dokumentes in Wien mit konkreten Verpflichtungen in den Bereichen der Abrüstung, der Sicherheit, der Zusammenarbeit der Staaten und der Menschenrechte könnte helfen, das gemeinsame europäische Haus zu schaffen und wichtige Impulse auch für unsere Gesellschaft geben.

Christen und Kirchen stehen in der DDR mit in dem gesellschaftlichen Prozeß zwischen Ändern und Festhalten gesellschaftlicher Strukturen. Denn die DDR ist wie alle Gesellschaftssysteme genötigt, den weltweiten wissenschaftlichen, technischen und ökonomischen Neuerungen Rechnung zu tragen und das neue Entwicklungsniveau der Produktivkräfte in der Gesellschaftsstruktur zu berücksichtigen.

Die DDR hat sich bereits in den vier Jahrzehnten ihres Bestehens verändert, an internationale ökonomische und politische Gegebenheiten angepaßt sowie innenpolitische Irrwege korrigiert. Sie hat dabei Flexibilität sowie eine Praxis im Erproben, Gewähren und Versagen entwickelt. Sie hat Werte geschaffen, die festgehalten werden müssen.:

1. Die wachsende Eigenständigkeit in der Wegsuche und Weggestaltung mit hoher Priorität der Friedenssicherung, die sowohl in Phasen der Abgrenzung als auch der Öffnung dominierte.
2. Das deutliche Integrationsbestreben gegenüber allen Bürgern auch mit anderen Grundüberzeugungen und die wachsende Bereitschaft, mit Sonderinteressen einen Ausgleich zu suchen, sofern diese die Gesellschaft mitzugestalten bereit sind. Die Förderung territorialer Besonderheiten gehört ebenso wie die Zulassung von Interessenverbänden zu Positionen, die festzuhalten sind.
3. Das vielseitige Bemühen um das materielle Wohlbefinden der Bürger. Die soziale Sicherheit und die Gewährleistung der Grundversorgung sind wichtige Positionen einer gerechten und humanen Gesellschaftsordnung. Ein festzuhaltender Wert des Zusammenlebens in der DDR sind die Pflege zwischenmenschlicher Beziehungen und der Gemeinschaftssinn.
4. Festzuhalten sind in der Wirtschaftspolitik die Bemühungen, einen Ausgleich zwischen der Sicherung sozialistischer Produktionsverhältnisse mit zentraler Anleitung und dem Kriterium Rentabilität mit geforderter Eigenverantwortung zu suchen. Die positiven Traditionen und Entwicklungen des Genossenschaftswesens sind Werte, die es festzuhalten und auszubauen gilt.

Reformpolitik steht vor der großen Schwierigkeit, prinzipielle Ziele in Einzelschritten erreichen zu müssen, die sich nicht behindern dürfen, keine Irritationen und keine Verunsicherungen auslösen dürfen. Dabei zeichnen sich folgende Aufgabenschwerpunkte ab:

1. Die Reformpolitik sollte ihre Ziele deutlicher beschreiben und darüber das Gespräch mit den Bürgern eröffnen. Die Reformpolitik sollte ihren Weg, ihren Fortgang, ihre Veränderung und Korrekturen erkennen lassen, um das Mitdenken der Bürger zu erleichtern. Die führende Rolle der Partei kann in der geistigen Führung der Entwicklung, in der überzeugenden Darstellung von Zielen und Wegen besser verwirklicht werden als durch Administration und die überproportionale Besetzung von Leitungsfunktionen.

2. Die Reformpolitik kann davon ausgehen, daß informierte, problembeteiligte Bürger belastbar und zum Mittragen von Schwierigkeiten bereit sind. Offenheit und Durchschaubarkeit schaffen Teilhabe. Beteiligtsein schafft Bereitschaft, auch unpopuläre Veränderungen mitzugestalten, und könnte zudem eine positive Grundstimmung im Veränderungsprozeß festigen.

3. Ein wichtiges Instrument der Beteiligung der Bürger ist eine eindeutige und verläßliche Rechtsordnung, die die Rechte und Pflichten der Bürger klar beschreibt und verbindliche Mechanismen ihrer Durchsetzung aufzeigt. Die Rechtsanwendung in Rechtspflege und Verwaltung soll von den Grundsätzen der Rechtssicherheit und der Gleichheit vor dem Gesetz bestimmt sein. Auf diese Weise können Bürger existentiell erfahren, daß sie nicht bevormundete Untertanen in einer unbeeinflußbaren Kommandostruktur, sondern ernstgenommene Mitgestalter ihres Staates sind und gemeinsam mit ihm eine wirkliche Volksdemokratie entfalten können. Das gewachsene Selbstbewußtsein freier Bürger kann große schöpferische Kräfte wecken.

Im Aufgabenfeld der Reformpolitik wirkt der einzelne Christ durch sein Verhalten mit. Und die Kirche ist gefordert, den Menschen mit Rat und Hilfe zur Seite zu stehen. Die Kirche wird gesellschaftliche Entwicklungen, die mehr Gerechtigkeit und mehr Frieden bringen, unterstützen. Sie sollte raten, gewachsene Werte festzuhalten, aber auch entschlossen das nötige Neue zu beginnen. Sie wird zu Geduld mahnen müssen, denn in der Reformpolitik kann nicht alles gleichzeitig geschehen. Versuche brauchen Erprobungszeiten, und auch Rückschläge werden unvermeidbar sein.

Die Kirche sollte den Menschen helfen, Verhaltensweisen einzuüben, die zur Veränderung befähigen: Der Meinungsstreit ist einzuüben. Der offene Dialog verschiedener Positionen ist nötig, Konflikte müssen ausgehalten und Irrtümer korrigiert werden. Der Ausgleich von Interessen muß durch Kompromisse gesucht werden. Das sind Verhaltensweisen, die dem Gebot der Nächstenliebe entsprechen, dem Christen naheliegen müßten und ihn befähigen können, auch andere dafür zu gewinnen.

Die Kirche sollte ihre Gemeindeglieder ermutigen, aus der vom Glaubensgehorsam gebotenen Verantwortung für die Welt zu aktiven Mitgestaltern einer Reformpolitik zu werden. Die Kirche sollte auch bei Nichtgläubigen Mitverantwortung für die Gesellschaft zu wecken suchen, indem sie ihnen die Botschaft Jesu Christi nahe bringt. Denn das ist die Lebensorientierung, die in die Verantwortung für andere ruft.

Worüber die Deutschen in Ost und West reden sollten

Rede bei einer Veranstaltung „Fünfzehn Jahre Sonderbauprogramm" in der Französischen Friedrichstadtkirche zu Berlin am 21. November 1988

Kirchliches Bauen in der DDR war in größerem Umfang nur mit Mitteln aus der Bundesrepublik möglich. Damit sie eingesetzt werden konnten, waren Verträge mit der Regierung der DDR oder den von ihr beauftragten Organisationen nötig. Darüber wurde in der DDR nie offen informiert.

I.

Fünfzehn Jahre Sonderbauprogramm der Evangelischen Kirchen, das sind über einhundert rekonstruierte Kirchen, in denen Gemeinde sich zum Gottesdienst versammelt, Stärkung im Glauben und Ermutigung zu Zeugnis und Dienst erfährt.

Sonderbauprogramm ist aber über die engere Zuständigkeit eines Programms für die Erhaltung und verbesserte Nutzung bedeutender Kirchen auch der Inbegriff für weitere Bauvorhaben, durch die bisher zwanzig neue Gemeindezentren in neuen Städten entstanden, dreißig Tagungs- und Retraiteheime erheblich verbessert oder neu geschaffen werden konnten, über vierhundert Wohneinheiten für Mitarbeiter der Kirche und Diakonie neu entstanden und nicht zuletzt für die diakonische Arbeit der evangelischen Kirchen fünfzig Einrichtungen durch umfangreiche Bauarbeiten in ihrer Leistungsfähigkeit für Behinderte und Kranke erheblich verbessert wurden. Das sind keine Selbstverständlichkeiten; zumal diese Leistungen unter komplizierten wirtschaftlichen und politischen Bedingungen vermittelt wurden.

So hat denn am Anfang aller weiteren Überlegungen der Dank zu stehen. Der Dank an Gott den Herrn, der seiner Gemeinde nach langen Jahren der Verunsicherung und Verängstigung mit den Sonderbauprogrammen neue Zeichen der Hoffnung setzte.

Aber auch der Dank an Menschen, die Chancen erkannten, Wege fanden, Widerstände überwanden und mit viel Mut und Geduld scheinbar Unmögliches verwirklichen halfen. Es haben viele Menschen bei Kirche und Staat, in der Deutschen Demokratischen Republik und in der Bundesrepublik Deutschland, zusammengewirkt, um das Sonderbauprogramm zu verwirklichen. Allen gehört unser Dank! Besonders hervorheben möchte ich diejenigen, die nicht mehr unter uns sind: die Bischöfe Friedrich Wilhelm Krummacher und Gottfried Noth, die den dringenden Bedarf sahen und der Resignation widerstanden.

Der Sekretär des Zentralkomitees der SED, Paul Verner, und der Staatssekretär Hans Seigewasser, die entscheidend mithalfen, daß Kirchbau in diesem Lande wieder zum normalen Vorgang wurde.

Die leitenden Kirchenjuristen Willy Wollke, Kurt Johannes und Willi Kupas, die mit ihrer persönlichen Integrität und mit ihrer Durchsetzungskraft in schwerfälligen kirchlichen Apparaten das Programm ins Laufen brachten. Auch die verstorbenen Leiter des Diakonischen Werkes Gerhard Laudien und Gerhard Bosinski haben im Start der ungewohnten neuen Vorhaben entscheidend geholfen.

Andere wichtige Helfer sind inzwischen im Ruhestand, und hier darf ich mit besonderem Dank Bischof Hermann Kunst aus Bonn und Vizepräsident Ludwig Geißel aus Stuttgart erwähnen. Beide haben die große Gabe, ungewohnte Möglichkeiten aufzuspüren und Menschen zu deren Realisierung zu gewinnen.

Es ist bei uns aus gutem Grund nicht üblich, diejenigen herauszustellen, die auch mitwirkten, aber noch im aktiven Dienst sind. Nur eine Ausnahme sei mir hier gestattet: Der leitende Mitarbeiter des Ministeriums für Außenhandel der DDR, Manfred Seidel, wurde vor wenigen Tagen 60 Jahre alt. Lassen Sie mich meinen Dank an ihn auf die kurze Formel bringen: Ohne Seidels kundige, entschlossene und verläßliche Hilfsbereitschaft wäre das Sonderbauprogramm nicht geworden. Es darf hinzugefügt werden, daß Manfred Seidel allerdings hohe und höchste Chefs hatte und hat, die zu ihm standen, auch wenn er manchmal ohne Netz arbeiten mußte.

II.

Was sind fünfzehn Jahre in der Geschichte der Kirche? Es waren nur wenige Jahre, aber es waren wichtige Jahre für die Kirche in der DDR:

Vor fünfzehn Jahren vollzogen unsere evangelischen Kirchen die

Annahme ihres Auftrages als einer Kirche im Sozialismus. Nach der Bundessynode 1971, die den Begriff einführte, präzisierte die Bundessynode 1973, Kirche im Sozialismus wäre die Kirche, die dem christlichen Bürger und der einzelnen Gemeinde hilft, daß sie einen Weg in der sozialistischen Gesellschaft in der Freiheit und Bindung des Glaubens finden und bemüht sind, das Beste für alle und für das Ganze zu suchen.

Damit wurde durch das höchste Vertretungsorgan der evangelischen Kirchen in der DDR eine Entscheidung getroffen, die bis heute gilt. Sie bedeutet, die evangelischen Kirchen sind nicht Kirchen gegen den Sozialismus, sondern Kirchen für die Menschen in der sozialistischen Gesellschaft. Als Kirchen für die Menschen treten sie dafür ein, daß der Sozialismus als eine Form gerechteren Zusammenlebens verwirklicht wird. Das schließt ein, die Stabilität dieses Gesellschaftssystems zu erhalten und seine Verbesserung zu fördern.

Vor fünfzehn Jahren erfuhr die vom VIII. Parteitag der SED gesetzte Orientierung zur Einheit von Wirtschafts- und Sozialpolitik den Anfang ihrer Umsetzung in die Staatskirchenpolitik. Mit Ausführungen Paul Verners wurde die Bereitschaft der Partei- und Staatsführung zu einer konstruktiven und vertrauensvollen Zusammenarbeit mit den Kirchen auf der Grundlage der Verfassung signalisiert. Verfassungstreue war als ein zweiseitiger Sachverhalt gedacht. Der Staat garantiert den Gläubigen Bekenntnisfreiheit und Chancengleichheit sowie der Kirche die ungehinderte Religionsausübung. Die Kirche weiß sich an den Rahmen der Verfassung und der für alle geltenden Gesetze gebunden. Diese Grundlage des Verhältnisses von Staat und Kirche wurde dann am 6. März 1978 durch die Staatsführung und die Leitung des Bundes der Evangelischen Kirchen für verbindlich erklärt und bleibt die einzige Möglichkeit eines geordneten Zusammenlebens im Interesse der Menschen und des Friedens.

Vor fünfzehn Jahren konnte die Selbständigkeit und Unabhängigkeit der DDR international durchgesetzt werden. Die Deutsche Demokratische Republik wurde in die Vereinten Nationen aufgenommen, übernahm völkerrechtliche Verpflichtungen, wirkte aktiv am Helsinkiprozeß mit und konnte ihr Verhältnis zur Bundesrepublik Deutschland vertraglich klären. Die Beziehungen zwischen den beiden deutschen Staaten erhielten eine formale Normalität, die allerdings bis zum heutigen Tage realpolitisch nicht voll verwirklicht werden konnte. Das Verhältnis zwischen den evangelischen Kirchen in der Bundesrepublik und in der DDR war bereits vor 20 Jahren rechtlich unabhängig gestaltet unter gleichzeitiger Hervorhebung einer weiterbestehenden besonderen Gemeinschaft.

III.

Die vergangenen fünfzehn Jahre brachten für Kirche und Gesellschaft Bestätigungen der damals begonnenen Entwicklungen, aber auch neue Herausforderungen.

Für die evangelischen Kirchen wurde der Übergang in die zahlenmäßige Minderheit offenkundig. Die evangelische Kirche, als Staatskirche und Gesamtbevölkerungskirche entstanden, wurde für alle erkennbar zu einer Freiwilligkeitskirche, der ein Drittel der Bevölkerung angehört und deren Mitgliederzahl weiter zurückgehen wird. Zugleich erfuhr diese Kirche, daß Jesu Botschaft auch heute Menschen neu ergreift, ja durch die existentiellen Bedrohungen der Menschheit eine brennende Aktualität bekommen hat. So haben denn in den letzten fünfzehn Jahren alle christlichen Kirchen unseres Landes begreifen müssen, daß Gottes Auftrag nicht an der Kirchentür endet, sondern daß Eintreten für Gerechtigkeit, Frieden und Bewahrung der Schöpfung zum Glaubensgehorsam der Christen gehört. Die Erkenntnis, daß die Christen und Kirchen Mitverantwortung für die Lebensfrage der Menschheit tragen, daß Zusehen und Nichtstun Ungehorsam gegen Gott ist und damit Religionsausübung auch diese Themen umfaßt, brachte neue Fragen in das Verhältnis von Staat und Kirche in der DDR. Die alte staatskirchliche Arbeitsteilung einer falsch verstandenen Zweireichelehre, nach der der Staat für das gesellschaftliche Leben, die Kirche für die Seelen zuständig ist, wurde für die evangelische Kirche schon mit der Barmer Theologischen Erklärung von 1934 verworfen. Heute sind die Einsichten von Barmen und Bonhoeffer zur weltweiten ökumenischen Glaubensposition geworden. Alle Staaten dürfen erwarten, daß aktive christliche Kirchen Partner in den Existenzfragen der Menschen sind. Das ist eine positive moralische und realpolitische Kraft, die aber auch Einreden und Spontaneitäten mit sich bringen kann. Für Staat und Kirche in der DDR bedeutet das einen neuen Lernprozeß. Die evangelischen Kirchen würden ihren Glauben verraten und ins ökumenische Abseits kommen, wenn sie den bequemen Weg des Verzichtes auf eine eigenständige Mitwirkung in den Lebensfragen der Menschen gingen. Die Kirchen werden aber auch darauf achten müssen, daß sie im Geiste Jesu den Zusammenhang von Wahrheit und Liebe beachten müssen. Drei Gesichtspunkte müssen von der evangelischen Kirche in der Wahrnehmung gesellschaftlicher Mitverantwortung beachtet werden:

Die Kirche, die Synoden, die Leitungen, die Gemeinden und die Gruppen müssen sorgfältiger prüfen, ob die von ihnen verbreiteten und oft von den Westmedien überproportional verstärkten Meinungen wirklich schon die Wahrheit oder vielleicht doch nur Fragen sind. Der Trend zu kirchlicher Besserwisserei ohne besondere Sachkenntnis nimmt zu.

Zweitens muß kirchliches Einwirken in gesellschaftlichen Fragen prüfen, ob es vom Glauben her geboten ist. Insbesondere vor kirchlichen Erklärungen, Veranstaltungen und Aktionen muß bedacht werden, ob die Kirche von ihrem Auftrag her wirklich gefordert ist. Die Kirche übernimmt sich, wenn sie in vielen gesellschaftlichen Fragen ersatzweise tätig werden will. Die Kirche verdunkelt und verwässert ihr eigentliches Anliegen, den Menschen Glauben zu vermitteln, wenn sie hinter einer Vielzahl politischer Themen kaum noch erkennbar ist. Die Strukturen unserer Gesellschaft dürfen die Kirche nicht verführen, zum ständigen Gesellschaftskritiker zu werden und wie eine Ersatz-Opposition zu wirken.

Drittens muß kirchliches Einwirken zu Fragen der Weltverantwortung um des Gebotes der Liebe willen die Wirkung auf andere einkalkulieren. Kirchliches Reden und Handeln darf nicht von Feindbildern ausgehen, darf darauf vertrauen, daß Gott auch Andersdenkende führt und ändern kann, darf nicht Aggressionen und Gewalt unterstützen oder provozieren. Die Kirche muß darauf bedacht sein, Menschen zu überzeugen und zu gewinnen. Das gilt auch und gerade im Umgang mit dem Staat und führenden gesellschaftlichen Kräften.

In den vergangenen fünfzehn Jahren hat sich auch die Gesellschaft verändert. Die technologische Revolution durch die elektronische Datenverarbeitung erfordert große wirtschaftliche Anstrengungen und wird sich auf Wirtschaftsstrukturen auswirken. Auch die unmittelbare Mitwirkung der Menschen in echter Verwirklichung des guten Grundsatzes „Plane mit, arbeite mit, regiere mit“ wird durch diese Entwicklung begünstigt. Die erfolgreiche Dialogpolitik mit anderen Staaten, Systemen und Grundüberzeugungen beginnt ihre Umsetzung in die Innenpolitik. Mit den Christen hat der Dialog über Grundwerte begonnen. Die Wandlungen in diesem Lande gehen weiter.

In den letzten fünfzehn Jahren haben sich auch die Menschen geändert. Eine neue Generation ist herangewachsen, sie ist sensibler, hat mehr Erwartungen, bringt neue Ideen, will selbst Erfahrungen sammeln und hinterfragt den Weg von Kirche und Gesellschaft.

Auch die Entscheidungen zum Sonderbauprogramm der Kirchen werden massiv angefragt. Besinnung und Prüfung ist nötig.

Drei Fragen sind zu bedenken, wenn im Gesamtfeld kirchlichen

Handelns hier und heute das Sonderbauprogramm der evangelischen Kirche zur Sprache kommt:

- Was ist Kirchbau für das wandernde Gottesvolk?
- Was ist Kirchbau für der Stadt Bestes?
- Was bedeuten Versöhnung und Gerechtigkeit für den Kirchbau?

IV.

Das wandernde Gottesvolk lobt und dankt seinem Herrn in Zelten. Die darin enthaltene Problematik ist nicht mit teuren Zeltdächern bei Kirchneubauten zu erledigen. Die Fragen richten sich an die Rekonstruktion von Großkirchen, an den Neubau von Gemeindezentren.

Gegen die Rekonstruktion von Großkirchen - und hier ist der Berliner Dom nach wie vor der Hauptanstoß - wird eingewandt, daß die kleiner gewordene evangelische Kirche geistliche Hochstapelei begehe, wenn sie sich in Protzobjekten aus staatskirchlicher Zeit darstelle. Sie verstärke zugleich finanzielle Abhängigkeiten und organisiere sich neue Abhängigkeiten für die künftige Unterhaltung. Statt entschlossen den Gebäudeüberhang zu reduzieren, um Kraft für neue Herausforderungen zu haben, lasse sich die Kirche von willigen Geldgebern im Westen, dem Valutabedarf der DDR und der kulturhistorischen Lobby verführen, zu einer Museumsverwaltung zu werden. Die Kirche im Umbruch müsse von allen äußeren Formen Abschied nehmen, die ihrer veränderten inhaltlichen und personellen Situation nicht entsprechen würden.

Gegen die Neubauten wird eingewandt, daß sie die neu gewachsenen Arbeitsformen der Hauskreise gefährden und die überholte kirchliche Betreuungsstruktur nun auch in die Neubaugebiete transportieren würden. Die geschenkten Gebäude förderten den in den kirchlichen Großstadtstrukturen schon vorhandenen Hospitalismus. Schließlich seien die Architekten durch unnötig zahlreiche Westreisen zu falschen und aufwendigen Vorbildern gelockt worden, statt ihnen Zeit und Anstoß zum Nachdenken über den wirklichen Bedarf evangelischer Gemeinden in der DDR zu geben.

Wir dürfen es uns nicht zu leicht mit diesen Fragen machen. Sie sind alle berechtigt. Allerdings können sie nicht alle bejaht werden.

Richtig ist, daß wir immer wieder sehr ernsthaft die Notwendigkeit der Baumaßnahmen prüfen müssen. Dabei ist die Beteiligung, auch der Streit mit den betroffenen Gemeinden und Kreisen, unverzichtbar. Wir brauchen auch weiterhin große Kirchen, weil wir auch weiterhin große Veranstaltungen haben werden. Wir haben den Bedarf an Großkirchen besonders dort zu prüfen gehabt, wo in Stadtlagen mehrere Kirchen stehen. Bedarfsideen wurden sorgfältig analysiert, Nutzungsvarianten gesucht und Gebäude abgegeben. In der Berliner Innenstadt sind mit Zustimmung der Kirche nach 1945 mehr als ein Dutzend Kirchen nicht wieder aufgebaut, abgerissen oder anderen Zwecken zugeführt worden. Das gilt auch für andere Städte. Nach wie vor gibt es aber Mittel- und Kleinstädte, deren evangelische Gemeinden nur ein Gotteshaus in schlechtem Zustand haben. Der Bedarf ist eindeutig gegeben. Ebenso die Bereitschaft und finanzielle Möglichkeit zur Rekonstruktion. Doch es fehlen die Kapazitäten, und es läßt sich trotz aller grundsätzlichen Bereitschaft örtlicher Staatsorgane nicht absehen, wann die Instandsetzung erfolgen kann. Denn das sind baulich schwierige Maßnahmen, die nur mit leistungsstarken Betrieben durchgeführt werden können. Das staatliche Wohnungsbauprogramm wird bis 1990 im wesentlichen abgeschlossen sein. Doch eine Vielzahl von Baumaßnahmen steht dann in diesen Städten an. Werden wir unseren Gemeinden die Kirchen erhalten können, oder werden wir den Wettlauf mit dem Verfall verlieren? Was wird aus der Nikolaikirche in Prenzlau, der Stadtkirche in Fehrbellin und etwa siebzig ähnlichen Objekten?

Der Bedarf an Gemeindezentren in Neubaugebieten ist mehrheitlich heute unbestritten. Denn sie sind zur Sammlung der Gesamtgemeinde im Gottesdienst, zum Unterricht, zur Gemeindediakonie unverzichtbar. Die variable Raumnutzung bei möglichst optimaler Auslastung setzt sich mehr und mehr durch. Der Gottesdienstraum als Mittelpunkt der Gemeinde und ihres Hauses ist im Kirchbau der evangelischen Kirchen in der DDR heute eindeutiger als in der theologischen Debatte. Die Entscheidung ist richtig, denn nach allen Experimenten mit dem Gottesdienst und unbeschadet des nötigen Pluralismus braucht evangelische Gemeinde die Sammlung im Gottesdienst, der sie beteiligt, geschwisterliche Gemeinschaft schafft, farbig und lebendig ist, der Spontaneität und dem Heiligen Geist Raum läßt. Unsere Neubauten haben an dieser Stelle der ganzen Kirche Signale gegeben.

Ernsthaft zu prüfen ist der wirklich nötige Aufwand. Wir dürfen über der Freude an geschenkten Möglichkeiten nicht die Frage vergessen, was wir uns selbst leisten können und unbedingt brauchen. Unsere Neubauten werden in zwanzig Jahren nicht nur nach solider Bauausführung, sondern auch nach der Nutzungsberechtigung betrachtet werden. Architektendenkmäler von heute können dann böse Mahnmale schlechter Planung sein. Unverantwortlich ist es, außer der Investitionshilfe auch für den laufenden Unterhalt künftige Valutazuschüsse einzuplanen. Das gilt insbesondere für technische Ausrüstungen. Eine berechtigte Ausnahme ist nur die Medizintechnik. Die Mitwirkungsbereitschaft der künftigen Nutzer ist in aller Regel ein sicheres Indiz für den wirklichen Bedarf und die Sicherung späterer Unterhaltung des Bauvorhabens.

Schwer einzuschätzen ist für uns heute der künftige territoriale Einzugsbereich von Kirchengemeinden. Werden wir uns weiterhin auf viele kleine Gemeinden in eng begrenzten Territorien der Dörfer oder Stadtteile einzustellen haben? Oder wird die weitere Veränderung unserer Kirche die volkskirchliche Mentalität des Dorf- oder Kiezdenkens beseitigen? Ich bin überzeugt, daß wir mindestens bei Neuplanungen auf ein weitmaschigeres Gemeindenetz zugehen müssen. Das heißt für mich, daß wir in den nächsten Jahren nicht mehr als zehn weitere größere Gemeindezentren, aber etwa dreißig kleinere Gemeindestützpunkte benötigen werden.

V.

Zum Besten der Stadt und des Landes gehören die meisten Kirchengebäude. Sie haben häufig eine große kulturgeschichtliche Bedeutung, sind Anziehungspunkt für viele Besucher und bieten kulturelle, insbesondere musikalische Veranstaltungen. Diese Kirchgebäude geben darüber hinaus oft ihrem Ort Profil und helfen den Einwohnern, unabhängig von ihrer weltanschaulichen Bindung, bei der Identifizierung und der Integration in die Heimat. Die Erhaltung dieser Gebäude liegt im gesamtgesellschaftlichen Interesse. Auf längere Sicht wird mit dem Staat eine Verständigung nötig, wie nach der Grundinstandsetzung denkmalswerter Kirchen durch uns künftig die gesamte Außenhaut einschließlich Turm und Dach von der Gesamtgesellschaft instandzuhalten sein wird.

Kirchbau ist auch Entscheidung zum Bleiben. Die Gemeinde erhält Kirchen und baut neue, weil sie an diesem Ort Gott loben und danken sowie seinen Auftrag an den Menschen wahrnehmen will. Die Kirche bleibt bei den Menschen und lädt sie zum Bleiben ein.

Bei den Menschen bleiben bedeutet, daß Kirchbau sicher technisch und technologisch vorausschauend sein soll und sich nicht mit Unzulänglichkeiten, Schlendrian und Mängeln zufriedengeben kann. Kirchbau mit Valutahilfe muß aber auch darauf achten, im Bereich der Inlandsmöglichkeiten zu bleiben. Für unser ganzes Land ist die ständige Bedürfnisweckung kapitalistischer Verkaufsbemühungen eine Dauer-Beunruhigung. Viele Menschen haben angesichts westlicher neuer Möglichkeiten das Gefühl, ihnen ginge etwas verloren. Bei näherer Betrachtung erweist sich ein Großteil solcher Neuerungen als gezielte Verkaufsschlager. Der unfreiwillige Verzicht aber frustriert. Kirchbau darf nicht als Blendwerk und Irritation wirken und den Irrglauben noch fördern, als sei mit den besseren materiellen Möglichkeiten des Westens der Wettstreit der Systeme bereits entschieden!

Verantwortbarer Einsatz von Importmöglichkeiten im Kirchbau darf einsichtige Innovationen verwenden und wirkliche Verbesserungen für die Menschen – vor allem auch für Behinderte und Kranke – benutzen. Dem Import muß widerstanden werden, wo Wirtschaftlichkeit nicht zwingend ist oder die Schönheit für das Auge den Anstoß gibt. Kupferdächer müssen begründete Ausnahme bleiben, solange hier der Normalverbraucher noch nicht einmal wagt, von Zinkdachrinnen zu träumen!

Der Stadt und der Heimat Bestes wollen auch viele unserer Geldgeber. Sicher ist die besondere Gemeinschaft unserer Kirchen Grundlage der großzügigen und kontinuierlichen Finanz- und Materialhilfen. Doch da ist noch mehr. Da ist die Liebe zur deutschen Heimat. Da ist der Zusammenhalt der Deutschen über alle System- und Militärgrenzen hinweg. Es wäre eine neue deutsche Schuld, diese Tatsache zu verdrängen oder nur heimlich zu denken. Das gemeinsame Deutschsein braucht nicht mit Augenzwinkern gehandhabt zu werden. Es sollte im Gegenteil aus dem Zwielicht des Unerwünschten, vielleicht schon Amoralischen herausgeholt werden, auch um falsche Töne und Hoffnungen zu verhindern.

Deshalb sollten die evangelischen Kirchen in der Deutschen Demokratischen Republik und in der Bundesrepublik Deutschland in ihrer besonderen Gemeinschaft, die auch im Sonderbauprogramm zum Ausdruck kommt, über fünf Realitäten der Deutschen in Ost und West reden:

1. Die Realität unserer Glaubensgemeinschaft, die auch nach zwanzig Jahren organisatorischer und drei Jahrzehnten faktischer Trennung ein lebendiges Geschenk des Herrn der Kirche ist, das sich in Bekenntnis, Schrift, Agende, Gesangbuch und aktuellem Glaubensgehorsam immer wieder neu bewährt und als unerschütterlich erwiesen hat.
2. Die Realität zwischenmenschlicher Beziehungen über die Grenzen hinweg. Die millionenfachen Wanderbewegungen deutscher Menschen seit dem Kriege haben Familien und Bekanntschaft getrennt und doch in Verbindung gehalten. Gesamteuropäische

Sicherheits- und Kooperationspolitik darf an dieser Realität nicht vorbeigehen, sondern muß sie zu einem Friedensfaktor gestalten. Das ist ein Grund unseres Eintretens für den Helsinki-Prozeß.
3. Die Realität der Sprach-, Kultur- und Lebenssicherungsgemeinschaft in Mitteleuropa. Eine Gemeinschaft, die nach unseren evangelischen Erfahrungen, auch im Kirchbau, über die Grenzen der beiden deutschen Staaten hinausgeht und an einem friedlichen europäischen Haus das Scharnier zwischen Ost und West sein kann.
4. Die Realität der Systemunterschiede von Sozialismus und Kapitalismus. Es geht um das Eigentum an den Produktionsmitteln und um die Funktion des Eigentums. Auch viel Lärm um sowjetische und ungarische Reformen darf nicht übersehen lassen, daß die Funktion sozialistischen Eigentums die Befriedigung der Grundbedürfnisse bleibt. Das kapitalistische Eigentum hat die Funktion der Kapitalvermehrung mit dem Zwang zu Rentabilität und Wachstum. Die Systemunterschiede werden sich voraussichtlich eher verschärfen als vermindern. Der Prüfstand für beide Systeme steht schon in der Dritten Welt: Wie können angesichts insgesamt begrenzter Möglichkeiten zukunftssicher die Grundbedürfnisse für alle befriedigt werden? Warum scheuen sich die evangelischen Kirchen vor diesen Fragen?
5. Die Realität, daß eine staatliche Wiedervereinigung der Deutschen Demokratischen Republik und der Bundesrepublik Deutschland nicht stattfinden wird. Niemand weiß heute, was aus Europa wird und in welchen künftigen europäischen Verbänden sich die deutschen Staaten in fünfzig Jahren befinden werden. Doch eindeutig bleibt für jedes sorgfältige Nachdenken, daß es eine Neuauflage des Bismarckreiches nicht geben wird. Die evangelischen Kirchen sollten mithelfen, das Grundgesetz der Bundesrepublik Deutschland realpolitisch neu zu interpretieren.

VI.

Evangelischer Kirchbau kommt heute nicht an der Verantwortung für Versöhnung und Gerechtigkeit vorbei.

Der Pluralismus der evangelischen Kirche gehört zu ihrem Wesen, er ist Chance und Gefahr zugleich. Evangelische Kirche hat die Spannung zwischen gesellschaftsorientierten Aktivitäten und evangelikal-charismatischen Positionen auszuhalten. Das Wohl der Welt und das Heil der Seele gehören beide zur Sache der Kirche und haben doch beide den Trend zum Alleinvertretungsanspruch. Wir müssen auch in Kirchbau und Gemeindegestaltung Platz und Heimat für beide Positionen bieten, ja das Gespräch zwischen ihnen fördern. Leider gibt es inzwischen nicht wenige Gemeinden, in denen diese Richtungen nur noch mühsam nebeneinander leben. Nur Gottes Gnade und die staatsrechtlichen Schwierigkeiten neuer Vereinigungen bewahrten uns vor Verselbständigungen. Die Versöhnungsaufgabe beginnt bei uns selbst, und die synodal-demokratische Struktur evangelischer Kirche bietet dafür eine gute Grundlage. Bisher aber gibt es mehr Neigungen zu Abgrenzung und Gesprächsvermeidung als zu Ausgleich und Verständigung. Nur Raumnöte zwingen hier und dort zum Arrangement, zum Anhören anderer in der Kirche. Zu großzügiges Bauen, das allen Interessen eigene Räume bietet, grenzt ab und fördert nur scheinbar die Versöhnung. Übrigens fällt auf, daß die Bauprogramme auch zur interkonfessionellen Versöhnung bisher nur wenig geboten haben. Die Beispiele ökumenischer Nutzung von Neubauten sind wohl an einer Hand abzuzählen.

Dialog und Toleranz sind entscheidende Beiträge zur Versöhnung. Sie sind eine Erwartung der Christen an die Gesellschaft. Sie sind aber auch eine Anforderung an das eigene Handeln. Denn wirkliche Toleranz meint doch, daß ich trotz eigener fester Überzeugung das Existenzrecht anderer Positionen nicht bestreite, sondern es ausschließlich der Argumentation, friedlichen, nicht administrativen Mitteln und der Zukunft überlasse, was aus den Unterschieden wird. Toleranz braucht Toleranz und erwartet die Veränderungsfähigkeit des anderen. Zu Dialog und Toleranz könnten die evangelischen Kirchen in der DDR und in der Bundesrepublik sicher noch kräftige Impulse geben. Die schönen in den Bauprogrammen rekonstruierten Tagungsheime könnten genutzt werden, um den Meinungsstreit zu üben.

Das Sonderbauprogramm wird immer wieder hart gefragt, ob denn die Valutamittel nicht besser in die Dritte Welt gegeben werden sollten. Diese Frage muß uns ständige Mahnung sein, nicht dem Egoismus und der Nabelschau zu verfallen, sondern die großen Nöte anderer zu sehen und ernsthaft nach Hilfsmöglichkeiten Ausschau zu halten. Die Bereitschaft unserer Gemeinden, „Brot für die Welt" zu spenden, hat zugenommen. Auch andere konkrete Hilfsaktionen für Entwicklungsländer, insbesondere Material- und Sachspenden, haben deutlich zugenommen. Aber zu schnell beruhigen wir uns mit der Erklärung, daß unsere Währung nicht konvertierbar oder Material nicht versendbar seien. Das ist zuwenig. Die evangelischen Kirchen und die Christen in der DDR sind vergleichsweise sehr reich und sind doch sehr weit vom ökumenischen Teilen entfernt. Neue Initiativen müssen versucht werden. Wenn wir die gleiche Kraft für die Entwicklungsländer aufbringen würden, wie wir sie bei der Entgegennahme und Verarbeitung der Westhilfen einschließlich des Sonderbauprogramms aufbringen, würde unser Teilen und Geben das Nehmen und Nutzen geistlich legitimieren.

VII.

Das Sonderbauprogramm der evangelischen Kirchen und die anderen ihnen entsprechenden Bauprogramme der Kirchen und der Diakonie sind eine für Zeugnis und Dienst wichtige Aktivität. Sie sind große Hilfe und große Herausforderung zugleich. Sie sind nach Lage der Dinge bis auf weiteres unverzichtbar. Laufende Programme müssen fortgeführt werden, und sogar neue Aufgaben, zum Beispiel für kirchliche Kindergärten und für die Altenarbeit, zeichnen sich ab. Wir wollen sie in Anspruch nehmen. Doch wir müssen sie uns verdienen. Nicht, indem wir uns als Abhängige von der EKD oder vom Staat verhalten, um die Programme zu sichern. Sondern, indem wir mehr als bisher sagen und leben, daß wir mit der Entgegennahme von Hilfen im weltweiten ökumenischen Prozeß des Teilens stehen.

Denn fünfzehn Jahre sind nur eine kurze Zeit. Doch sie haben in der Geschichte Gottes mit seiner Kirche ihren Platz und stehen in unserer Gesamtverantwortung und werden daran gemessen, ob wir alles getan haben, um Gott zu loben und zu danken, sein Wort und seine Wahrheit weiterzugeben, sowie Gerechtigkeit und Frieden unter den Menschen wachsen zu lassen.

Kirche zwischen Potsdam und Berlin

Nachdenken über Trennung und Zusammengehörigkeit. Vortrag im Renaissance-Theater Berlin (West) am 11. Juni 1989

Zwischen Potsdam und Berlin liegt Berlin. Denn es gibt gegenwärtig zwei Berlin. Wer wie ich in Potsdam wohnt und in Berlin (Ost) arbeitet, fuhr bis zum 12. August 1961 zwanzig Kilometer durch Berlin (West) nach Berlin (Ost). Seit dem 14. August fahre ich jährlich etwa 250mal um Berlin (West) herum nach Berlin (Ost). Dabei habe ich die Wahl, Berlin (West) nördlich oder südlich zu umgehen. Die Umleitung beträgt jeweils etwa fünfzig Kilometer, also hundert Zusatzkilometer täglich. Meine persönliche Trennungslast liegt inzwischen beim Kilometerstand 600 000. Immerhin berechnet die Deutsche Reichsbahn der DDR nur die Fahrkosten für eine Direktfahrt. Ich bezahle meine Fahrt, als wenn ich durch Berlin (West) reisen würde, und habe den Umweg ganz umsonst. „Sputnik" nennen wir Potsdamer den Zug, der Berlin (West) umkreist. Meine Umwegstrecke mit der Entfernung Erde-Mond-Erde verglichen bedeutet, daß gut zwei Drittel der Strecke zurückgelegt sind. Ich hoffe für mich und alle Sputnikfahrer das gleiche für die Notwendigkeit eines Umweges um Berlin (West). Die Trennung ist heute unvermeidbar, aber sie bleibt trotzdem unnatürlich.

Die Evangelische Kirche in Berlin-Brandenburg ist mit betroffen. Sie lebt zu beiden Seiten der Mauer. Ein Teil auf der bunten Seite und ein Teil auf der einfarbigen Seite des Bauwerkes. Jeder Teil hat seinen Bischof, sein Kirchenparlament, sein Konsistorium und kann selbständig und unabhängig seine Entscheidungen treffen. Doch wir sind eine Kirche geblieben. Wir haben die gleiche Bekenntnisgrundlage, wir haben die gleiche Gottesdienstordnung, wir haben das gleiche Gesangbuch, wir haben die gleichen täglichen Bibellesungen, und wir werden in beiden Teilen von der Säkularisierung gerüttelt und im gesellschaftlichen Alltag gezaust.

Der Westteil gehört zur evangelischen Kirche in der Bundesrepublik. Der Ostteil gehört seit zwanzig Jahren zum Bund der Evangelischen Kirchen in der Deutschen Demokratischen Republik. In beiden Zusammenschlüssen sind die Berlin-Brandenburger für auffällige Probleme und besondere Überraschungen gut. Ohne uns wäre die evangelische Kirche viel langweiliger. Die Kirchenvertreter aus Anhalt oder Bayern, aus Thüringen oder dem Rheinland werden Ihnen das sicher knurrend bestätigen!

Für die Evangelischen zwischen Ostsee und Mittelgebirge ist heute ein großer Tag! In Greifswald wird der alte Dom St. Nikolai wieder eingeweiht. Auch der Staatsratsvorsitzende Erich Honecker wird daran teilnehmen und seine den Kirchen am 6. März 1978 gegebenen Zusagen bestätigen. Hier in Berlin (West) endet heute der Kirchentag, bei dem über fünfhundert offizielle Teilnehmer aus den evangelischen Kirchen in der DDR dabeisein konnten. Das sind zehnmal mehr als beim letzten Kirchentag in Frankfurt am Main. In Mühlhausen schließlich wird in einem Kirchentag des 500. Geburtstages von Pfarrer Thomas Müntzer gedacht, jenes Vorläufers der Theologie der Revolution, der mit Feuer und Schwert die verderbte Welt erneuern und die gesellschaftlichen Verhältnisse nach dem Willen Gottes umgestalten wollte. Die Marxisten rechnen Thomas Müntzer zu ihrem revolutionären Erbe, und die evangelische Kirche plagt sich an ihm mit der Frage herum, was denn nun eigentlich Sache der Kirche sei, ob denn die Kirche politische Themen behandeln dürfe oder ob sie sich da nicht besser raushalten solle.

Die Medien in Ost und West werden sich heute ausgiebig mit der evangelischen Kirche beschäftigen, und der Betrachter wird Pluralität erkennen können, traditionelle Gottesdienstformen ebenso wie die vielfältige Großveranstaltung und die gesellschaftliche Aktivität. Vor allem die politisch relevanten Äußerungen finden dann das Interesse der westlichen Medien. Gerade in den letzten Tagen war das wieder festzustellen. Das führt häufig zu Verzerrungen, und nicht wenige Stimmen innerhalb der Kirche fordern deshalb Abstinenz gegenüber den Medien und Vermeidung aller gesellschaftlich relevanten Themen. Auch Außenstehende gewinnen den Eindruck, als ob die Kirche ihre eigentliche Aufgabe mehr und mehr verlassen und sich mangels eigener Substanz in fremden Aufgaben wichtig machen will.

Die evangelische Kirche ist zu politisch. Das ist ein regelmäßiger Vorwurf, wenn sich kirchliche Aktivitäten mit gesellschaftlichen Fragen befassen. Der Vorwurf kann vernachlässigt werden, wenn der Fragesteller offenkundig mit der Haltung der Kirche nur zum konkreten Anlaß nicht übereinstimmt, jedoch die Position sonst gern für sich vereinnahmen möchte. Diese Verhaltensweise ist auch bei politisch Verantwortlichen in West und Ost verbreitet. Sehr ernst zu nehmen aber ist der Vorwurf, wo er aus Glaubensgehorsam und aus Sorge um die Unverwechselbarkeit des Evangeliums gestellt wird.

Nach dem Verständnis evangelischer Kirche soll der Christ Gott in allen Bereichen des Lebens gehorchen und darf der praktizierte Glaube nicht an der Kirchentür enden. Es ist unstreitig, daß der Christ sein ganzes Leben im Hören auf die Botschaft Jesu Christi leben und ihm zu eigen sein muß. Die Kirche hat ihn daran zu erinnern, ihn anzuleiten, ihm beizustehen. Die Kirche hat für sich selbst aber darauf zu achten, daß sie als Mittlerin der Botschaft von der freien Gnade Gottes an alles Volk zu wirken hat. Diese Aufgabe gerät in Gefahr, wenn die Kirche im politischen Handeln mit politischen Kräften verwechselt werden kann. Die Kirche muß eigenständig in ihrer Position bleiben, und sie darf erst dann tätig werden, wenn ihr vom Glauben gebotenes Wirken niemand anders wahrnehmen kann. Die Kirche hat bei alledem zu prüfen, ob ihr unmittelbares Hineinwirken in gesellschaftliche Bereiche vom Glauben geboten ist. Politisches Handeln steht unter der Beweislast geistlicher Notwendigkeit und unter der Prüfungspflicht nach dem Gehorsam gegenüber Gottes Mandat. Die Kirche hat Menschen für Gott zu gewinnen, sie zu sammeln und zu stärken. Sie muß ihnen helfen, wie sie in allen Bereichen ihres Lebens Gott gehorchen können.

Gehorsam gegen Gott in allen Bereichen des Lebens zu halten, heißt für Christen heute, ihr Leben in der Kirche, in der Familie, im Beruf, mit den Menschen in dieser Gesellschaft und in dieser Welt danach zu gestalten. Die Kirchen und Christen in der Deutschen Demokratischen Republik, in Berlin (West) und in der Bundesrepublik Deutschland haben in ihren Gemeinden, ihren Synoden und nun auch in den Ökumenischen Versammlungen in Dresden, Stuttgart und Basel erkannt und bekräftigt, daß es Sache ihres Glaubensauftrages und Gehorsams gegen Gott ist, Mitverantwortung für Recht und Frieden in der Welt wahrzunehmen. Die universalen Gefährdungen des Lebens, ja der ganzen Schöpfung und die wachsenden Ungerechtigkeiten zwischen den Menschen können vom Christen nicht mehr als beliebige politische Aufgaben gesehen werden, sondern fordern ihn unmittelbar zum Handeln aus Glaubensverantwortung; fordern ihn zu einem Handeln oder Unterlassen, das der Rechtfertigung vor Gott bedarf. Gehorsam gegen Gott gebietet heute, Frieden unter die Menschen zu tragen, den fernen Nächsten in der Dritten Welt nicht zu vergessen, für Gerechtigkeit und Recht konkret einzutreten und der Zerstörung der Schöpfung zu widerstehen.

Die Position des Zuschauers hat Jesus untersagt. Jeder Christ ist zur Mitwirkung gerufen, und sie beginnt bei jedem selbst mit dem Umdenken; der Abkehr von Gewohnheiten, die mit dazu beitragen, Ungerechtigkeit fortzusetzen, Schöpfung zu zerstören und den Frieden zu gefährden. Wo Christen im Glaubensgehorsam Mitverantwortung in der Welt leben, da setzen sie Signale für andere, ermuntern sie und sind bereit, mit ihnen zusammenzuarbeiten. Der sächsische Landesbischof Johannes Hempel, Präsident des Weltkirchenrates, hat das in den Worten zusammengefaßt:

„Inzwischen sind die Fragen der zwischenmenschlichen Gerechtigkeit, der Bewahrung des Friedens und der Schöpfung im Weltmaßstab durch ökonomische und besonders durch militärische Entwicklungen so bedrängend geworden, daß hier Quantität in Qualität umgeschlagen ist. Es ist schwer geworden zu sagen, das ginge die Kirche nichts an. Wenn das jemand sagt, sagt er nicht im Grunde: die anderen Menschen gehen mich nichts an? Und das können wir vom Glauben her nicht sagen. In den Bemühungen um akzeptable Gerechtigkeit, um glaubwürdigen Frieden, um die Bewahrung der Schöpfung ist in unserer Zeit ein großer Teil der gesellschaftlichen und politischen Probleme zahlloser Menschen zusammengefaßt. So kann man sagen, in diesem Programm hat die ökumenische Bewegung nach menschlichem Ermessen zumindest für eine gewisse Zeit ein klares Ziel für ihre spirituellen und sozialethischen Aktivitäten."

Die evangelische Kirche in der DDR steht als eine Kirche in der ökumenischen Weltgemeinschaft der Christenheit vor der Aufgabe, unter den Bedingungen der sozialistischen Gesellschaft Menschen zum Glauben zu gewinnen, Menschen im Glauben sicher zu machen und Menschen zum Leben im Glauben anzuhalten.

Die Grundaufgabe der Kirche ist und bleibt der Missionsbefehl. Er bedeutet für unsere Kirche die Notwendigkeit, sich gegenüber einer nicht kirchlich gebundenen und kirchlich unerfahrenen Bevölkerungsmehrheit verstehbar zu machen. Allen Menschen, auch den bisher Nichtglaubenden, auch den atheistischen Kommunisten, muß vermittelt werden, daß für sie die Botschaft Jesu Christi außerordentlich wichtig, außerordentlich nötig und außerordentlich hilfreich ist. Die Erkenntnis der Kirche, daß die Wahrnehmung von Verantwortung für Gerechtigkeit, Frieden und die Erhaltung der Natur aus dem Glauben erwachsene Aufgaben sind, bringt unsere Kirche deutlich näher an die Menschen heran. Die Wende zur Welt und ihren Gefahren ist auch eine Wende zum einzelnen und seinen Nöten. Gerechtigkeit und Frieden sind nicht nur in globalen Dimensionen, sondern auch im kleinen, grauen Alltag des Mitmenschen relevant. Ja, die – in universaler Dimension betrachtet – kleinen Belastungen des einzelnen drängen und bestimmen ihn mehr als die Weltprobleme.

Sie machen ihn aber zugleich sensibler. Die Wahrnehmung der Weltverantwortung hat die evangelische Kirche in der DDR den Menschen des Landes nähergebracht, neue Hörbereitschaft für ihre Botschaft geweckt. Die Kirche kann Denkanstöße an die Menschen geben. Einen bisherigen Höhepunkt hat diese Impulsfunktion evangelischer Kirche im gemeinsamen Wirken der christlichen Kirchen in der DDR in der Ökumenischen Versammlung gefunden. In ihren Texten wird Glaubensverantwortung konkret beschrieben, und in ihrem Meinungsbildungsprozeß mit vieltausendfacher Beteiligung aus dem ganzen Lande wird eine Bewegung für neue Verantwortung deutlich. Die Aufgabe der Kirche ist es jetzt, diese Denkanstöße festzuhalten und den Denkprozeß weiterzubewegen.

Die zweite große Aufgabe der Kirche besteht darin, die Menschen in ihrer Glaubensüberzeugung sicher zu machen. Die Kirche muß den Christen helfen, die Herausforderung des Atheismus zu bestehen. Die Freidenkerbewegung wird diese Herausforderungen verstärken und den nötigen, ernsthaften Streit führen. Der philosophische Atheismus ist nicht philosophisch zu überwinden, aber er muß keine Glaubensverunsicherung sein. Die anstehenden Debatten können hilfreich sein. Denn Sichermachen im Glauben heißt auch, die Bereitschaft zu wecken, seine Glaubensüberzeugung erkennbar zu machen, sich zu stellen, Rückfragen und Benachteiligungen nicht zu fürchten. Christen mußten in der DDR lernen, daß das Festhalten an Glaube und Kirche keine Vorteile bringt und keine Karrieren eröffnet. Christen konnten aber auch die Freiheit erfahren, die der Glaubende in seiner Bindung an Gott hat und die ihn das sonst Ungewöhnliche denken und aussprechen läßt. Glaubensgewißheit kann zum aufrechten Gang helfen. In der sozialistischen Gesellschaft mit einer Favorisierung des Atheismus und einer Mehrheit der Menschen, die nicht Angehörige der Kirche sind, beginnt das Bekenntnis zum Glauben mit dem Geständnis, Christ zu sein, zur Kirche zu gehören. Nur zu verständlich ist es, daß viele Gemeindeglieder in Schule, Ausbildung, Armee und Beruf große Scheu haben, von ihrer Glaubensüberzeugung wissen zu lassen, sich als Christen zu erkennen zu geben. Es ist Aufgabe der Kirche, dazu Mut zu machen, und es ist Pflicht der Kirche in allen ihren Veranstaltungen, vom Gottesdienst bis zum Gemeindeseminar, die Christen zu befähigen, den auf sie zukommenden, überwiegend kritischen, manchmal auch hämisch-bösartigen Fragen gewachsen zu sein.

Die dritte Aufgabe der Kirche ist die schwerste und zugleich die entscheidende: Die Kirche muß die Christen anhalten, ihren Glauben in der Welt zu leben. Hiervon sind wir in der DDR noch weit entfernt. Die Forderungen sind bekannt, überzeugend und zwingend. Sie heißen teilen, verzichten, sich bescheiden, die eigenen Grundbedürfnisse reduzieren und nach dem künftig im Weltzusammenhang Möglichen zu orientieren. Eigentlich sind ja in der DDR die Voraussetzungen für eine Kultur der Askese gut: Die Christen leben nicht im Überfluß, die Kunst, das Mögliche und Machbare zu nutzen, ist ausgeprägt. Doch nur zahlenmäßig geringe und bisher nicht weiter wirkende Vorbilder einzelner und mancher Gruppen bringen Ansätze, den erzwungenen Verzicht zum bewußten Verzicht aus Glaubensgehorsam werden zu lassen und damit natürliche Ressourcen zu bewahren, weltweite Gerechtigkeit einzuüben und Versöhnung zu leben. Wird der Herr uns Gnade schenken, seine Wahrheit als seine Zeugen vorzuleben? Können Christen das Salz im Boden einer sozialistischen Gesellschaft sein? Wird die Botschaft Jesu Christi durch uns leuchten können? Unsere Aufgabe ist es!

Nach meiner Überzeugung stehen diese drei Aufgaben für unsere Kirche auf beiden Seiten der Mauer an. Doch die Herausforderung an die Kirche wird im real existierenden Sozialismus deutlicher. Sie ist nach Struktur und Tendenz ein Fremdkörper, sie fällt auf und zieht an. Erwartungen machen sich an ihr fest – oft mehr, als sie leisten kann.

Kirche in der DDR steht heute in der aufregenden Erfahrung, daß sie klein geworden ist und doch von vielen gebraucht wird. Kirche in der DDR ist für Menschen unseres Landes ein Vertrauenshort und ein Hoffnungssymbol in ihren ganz konkreten Problemfeldern.

Als Vertrauenshort wirken Kirchgemeinden für Menschen in persönlichen Nöten und Bedrängnissen. Sie werden auch von Nicht-Kirchenmitgliedern für Beratung und Hilfe in Anspruch genommen. Nichtgläubige wenden sich mit ihren existentiellen Anliegen an Seelsorger und beschämen mit ihrem großen Vertrauen die Angesprochenen.

Ein Hoffnungszeichen ist Kirche in der DDR, weil sie davon weiß, daß Verhältnisse nicht endgültig sind, daß Bewegung unausweichlich ist. Nicht wenige Menschen haben bis in diese Tage deprimierende Erfahrungen bei Bemühungen um Veränderungen und Verbesserungen machen müssen. Solche Vergeblichkeitserfahrungen können verzweifeln lassen oder auch Aggressionen wecken. Christen wollen Mut machen zu kleinen Schritten, für Geduld und Beharrlichkeit zur Veränderung. Denn sie haben selbst Erfahrungen der Hoffnung gemacht, die sie Mutlosen und Resignierten weitersagen können.

Evangelische Kirche und sozialistische Gesellschaft in der DDR stehen in weitreichenden Veränderungen.

Die evangelische Kirche hat in den letzten Jahrzehnten große Veränderungen in ihrem Aufgabenverständnis und in ihrer Gestalt erfahren. In ihrer äußeren Gestalt bewegt sie sich seit dem Ende der Staatskirche, in der nahezu alle Staatsbürger zugleich evangelisch waren, von einer Gesamtbevölkerungskirche auf eine Freiwilligkeitskirche zu. Christsein bringt keine Vorteile und nur, wer sich bewußt entscheidet, gehört zur Kirche. Es zeichnet sich deutlich ab, daß eine Freiwilligkeitskirche, wenn sie gut und anziehend ist, kaum mehr als 20 Prozent der Bevölkerung als regelmäßig zahlende Mitglieder erfassen wird. Doch die Organisationsform und der Gebäudebestand sind noch auf eine Gesamtbevölkerungskirche ausgerichtet, stammen aus der Zeit der Staatskirche, als der König von Preußen zugleich der Bischof dieser Kirche war. Die Zeiten und die Verhältnisse sind radikal anders geworden. Veränderungen sind überfällig.

Deutlich erkennbar ist bereits die Veränderung in den Inhalten der Verkündigung. Die Anerkennung der Mitverantwortung für die Gerechtigkeit, den Frieden und die Bewahrung der Schöpfung, als einer unmittelbar aus dem Glaubensgehorsam folgenden Aufgabe, hat viele Gemeinden ergriffen. Es genügt ihnen nicht mehr, darüber zu reden. Gemeinden und Gruppen wollen in ökumenischer Verbundenheit mit anderen Christen durch Fürbitte und Aktion die Welt und ihre Gesellschaft verbessern. Die Christen sind aus Glaubensüberzeugung in Lebensfragen, gesellschaftlichen und politischen Fragen aktiver und unbequemer geworden.

Diese veränderte, strukturell labilere und substantiell offensivere Kirche lebt in einer Gesellschaft, die auch ihrerseits in Veränderungen steht. Die ökonomischen Herausforderungen durch die unabdingbare Entwicklung der Hochtechnologie und weitere Innovationszwänge sind gewaltig. Die neue Technik erfordert eine stärkere Mitwirkung und Motivation der Menschen, die zugleich infolge der neuen Öffnungen und Begegnungen höhere Erwartungen an ihre Gesellschaft haben. In der Ideologie schließlich muß spätestens seit Gorbatschow manches neu bedacht oder anders gesehen werden. Alles schwerwiegende Fragen, die weitreichende Veränderungen unvermeidbar machen. Wie kann man sie ohne Turbulenzen vollziehen? Die große Kunst wird darin bestehen, Erneuerung durchzuführen, ohne daß der in solchen Situationen nach allen historischen und gegenwärtigen Erfahrungen fast gesetzmäßige Effekt spontaner Entladung des vorhandenen Erwartungsdrucks erfolgt. Die Staatsführung der DDR ist nach meiner Überzeugung erneuerungswillig, aber sie fürchtet genau diesen Effekt. Denn in der Geschichte unseres Landes ist auf den Tag genau vor 36 Jahren ein Neuer Kurs, ein Kurswechsel um 180 Grad verkündet worden. Innerhalb einer Woche wurde damals der Staat unregierbar und konnte nur mit Panzereinsatz erhalten werden. Der Neue Kurs einer größeren Offenheit in den Problemen der Gesellschaft und einer stärkeren Mitwirkung der Bürger blieb dabei auf der Strecke. Mehr Mitwirkung der Bürger, mehr Rechtssicherheit und Demokratisierung, größere Offenheit zu aktuellen und generellen Fragen steht weiter auf der Tagesordnung der DDR. Das kann nicht ohne das Mitdenken und Mithelfen der Bürger gelingen. Man muß ihnen die Ziele benennen und den Dialog dazu ermöglichen. Der muß nicht vor Fernsehkameras erfolgen, aber er muß für alle Engagierten und Interessierten möglich sein. Man sollte den Bürgern auch erläutern, daß Erneuerung in Stabilität erfolgen muß. Und das werden die meisten einsehen. Denn weder Gorbatschows Reformprogramm noch der Zukunft der deutschen Staaten oder der europäischen Friedensordnung ist mit einer handlungsunfähigen DDR gedient. Die Menschen in der DDR sind für einen kontrollierten Erneuerungsprozeß im ökonomischen, politischen und ideologischen Bereich aufgeschlossener, als manche Verantwortlichen glauben. Die Mehrheit der DDR-Bürger will bis zur Stunde keinen Anschluß an eine kapitalistische Bundesrepublik, sondern einen besseren Sozialismus. Sicher auch mit vielen Illusionen über die Rosinen aus allen Kuchen. Aber auch über die Unmöglichkeiten muß weiter geredet werden. An der Basis wird bereits heftig allerorts diskutiert, und das ist gut so.

Auch bei zuerkannter Erneuerungsbereitschaft der Staatsführung bleibt die Spannung zwischen Durchführungsmöglichkeiten des Staates und Erwartung der Bürger. An dem Beispiel Reisemöglichkeiten wird das immer wieder deutlich.

Die Spannung wird bleiben. Sie ist eine hilfreiche Triebkraft und ein nötiges Regulativ, solange sie nicht zur Überspannung wird. Das ist ein sozialpsychologischer Faktor, der vom erkennbaren und glaubwürdigen Änderungswillen der Regierenden und der Geduld der Regierten abhängt.

Vertrauen, Geduld und Hoffnung für ein gerechtes und friedliches Zusammenleben der Menschen zu schaffen, ist auch Aufgabe der Kirche beiderseits der Mauer. Dem kann sich evangelische Kirche in der DDR nicht entziehen. Sie wird damit allerdings in eine schwierige Ersatzrolle hineingeführt. Besonders gefordert ist unsere Kirche wegen der sonst geringen öffentlichen Meinungsunterschiede in der DDR-Gesellschaft. Diese speziellen Bedingungen fordern das Aussprechen von Wahrheiten, das Ermutigen für Resignierte und das Helfen für Bedrängte besonders heraus. Solche Ersatzvornahme mangels anderer darin aktiver gesellschaftlicher Kräfte hat objektiv die evangelische Kirche in der DDR zu einer zweiten Stimme der Gesellschaft werden lassen. Ungewollt, und ungeliebt von den Hauptbeteiligten, ist ein Dualismus Staat und Kirche entstanden zu Fragen, die Menschen bewegen. Besonders seit der Ökumenischen Versammlung im April 1989 in Dresden sind wichtige Probleme der Gestaltung des gesellschaftlichen Zusammenlebens, der Rechtsordnung, der Beziehungen Bürger und Staat, der Wirtschaftsordnung, der Sozialethik, der Erziehung und Bildung, der Rettung der Natur und nicht zuletzt der Erhaltung des Lebens benannt worden. Der Staat DDR erkennt die Berechtigung der Kirchen und Christen an, sich dieser Fragen anzunehmen, und räumt ihnen ein, daß sie vom Glauben her dazu gefordert sind. Ja, Marxisten drücken gezielt ihre Erwartung aus, daß christliche Ethik entscheidend helfen kann, gemeinsam Zukunft zu gestalten.

Die gesellschaftlichen Kräfte der DDR bestreiten der Kirche nicht die Zuständigkeit, aber sie haben Besorgnis wegen ihrer Methoden. Sie fürchten vor allem, daß mit dem lauten Aufgreifen von Tabuthemen und deren bereitwilliger Veröffentlichung und Multiplizierung durch die Westmedien - nach der Devise, daß nur schlechte Nachrichten gute Nachrichten sind - demoralisierende Zerrbilder in der DDR und Unruhen entstehen würden. Umweltaktivitäten kirchlicher Gruppen ohne Medienbeteiligung und christlich-marxistische Streitgespräche über künftige Entwicklungen unter Ausschluß der Öffentlichkeit sind vielfach im Gange. Die Hauptsorge gilt staatlicherseits der Spontaneität und deren Medienwirksamkeit. Basisgruppenorientierte Symbole, Aktionen, Demonstrationen wirken unkalkulierbar und sind unerwünscht. Offenbar gilt die Devise, daß kleinen Anfängen gewehrt werden muß, um nicht mehr beherrschbaren Situationen vorzubeugen. Dieser altpreußische Grundsatz wird seit den turbulenten und zum Teil chaotischen Veränderungen in anderen sozialistischen Ländern noch ernster genommen. Die evangelische Kirche ist basisdemokratisch, pluralistisch und offen für alle. Sie ist deshalb Anziehungspunkt für viele und sicher auch mißbrauchbar. Doch sie kann wegen Mißbrauchgefahr nicht ihr Wesen verändern, wenn sie nicht zur Sekte oder katholisch werden will. Da sie evangelische - protestantische Kirche bleiben muß, darf sie wegen Mißbrauchgefahr nicht die Türen schließen, Menschen abweisen oder Themen von vornherein verbieten. Evangelische Kirche muß allerdings alle Fragen, die zur Sprache kommen, mit der biblischen Botschaft, dem gewaltfreien Versöhnungsauftrag Jesu konfrontieren. Gerade da liegt dann konkret die Schwierigkeit. Zum Beispiel, wenn es uns nicht gelingt, Menschen davon abzuhalten, polizeilichem Demonstrationsverbot entgegenzuhandeln. Die Kirche ist dann einmal mehr im Zwielicht. Den Aktionsentschlossenen ist sie zu staatstreu, und bei den Staatsorganen erscheint sie als Anstifterin konterrevolutionärer Umtriebe.

Solange sich die Gesellschaft der DDR nicht entschließen kann oder will, alle bewegenden Fragen in großer Öffentlichkeit und Vielfalt zu erörtern, muß die Kirche die Last der Ersatzvornahme wahrnehmen. Es ist die Rolle des Hofnarren oder des Boten ungeliebter Nachrichten, der von niemanden Dank und Freude erfährt. Dem einen wird schon viel zu viel Wahrheit gesagt, und der andere empfindet freundlich verpackte Wahrheit schon als halbe Lüge. Der eine fühlt sich heftig provoziert und bloßgestellt, und der andere sieht nur Leisetreterei. Es ist der Platz zwischen den Stühlen. Die Kirche will nicht die Macht. Sie ist keine Opposition, die ständig sagt, wie sie es besser machen würde, und es dann doch nicht kann. Aber unsere Kirche will, daß der Staat DDR und seine Bürger eine gute und friedliche Entwicklung nehmen. Sie wird dabei die Rolle eines Mahners und Helfers im Interesse von Recht und Frieden bewußt wahrnehmen müssen. Weniger im Nachlaufen von Krise zu Krise, von Fall zu Fall, als mehr im bewußten Annehmen dieser Aufgabe, dem Erkennen von Notwendigkeit, dem Bedenken der Einzelschritte und ihrer Folgen und immer wieder in der Vergewisserung der Vollmacht aus der biblischen Botschaft.

Das alles hat auch viel mit Berlin zu tun, wird hier durch die Großstadtsituation, den stärkeren West-Ost-Kontakt und die Daueranwesenheit westlicher Medien erheblich verstärkt. Berlin ist der Lastträger und Hoffnungsträger deutscher Geschichte. Nirgendwo ist deutsche Geschichte, deutsche Gegenwart und die Frage nach deutscher Zukunft so nahe, wie hier in dieser Doppelstadt. Der Aufstieg und der Triumph Hitlers, der Start zu Krieg und Vernichtung und dann der volle Rückschlag auf die Täter und Mitläufer. Der Krieg und die Zerstörung holen die Stadt ein. Wo einst ein Zentrum europäischer Geschichte war, tummeln sich die Hasen im Grenzgebiet zwischen Ost- und Westberlin. Das Brandenburger Tor, Zeuge vieler stolzer Aufmärsche und denkwürdiger Durchzüge, kann nur von beiden Seiten mit Abstand betrachtet werden. Der Potsdamer Platz im Herzen der Stadt, an dem des Kaisers Sonderzüge aus Sanssouci eintrafen, ist heute Krempelmarkt. In Berlin kann man vergegenständlichte Geschichte erleben, die ohne viel Erklärung die Nähe von Hoffart und Sturz, von Sünde zeigt und die zugleich begreifbar macht, wie wir Zeugen und Nachgeborene noch in dieser Geschichte stehen. Vielleicht kann man in Baden oder Bayern vergessen, daß unlängst ein großer Krieg von Deutschland ausging, nach Deutschland zurückkam und das Reich zerschlug – in Berlin kann man das nicht verdrängen. Vielleicht kann man in Sachsen oder im Rheinland räsonnieren über unangemessene Berlin-Förderung – an der Mauer in Berlin kann jeder begreifen, daß die subventionierten Fassaden in Berlin (Ost) und in Berlin (West) nur Stellvertreterrolle für die beiden deutschen Nachkriegswege haben. Falsch herum ist nur die Mauerbemalung. Man sollte sich darauf einigen, daß der Osten die Mauer zur Westseite streicht und der Westen die Mauer zur Ostseite bemalen kann, damit der jeweilige Betrachter von außen den richtigen Eindruck gewinnt. Schließlich werden Namensschilder auch nicht an der Innenseite der Tür angebracht.

Heute ist die Doppelstadt das Doppelschaufenster der Systeme geworden. Westbesucher sind vom hauptstädtischen Berlin (Ost), Ostbesucher vom Einkaufseldorado Berlin (West) beeindruckt.

Für die DDR ist Berlin (West) eine Dauerherausforderung und die Hauptursache der Mauer. Sie wurde errichtet, um den Einfluß von Störungen und den Abfluß von Menschen zu verhindern. Nüchtern betrachtet hat sie diese Funktion bis zur Stunde nicht verloren. Sie ist im europäischen Entspannungsprozeß durchlässiger geworden und muß mit dessen Fortgang weiter durchlässiger werden. Die Durchlässigkeit von West nach Ost hängt heute zumeist nur vom Interesse des Reisenden ab. Die Durchlässigkeit von Ost nach West dagegen wird von vielen DDR-Bürgern als zu eng empfunden. Sie hinterfragen die Notwendigkeit von besonderen Reiseanlässen und nachzuweisenden verwandtschaftlichen Beziehungen, wo doch der Westeinfluß mühelos bereits im eigenen Lande erfolgen könnte. Nicht das Bauwerk Mauer bedrückt, sondern seine absolute Unpassierbarkeit für nach wie vor viele DDR-Bürger. Die Notwendigkeit einer Grenze zwischen Staaten und Systemen wird nicht bestritten, doch die Unerreichbarkeit des stadtnahen zweiten Berlin, das zur gleichen Zeit absolut unproblematisch von tausenden Nichtdeutschen aus aller Welt – auch aus Osteuropa – erreicht werden kann, bohrt sich wie ein Stachel in die Herzen. Es ist zu einfach, in diesem Problem die Hauptursache für Anträge auf ständige Ausreisen aus der DDR und Grenzdurchbrüche zu suchen. Aber es hat viel damit zu tun. Nicht Einzelumstände lassen Menschen wegstreben, sondern fehlende innere Bindung zu dem Land, in dem sie leben. Das Empfinden von Angenommensein und Ernstgenommenwerden in der Gesellschaft ist offenbar für nicht wenige Bürger wichtiger als erreichter Wohlstand und sichere soziale Geborgenheit. Der Reisepaß und die Erlaubnis zum freien Reisen wird vom DDR-Bürger als Erweis seiner Mündigkeit erfahren und ist ihm wichtiger als die ständige Geduldsvermahnung durch die Kirche oder amtliche politische Zukunftsperspektiven.

Nicht die Mauer muß schnell weg, sondern die Art ihrer Durchquerbarkeit von Ost nach West muß bedacht werden. Und das vorrangig in und um Berlin, denn hier belastet sie Menschen augenfällig, und hier ist sie zudem die deutliche Achillesferse auch jeder guten DDR-Politik.

Es wäre nach meiner Überzeugung eine friedensfördernde, humanitäre und allseits stabilisierende Aufgabe, wenn zwischen dem Senat von Berlin (West) und der Regierung der Deutschen Demokratischen Republik über Tagesvisa ohne besondere Anlässe für DDR-Bürger nach Berlin (West) nachgedacht würde. Dabei kann die ökonomische Seite nicht das letzte Hindernis sein, und selbst gegen Verlockungen und Abwerbungen sollten sich Mittel finden lassen.

Allerdings hängt die Realisierung solcher Berliner Träume weithin vom Fortgang des Entspannungsprozesses und hier wieder der Rüstungsverminderung ab. Eine große Bedeutung haben die Bemühungen um vertrauensbildende Maßnahmen im militärischen Bereich. Das im Herbst 1986 in Stockholm vereinbarte System einer Land- und Luftüberwachung einschließlich der gegenseitigen Manöverbeobachtungen hat bereits Mißtrauen gemindert und Sicherheit angebahnt. Gespräche zwischen Militärs sind sehr wichtig, und ich finde es schade, daß in der letzten Woche die Bonner Hardthöhe eine in Saarbrücken bestehende Dialogchance mit DDR-Generälen verweigerte.

Die Ballung des Vernichtungspotentials in ganz Deutschland und der Tschechoslowakei muß nach ihrer militärischen Notwendigkeit, ihrem politischen Sinn und ihrer moralischen Berechtigung hinterfragt werden. Die evangelischen Kirchen in der DDR haben seit Jahren mit Nachdruck alle Initiativen unterstützt, die für mehr Frieden durch weniger Waffen eintreten.

Besondere Aufmerksamkeit haben jetzt die atomaren Kurzstrekkenraketen gefunden. Die Forderung nach ihrer völligen Beseitigung und dem schnellen Beginn entsprechender Verhandlungen überzeugt. Weniger überzeugend erscheinen mir die Gegenargumente von seiten des Westens. Ich werde den Verdacht nicht los, daß außer den militärischen auch noch politische Gründe im Spiel sind. Haben diese Raketen eine Disziplinierungsfunktion gegenüber den Westdeutschen? Fürchtet man, daß eines Tages ein rotgrüner oder schwarzbrauner Kanzler in Bonn mit den Russen ein neues Tauroggen vereinbart? Oder ist es die Sorge vor dem Wiedervereinigungsgerede, das gerade in letzter Zeit besonders blüht?

Ich muß Ihnen gestehen, daß mir die Wiedervereinigungsprophezeiungen Sorge machen. Vor allem wegen der Wahrhaftigkeit und der Irritationen.

Ich bezweifle nicht die Redlichkeit der Äußerungen, die aus der Bundesrepublik von links und rechts zur offenen deutschen Frage und der angeblich wachsenden Aktualität und dringender werdenden Notwendigkeit der Wiedervereinigung geäußert werden. Man wäre doch ein schlechter Deutscher, wenn einem nicht das Herz höher schlüge bei der Vorstellung, an 1932 oder wenigstens 1952 könnte noch einmal angeknüpft und unter Vermeidung begangener Fehler ein friedlicher deutscher Staat geschaffen werden. Träumen ist nicht verboten. Aber es darf nicht der Eindruck erweckt werden, als ob es sich um Realitäten handeln würde. Wer keine konkreten Möglichkeiten einer Verwirklichung für einen deutschen Gesamtstaat sieht, darf nicht so reden, als ob er es doch wüßte. Oder wird bewußt auf Stimmungen gesetzt, um sie bei den emotional empfänglichen Deutschen loszutreten? Aber wer soll denn in Bonn, Berlin, Paris, London, Washington oder Moskau Politik machen, wenn in den nächsten Jahren eine Anschlußpsychose bei den Deutschen produziert werden würde? Das flotte Reden von Wiedervereinigung ist heute objektiv der friedensgefährdende Versuch, unabsehbare Irritationen in Gang zu setzen.

Denn die politischen Grunddaten sind nicht so. Zum Status von Deutschland bewegt sich nichts ohne Frankreich, Großbritannien, die Vereinigten Staaten und die Sowjetunion. Ich weiß nicht, was die Westmächte von einem deutschen Staat halten würden. Doch kann ich mir sehr genau vorstellen, daß kein KPdSU-Generalsekretär es politisch überlebt, wenn er die DDR aufgeben würde. Die DDR ist im Bündnis mit der Sowjetunion nicht in Billiarden DM aufzuwiegen. Denn auch in aller gebotenen Bescheidenheit muß davon ausgegangen werden, daß die DDR das unersetzbare militärische Vorfeld, die politische Klammer und der ökonomische Vorrangpartner der Hauptmachtrolle der Sowjetunion ist. Übrigens reicht meine Fantasie auch nicht aus, um mir vorzustellen, wie die Vereinigten Staaten ohne ihr deutsches Standbein Weltmacht bleiben wollen. Nur die Vereinigten Staaten und die Sowjetunion könnten je für sich einen deutschen Gesamtstaat als Partner verkraften. Da aber beide Mächte nicht bereit sein können, auf ihre Deutschen zu verzichten, bleibt dieser Fall ausgeschlossen. So redet denn, wer von Wiedervereinigung redet, auch gegen die Nachkriegsordnung, die 45 Jahre Frieden erhielt.

Aus christlicher Verantwortung muß ich um der Wahrhaftigkeit willen auch fragen, wie denn Wiedervereinigung und europäischer Markt 1993 zusammenpassen sollen. Die Bundesrepublik wird einen Teil ihrer Souveränität aufgeben und als Hauptkraft in dem künftig stärksten Wirtschaftsblock der Welt eingebunden sein. Die übernationalen Bindungen werden notwendigerweise verstärkt. Produktionsbedingungen und Produktionsstrukturen werden multilateral untrennbar verschränkt und dadurch eine hohe Produktivität erwirken. Das künftige Westeuropa braucht zwingend die verbindliche Zugehörigkeit seiner Teilstaaten. Ich denke, daß bis 1993 eine Schicksalsentscheidung gegen einen deutschen Gesamtstaat fällt, und das sollte auch ehrlich gesagt werden.

Mit alledem rede ich nicht für eine Änderung der Präambel des Bonner Grundgesetzes, sondern für deren Interpretation im Rahmen europäischer Ordnung.

Die Bundesrepublik Deutschland hat sich in den KSZE-Prozeß hineinbegeben und sich mit der Schlußakte von Helsinki und den abschließenden Dokumenten der Nachfolgekonferenzen von Belgrad, Madrid und Wien verbindlich für Sicherheit, Zusammenarbeit und Gestaltung der Menschenrechte im Rahmen der bestehenden europäischen Staatengemeinschaft einschließlich der deutschen Zweistaatlichkeit ausgesprochen. 1992 soll in Helsinki eine weitere Bekräftigung dieses Prozesses erfolgen. Nach meiner Überzeugung wäre es im Interesse von Wahrhaftigkeit gegenüber den deutschen Menschen und Redlichkeit gegenüber den anderen europäischen Staaten erforderlich, die Präambel des Grundgesetzes unter Berücksichtigung des gesamteuropäischen Friedensprozesses und des westeuropäischen Einigungswerkes im Sinne einer partnerschaftlichen deutschen Zweistaatlichkeit neu zu interpretieren.

Das kann kein Verzicht auf das Selbstbestimmungsrecht werden. Das Selbstbestimmungsrecht, das selbstverständlich auch den Deutschen nicht auf Ewigkeit vorenthalten werden kann, wird in einem Friedensvertrag akut, für den vorerst keine Aussichten bestehen. Dann werden die Deutschen im Rahmen der europäischen Friedensordnung zu entscheiden haben, wie sie ihre Staaten und deren Partnerschaft gestalten wollen. Bis dahin werden die Deutschen in ihren zwei Staaten auf die vorhandene Gemeinschaft zu achten haben.

Das ist eine Gemeinschaft der untrennbar verflochtenen tausendjährigen Geschichte mit ihren Höhen und Tiefen und millionenfachen grenzüberschreitenden zwischenmenschlichen Bindungen.

Das ist eine Gemeinschaft der Fehlerverarbeitung mit besonderen Bindungen gegenüber den Juden und den von Deutschen verfolgten Völkern des europäischen Ostens. Signale, wie sie hier die christliche Aktion Sühnezeichen seit Jahrzehnten setzt, brauchen noch breite Unterstützung der Deutschen in beiden Staaten.

Das ist eine Gemeinschaft der Versöhnungspflicht und des Brükkenbaus. Zu den erfreulichsten Entwicklungen der letzten eineinhalb Jahrzehnte gehört es, daß beide deutsche Staaten zu Motoren und Stabilisatoren im gesamteuropäischen Friedensprozeß geworden sind. Hier ist ihnen die volle Unterstützung der Kirchen sicher!

Das ist schließlich eine Gemeinschaft der Hoffnung auf eine Welt, in der Frieden gesichert, die Menschheit in Gerechtigkeit leben kann und die Natur zu retten ist. Diese existentiellen Fragen rücken die beiden deutschen Staaten bereits heute näher aneinander, als die schwerwiegenden Systemunterschiede sie trennen können!

Im gemeinsamen europäischen Haus werden die deutschen Staaten von der Randlage des Ostens im europäischen Westen und des Westens im europäischen Osten zur Mittellage des ganzen Europa gelangen. In der doppelten Mitte wird dabei mit fortschreitendem Entspannungsprozeß aus der Last die Chance, diese besondere Gemeinschaft für die europäischen Völker und die deutschen Menschen hilfreich zu gestalten. Ich halte es nicht für ausgeschlossen, daß sich bei einer Weiterentwicklung des europäischen Friedensprozesses die deutschen Staaten in einer zentraleuropäischen Konföderation zusammenfinden können.

Und Berlin? Die Rolle einer großdeutschen Hauptstadt ist nicht zurückzuholen. Der Antrag der KPD im deutschen Bundestag 1949, Berlin zur Hauptstadt der Bundesrepublik zu erklären, fand aus erklärbaren Gründen keine Mehrheit. Die Zukunft, auf die wir hoffen und für die gerade auch bei diesem Kirchentag geworben und gebetet wurde, liegt für Berlin in einem friedlichen Europa. Berlin kann im europäischen Haus im guten Sinne Treppe, Diele und Basar sein; Umschlagplatz für Ideen und Mittel; aber auch Koordinierungsplatz des europäischen Prozesses von Sicherheit, Zusammenarbeit und Entwicklung der Menschenrechte.

Berlin kann der europäische Friedensstützpunkt werden, wo aus die Besatzungstruppen von den Europäern beauftragte und ergänzte Friedenstruppen werden und die KSZE ihren Sitz hat. Mehr als jede andere europäische Stadt ist Berlin als Friedenskontrollpunkt geeignet, weil hier die großen Kriege begannen, weil hier die Folgen bis heute am schwersten sind und hier zwischenstaatliche Rechte am wenigsten nationale Souveränität einschränken müßten.

Morgen reist der große europäische Friedensprophet Gorbatschow nach Bonn. Viele gute Wünsche, auch von Christen seines Landes und in Deutschland, begleiten ihn. In unseren Kirchen wird gebetet, daß seine Reise um des Friedens und der Menschen willen gelingt, daß seine Revolution für einen effektiveren und humaneren Sozialismus gelingt, daß er hilfreiche Antworten bekommt - in Bonn, in der NATO und auch bei allen seinen Verbündeten.

Wenn Sie mir bis hier mit Geduld gefolgt sind, haben Sie einen Anspruch, nun den Kern meines Anliegens zu erfahren:

Ich wollte Ihnen von unserer evangelischen Kirche in und um Berlin erzählen, die mit dieser Stadt und diesem Land, seinen Trennungen und seiner Zusammengehörigkeit verbunden ist.

Einer Kirche, die von ihrem Selbstverständnis her immer wieder in die Wirren und Ängste der Zeit hineingezogen wird, dabei häufig keine gute Figur macht und es doch nicht lassen kann und nicht lassen darf, dabeizusein. Ich hoffe, daß Sie herausgehört haben, wie diese Einmischung nicht aus Wichtigtuerei geschieht, sondern weil da einer vor zweitausend Jahren gesagt hat:

Ihr, meine Leute, seid mit dran, wenn es um die Menschen geht. Legt die Hand an den Pflug und blickt nicht zurück, sondern erkennt das Neue und tut es!

Ein deutsches Sommertheater

Essay in „Der Spiegel“, Hamburg, Nr. 39 (1989)

Die Medien in der Bundesrepublik können zufrieden sein. Das Sommerloch im sonst so nachrichtenarmen August fiel aus. Noch besser als weiland mit den Gladbecker Geiselgangstern konnte eine bisher nicht bekannte optische und verbale Orgie produziert werden. Die ganze Nation war fasziniert. Hysterie machte sich breit, auch Bundestagsdebatten trieben auf der Welle der Emotionen. Stimmungen regierten, und die Vernunft wurde kleinlaut. Selbst Leute, die es nachweisbar besser wissen, stimmten voll mit ein: Massenflucht, die DDR ist durch eigene Schuld am Ende, und höchstens sofortige Reformen könnten sie noch retten!

Zugegeben, es waren bewegende Bilder. Glückliche junge Menschen waren offenbar am Ziel ihrer Träume, schwenkten den grünen Bundespaß und wurden als Sieger gefeiert. Gleichzeitig wurde täglich versichert, daß diese alle unter der Obhut der Bundesrepublik stehen, sicher – vielleicht sogar vorrangig – mit Arbeit und Wohnung versorgt würden. „DDR – raus, raus, raus“ und „endlich geschafft“ waren die bestimmenden deutschlandpolitischen Parolen in Deutschland-West mit ansteckender Auswirkung auf Deutschland-Ost.

Ein Narr, wer sich das entgehen ließ und im Lande blieb? *Der Doofe Rest* geriet geradezu in Begründungszwang für sein Bleiben. Infratest hat herausgefunden, daß 92 Prozent der Zuwanderer von dem für sie möglichen höheren Lebensstandard in Deutschland-West überzeugt waren. Kirchliche Schätzungen in der DDR gehen davon aus, daß etwa drei Viertel der Menschen sich letztlich stärker von Lebensbedingungen bestimmen lassen als von Überzeugungen wie Glaubensgeboten oder politischen Notwendigkeiten.

Das Sommertheater geht zu Ende, doch die Probleme sind verschärft geblieben. Offenkundig wurde in diesem Sommer eine deutsche Krise. Aber es ist zu kurz gedacht, einen Sieg des alten Reiches mit österreichisch-ungarischer Hilfe über die roten Preußen zu feiern. Verloren haben alle, die mit Vernunft, Geduld und Verläßlichkeit deutsche und europäische Zukunft gewinnen wollen. Gewonnen haben diejenigen, die durch Auslösung von Turbulenzen bis hart an das Risiko eines großen Feuers die zentraleuropäische Balance zerstören wollen.

Verantwortlich aber sind die Regierungen in beiden deutschen Staaten. Wo blieb ihre Strategie, und wo blieb ein gemeinsames Krisenmanagement? Strategie kann sich doch nicht darin erschöpfen, beiderseitig gebetsmühlenartig Uraltformeln zu wiederholen. Strategie muß doch Veränderungen der Gesamtlage durch Entspannung und Öffnung in ihren Auswirkungen kalkulieren. Die DDR-Führung konnte wissen, daß der von ihr selbst entscheidend mitgetragene Entspannungsprozeß wegen des Erwartungsdrucks der Bevölkerung seine erkennbare innenpolitische Entsprechung braucht. Die Bundesrepublik mußte wissen, daß man die heranreifende Krise nicht noch durch Paßausgabe an DDR-Bürger in Ungarn und öffentliche Einladungsreden verschärfen durfte.

Spätestens ab Mai dieses Jahres war mit Händen zu greifen, was sich im Sommer auf dem Buckel der immer deutschtreuen und mehrfach dafür geprügelten Ungarn abspielen könnte. Selbst das Medienspektakel war voraussehbar, denn gibt es eindrucksvollere Motive als fliehende Menschen an überwindbaren Grenzen? Tatsächlich erschöpfte sich das deutsch-deutsche Krisenmanagement auf das hoch verdienstvolle Bemühen von Rechtsanwalt Vogel und seinem Partner, Staatssekretär Priesnitz. Das war nötig, aber in diesem Sommer weniger als Symptombekämpfung.

Hier ging und geht es um Chefsachen. Wo blieb das Treffen Kohl/Honecker? Wo wenigstens Gespräche der Ressortchefs Axen/Genscher und Krenz/Schäuble? Die deutschen Regierungen haben sehenden Auges ihre glaubwürdig erklärte gemeinsame Deutschlandpolitik, wie sie im Grundlagenvertrag versprochen und im September-Kommuniqué von Bonn 1987 bestärkt wurde, in große Gefahren treiben lassen. Aussitzen, offenbar eine beliebte deutsche Führungsmethode, hilft nicht mehr!

Handeln ist angesagt. Vor allem auch angesichts der größten Verlierer, der Menschen in der DDR. Die kamen in den letzten Wochen in Deutschland-West wenig vor. Ein klares Wort habe ich nur vom Präsidenten der westdeutschen Diakonie, dem exzellenten DDR-Kenner Karl Heinz Neukamm, gehört: „Wer denkt an die Bleibenden, wer denkt an die Zurückgelassenen? ... Wer bleibt, verdient allen Respekt und jede nur denkbare materielle und finanzielle, vor allem auch geistliche Hilfe."

Statt nachzudenken, wie gute Politik in neuer Lage fortzuführen ist, sind zur Zeit überwiegend Selbstbestätigung und Selbstgerechtigkeit zu erkennen. Die alten Sturmfahnen flattern wieder. Hie

Antiimperialismus, da Antikommunismus, und der Verstand scheint in der Trompete. Die offizielle DDR sieht wieder den alten bösen Klassenfeind am Werk, der das weitere Nachdenken erspart, und alle, die sowieso nichts ändern wollen, scheinen voll bestätigt. Die westdeutsche Öffentlichkeit schwelgt in der Überlegenheit des eigenen Systems, führt die zulaufenden Beweise des Sieges vor und erspart sich ebenfalls das weitere Nachdenken.

Inzwischen werden deutsche Menschen weiter sich selbst überlassen, bekommen keine Zukunftsvisionen, geraten in politisch-moralische Orientierungslosigkeit und werden für Demagogen reif gemacht. Man muß nur noch zwei Jahre diese deutsche Verantwortungslosigkeit weitermachen, dann kann das Chaos zuschlagen. Ich weiß, daß manche darauf setzen.

Ich kenne Menschen in Deutschland-West und Deutschland-Ost, die eiskalt kalkulieren, in greifbarer Zeit mit deutschen nationalen Unruhen die vier Siegermächte und die Europäische Gemeinschaft zur Übernahme der DDR durch die Bundesrepublik erpressen zu können. Denn niemand wird einen heißen Krieg führen wollen, jeder wird wieder Ruhe wollen, und auch ohne Chamberlain wird sich ein Anschluß finden. Schließlich kann man auch jedem eine geeignete Abfindung geben; allen Siegermächten auf wirtschaftlicher Basis und den Polen dazu eine sichere Westgrenze.

Das hat zwar mit Politik nichts mehr zu tun, aber deutsche Stammtischparolen haben die Welt schon einmal in Atem gehalten. Diesem Wahnsinn kann man auch zuarbeiten. Am besten, indem die Bundesregierung deutschlandpolitisch keine oder kleine Schritte macht, die Meinungsmache der *Bild*-Zeitung überläßt und sich ansonsten in der Stimmungs-Demokratie treiben läßt. Die DDR-Führung kann kräftig Negativentwicklungen fördern, wenn sie in alte Abgrenzungsmuster verfällt und die Bürger neu einengt, statt ihre Herzen zu gewinnen.

Not tut eine wirkliche deutschlandpolitische Wende, die von den deutschen Regierungen und der Mehrheit der Menschen getragen wird, und die für die europäische Friedensordnung förderlich ist. Denn die Hauptlinie der Geschichte heißt heute nicht Großdeutschland, sondern gemeinsame Friedenssicherung in Europa und der ganzen Welt. Die Menschheit kann nur noch gemeinsam überleben oder gemeinsam untergehen.

Wenn die Deutschen aus ihrer Geschichte gelernt haben, dann müssen sie gerade im 50. Jahr nach dem von ihnen begonnenen Weltbrand alles tun, um im Dialog und im politischen Handeln ein dauerhaftes System zentraleuropäischer Struktur zu erarbeiten, das auch bei den deutschen Menschen demokratisch mehrheitsfähig ist. Der deutsch-deutsche Grundlagenvertrag braucht einen deutsch-deutschen Zukunftsplan, der zugleich ein stabilisierendes Element der europäischen Friedensordnung ist. Das macht natürlich Mühe für alle. Die Siegermächte müssen sich darauf einstellen, daß den Deutschen das Selbstbestimmungsrecht nicht auf Ewigkeit vorenthalten werden kann und sie durch reines Status-quo-Denken deutschen Nationalismus produzieren werden.

Baldige Vorsorge wäre für alle Beteiligten besser, und das heißt im Klartext, kurzfristig den zweiten deutschen Staat (die Bundesrepublik wurde bekanntlich zuerst gegründet) zukunftsstabil zu machen. Dazu gehört, zur Kenntnis zu nehmen, daß die große Mehrheit der Menschen in der DDR ihre Lebensumstände an westeuropäischen Maßstäben mißt. Das ist eine uralte ostdeutsche Tradition, die im Fernsehzeitalter potenziert wurde und heute eine harte Realität für alle politischen und ökonomischen Überlegungen zur Stabilitätssicherung in Zentraleuropa sein muß. Das heißt für alle Siegermächte, Eigeninteressen zurückzustellen und einen deutsch-deutschen Wirtschaftsverband zu tolerieren.

Die DDR-Führung kennt nach meiner Überzeugung ihre Hausaufgaben bereits und hat nur die große Sorge, wie die vielen nötigen Veränderungen lärmfrei, medienunauffällig und ohne Unruhe loszutreten durchgeführt werden können. Dabei ist sie bis zur Stunde wohl davon überzeugt, daß die Zulassung eines öffentlichen Meinungsstreites der Einstieg in die Katastrophe wäre. Historische Erfahrungen von 1953, 1956, 1968 bis zur osteuropäischen Gegenwart scheinen das zu bestätigen.

Ich fürchte aber, man berücksichtigt zu wenig, daß abends sowieso der „Klassenfeind" via Fernsehen aus dem Westen in alle Wohnzimmer kommt. Dem jedoch ist schwer indirekt zu begegnen. Da nützt es wenig, am nächsten Morgen im Rundfunkkommentar, später im eigenen roten Kanal, den Tageszeitungen oder den Schulungen, die Meinungen korrigieren zu wollen. Da ist es schon zu spät, da sitzt das Urteil schon fest.

Gerade die Abwanderer, zu 90 Prozent bis zum Antrag oder bis zu ihrer Flucht voll angepaßte Bürger, müßten lehren, wie Offenheit und Zuverlässigkeit zusammenhängen. Die innergesellschaftliche Diskussion über den Zukunftswettbewerb der Systeme, der doch wirklich noch nicht verloren ist, der Streit über Ziele und Wege, das freimütige Gespräch über Erfolge und Mißerfolge sind eine innenpolitische Notwendigkeit zur Sicherung des europäischen Friedens geworden.

Die Medienherrschaft des Westens kann nur offensiv durch eigenen direkten Meinungsstreit gebrochen werden. Die armselige evangelische Kirche muß ähnliches seit Jahrzehnten aushalten, aber nur im redlichen Für und Wider kann überzeugt und Vertrauen gewonnen werden.

Dabei ist die Lage nicht ungünstig. Denn bei all den vielen Aufrufen, die in diesen Tagen die DDR verändern wollen, erkenne ich einen sozialistischen Grundkonsens. Sicher ist auch viel Utopie dabei, aber darüber kann man doch streiten! Jedenfalls wünschen sich mit mir nicht wenige, seit 40 Jahren getreue, allerdings auch selbständig denkende DDR-Bürger, zum Jubiläum den öffentlichen Dialog über unsere Zukunft: Was meinen wir mit Sozialismus? Wie wird die Wirtschaft effektiver? Wie schaffen wir volle Rechtssicherheit einschließlich einer zivilisierten Form der Auswanderung? Wie ist eine demokratische Mitwirkung der Bürger in allen Bereichen und auf allen Ebenen zu erreichen? Es gibt gute Fachleute und Querdenker, die insgesamt ein für die Zuschauer spannendes Gespräch versprechen.

Die Regierung und alle Parteien der Bundesrepublik schließlich sind gefragt, ob sie Wiedervereinigung trommeln wollen, bis alles in Scherben fällt, oder eine am Wortlaut orientierte Neuinterpretation der Grundgesetzpräambel versuchen können. Gegen Einheit ist nichts zu sagen, und über einen rechtlichen Verbund beider deutscher Staaten, der ihre Friedenspflicht festhält, ihre gewachsenen Bindungen wahrt, wirtschaftliche Kooperation (wohlgemerkt Zusammenarbeit, nicht Almosengabe) regelt und der menschlichen Dimensionen freien Lauf läßt, muß doch mindestens ernsthaft nachgedacht werden.

Das geht nach meiner Überzeugung auch unterhalb der Schwelle eines Friedensvertrages und entspricht dem Grundgesetz nach den Bedingungen von heute. Das setzt allerdings voraus, daß die Bundesrepublik der DDR und ihren Menschen wirkliche, ernsthafte, handlungsbereite Aufmerksamkeit zuwendet und nicht nur leichtfertig über sie, sondern mit ihr, ihren Verantwortungsträgern und ihren Menschen deutsche Zukunft ins Gespräch bringt.

Mich trieb die Sorge um dieses Land aus der Reserve

Interview der Berliner Tageszeitung „Der Morgen", 7. November 1989

Vor wenigen Tagen, am 31. Oktober, feierten die evangelischen Christen wie alljährlich das Reformationsfest. Wir nehmen dies als Anlaß zu folgender Frage: Glauben Sie, daß die von der jetzigen Führung der DDR eingeleiteten Reformen eine ähnlich weitreichende Veränderung zur Folge haben wie einst Luthers Thesenanschlag an die Schloßkirche zu Wittenberg?

Luther brachte Ideen, ein neues Denken. Die Durchführung der Reformation mußte in den einzelnen Ländern unter den jeweiligen Bedingungen erfolgen. Vor genau 450 Jahren erfolgte dies im Kurfürstentum Brandenburg. Die brandenburgische kirchliche Wende der Reformation zeichnete sich dadurch aus, daß es eine breite Entschlossenheit in der Bevölkerung zur Veränderung gab, diese gewaltlos erfolgte und durch Toleranz sowie Kompromißbereitschaft gekennzeichnet war. Wenn uns hier und heute in der DDR eine ähnliche Reformation in der Gesellschaft gelingt, wird man davon in 450 Jahren noch reden.

Nur einen Tag nach seiner Wahl zum SED-Generalsekretär empfing Egon Krenz Bischof Leich und andere kirchliche Amtsträger, darunter auch Sie, auf Schloß Hubertusstock. Worin liegt die Bedeutung dieses Treffens, und inwieweit setzte es neue Schwerpunkte im Unterschied zu den Begegnungen Erich Honeckers mit Kirchenvertretern 1978 beziehungsweise 1987?

Das Treffen der Kirche mit Krenz war ein Signal für Dialogbereitschaft. Seine Besonderheit auch im Unterschied zu früheren Gesprächen lag in der Brisanz der Gesamtsituation. Es war ein Arbeitsgespräch, in dem wir völlig auf kirchliche Sonderwünsche verzichteten und uns ausschließlich auf die Sorge um die Zukunft unseres Landes konzentrierten. Dabei stellten wir zwei Generalthemen in den Mittelpunkt, die auch Krenz sofort akzeptierte: den Mut zur Wahrheit und die Mündigkeit der Bürger. Krenz war ein sachlicher, hörfähiger Gesprächspartner, der in einer direkten, nicht formelhaften Sprache argumentierte. Mir war dabei besonders wichtig, daß er eindeutig erklärte, die Gewalt habe in diesem Lande keine Perspektive, daß er sich für eine gerechte und umfassende, schnell einzuführende Reiseregelung aussprach und bereit war, andere Meinungen in diesem Lande künftig nicht auszugrenzen, sondern in die Lösung der offenstehenden Fragen mit einzubeziehen.

Kirche und Staat sind in der DDR getrennt. Wie kann sich die Kirche trotzdem engagieren, ohne in staatliche Angelegenheiten einzugreifen?

Die Trennung von Staat und Kirche ist in der Neuzeit die angemessene Form für das Verhältnis zwischen beiden. Damit ist gemeint, daß es keine Staatskirche, also keine Unterwerfung der Kirche durch den Staat, aber auch keinen Kirchenstaat, also keinen Gebrauch des Staates für eine Weltanschauung geben soll. Es ist logisch, daß die Kirche den Vorwurf der Einmischung in den letzten Jahren vor allem von denen zu hören bekam, die ihrerseits den Staat einem einzigen Wahrheitsanspruch unterordnen wollten.

Die Trennung von Staat und Kirche kann nicht so verstanden werden, daß die Kirche sich ausschließlich auf das Verhältnis des Christen zu Gott bezieht. Der Glaube verlangt, daß sich die Christen den Nöten der Menschen zuwenden. Gerechtigkeit, Frieden und Schutz der Umwelt sind heute weltweit Glaubensaufgaben der Christen.

Nach meiner Meinung gibt es kein Einmischungsverbot für die Kirchen. Im Gegenteil. Sie werden sich auch weiterhin zu Grundfragen äußern und die Menschen zu Wahrhaftigkeit sowie Versöhnung ermutigen. Allerdings ist es uns vom Glauben verwehrt, staatliche Aufgaben in die Hand zu nehmen. Wir sind daher keine Gefahr für die Macht, werden aber wie bisher nach den Verhaltensmustern der Bibel Wahrheiten ansprechen.

Welche Felder kirchlichen Engagements sehen Sie, um die Krise in der DDR zu beseitigen?

Das uns vom Glauben gebotene Eintreten für Wahrheit, Gerechtigkeit und Versöhnung heißt in diesen Tagen vor allem, für Gewaltlosigkeit und damit im Zusammenhang für Wachsamkeit gegenüber Provokationen einzutreten. Zugleich muß ein wirklicher Dialog gefördert werden, bei dem vom Schlagabtausch zum ehrlichen Gespräch, unter Benennung früherer Fehler, übergegangen wird. Vorrang muß jetzt die Glaubwürdigkeit haben, die nur durch Offenheit, den Austausch von Personen und durch unumkehrbare politische Wendeschritte erreicht werden kann. Bereits heute muß die Suche nach einer gesamtgesellschaftlichen Verständigung über die gemeinsame Zukunft beginnen. Auf welche Eckwerte können wir uns dabei einigen? Nach vielen Gesprächen mit Menschen in unserem Lande habe ich die Überzeugung gewonnen, daß die Zielvorstellung einer antifaschistischen, demokratischen, rechtsstaatlichen, freiheitlichen und sozialistischen DDR mehrheitsfähig ist.

Sollte der Kirche nicht mehr Raum, beispielsweise in den Medien, eingeräumt werden, um ihre Vorstellungen zu artikulieren?

Wir sind zufrieden, wenn wir künftig nicht zurückgesetzt werden oder nur in Sondersendungen zu Wort kommen. Ich hoffe, daß bei unseren Medien die Bereitschaft wächst, Probleme der Kirchen und der Christen in einer normalen, selbstverständlichen Weise darzustellen.

Es wird Gespräche zwischen der Regierung und der Kirche in nächster Zeit geben, darunter auch über die Einführung eines zivilen Wehrersatzdienstes. Welche Vorstellungen gibt es dazu Ihrerseits?

Ich begrüße diese Gespräche, die Ausdruck der neuen Sachlichkeit im Umgang miteinander sind. Was die Frage des zivilen Wehrersatzdienstes angeht, so ist dies ein Knotenpunkt vieler Problemkreise, die zum Ausgleich gebracht werden müssen. Dazu gehört erstens die persönliche Gewissensentscheidung einer Reihe von Menschen, die sich nicht in der Lage sehen, Wehrdienst zu leisten. Zweitens ist das der riesige Bedarf an Pflegekräften im Gesundheits- und Sozialwesen und die Erfahrung solcher Länder wie Österreich oder Schweden, junge Wehrpflichtige ohne große Vorbildung in diesen Bereichen einzusetzen. Drittens ist die europäische Entspannungssituation zu sehen, die eine vorsichtige Reduzierung der unmittelbaren Verteidigungskräfte zuläßt. Meiner Meinung nach kann man vor dem Hintergrund dieser Entwicklung kurzfristig zu Formen des zivilen Ersatzdienstes kommen, bei dem vielleicht die schon bestehenden Baueinheiten weiterentwickelt werden, ohne daß es aufwendiger gesetzlicher Maßnahmen bedarf.

Die Kirche hat in der Vergangenheit in ihren Gotteshäusern verschiedenen Gruppen, die von staatlicher Seite nicht geduldet wurden, Unterschlupf geboten. Wird sich dieser Zustand ändern lassen?

Die nötige Zulassung neuer politischer Aufbrüche in der DDR, aber auch das neue politische Selbstbewußtsein in den bestehenden Parteien wird die jahrelange Ersatzrolle der Kirche als Barometer der Unzufriedenen, Asyl der Beunruhigten und dementsprechend „Ersatzprügelknabe" der Macht beenden. Das ist gut so. Wir werden natürlich nicht arbeitslos. Die zwei Hauptaufgaben der Kirche bleiben: das Verhältnis des Christen zu seinem Gott und die Sorge um das Zusammenleben der Menschen. Mit dem Ende der Überstrapazierung der Kirche mit weltlichen Aufgaben wird wohl die Heilsaufgabe wieder deutlicher hervortreten.

Wie sollte in Zukunft mit Andersdenkenden in der DDR umgegangen werden?

In Preußen und Sachsen hat die Toleranz eine große Tradition. Daran muß angeknüpft werden. Nicht um einer billigen Toleranz wegen, die jeden nach seiner Fasson selig werden lassen will und ihn letztlich außer acht läßt, sondern einer qualifizierten Form der Toleranz wegen. Damit meine ich, daß es nicht nur darum gehen kann, Andersdenkende zu ertragen und auf ihr Aussterben und Auswandern zu warten. Nein, wirkliche Toleranz muß mehr sein. Nämlich das Bewußtsein, daß auch der Andersdenkende einen Teil der Wahrheit besitzen kann. Gerade die Unbequemen und Auffälligen können helfen, Probleme schneller zu erkennen und nicht erst zu warten, bis Massenauswanderungen und Demonstrationen die Katastrophen anzeigen.

Man hat Sie oft bei Begegnungen zwischen Politikern gesehen. Sind Sie eigentlich mehr ein politischer Christ oder mehr ein christlicher Politiker?

Wenn man drei Jahrzehnte als Läufer zwischen Staat und Kirche beauftragt ist, um Probleme der Menschen zu transportieren, dann geht das an einem nicht spurlos vorüber. Eine meiner Stärken war wohl die diskrete Vermittlung, die Suche nach allseits machbaren Lösungen, wobei in den früheren Jahren auch viel erreicht wurde. Doch in den letzten zwei Jahren bin ich ungeduldiger, öffentlicher geworden, denn mich trieb die Sorge um dieses Land und seine Menschen aus der diplomatischen Reserve. Da konnte ich auf Warnungen sowie öffentliche Beschimpfungen keine Rücksicht mehr nehmen. Da vor der Wende nur ganz wenige Warner zu hören waren, fiel der einzelne eher auf. Objektiv war es das Handeln eines politischen Christen *und* christlichen Politikers. Jetzt sind es zum Glück viele, die sich äußern, und ich hoffe, nun etwas mehr in der Reserve bleiben zu können.

Christen und Marxisten in der DDR

Vorlesung an der Ernst-Moritz-Arndt-Universität zu Greifswald am 14. November 1989

Anlaß dieser Vorlesung war die Verleihung der theologischen Ehrendoktorwürde

Magnifizenz! Hochverehrte Damen und Herren des Wissenschaftlichen Rates der Ernst-Moritz-Arndt-Universität! Verehrte Gäste! Liebe Schwestern und Brüder!
Mein aufrichtiger Dank und mein hoher Respekt gilt der ehrwürdigen Universität der Stadt, in der mein Großvater im Waisenhaus aufwuchs und ich zehn schöne Jahre meiner Kindheit und Jugend verlebte. Sie haben schon Monate vor der Wende beschlossen, einen auffälligen Querdenker zu ehren und diesen Beschluß auch durchgehalten, als das überhaupt nicht opportun erschien. Ich möchte mich heute bei Ihnen entschuldigen, daß ich Zweifel an Ihrer Unabhängigkeit hatte.

Mein aufrichtiger Dank und mein hoher Respekt gilt der Sektion Theologie, die im 450. Jahr der Fakultät ausgerechnet einen Juristen, von denen Martin Luther bekanntlich nicht viel hielt, auszeichnet. Ich sehe darin auch eine Würdigung der Juristen in der Kirche, die tätig sind an den Schnittstellen von Kirche und Welt – sowohl, wenn es besonders menschlich in der Kirche zugeht, als auch, wenn Belange der Menschen im Staat zu vertreten sind.

Es war nicht der Blitz aus heiterem Himmel, der die DDR in ihrem vierzigsten Jahr traf. Rauchzeichen einer wachsenden Krisensituation waren spätestens seit dem Herbst 1987 nicht nur an der Berliner Zionskirche zu erkennen. Dringende Veränderungen hatten evangelische Synoden bereits unmittelbar nach der Schlußakte von Helsinki 1975 und auch in den folgenden Jahren mit zunehmender Deutlichkeit angemahnt. Denn ein Widerspruch war erkennbar: In der wachsenden gesamteuropäischen Zusammenarbeit und der damit verbundenen Öffnung mußte das Verhältnis der Bürger zum Staat auf eine demokratische Basis gestellt werden. Das innenpolitische Regelsystem der DDR, mit seinem kriegskommunistischen Grundansatz, entstanden zur Abwehr und Abgrenzung, erwies sich in der neuen Phase des Wettbewerbes der Systeme als überholt, ja existenzgefährdend, weil es der Integration und der Partizipation der Bürger im Wege stand.

Die Deutsche Demokratische Republik hat sich im europäischen Entspannungsprozeß profiliert, ihn mitgestaltet und gefestigt. Sie hat es aber nicht vermocht, ihn innenpolitisch umzusetzen. Seit Mitte der 80er Jahre wurde die DDR durch ihre Inflexibilität zum Störfaktor in Europa. Die Kirchen und manche Künstler haben es laut, viele Marxisten, Christen und Andersdenkende haben es leiser, aber auch sehr deutlich gesagt. Doch Worte halfen nicht, die Krise mußte erst zur offenen Katastrophe, insbesondere durch die Massenabwanderung von Menschen, führen.

Wo haben wir Christen versagt? Wo wurden wir mitschuldig? Wir nahmen falsche Rücksichten, indem wir die Wahrheit zu freundlich verpackt haben.

Wir haben zu lange Geduld gepredigt, statt entschlossener Gerechtigkeit und Gleichheit zu fordern.

Wir haben Unruhige beschwichtigt, wo es richtiger gewesen wäre, sich ihren Protest voll zu eigen zu machen.

Und wir waren vor allem zu stark fixiert auf das Verhältnis von Marxisten und Christen, Staat und Kirche in diesem Lande. Es genügte nicht, gelegentlich für Andersdenkende einzutreten. Wir hätten berücksichtigen müssen, daß der größte Teil der Bevölkerung der DDR weder Christen noch Marxisten sind, sondern andere Wertvorstellungen und Lebensziele haben. Kirche und Staat in der DDR haben den säkularisierten nichtkommunistischen Mitbürger nicht genügend beachtet und vielleicht sogar durch die wechselseitige Fixierung von Christen und Marxisten die Integration Andersdenkender erschwert. Nachdenken über die Zukunft unseres Landes muß alle Positionen mit einbeziehen.

Die Deutsche Demokratische Republik steht in existentiellen globalen und lokalen Herausforderungen.

Die globale Herausforderung ist durch die mögliche nukleare Katastrophe, die ökologischen Zerstörungen und die ökonomische Schädigung der armgemachten Länder der Erde sowie den komplexen Zusammenhang dieser Gefahren zu einer ständig wachsenden Überlebensbedrohung der Menschheit geworden. Die Christen versuchen, in einem konziliaren Prozeß für Gerechtigkeit, Frieden und

Bewahrung der Schöpfung, der sich von der Gemeinde über die Gemeinschaft der Kirchen in der DDR nach Europa und bis zur ökumenischen Weltgemeinschaft erstreckt, dieser Gefahr zu wehren. Mindestens seit Gorbatschow wird auch von Marxisten eine Überlebensgemeinschaft der Menschheit, ein neues Denken und ein neues Handeln aller Verantwortungsbewußten gefordert.

Die lokale Herausforderung, die gerade in diesen Wochen unser Land augenfällig erschüttert, ist von einer komplexen politischen und ökonomischen Krise gekennzeichnet. Politisch gefährdet ein wachsender Widerspruch zwischen der Bedeutung des einzelnen Bürgers, seinen Erwartungen und Rechten im gesamtgesellschaftlichen Prozeß und der ihm von der Staatsführung zuerkannten Beteiligung und Freiheit die Existenz der Deutschen Demokratischen Republik. Ökonomisch ist die DDR existentiell gefährdet durch ihre ungenügende wirtschaftliche Effektivität, die Schwäche ihrer weltwirtschaftlichen Position und die Widersprüche zwischen Leistungen und Erwartungen des Produzenten sowie Möglichkeiten und Überforderungen des bestehenden Wirtschaftssystems. Die im Oktober dieses Jahres durch den Druck der Massen und die Einsicht der Führung begonnene demokratische Umwälzung ist der Einstieg in einen überfälligen revolutionären Umbruch. Dieser fand einen ersten Höhepunkt im Zugeständnis der Reisefreiheit und der Freizügigkeit. Doch ihm stehen noch schwere Belastungen bevor. Denn die politische Veränderung wird durch emotionale Ungeduld und radikalen Überschwang einerseits sowie verdeckten Widerstand und halbherzigen Wendelärm andererseits so gefährdet, daß Eskalationen geradezu wahrscheinlich sind. Ein Chaos im Umbruch kann verführen, durch diktatorische Notstandsmaßnahmen alter Prägung für Ordnung und Ruhe zu sorgen. Gerade dann aber würde die Todesstunde einer selbständigen und unabhängigen Deutschen Demokratischen Republik beginnen.

In der Existenzkrise dieses Landes haben Christen und Kirchen zu Gewaltlosigkeit aufgerufen. „Nur gewaltlos gewinnen wir Gerechtigkeit und Frieden, nur gewaltlos bewahren wir das anvertraute Leben" (Stellungnahme der Konferenz der Evangelischen Kirchenleitungen in der DDR vom 11. November 1989).

Christen und Marxisten haben das Gespräch mit Andersdenkenden über die Zukunft des Landes aufgenommen. So zum Beispiel in einem Dialogforum am 9. November 1989 in der Französischen Friedrichstadtkirche Berlin.

Unter dem Thema „Die Kirche, die Parteien und die Zukunft der DDR" drückten Vertreter der SED, anderer Blockparteien sowie der neuen Aufbrüche, Vereinigungen und Parteien die Notwendigkeit des Meinungsstreites über die künftige Gestalt der DDR aus und forderten eine große Koalition aller, die das Land erhalten wollen. Die gemeinsame Zukunftssuche aller Verantwortungsbewußten dieses Landes im gleichberechtigten Streitgespräch, im Messen der Visionen angesichts globaler und lokaler Herausforderungen muß beginnen, ehe Erneuerungswiderstände, Vergeltungsemotionen oder großdeutsche Traumtänze uns alle denk- und handlungsunfähig machen. Christen und Marxisten, Staat und Kirche in der DDR haben einen Vorlauf an Dialogerfahrung, den sie nutzen sollten, um das gleichberechtigte Zukunftsgespräch aller in Gang zu bringen. Daraus erwächst eine Verantwortungsgemeinschaft, die ein redliches Angebot zur Beteiligung auch an alle Andersdenkenden ist. Die evangelischen Kirchen in der DDR haben durch das praktische Handeln vieler Pfarrer und Gemeinden sowie durch Jahrzehnte der geistigen und geistlichen Begleitung der Entwicklungsprozesse dieses Landes gute Voraussetzungen, an einer gerechten und friedlichen Gestaltung dieses Landes mitzuwirken.

Die Fantasie der Engagierten im Nachdenken zu Gegenwart und Zukunft der DDR bedarf einer Grundorientierung. Ich finde sie in der Barmer Theologischen Erklärung und ihrer Konkretisierung durch das Schreiben der evangelischen Bischöfe aus dem Kloster Lehnin am 15. Februar 1968. Dieses Schreiben wurde in der Verfassungsdiskussion an den Staatsratsvorsitzenden gesandt. Es nennt die Aufgaben, vor denen Christen als Staatsbürger der Deutschen Demokratischen Republik stehen. Drei darin benannte Problemfelder bringe ich in Erinnerung:

1. „Als Staatsbürger der Deutschen Demokratischen Republik und als Christen gehen wir davon aus, daß nach dem durch deutsche Schuld begonnenen Krieg nun auf dem Boden der deutschen Nation zwei deutsche Staaten bestehen. Wir erstreben die geordnete Zusammenarbeit und die Annäherung der beiden deutschen Staaten, damit wir Deutsche den Frieden fördern und die menschlichen Beziehungen, insbesondere zwischen Familienangehörigen, wieder voll zu ihrem Recht kommen.“

Die Zukunft der Deutschen in einer friedlichen und gerechten Welt ist auf der Tagesordnung geblieben. Wir erleben gegenwärtig eine weltweite Sorge, ob denn der Umbruch in der DDR die Stabilität und den Frieden in Europa gefährden könne. Die Pflicht zum Frieden hat für uns die höchste Priorität. Im 50. Jahr nach der Entfesselung des Weltenbrandes durch das Großdeutsche Reich ist es uns mehr denn je verboten, mit nationalen Ideen Ängste bei Polen, Tschechen, Franzosen, Italienern und vielen anderen Völkern auszulösen. Denn die Deutschen wirken zwiespältig. In ihren Bierstuben und in ihren Herzen wissen sie um ihre Gesamtnation und lassen ihrer Fantasie über deren künftige Ausgestaltung freien Lauf. Zunehmend kommen solche Ideen dann auch in öffentlichen Reden vor. Offiziell hingegen haben die deutschen Regierungen die Zweistaatlichkeit der deutschen Nation im europäischen Friedensprozeß seit 1971 verbindlich festgeschrieben. Wen wundert es aber, wenn europäische Nachbarn die Deutschen als friedenstörenden Faktor empfinden. Wir Erben der Brandstifter müssen glaubhaft nachvollziehen, daß in den existentiellen Herausforderungen der Menschheit für deutsche Friedensverantwortung die Reihenfolge zwingend festgelegt ist. Vorrang hat die gesamteuropäische Verständigung. Sie ist der Prozeß, mit dem der Weltfrieden gesichert werden kann, mit dem ökonomische Kräfte für die Gerechtigkeit gegenüber den armgemachten Ländern freizusetzen sind und mit dem die Umwelt zu stabilisieren ist. Solange die westeuropäische Wirtschaftsintegration gesamteuropäisch offen sowie verträglich bleibt und den zweiten deutschen Staat nicht zum Entwicklungsland macht, muß ihm Vorrang vor deutsch-deutschen Neustaatlichkeiten eingeräumt werden. Die DDR sollte nicht der Klotz am Bein der Bundesrepublik werden, der sie in dem westeuropäischen Wirtschaftskampf erpreßbar macht. Die wirtschaftliche Förderung der DDR muß aber als zwingender Bestandteil des europäischen Friedensprozesses verbindlich festgehalten werden. Wenn schon eine Nation in zwei Staaten lebt, um den europäischen Verständigungsprozeß zu ermöglichen, dann dürfen die Bürger des schwächeren deutschen Staates dafür weder politisch noch ökonomisch bestraft werden. Europäischer Frieden ist nicht mit ostdeutschen Fesseln und Knebeln zu sichern, sondern nur durch eine freie politische und ökonomische Entfaltung der DDR zu gewinnen. Wenn 1993 oder 1995 aus der Schlußakte von Helsinki ein gesamteuropäischer Friedensvertrag werden sollte und die Deutschen ihr volles Selbstbestimmungsrecht erhalten, werden sie zu befinden haben, wie sie sich in einem Europa eng zusammenarbeitender Staaten strukturieren wollen.

Die deutsche Frage ist zu brisant, um sie nur den Stammtischen zu überlassen. Es ist an der Zeit, sie zwischen deutschen Bürgern und Politikern gemeinsam mit Vertretern der Nachbarstaaten und der Siegermächte zu diskutieren. Die deutschen Kirchen sollten hier die Initiative ergreifen!

2. „Als Staatsbürger eines sozialistischen Staates sehen wir uns vor die Aufgabe gestellt, den Sozialismus als eine Gestalt gerechteren Zusammenlebens zu verwirklichen. Als Christen lassen wir uns daran erinnern, daß wir es weithin unterlassen haben, die Sache der Armen und Entrechteten gemäß dem Evangelium von Gottes kommendem Reich zur Sache der Christenheit zu machen."

Die Väter in Lehnin dachten vor allem an das historische Versagen der Kirche gegenüber den sozialen Ungerechtigkeiten im Inland. Künftig wollten sie die Forderungen des Sozialismus nach sozialer Gerechtigkeit und Gleichheit als Glaubensherausforderung ernst nehmen. Damit folgten sie der Barmer Theologischen Erklärung, dem Darmstädter Wort von 1947 und griffen dem konziliaren Prozeß vor.

Heute ist der Sozialismus tot. So jedenfalls wird es uns täglich suggeriert, und es ist eine Realität, daß in der Breite der Bevölkerung der Begriff Sozialismus keine Hoffnungen weckt. Er wurde eine Beschwörungsformel, der viele nicht glauben. Die großen Ideen des Sozialismus zur Befreiung der Menschheit, für die Tausende ihr Leben einsetzten, sind in den Vorstellungen vieler Menschen verdeckt hinter einem Sozialismus, den sie als bevormundende, bürokratische, freiheitsberaubende und wirtschaftlich rückständige Kastenherrschaft empfunden haben.

Nicht von ungefähr wurde die DDR-Gesellschaft gelegentlich als feudalistisches Leibeigenschaftssystem beschrieben. Es wird unendlich schwer sein, dieses Bild abzubauen und die Bürger davon zu überzeugen, daß es lohnt, für einen wirtschaftlich effektiven, sozial gerechten, demokratischen, moralisch sauberen und den Menschen zugewandten Sozialismus (Egon Krenz am 8. November 1989) einzutreten. Die Schwierigkeit wird dadurch erhöht, daß es zwar keine großen sozialen Spannungen im Inland, aber ein großes Wirtschaftsgefälle zwischen der Bundesrepublik und der DDR gibt. Während nur geringer Bedarf an mehr sozialer Gerechtigkeit im Inland empfunden wird, sind das Defizit im Warenangebot und die geringe Kaufkraft des eigenen Geldes im Vergleich zu Westdeutschland ein tiefer Stachel im Herzen sehr vieler DDR-Bürger. Nicht soziales Elend in der DDR, sondern Lebensstandardvergleich mit dem Westen ist das Problem der DDR. Es besteht kein Sozialismusbedarf, weil man seine Vorteile hat. Es besteht Kapitalismussympathie, weil man die Schwächen des Sozialismus erlebt und die Nachteile des Kapitalismus nicht kennt.

Aus der Sicht des Christen ist zu erinnern, daß sich die Aufgabe zu sozialer Gerechtigkeit und Gleichheit verlagert hat. Die Armen und

Elenden sitzen nicht unter unseren Brücken, sondern leben vorrangig in der Dritten Welt. Die ständig wachsende soziale Katastrophe in den armgemachten Ländern der Erde fordert Christen und Kirche heute massiver und existentieller als das soziale Elend in Deutschland im vorigen Jahrhundert. Neu zu konzipierende Gesellschaftsmodelle, einschließlich einer Erneuerung des Sozialismus, müssen daran gemessen werden, ob sie die Überlebensgemeinschaft der ganzen Menschheit fördern oder hemmen. „Die bedrohte Menschheit als ganze braucht Formen menschlichen Zusammenlebens, die dem gemeinsamen Überleben dienen. Auf der Suche danach sind soziale und ökonomische Modelle nötig, die mehr Gerechtigkeit und zugleich Beteiligung der Bürgerinnen und Bürger verwirklichen" (Theologische Grundlegung der Ökumenischen Versammlung für Gerechtigkeit, Frieden und Bewahrung der Schöpfung 1989, Tz 31).

Eine Gesellschaft, die wachsende Konsumbedürfnisse als herrschenden Wert fördert, wird die Ausbeutung der armgemachten Länder fortsetzen, die soziale Katastrophe fördern. Christen, die dem nicht widerstehen, werden den Auftrag des Evangeliums nicht erfüllen.

Karl Marx wollte eine Gesellschaft, in der menschenwürdig produziert sowie gerecht verteilt wird, und in der freie Menschen in Verantwortung gegenüber der Gemeinschaft leben. Das ist ein Ziel, das dem von Christen heute mit den Grundwerten Gerechtigkeit, Frieden und Bewahrung der Schöpfung beschriebenen Auftrag des Evangeliums nahekommt. Alte Verletzungen, bürokratisches Machtdenken, Mißtrauen und Mißverständnisse haben die Suche nach vergleichbaren Grundwerten zwischen Christen und Marxisten erschwert. Es ist an der Zeit, um der bedrohten Menschheit willen diese Suche zu verstärken, Andersdenkende einzuladen und praktische Verantwortung gleichberechtigter Partner wahrzunehmen. Gorbatschow ermutigt die Menschen in der DDR, sich von allem zu trennen, was hemmt, und neue Formen des Lebens auf deutschem Boden zu finden. Christen wissen sich heute vor die Aufgabe gestellt, mit allen Verantwortungsbewußten eine weltweite Überlebensordnung des gerechteren Zusammenlebens zu verwirklichen. Dabei wollen wir die Mahnung des Propheten Amos nicht überhören:

Höret dies, die ihr den Armen unterdrückt und die Elenden ... verderbt und sprecht: „Wann will denn der Neumond ein Ende haben, daß wir Getreide verkaufen, und der Sabbat, daß wir Korn feilhaben und das Maß verringern und den Preis steigern und die Waage fälschen; auf daß wir die Armen um Geld und die Dürftigen um ein paar Schuhe ... bringen und Spreu für Korn verkaufen?"

3. „Wir bitten, daß die neue Verfassung so erstellt wird, daß die Christen und diejenigen Mitbürger, die die Weltanschauung der führenden Partei nicht teilen, an der Verantwortung für unser Staatswesen mit unverletztem Gewissen teilhaben können ... Dem Recht, der Rechtssicherheit und der Gleichheit aller Bürger wird zentrale Bedeutung zugemessen."

Die gleichberechtigte Teilhabe aller Bürger an ihrem Staatswesen ist zwingend. Schon die vor 200 Jahren in der Französischen Revolution beschlossene Erklärung der Rechte des Menschen und des Bürgers sieht die Gleichheit der Bürger, die Volkssouveränität und die Rechenschaftspflicht der öffentlichen Beauftragten vor. Die Schlußakte von Helsinki und die abschließenden Dokumente der Nachfolgekonferenzen im europäischen Friedensprozeß messen der Ausgestaltung der Rechte des Bürgers große Bedeutung für die Vertrauensbildung zwischen den Staaten und damit für Zusammenarbeit und Frieden bei. Auch die Bewältigung der wissenschaftlich-technischen Revolution und ein größeres Wirtschaftswachstum erfordern die Entwicklung individueller Persönlichkeitsprofile, brauchen Menschen, die mit Kreativität, Meinungsvielfalt und Tatkraft Neues voranbringen. Darin liegt eine Haupttriebkraft der gesellschaftlichen Entwicklung unseres Landes, die durch eine zentralistische und bürokratische Kommandostruktur gehemmt wurde. Der Umbruch dieser Wochen zielt deshalb mit Recht auf die ungehinderte Wahrnehmung der demokratischen Grundrechte der Mitbestimmung, einschließlich des Wahlrechtes, der Meinungsfreiheit, der Versammlungsfreiheit und der Vereinigungsfreiheit. Alle diese Teilhaberechte sind in der Verfassung als unmittelbar geltendes Recht (Artikel 105) garantiert. Die Auslegung und Handhabung dieser Verfassungsartikel muß heute zwingend unter Anwendung der Internationalen Konvention über zivile und politische Rechte vom 16.12.1966 (Gesetzblatt der DDR II 1974 Nr. 6) erfolgen. Konkret heißt das zum Beispiel für Wahlen, daß Artikel 22 der Verfassung der DDR unter Beachtung von Artikel 25 der Internationalen Konvention praktiziert werden muß, und demzufolge Wahlen als „echte periodische Wahlen aufgrund des allgemeinen und gleichen Wahlrechts bei geheimer Abstimmung, die die freie Willensäußerung der Wähler gewährleisten", zu gestalten sind.

Zwangsläufig werden die Auffassungen der Bürger über die Gestaltung der Gesellschaft unterschiedlich sein. Das kann zu Zuspitzungen und Gefährdungen des inneren Friedens führen, wenn nicht rechtzeitig die Grundhaltung der Toleranz verbreitet und eingeübt wird. Das Wort Toleranz ist von offizieller Seite erstmals durch den damaligen Staatsratsvorsitzenden Erich Honecker am 11. Juni 1989 in Greifswald gefallen. Von Toleranz ist vor allem in letzter Zeit mehrfach von politisch Verantwortlichen gesprochen worden. Toleranz haben Christen und Marxisten in diesem Lande in einem manchmal schmerzhaften Prozeß einzuüben versucht. Im Ergebnis dieses Ringens kann festgehalten werden, daß Toleranz mehr ist als das Erdulden und Ertragen Andersdenkender. Toleranz räumt ein, daß auch die andere Meinung an der Wahrheit teilhaben könnte und daß andere Meinungen zu respektierende Ursachen haben können. Toleranz wird sich bemühen, Gemeinsames zu suchen und Trennendes zu benennen. Toleranz in der Verantwortungs- und Überlebensgemeinschaft der heutigen Menschheit wird sich im konkreten Handeln der Methode des Kompromisses als Möglichkeit friedlichen Interessenausgleiches zu bedienen haben. Staat und Kirche haben in diesem Lande seit dem 6. März 1978 immer wieder versucht, auf dieser Grundlage den Frieden in der Gesellschaft zu fördern.

Teilhabe und Demokratie können nur mit verläßlichen rechtlichen Mitteln gesichert werden. Rechtssicherheit und Rechtsstaatlichkeit sind deshalb, auch ganz im Sinne der KSZE-Dokumente, die einzige Möglichkeit, friedliches Zusammenleben gleichberechtigter Bürger zu gewährleisten. Die demokratische Umwälzung erfordert hier Lern- und Gestaltungsprozesse, in denen alle Verantwortungsbewußten mitgestalten müssen. Das ist nicht nur Juristensache. Der besonderen Aufmerksamkeit empfehle ich:

- Es gilt, daß für die Bürger alles erlaubt ist, was nicht durch Gesetz verboten ist.
- Die Gerichte müssen völlig und wirklich unabhängig sein.
- Die unterschiedliche Verantwortung für Gesetzgebung, Verwaltung und Justiz muß eindeutig gesichert sein.
- Die Möglichkeit, eine Überprüfung gesetzlicher Bestimmungen auf ihre Verfassungsmäßigkeit zu veranlassen, muß gewährt werden, zum Beispiel das Strafgesetzbuch, das Wahlgesetz, die Veranstaltungsverordnung, die Vereinigungsverordnung, die Anordnung über Druck- und Vervielfältigungserzeugnisse.
- Die Möglichkeit für jeden Bürger, gegen ihn beschwerende Verwaltungsentscheidungen gerichtlich vorgehen zu können, muß geschaffen werden.

In einem Rechtsstaat kann der gegenwärtig viel diskutierte Artikel 1 der Verfassung, die Führung der Arbeiterklasse und ihrer marxistisch-leninistischen Partei keinerlei administrative oder gar verfassungsmäßige Befugnisse hergeben. Der anstehende gesamtgesellschaftliche Verständigungsprozeß wird früher oder später zu prüfen haben, ob die gegenwärtige Verfassung noch konsensfähig ist. In diesem Zusammenhang sollten dann auch mißdeutbare Formulierungen beseitigt werden.

In dem öffentlichen demokratischen Verständigungsprozeß über die künftige Gestaltung der DDR, ihre Eigenstaatlichkeit, ihre Wirtschafts- und Sozialordnung und ihr politisches System werden die Meinungen weit auseinandergehen. Vermutlich wird das Hauptproblem, in dem die Entscheidung auch über die Eigenstaatlichkeit und die Ausgestaltung des politischen Systems fällt, die Wirtschafts- und Sozialordnung sein. Die Wünsche der Bürger werden hoch sein. Was kann ein armes Land mit einer rückständigen Wirtschaft und einem Mangel an Arbeitskräften einer unbegrenzten Fortschrittserwartung, der Hoffnung auf ein Wachstum ohne Grenzen, dem Götzen Konsum entgegenhalten? Die Bürger der DDR wurden in solchen Erwartungen bestärkt, und das Bevormundungssystem hat zudem Anspruchshaltung gefördert. Es wird schwer sein, in einer als Mangel empfundenen Situation das Bescheiden und Teilen zu fordern. Und doch müssen Verantwortungsbewußte sagen, daß neue Prioritäten nötig sind. Wir müssen gerade in der Situation wachsender wirtschaftlicher Ansprüche infolge des Massenanschauungsunterrichts westlicher Überflußgesellschaft noch deutlicher das verantwortliche Leben fordern. Die Botschaft des Neuen Testaments weiß vom Wert des einfachen Lebens, von der Erfüllung durch den Einsatz für andere, vom Glück in der Gemeinschaft. Werden die Christen diese Erwartungen ihres Herrn vorleben können? Werden Marxisten und Menschen anderer Grundüberzeugungen solchem Lebensziel in einer Ethik des verantwortlichen Lebens nahekommen?

Die Zukunft dieses Landes als eines Teiles der ganzen gefährdeten Menschheit wird mit davon abhängen, ob genügend Verantwortungsbewußte trotz unterschiedlicher Grundüberzeugungen Überlebensgemeinschaft praktizieren.

Die Kirche hat dem Menschen in der Großstadt den Glauben zuzutragen

Vortrag zu „Großstadt und Glaube" beim Forum Guardini in Bonn am 10. Januar 1990

Die Gethsemanekirche in Berlin am Prenzlauer Berg ist berühmt geworden. Jeder kennt die Bilder aus den Wochen der deutschen demokratischen Revolution. Tausende, vorwiegend junge Menschen versammelten sich zu Fürbittandachten in dieser Kirche, beklagten ihre Erfahrungen mit der Gewalt des Staates, nannten ihre Empörung und ihren Zorn über erlebtes Unrecht, hörten auf die friedfertige Botschaft Jesu, gewannen neuen Mut und die Kraft zum Widerstand. Die Medien haben es weltweit multipliziert. Die Gethsemanekirche ist zum Symbol politischen Wirkens evangelischer Kirche geworden. Glaube in der Großstadt heute als politisches Engagement.

Fast zeitgleich, doch von der Öffentlichkeit unbeachtet, fanden in derselben Gethsemanekirche ebenso stark besuchte Lobpreisgottesdienste statt. In ihnen stand allein die Beziehung des einzelnen Gläubigen zu seinem Gott im Mittelpunkt, wurden die geistlichen Gaben des Zungenredens und Krankeheilens gesucht. Das Lob Gottes und der Dank für sein allmächtiges Wirken, das tief gläubige Vertrauen, daß allein er die Geschicke der Menschen lenken werde und ihm nicht durch kleingläubigen politischen Eifer in den Arm gefallen werden dürfe, bestimmte diese Veranstaltungen. Glaube in der Großstadt heute als geistliche Erweckung.

Die evangelische Kirche in der DDR hat in den letzten zehn Jahren unter den Herausforderungen eines einseitig atheistisch orientierten diktatorischen Systems, zugleich begünstigt durch die Öffnungen des europäischen Entspannungsprozesses und im Burgfrieden mit der Staatsführung, einen doppelten Aufbruch erlebt. Vor allem in den großen Städten wurde die Kirche das alternative Angebot im grauen Sozialismus, wurden Menschen neugierig auf den Glauben, konnten missionarische Aktivitäten verschiedenster Art sich entfalten.

Zugleich konnte der Freiraum unter dem Dach der Kirche zunehmend staatlich nicht gelenkte, eigenständige Bemühungen für Frieden, Gerechtigkeit und die Erhaltung der Natur ermöglichen. Der Glaube in der Großstadt erfuhr einen Aufbruch sowohl in der vertikalen Dimension - nämlich in der Suche der Gläubigen nach Gottes Gerechtigkeit und Frieden - als auch in der horizontalen Dimension - nämlich im Streben der Gläubigen gemeinsam mit vielen bisher Ungläubigen nach Gerechtigkeit und Frieden unter den Menschen.

In diesen neuen Aufbrüchen hat unsere Kirche einen besonderen Schmerz, aber auch eine besondere Freude erfahren. Die Freude liegt in der gewachsenen ökumenischen Partnerschaft mit Christen der katholischen Kirche und der Freikirchen. Wir haben sie in den geistlichen Sammlungen getroffen. Wir haben gemeinsam mit ihnen in den ökumenischen Versammlungen nach der Erwartung unseres einen Herrn an unser Handeln in der Gesellschaft gefragt. Das waren beglückende und ermutigende Erfahrungen mit der Einheit der Christen, die uns im neuen gesellschaftlichen Pluralismus nicht verloren gehen dürfen!

Schmerzlich ist unsere Erfahrung, daß es nicht gelingen will, die vertikale und die horizontale Dimension des Glaubens zusammenzubringen. Wir wissen es und haben es in unseren Bekenntnissen und Ordnungen festgehalten, daß die Konzentration auf unseren Gott und der Dienst an den Menschen zusammengehören. Wir glauben, daß die vertikale und die horizontale Dimension unseres Glaubens wie die beiden Balken des Kreuzes zusammengehören. Doch wir erleben das Ausschließlichkeitsdenken der Evangelikalen auf der einen und der politisch Engagierten auf der anderen Seite, die je für sich das rechte Zeugnis in Anspruch nehmen und sich gegenseitig den rechten Glauben hinterfragen.

In den Aufbrüchen und Veränderungen unserer Kirche, die nicht selten von Ängsten und Resignation begleitet waren, haben wir neue, uns überraschende und ermutigende Erfahrungen gemacht, von denen ich hier einige nennen möchte:

Die biblische Botschaft bleibt gefragt.

Das Zeitalter der Säkularisierung ist keine emotionslose Zeit. Der rationale Bereich des Lebens ist bei weitem nicht alles. Liebe, Glück, Zufriedenheit, aber auch Leid, Unglück und Trost sind nicht in Formeln und Lehrsätzen zu greifen. Der Mensch in einer entkirchlichten Gesellschaft, die gezielt auf Rationalität und Berechenbarkeit setzt, braucht irrationale, übersinnliche Ansatzpunkte. Gerade in dieser Situation sind Ersatzreligionen und Aberglauben gesucht. Selbst private Glücksuche kann dabei kultische Bedeutung gewinnen. Doch gerade in der säkularisierten Gesellschaft mit einem hohen Anteil gebildeter, wissenschaftlich denkender Menschen stoßen viele, die ernsthaft über ein verantwortungsbewußtes Leben und die Notwendigkeit eines friedlichen und gerechten Zusammenlebens der Menschheit nachdenken, auf das Angebot des christlichen Glaubens. Die Botschaft der Bibel vermittelt Aufschlüsse, Zugänge zu Grundfragen und Grundbedürfnissen des Menschen, die alternative Möglichkeiten für die Verwirklichung des Menschseins darstellen. Sucher nach dem Sinn des Lebens fanden eine Antwort in der Bibel. Beschämt konnten wir evangelischen Christen in der DDR feststellen, daß trotz weltweiter Säkularisierung und inländischem administrativen Atheismus für viele Menschen, die von außerhalb der Kirchen kamen, die Bibel zum Lebensbuch wurde.

Die Trennung vom Staat gereichte der Kirche zum Segen.

Es war nicht unser Wunsch, sondern die antitheistische Motivation kommunistischer Funktionäre, in der DDR planmäßig die Kirchen aus der Öffentlichkeit zurückzudrängen. Der öffentlich-rechtliche Status wurde hinterfragt, die Beitreibbarkeit der Kirchensteuer beseitigt, der Religionsunterricht in den Schulen mußte aufhören, der gesellschaftliche Nutzen kirchlichen Dienstes wurde in Frage gestellt und die Tätigkeit von Pfarrern und Mitarbeitern der Kirche als Drohnendasein beschrieben. Die Kirche wurde zum Absterben verurteilt und gelegentlich sogar als staatsfeindlich genannt. Sie gehörte als Institution nicht zur Macht, sondern stand bei den Verfolgten und Bedrängten. Doch was als Anfang vom Ende gedacht war, schuf Vertrauen bei den Menschen. Die evangelische Kirche war nicht mehr wie in früherer Zeit Partner der Herrschenden, sondern Kirche der Armen. Die ideologische Verurteilung der Kirche durch die Kommunisten bewahrte die Kirche vor Privilegien und Vereinnahmung, half ihr, Stimme der Stimmlosen und Anwalt der Bedrängten zu sein. Zugleich wuchs die Kirche damit zu einer moralischen Instanz, zu der man Vertrauen haben kann, die wahrhaftig ist, die den Menschen uneigennützig hilft und die Friedfertigkeit verbreitet. Die neue pluralistische DDR-Gesellschaft ist nach meiner Überzeugung ein guter Nährboden zur Aufnahme christlicher Normen und Werte. Dabei wird allerdings eine gewisse Behutsamkeit nötig sein.

Eine Kirche, die sich jetzt als Sieger der Geschichte gebärdet und staatliche Schwäche zum Ausbau eigener Macht nutzt, kann auch sehr schnell Vertrauen verspielen. Die Kirche muß auch künftig bei den Benachteiligten, Notleidenden und Randsiedlern bleiben. Das werden neue Leute sein, vielleicht sogar mancher Machthaber von gestern. Und die Kirche muß auch künftig Frieden zwischen den Unversöhnten stiften.

Die missionarischen Chancen der Kirche wachsen.

In der DDR ist durch die Vertreibung des Religionsunterrichts aus den Schulen und die massenhaften Kirchenaustritte in den 50er und 60er Jahren eine große Unkenntnis über das Christentum und die Inhalte der Bibel vorhanden. So erleben wir bei den nun möglichen Besuchen von Schulklassen in Kirchen eine bewegende Ahnungslosigkeit. Niemand begreift die Gemälde mit biblischen Motiven, immer wieder wird nach dem nackten Mann am Kreuz gefragt. Viele Menschen kommen zu uns, die keinerlei Grundkenntnisse über Kirche und Glauben mitbringen. Wir können nichts voraussetzen und müssen doch den Kern unserer Botschaft treffen. Die Kirche muß die Menschen bei ihren Vorstellungen und Interessen abholen. Sie muß den unterschiedlichen Voraussetzungen mit einer Vielfalt der Mittel und Methoden begegnen, und doch darf sie die geistliche Beliebigkeit nicht zulassen. Bei aller Unbefangenheit und Offenheit gegenüber dem Neuen und Fremden darf kein Zweifel aufkommen, daß hier Kirche Jesu Christi ist.

Die Kirche kann die Menschen wirksam bei ihren Lebensfragen treffen. Die Mission, die in der Großstadt den Glauben an die gottfernen Menschen herantragen will, hat ganz konkrete Zielfelder. Hierbei ist zu unterscheiden zwischen dem, was von der Sicht der Kirche her den Menschen not tut, und dem, was die Menschen umtreibt. Die Zielfelder, in denen die Menschen angesprochen werden müssen, um sie zur Umkehr zu bringen, sind vor allem das Sexualverhalten bis hin zum Umgang mit dem ungeborenen Leben und das Konsumverhalten mit ständig wachsenden Bedürfnissen, bei gleichzeitigem Verbrauch der Reserven und wachsender Verelendung in den armen Ländern. Hier sind dauerhafte Verhaltensänderungen in der Regel nur über die Herzen erreichbar. Wenn der Glaube die Herzen bewegt, dann kann neues Handeln geschehen. Die Moralpredigt kann ändern, wo sie bereits an vorbereiteten Glaubensgrund anknüpfen, verschüttete Einsichten wieder wecken kann. Neuen Glauben wird die moralische Mahnung nicht wecken können. Hierbei wirkt sich in der evangelischen Kirche auch aus, daß sie in der Regel an die Einsicht appelliert, hingegen die Strafankündigung wenig gebraucht. Zielfelder zum Glauben-Wecken sind die Bereiche, die den Menschen umtreiben, seine Gefühle bewegen, ihn begeistern oder beunruhigen, ihn aufbringen oder ihn niederwerfen. Der Mensch, der sich nicht nur in Ratio und Routine bewegt, der etwas von Änderung, von Anfang oder Ende spürt, ist unterwegs. Er kann dem Glauben gerade in der säkularisierten Großstadt begegnen. Die Mission in der entkirchlichten Großstadt kann nicht als Erweckung arbeiten, weil nichts vorher vorhanden war. Sie kann auch nicht mit der Offenheit und Erwartungshaltung von Naturvölkern rechnen. Und doch hat sie die Chancen einer urmissionarischen Situation. Sie stößt in Neuland vor und trifft auf unvoreingenommene Menschen, die für menschliche Nähe und Gemeinschaft dankbar sind. Glaube in der Großstadt als menschennahe Verkündigung kann den Kirchenfernen bei seinen Lebensfragen abholen. Das sind nicht zuerst die Fragen, die die Morallehre bei ihm für nötig hält, sondern das sind die konkreten Probleme, die ihn umtreiben, ihn nicht loslassen. Das kann das politische Thema Freiheit sein, so wie es in der DDR in den letzten Jahren der Fall war. Das gilt besonders auch dann, wenn die Erwartungen groß, die Aussichten gering und für lange Strecken Geduld und Hoffnung gefragt sind. In solchen Fragen kann Kirche viele Menschen gleichzeitig bewegen und gewinnen. Lebensfragen können aber auch die individuellen Probleme und Herausforderungen des einzelnen Menschen sein, die oft nur der kundige Seelsorger erkennt.

Unsere Kirche hat in kleinen und großen Zahlen erfahren dürfen, daß der moderne Mensch, der Mensch der Großstadt, für den Glauben geöffnet werden kann!

Die Kraft des Glaubens hängt nicht von den großen Zahlen ab.

Die evangelischen Kirchen in der DDR haben in den letzten vier Jahrzehnten mehr als die Hälfte ihrer statistischen Mitgliederzahlen verloren. Diese Kirche war einmal in weiten Landstrichen die Gesamtbevölkerungskirche. Rapider Rückgang heißt dann, daß zur Konfirmation statt der ganzen Klassen nur drei Schüler gehen. Rapider Rückgang heißt dann, daß in früher volkskirchlichen Dörfern heute kein einziger Christ lebt. Rapider Rückgang heißt aber auch, daß die Kirche Jesu Christi nicht von den Engagierten verlassen wurde. Wer Gottes Gute Nachricht wirklich in sich aufgenommen hat, kann ihr höchstens zeitweilig den Rücken kehren. Mitläufer und Opportunisten haben sich von der Kirche getrennt. Die Treuen aber haben sich stärker engagiert. Sie beteiligen sich häufiger am Gottesdienst und am Abendmahl, sie geben mehr Geld, und das Bewußtsein der Zusammengehörigkeit, der Gemeindesinn, sind gewachsen. Mit dem Verlust der großen Zahlen sind die geistlichen und materiellen Anstrengungen der Gemeinde gestiegen. Für unsere Kirche heißt das in den letzten vier Jahrzehnten trotz erheblichen Mitgliederschwundes in absoluten Zahlen: mehr Abendmahlsgäste und mehr Geldeinnahmen. Die Kirche ist geringer, aber nicht schwächer geworden. Sie hat durch Gottes Güte die Nacht der Resignation durchschritten, sie ist ihrer Sache treu geblieben. Sie ist als Bevölkerungskirche gefallen, doch sie ist als Kirche im Volk geblieben. Die evangelische Kirche in der DDR hat sich verändert, sie ist im Sturm der Bedrängungen und Herausforderungen kleiner geworden. Doch das hat ihrer geistlichen Substanz nicht geschadet, sie ist wacher, sie ist bewußter und engagierter geworden. Die evangelische Kirche in der DDR ist ökumenischer geworden. Denn sie ist keine bevorzugte Hauptkirche mehr, die nur ungern andere Gemeinschaften neben sich duldet, und sie weiß von dem Auftrag zur Einheit der Christen und spürt dankbar die Hand ihres Herrn auf diesem Wege.

Die Kirche braucht das Zeugnis und den Dienst der Laien.

Die klein gewordene Kirche ist gegenüber der großen Schar der Nichtkirchlichen, die heute mehr als die Hälfte der Bevölkerung ausmachen, auf die Aktivität der Laien angewiesen. Sie werden in Betrieben, Schulen und Einrichtungen nach Gott gefragt. Sie haben unter ihren Kollegen weniger mit Schimpf und Häme als mit Neugier und Anfragen zu rechnen. Sie sollen die Weltwirklichkeit im Lichte der Botschaft deuten. Sie können trotz oder gerade wegen ihrer geringen Zahl Boten des Glaubens sein. Das setzt voraus, daß sich die Christen als Glaubende zu erkennen geben. Es bedarf oft nur der scheinbar nebensächlichen Bemerkung oder Handlung, um von den anderen erkannt und gefordert zu werden. Unsere Kirche hat deshalb aus missionarischen Gründen in den letzten Jahren sehr viel Mühe darauf verwandt, ihren Gemeindegliedern den Mut zum aufrechten Gang zu geben. Das war nicht leicht. Denn alle Vernunft sprach dagegen. Nicht nur, daß man auffiel und oft benachteiligt wurde. Es mußte auch um die Zukunft der Kinder gefürchtet werden.

Doch viele tausende Kirchenälteste und engagierte Gemeindeglieder machten die beglückende Erfahrung des offenen Visiers. Der einzelne konnte umstritten und gefährdet sein. Aber er gewann auch seine Individualität und erlebte, wie er an seiner Befreiung mitwirken konnte! Vielleicht ist ein Nebeneffekt der kirchlichen Bemühungen um den aufrechten Gang der Christen, daß diese befreiende Haltung mitreißend und aufbrechend wirkte.

Die Kirche und ihr Glaube war in den Großstädten Leipzig, Dresden und Berlin in den letzten drei Jahren in besonderer Weise gefordert. Die Unzufriedenheit der Menschen, der wachsende Druck nach außen und nach innen zeigte sich in den Gruppenaktivitäten, bei denen Gerechtigkeits- und Menschenrechtsthemen zunehmend an Bedeutung gewannen. In Bischofsworten, Synodenerklärungen, auf Kirchentagen wurden immer wieder, manchmal sogar mehrmals monatlich, die Erwartungen der Menschen auf mehr Gerechtigkeit und Frieden von der Kirche öffentlich gemacht. Bereits im November 1987, um die Ereignisse an der Berliner Zionskirche, zeigte sich, daß der Protest Massenwirksamkeit gewann und ihm mit herkömmlichen Unterdrückungsmaßnahmen nicht mehr zu begegnen war. Die Staatssicherheit trat den Rückzug an, doch die Staatsführung zog daraus nicht die nötige Konsequenz. Schlagartig war deutlich geworden, daß die DDR nicht mehr durch Unterdrückung, sondern nur noch demokratisch lenkbar sein wird. Die Angst als Ordnungsmacht brach zwischen dem Herbst 1987 und dem Herbst 1989 zusammen.

Die Kirche sah und sieht sich in diesem gesellschaftlichen Umbruchprozeß in ihrem Dienst an den Menschen in vier Aufgabenfeldern besonders gefordert:

Erstens muß die Kirche der Mund der Schweigenden sein.

Das war dringend, als die mutigen Stimmen noch ganz selten waren, um die Erwartungen der Menschen an die Regierung zu nennen. Der letzte an Dringlichkeit nicht mehr überbietbare Appell vor der Revolution erfolgte am 19. September 1989 durch eine Entschließung der Synode des DDR-Kirchenbundes. Sie benannte schonungslos die Belastungen der Menschen, forderte sofortige Reformen. Die Bundessynode verlangte eine offene, verantwortliche Medienpolitik; Wahrhaftigkeit als Voraussetzung für eine Atmosphäre des Vertrauens; die Mitarbeit für jeden; eine demokratische Parteienvielfalt; die Möglichkeit friedlicher Demonstrationen; ein Wahlverfahren, das die Auswahl zwischen Programmen und Personen ermöglicht;

wirtschaftliche Reformen; den verantwortlichen Umgang mit dem Eigentum und Reisefreiheit für alle Bürger.

Heute können sich die verschiedensten politischen Richtungen in der DDR ungehindert artikulieren. Zeitunglesen wird zur Schwerarbeit, Rundfunkhören zur Ganztagstätigkeit, und im Fernsehen jagt eine offene Gesprächsrunde die andere. Die Kirchen müssen nicht mehr sagen, was andere schon laut sagen. Doch auch jetzt fehlen Stimmen, haben sich viele Menschen noch nicht entschlossen, sind Hunderttausende unsicher, ob sie bleiben sollen und werden durch das neu aufkommende Parteiengezänk weiter verunsichert. Auch andere können und wollen sich nicht äußern. Eine schweigende Mehrheit wird erkennbar. Die Kirche bleibt als Mund der Schweigenden gefordert.

Zweitens muß die Kirche für Friedfertigkeit eintreten.

Als Ende September 1989 die Massen auf die Straße gingen, waren die Kirchen brechend voll. Die Gemeinden boten Fürbittandachten, damit die Erwartungen der Menschen benannt, aber gewaltfreie Veränderungen erfolgen sollten. Die Staatsmacht versuchte, mit brutaler Gewaltanwendung noch einmal den Ordnungsfaktor Angst aufzubauen. Vor allem in Berlin wurden am 7. und 8. Oktober die Demonstrationen buchstäblich zerschlagen. Den Demonstranten sollte dann im Polizeigewahrsam eine Abschreckungslehre fürs Leben erteilt werden. Der Zorn der Menschen in Berlin war am 9. Oktober gewaltig und die Explosionsgefahr sehr groß. An diesem Tag forderte der evangelische Bischof in Berlin die Bürger zur angstfreien Meinungsäußerung, die Staatsführung zu umgehenden Entscheidungen und die Sicherheitskräfte zu größtmöglicher Zurückhaltung auf. In Leipzig geschah Ähnliches. Am 19. Oktober sprach die Leitung des Kirchenbundes bei dem neuen SED-Generalsekretär Krenz vor und bat ihn dringlich, für eine gewaltfreie Veränderung Sorge zu tragen. Krenz versprach den Kirchenvertretern, alles zu tun, um ein Blutbad zu verhindern und bat die Bischöfe, sich ebenfalls für Gewaltlosigkeit einzusetzen. Anfang Dezember fand der wohl kritischste Punkt der Revolution mit der Entmachtung der Staatssicherheit statt. In diesen Tagen bildeten sich in fast allen Kreisstädten spontan Bürgerkomitees für Sicherheitspartnerschaft, die gemeinsam mit der Volkspolizei die Sicherheitsämter besetzten, Akten und Waffen unter Verschluß nahmen. In allen Aktionen wurden evangelische Pfarrer hinzugezogen. So sind zum Beispiel fast alle evangelischen Superintendenten der Kurmark Mitwirkende in Bürgerkomitees, bestellte Gewaltverhinderer.

Die Revolution hat gesiegt, nun regt sich das süße Gift der Rache. Heute schreiten Pfarrer ein, wenn die Kinder von SED-Funktionären bespieen werden, wenn Grabsteine von Sicherheitsmitarbeitern umgestoßen oder wenn Bürgermeister gehenkt werden sollen. Gott sei Lob und Dank sind das nur Einzelfälle. Doch allein die Protestwelle gegen den Berliner evangelischen Bischof Gottfried Forck und seine Bereitschaft, notfalls Honecker im Alter zu versorgen, zeigt, wie brisant die Lage noch ist. Die Kirche bleibt gefordert.

Drittens muß sich die Kirche für eine funktionsfähige Gesellschaft einsetzen.

Am 8. Dezember hat die Leitung der evangelischen Kirchen in der DDR allen Bürgern ihre Erwartung an den Fortgang der friedlichen Revolution benannt:

Wie soll es bis zu freien Wahlen weitergehen? Auf keinen Fall dürfen die lebensnotwendigen Ordnungen in unserem Land zusammenbrechen. Das Land muß regierbar bleiben. Die Versorgung muß funktionieren. Die Wirtschaft darf nicht noch mehr geschwächt werden. Unsere Währung darf nicht weiter gefährdet werden, schließlich steht der Wert unserer Arbeit hinter unserem Geld. Die medizinische und soziale Hilfe muß für alle gewährleistet bleiben. Der Friede in der Gesellschaft muß gestärkt werden. Dafür trägt jeder von uns in seinem Lebensbereich mit seiner Arbeit und seinem politischen Einsatz Verantwortung.

Allein Besonnenheit und Nüchternheit helfen uns weiter. Die ersten Schritte auf dem neuen Wege sind entscheidend. Wenn wir jetzt schon stolpern und fallen, können wir das Ziel nicht erreichen. Nicht unser Wunschdenken, sondern verantwortliche Arbeit hilft jetzt weiter. Die friedliche Revolution darf nicht gefährdet werden. Das Gespräch am Runden Tisch hat begonnen. Der Runde Tisch hat eine wichtige Aufgabe. Er versucht, die Übergangszeit bis zu freien Wahlen zu überbrücken. Er will die politischen Kräfte unserer Gesellschaft zu gemeinsamer Verantwortung für die jetzt nötigen Schritte sammeln. Er will vorbereiten, was das Volk in freier Wahl und Volksentscheid selbst zu bestimmen hat.

Der Runde Tisch ist von dem katholischen und dem evangelischen Bischof von Berlin in ein kirchliches Gebäude eingeladen worden. Er arbeitet unter kirchlichem Vorsitz trotz beginnender Wahlturbulenzen weiter und wird hoffentlich seine Überleitungsfunktion erfüllen können.

Viertens muß die Kirche die Zukunft der Deutschen in Europa fördern.

Seit der Öffnung der deutsch-deutschen Grenzen am 9. November 1989 haben Millionen Deutsche aus der DDR zwei neue Erfahrungen gemacht, die sie ungeheuer bewegen:

Sie trafen hinter der Mauer deutsche Menschen wie sie, begriffen existentiell die Einheit der Nation und erlebten zugleich das demütigende soziale Gefälle von West nach Ost. Seither treibt die Menschen die Frage nach einer schnellen Gerechtigkeit für die Ostdeutschen um, bewegt viele der Gedanke einer individuellen Lösung durch Westwanderung oder einer umfassenden Klärung durch sofortigen Anschluß der DDR an die Bundesrepublik Deutschland. „Schlüsselabgabe in Bonn" heißt das Wort, mit dem Arbeiter in Sachsen und Thüringen den ständig von westdeutschen Politikern genannten Begriff „Wiedervereinigung" mit Leben füllen wollen. Es ist schwierig geworden, das Thema deutsche Einheit wieder politikfähig werden zu lassen. Es ist eine dringliche Aufgabe unserer Kirche, geduldig zu erinnern, daß ohne den europäischen Entspannungsprozeß die Mauer nicht gefallen wäre und nur mit Europa die Deutschen eine friedliche gemeinsame Zukunft haben. Denn es geht darum, deutsche Gemeinsamkeit zu erhalten, bestehende Ungerechtigkeiten zügig abzubauen und deutsche Gemeinschaft in Verantwortung gegenüber dem Herrn der Geschichte als Teil der Überlebensgemeinschaft der bedrohten Menschheit weiter zu gestalten. Dabei muß auch mehr getan werden, um die Beziehungen zu den Nachbarvölkern weiter friedlich zu entwickeln. Die neue deutsch-deutsche Euphorie darf uns nicht nationalistisch verengen. Deshalb hat die Leitung des Kirchenbundes am 8. Dezember 1989 auch erklärt:

Wir sollten alles tun, um das Verhältnis zwischen uns und unseren polnischen Nachbarn zu entspannen. Wir rufen alle Christen dazu auf, in unseren Gemeinden, in unseren Familien, in unserer Nachbarschaft und in der Öffentlichkeit deutlich allen Diffamierungen von polnischen Menschen entgegenzutreten.

Wir wollen Zeichen der Verbundenheit an polnische Familien und Gemeinden schicken.

Wir wollen in unseren Orten gern Gastgeber sein für polnische Arbeiter, die bei uns eingesetzt werden.

Wir wollen auch polnische Touristen freundlich begrüßen.

Unsere Regierung bitten wir, die getroffenen Maßnahmen und ihre Anwendung zu überprüfen, so daß Diskriminierung polnischer Bürger ausgeschlossen wird.

Das feierliche Gedenken an den Kriegsanfang vor fünfzig Jahren wird unglaubwürdig, wenn wir nicht beharrlich versuchen, den Weg der Verständigung und Versöhnung mit Polen fortzusetzen.

Großstadt und Glaube.

Der Mensch in der Großstadt ist wahrscheinlich der Prototyp des Menschen von morgen: aufgeklärt, kirchenfern, vielseitig, ständig unterwegs, immer auf der Suche und doch auf mehr angewiesen. Die Kirche ist an ihn gewiesen. Sie hat ihm Glauben zuzutragen. Aber sie kann Glauben nicht in geschlossenen Gebäuden und dem modernen Menschen fremden Gefäßen zum Abholen bereithalten. Der Glaube ist dem Menschen der Großstadt zu bringen. Glauben in der Großstadt vermitteln, das ist kein Wartestand, sondern eine Bringepflicht. Kirche kann diesen Menschen treffen, und dieser Mensch braucht die Kirche und den Glauben. Das ist unsere Erfahrung. Gott helfe uns, danach zu handeln.

Deutschland einig Vaterland

Plädoyer für einen Beitritt der DDR zur Bundesrepublik Deutschland nach Artikel 23 des Grundgesetzes, „Rheinischer Merkur", Bonn, 3. März 1990

„Laß uns dir zum Guten dienen, Deutschland, einig Vaterland." Diese Verszeile von Johannes R. Becher beschreibt die Aufgabenstellung deutscher Politik für 1990. Sie braucht die Unterstützung aller verantwortlich Denkenden und nicht zuletzt auch der christlichen Kirchen und ihrer Gläubigen. Die Kirchen in der DDR haben vier Jahrzehnte lang die Einheit der Deutschen bewahren helfen. Sie taten es auf unterschiedliche Weise. Die Römisch-Katholische Kirche, die Evangelische Kirche in Berlin-Brandenburg und die Evangelische Kirche der Union behielten eine gemeinsame gesamtdeutsche Organisation, innerhalb derer sie sich in der Verantwortung für Ost und West freigaben. Der Bund der Evangelischen Kirchen in der DDR vollzog eine organisatorische Trennung von der Evangelischen Kirche in Deutschland bei Festschreibung des Verfassungsgrundsatzes einer besonderen Gemeinschaft der evangelischen Kirchen in Deutschland. Abgesehen von diesen Unterschieden haben die christlichen Kirchen in Deutschland in der Zeit der Trennung ihre gemeinsamen Bekenntnisse und geistlichen Grundlagen bewahrt und ausgebaut, ihre Gottesdienstordnungen und Bibellesungen gemeinsam gestaltet und fortentwickelt, sowie einen vielfältigen Austausch in allen Bereichen des kirchlichen Lebens auf breitester Gemeindeebene gepflegt. Diese feste Verbundenheit der Christen Deutschlands, an der auch in schwersten Zeiten jährlich viele tausend Menschen konkret beteiligt waren, gab den Gläubigen in der DDR viele handfeste Hilfe und stärkende Ermutigung. Sie gab aber auch den Gläubigen aus dem Westen Deutschlands Anregungen, stärkte ihre Glaubensgewißheit. Die Einheit der deutschen Nation, die Zusammengehörigkeit der Deutschen ist für die Kirchen und Christen Deutschlands nie eine Frage gewesen. Die Tatsache der Trennung in zwei Staaten, zwei Wirtschaftsordnungen und zwei Militärbündnisse wurde als Last getragen, ohne daß die Gemeinsamkeit dadurch ernsthaft gefährdet werden konnte.

Anders außerhalb der Kirche. Einer der großen Fehler der ehemaligen SED-Führung war der Versuch einer planmäßigen Verdrängung der nationalen Zusammengehörigkeit der Deutschen. Nach dem Scheitern der sowjetischen Politik für ein neutrales Gesamtdeutschland und angesichts der wachsenden Überlegenheit des westlichen Wirtschaftssystems wurde seit Ende der sechziger Jahre voll auf Abgrenzung zwischen den deutschen Staaten und den deutschen Menschen gesetzt. Während die DDR-Verfassung von 1949 noch auf ein ganzes Deutschland angelegt war und lediglich eine fast behutsame sozialistische Variante zur Weimarer Reichsverfassung darstellte, war die Verfassung von 1968 eine gezielte Spaltung Deutschlands. Es gab sogar mancherlei obskure Versuche, die Worte Deutschland und deutsch zu beseitigen. Selbst für den Namen des Staates Deutsche Demokratische Republik soll ernsthaft über eine Veränderung mit Streichung des deutschen Attributs nachgedacht worden sein. Die Identität der Menschen zwischen Harz und Oder, zwischen Ostsee und Mittelgebirge sollte nicht am Deutschsein, sondern am Sozialismus festgemacht werden. Es wirkte fast wie ein Wunder, daß die „Deutsche Reichsbahn", die „Deutsche Post" und sogar das SED-Zentralorgan „Neues Deutschland" ihre Namen behalten haben.

Doch die Spaltermühe war umsonst. Schon Mitte der siebziger Jahre zeigte sich, daß auch der Sozialismus nur Hoffnungen wecken konnte, wenn ihm das deutsche oder mindestens saxoborussische Attribut beigefügt wurde. Mit dem zunehmenden wirtschaftlichen Verfall der sozialistischen Staaten und deren wachsender Bereitschaft zur Zusammenarbeit mit dem Westen wuchsen die Probleme der DDR. Wohl stand die Wirtschaft ostverglichen gut – selbst heute noch. Doch die Abgrenzung war nicht mehr aufrechtzuerhalten. Honeckers Tragik liegt wohl vor allem darin, daß er die Abgrenzung oben und außen erfolgreich abbaute, sie aber den Menschen durch einen Stalinismus mit Samthandschuhen weiter auferlegte. Auch das mußte schon streckenweise unterlaufen werden. Die Intershops sollten die Gefangenschaft mildern und zugleich Devisen bringen. Trotzdem wurde weiter die Überlegenheit des eigenen Systems gepredigt. Die Reisemöglichkeiten für DDR-Bürger wurden ängstlich erweitert, während Westbesucher schon fast ungehindert einreisen konnten.

Die Menschen empfanden die Widersprüche, fühlten sich belogen und betrogen. Es kam zur Revolution, und es kam der 10. November 1989 mit seinem außerplanmäßigen Vorabend. Die totale Reisefreiheit brachte für Millionen DDR-Bürger existentielle Erfahrungen, die sie seitdem nicht zur Ruhe kommen lassen. Sie trafen hinter der Grenze deutsche Menschen wie sie. Denn was unterscheidet schon den Thüringer vom Hessen, den Vogtländer vom Franken, den Mecklenburger vom Holsteiner oder gar den Ostberliner vom Westberliner? Nichts – mit Ausnahme der Lebensbedingungen! Das verdrängte Nationalgefühl brach hervor. Die DDR-Deutschen entdeckten ihre nationale Zusammengehörigkeit mit den Bundesdeutschen. Was in der Bundesrepublik ständig umfassend wachgehalten wurde, kam für viele DDR-Deutsche als Urerlebnis zustande. „Blut ist dicker als Wasser" hat Herbert Wehner einmal gesagt und recht behalten. Zu diesem neuen nationalen Empfinden kam die demütigende Erfahrung des Unterschiedes in den Lebensbedingungen und der Wertlosigkeit des eigenen Geldes, des Ergebnisses der eigenen Arbeit.

Diese neuen Massenerfahrungen der DDR-Deutschen haben eine gefährliche Verknotung der nationalen und der sozialen Fragen erzeugt. Aus der demokratischen Revolution der Deutschen ist binnen eines Monats eine soziale Revolution geworden, die mit deutlichen Elementen teutonischer Wucht und Selbstzerstörungsneigung ihr Schicksal selbst in die Hand genommen hat. Der Limes ist weg, nun sind sie da, die benachteiligten Mitdeutschen. Sie wollen ihren Anteil an der Einheit der Deutschen, und sie sehen die Lösung des Problems nur in der Herstellung der staatlichen Einheit der Deutschen mit voller wirtschaftlicher Konsequenz. Nach der Zerstörung des politischen Herrschaftssystems DDR wird auch seine Kommandowirtschaft fallen. Doch die Mehrheit der DDR-Deutschen will jetzt keine Überleitungsexperimente, sondern eine generelle Übernahme des Gesellschaftssystems der Bundesrepublik Deutschland. Dabei bleibt offen, welche Differenzierungen nötig werden. Entscheidend ist der Grundwille. Die Deutschen der DDR sind keine Nationalisten, sie sind friedlich, aber sie werden überhaupt nicht einsehen, daß sie die Lasten der Kriegs-und Nachkriegszeit alleine tragen sollen. Sie spüren, daß die Zeit des Friedens in Europa kommt, und sie wollen mit Recht als gleichwertige Deutsche daran teilnehmen. Sie werden es sich nehmen, notfalls in chaotischer Form. Das ist die Realität. Die deutsche Frage ist heute eine deutsche Aufgabe, nämlich einen Weg zur friedlichen Verwirklichung des Willens der Menschen zu finden.

Deutschland liegt bekanntlich mitten in Europa. Die Verflochtenheit beider deutscher Staaten mit anderen europäischen Staaten ist erheblich. So sind zum Beispiel heute die ökonomischen und militärischen Bindungen der Bundesrepublik zu ihren westlichen Partnern intensiver als diese Bindungen zwischen deutschen Staaten im Kaiserreich zu Anfang des Jahrhunderts waren. Die Bundesrepublik Deutschland kann diese Bindungen nicht lösen, ohne daß schwerer Schaden für alle Beteiligten entstünde. Ähnliches gilt für die DDR.

Sie ist der Haupthandelspartner der Sowjetunion und deren größte und wichtigste militärische Position im Ausland. Auch hier können hastige Veränderungen unübersehbare Krisensituationen mit äußerst ungewissem Ausgang heraufbeschwören. Die deutschen Staaten stehen in komplizierten Interessenbindungen, deren Zerstörung möglich ist, aber Deutschland mit Sicherheit nicht zum Guten dienen würde. Zudem steht Europa in einem hoffnungsvollen, aber auch sehr sensiblen Friedensprozeß, der mit dem abschließenden Dokument der Wiener KSZE-Nachfolgekonferenz Anfang 1989 und den Abrüstungsverhandlungen endgültig vom Kalten Krieg zur Zusammenarbeit der Staaten führen kann. In der eng gewordenen Welt, in der vielleicht schon in wenigen Jahren die hungernden Massen des armen Südens vor unseren Toren stehen, ist es zu einer Überlebensfrage der Menschheit geworden, einen Ausgleich der Interessen in Europa zu erreichen. Damit hier Frieden gehalten wird und damit schleunigst das Potential des Nordens Wege zur Lösung der Existenzfragen der Menschheit findet. Schon um der Zukunft unserer Kinder willen darf dieser Prozeß von den Deutschen nicht gestört, sondern muß von ihnen gefördert werden.

Die deutsche Aufgabe muß mit Konzepten gelöst werden, die mit der künftigen Architektur Europas vereinbar sind. Weil die KSZE das Herzstück der europäischen Architektur ist, muß eine Synchronisation des deutschen Einigungsprozesses mit dem KSZE-Prozeß erfolgen. Bei der Brisanz der deutschen Aufgabe kann ihre Lösung nicht vom Tempo diplomatischer Verhandlungen bestimmt werden. Wenn die Politik den Weg der europäischen Entwicklung gestalten will, muß sie das Drängen der DDR-Deutschen ernst nehmen. Und weil dieses Drängen auf Gerechtigkeit und Frieden zielt, kann es eine positive Triebkraft der europäischen Bemühungen für Abrüstung und Zusammenarbeit werden. Die Politik, als die Kunst des Möglichen, hat Chancen, den deutschen Veränderungswillen für Europa und die Welt einzubringen.

Doch bei fast allen Nachbarn überwiegen die Sorgen. So wurden die Leipziger Demonstranten noch vor wenigen Wochen in ganz Europa als Freiheitshelden gefeiert. Heute verbreiten sie Ängste in West und Ost. Wir müssen glaubwürdig machen, daß die Lösung der deutschen Aufgabe viele Vorteile bringen kann: Die Rüstung kann weiter energisch vermindert werden. Die Möglichkeiten ökonomischer Zusammenarbeit werden sich erheblich verstärken. Die Kommunikation zwischen den Staaten und den Menschen wird sich verbessern. Die Europäer bekommen endlich die Hände frei, um in den Nöten der Welt voll einwirken zu können. Wir müssen Garantien unserer Friedfertigkeit geben. Die Sowjets, die Amerikaner, die Briten und die Franzosen müssen nicht aus Deutschland verschwinden, wenn wir uns einigen. Die Zahl der anwesenden Truppen wird vom europäischen Abrüstungsprozeß abhängen. Wenn der eines Tages in den KSZE-Verhandlungen verbindlich vereinbart wurde, wird es einen Verifikationspunkt brauchen. Was läge näher, als hierfür Berlin zur Verfügung zu stellen und die Anwesenheit von symbolischen Truppen der wichtigsten Mächte vorzusehen. In Berlin könnte der Sitz und der Kontrollpunkt künftiger europäischer Aktivitäten zur Förderung der Sicherheit und der Zusammenarbeit zwischen den Staaten einschließlich der Rechtsangleichung, des Umweltschutzes, des Verkehrswesens und der Forschung sein. Der ungehinderte Zugang müßte für alle Europäer gesichert werden. Das Gelände zwischen Potsdamer Platz und Brandenburger Tor sollte den gesamteuropäischen Institutionen zur kostenlosen Nutzung überlassen werden. Die Aussichten sind hervorragend, aber die Zeit drängt. Noch im Frühjahr 1990 sollten die deutschen Regierungen die vier Mächte in einer Konferenz um die Synchronisation der deutschen Aufgabe mit dem europäischen Friedensprozeß bitten. Noch 1990 könnte eine KSZE-Konferenz umfassende Festlegungen für Abrüstung, Vertrauensbildung, ökonomische, kulturelle, rechtliche und humanitäre Zusammenarbeit vornehmen. Der Bau eines gemeinsamen europäischen Hauses kann durch die deutsche Einigung beschleunigt werden.

Die elementare Kraft der deutschen Einigung kann sich in europäischen Bahnen bewegen. Doch es darf keine künstlichen Verzögerungen, keine hinhaltenden Winkelzüge oder diplomatischen Verschleppungen geben. Die deutsche Einigung kann europäisch gelenkt, aber nicht europäisch verschleppt werden. Die Regierung der Deutschen Demokratischen Republik nach den Volkskammerwahlen wird unter erheblichem Erwartungsdruck ihrer Wähler stehen. Denn dem Wähler wird mit undifferenzierten Aussagen der Eindruck vermittelt, daß sehr schnelle Lösungen möglich sind. Zugleich wächst bei den Menschen die Furcht vor dem Neuen, soziale Ängste nehmen zu, die Unruhe steigt. Es reift eine brisante Situation heran, deren Einzelfaktoren, selbst im wirtschaftlichen Feld, für sich genommen nicht katastrophal wirken, die aber in einer Atmosphäre allgemeiner Verunsicherung hochexplosiv werden kann. Die künftige DDR-Regierung muß aus dem Stand handeln, wenn sie noch Deutschland zum Guten dienen und nicht nur selbstauflösendes Krisenmanagement sein will. Nach den zu erwartenden Mehrheitsverhältnissen in der Volkskammer wird es möglich, aber auch unabdingbar sein, unverzüglich nach der Wahl eine eindeutige verbindliche Beschlußfassung für die staatliche Einheit Deutschlands zu erwirken. Dafür gibt es zwei Wege.

Erstens wäre es möglich, in einer Beschlußfassung von Verfassungsrang ein Bekenntnis zur deutschen Einheit abzugeben und eine verbindliche Beauftragung der Regierung, vielleicht sogar mit Fristsetzung zu deren Vorbereitung, vorzunehmen. Dabei könnte der Bundesrepublik Deutschland zum Beispiel die Bildung eines Deutschen Bundes angeboten werden. Zu seiner Vorbereitung könnte eine gemeinsame verfassunggebende Versammlung gebildet werden. Der Deutsche Bund könnte von einem Gesamtdeutschen Parlament und einem Gesamtdeutschen Rat geleitet werden. Die Zuständigkeit des Deutschen Bundes könnte alle Deutschland als Ganzes betreffenden Fragen im Benehmen mit den vier Mächten: das Staatsangehörigkeitsrecht, die Wirtschafts- und Sozialordnung, das Zivilrecht, das Strafrecht, eine höhere Gerichtsbarkeit, eine Bundespolizei, Umwelt, Verkehr und das Gesundheitswesen umfassen. Bei diesem Modell könnte an die tausendjährige Geschichte der Deutschen angeknüpft werden. Selbst die Bezeichnung „Deutsches Reich" – und „Reich" ist darin mit Ausnahme weniger Jahre positiv zu werten – könnte verwandt werden. Die Zuständigkeiten könnten später erweitert werden. Der Vorteil dieses Modells wäre die sichere Einbringung der DDR-Besonderheiten und das voraussichtlich schnellere Einvernehmen mit allen Europäern. Das Modell hat einen schweren Nachteil: Es ist ein Angebot, über das noch verhandelt werden muß, und es braucht demzufolge Zeit.

Zweitens könnte die Volkskammer den Beitritt zur Bundesrepublik Deutschland beschließen. Artikel 23 des Grundgesetzes sieht diese Möglichkeit vor. Mit dem Beitrittsbeschluß, der rechtlich Verfassungsqualität haben sollte, ist der Beitritt gegenüber der Bundesrepublik Deutschland voll wirksam. Es gibt keine Möglichkeit, ihn zurückzuweisen. Artikel 23 hat keinen Ländervorbehalt, auch die Volkskammer kann tätig werden. Nach einem solchen Beitrittsbeschluß besteht die Möglichkeit einer stufenweisen oder modifizierten Inkraftsetzung des Grundgesetzes für die DDR. Übergangsregelungen sind möglich. Wegen der bestehenden unterschiedlichen Bindungen müssen die Verteidigungspolitik und die Außenpolitik vorerst ausgenommen werden und bei der DDR verbleiben. Im übrigen wäre sie ein Land der Bundesrepublik Deutschland. Eine Bildung von Ländern innerhalb der DDR wäre möglich, sollte aber aus Zeitgründen nicht vorgeschaltet werden. Eine volle Vereinigung der deutschen Länder und die Erarbeitung einer Verfassung gemäß Artikel 146 Grundgesetz stünde am Ende des Prozesses. Der Vorteil dieses Modells ist die schnellstmögliche geordnete Verwirklichung der deutschen Aufgabe. Sein Nachteil ist die erschwerte Einbringung von Sonderregelungen und Besitzstandwahrungen für die DDR. Darüber hinaus müssen bei diesem Modell Vorbehalte anderer Mächte erwartet werden.

Aufgabe der Kirchen sind die Sorgen der Menschen. Das bleibt so. Die Sorgen aus Unfreiheit sind durch die Revolution ausgeräumt. Ängste vor Gewalt und Ungerechtigkeiten sind geblieben und fordern die Kirchen. Soziale Befürchtungen nehmen ständig zu und sind inzwischen eine Hauptursache der Übersiedlung in die Bundesrepublik. Für welches Einigungsmodell auch immer 1990 die Entscheidung fällt und erst recht, wenn keins zustande kommt, werden die christlichen Kirchen in der DDR sich verstärkt der wirtschaftlichen Probleme der Menschen anzunehmen haben. Die Kirchen werden dafür eintreten müssen, daß keine Geldabwertung privater Sparkonten erfolgt. Die Kirchen werden für Kündigungsschutz und Überleitungsverpflichtungen sowie das Mitbestimmungsrecht der Arbeitnehmer eintreten müssen. Die Kirchen werden den Schutz der Mieter, aber auch des in den letzten 45 Jahren begründeten Eigentums fordern müssen. In einer sozialen Marktwirtschaft wird es Aufgabe der Kirche sein, für die sozialen Belange der Schwächeren einzutreten. Die christlichen Kirchen in der DDR haben in ihrer Ökumenischen Versammlung zu Gerechtigkeit, Frieden und Bewahrung der Schöpfung aufgerufen. Sie haben in ihren Erklärungen an die Mitverantwortung für andere Menschen in der eigenen Gesellschaft und in den armen Ländern erinnert und die deutschen Menschen gebeten, sich der Last ihrer Geschichte zu stellen. Die Kirchen müssen unbequeme Mahner bleiben. Sie werden darauf drängen müssen, daß das, was den Deutschen zum Guten dient, anderen Völkern nicht schaden darf.

Deutschland wird jetzt Deutschland

Verantwortung für ein demokratisches Deutschland auf dem Wege in ein einiges Europa, Vortrag beim Wartburgtreffen in Eisenach am 27. Mai 1990

Genau vor einem Jahr, im Mai 1989, hat der Umbruch in der Deutschen Demokratischen Republik begonnen. Zwei Ereignisse lösten breite Spontaneität aus, an deren Ende einschneidende Veränderungen in fast allen Lebensbereichen dieses Landes stehen:

Am 2. Mai baute Ungarn die Grenzsicherungsanlagen ab und ermöglichte damit in den folgenden Monaten einen Massenexodus von DDR-Bürgern, der durch den Ausfall von Arbeitskräften, mehr aber noch durch die psychologische Folgewirkung der Abwanderung die gesamte Gesellschaft zunehmend beunruhigte.

Am 6. Mai erfolgte in der DDR durch eine bis dahin nicht gekannte breite Bürgerbewegung die Beobachtung der öffentlichen Auszählung der Kommunalwahlen in den Wahllokalen, die anschließende Addition der beobachteten Zahlen in den Wahlkreisen und die Feststellung erheblicher Differenzen zu den amtlichen Wahlergebnissen zugunsten der Einheitsliste. Statt der offiziell bekanntgegebenen 98 und mehr Prozent, waren einige 80 Prozent Ja-Stimmen für die Kandidaten der Nationalen Front festgestellt worden. Das Wahlergebnis war nicht gefährdet, aber das Vertrauen zum Staat ging endgültig zu Bruch. Die Forderungen nach Aufdeckung des Wahlbetruges, nach Demokratie, Meinungsfreiheit und Reisefreiheit, nach einer besseren DDR, kamen nicht mehr zur Ruhe. In Berlin zum Beispiel ließen sich am 7. jeden Monats einige hundert Jugendliche, darunter nicht wenige Studenten, für ihr Protestpfeifen, Proteststehen oder Protestlachen gegen die Wahlergebnisse von der Polizei buchstäblich durchprügeln. Sie gehörten nicht zu den schon etablierten Oppositionsgruppen, sie waren auch nicht an Debatten interessiert. Sie waren einfach mit diesem Staat fertig. Sie hatten ihn moralisch erwischt, er log weiter, und sie waren nicht mehr bereit, das stillschweigend hinzunehmen oder abzuwarten, ob emsige kirchliche Unterhändler den Staat doch noch zum Einlenken bewegen würden. Die neue Qualität war der Schritt auf die Straße als praktizierte demokratische Verantwortung. Aus Hunderten wurden Hunderttausende. Das Ergebnis ist bekannt.

Ich bin ein schlechter Prophet. Ich habe diese Entwicklung nicht vorausgesehen. Weder der Zusammenbruch der SED-Herrschaft noch die Herstellung der staatlichen Einheit Deutschlands standen für mich auf der politischen Tagesordnung. Wohl war für mich die Einheit der deutschen Nation keine Frage. Denn ich hatte in vielen Beobachtungen, auch bei jungen Menschen festgestellt, daß „Blut dicker als Wasser" ist (Herbert Wehner). Wohl waren für mich die Demokratisierung, die Rechtsstaatlichkeit und die wirtschaftliche Effizienz der DDR realistische Vorrangaufgaben. Denn ich kannte sehr viele Menschen im Lande, auch in politischer Verantwortung, die wie ich auf Reformen drängten. Und ich habe in den letzten drei Jahren auch keinen Studenten getroffen, der nicht ähnlich dachte. Aber mit einer gelingenden demokratischen Revolution in der DDR habe ich nicht gerechnet. Und die staatliche Vereinigung der Deutschen habe ich für mich als Zuschauer aus dem Altersheim erwartet.

Ich habe mich in drei Punkten geirrt:

Ich habe die Reformfähigkeit der DDR-Führung überschätzt, ich habe die Wucht der Massen-Spontaneität unserer Mitbürger unterschätzt, und ich habe den bereits erreichten Stand der europäischen Entspannung, der einen militärischen Befriedungsprozeß der ostdeutschen Revolution ausschloß, nicht erwartet.

Es hat sich in diesem Jahr etwas Großes ereignet. Ein natürlicher Prozeß hat sich beschleunigt, ist wie im Zeitraffer abgelaufen. Tage haben die Entwicklung von Jahren vorangebracht. Darüber dürfen wir uns freuen. Doch wir sind auch zum Bedenken des Woher und Wohin gefordert. Deshalb müssen wir uns von unserer deutschen Nabelschau und ihren Tagesaufgeregtheiten lösen. Ich möchte es versuchen, indem ich über vier Seiten der deutschen Einheit spreche:
Feuer und Wasser der Systeme,
Deutschland wird Deutschland,
vom Glaubenskrieg zum Interessenausgleich in Europa,
Überlebensgemeinschaft Menschheit.

Markt- und Planwirtschaft sind wie Feuer und Wasser. Es gibt keinen dritten Weg der Systeme. Eine Grundentscheidung fällt immer. Entweder die Politik bestimmt die Wirtschaft, oder die Wirtschaft wird von den Urgesetzen des Angebots und der Nachfrage, des Wertes und des Preises gesteuert. Auch in der sozialen Marktwirtschaft entscheidet letztlich der Markt. Nicht ferne politische Ziele, sondern praktische ökonomische Interessen bestimmen dort die Entscheidungsprozesse. Die Orientierung auf wirtschaftliche Effektivität ist bestimmend und produziert Effektivität. Der Markt setzt die meisten Kräfte frei. Aber der Markt produziert auch Ungleichheit. Der staatsplansozialistische Versuch, soziale Gleichheit auf Dauer gegen die Gesetze des Marktes zu erreichen, ist gescheitert. Die administrativzentralistische Struktur der sozialistischen Wirtschaft, ihre mangelhafte Effizienzorientierung, die grobe Vernachlässigung des Wert-Preis-Verhältnisses und die Verkennung der sozialpsychologischen Rolle des Eigentums haben das osteuropäische Sozialismusexperiment ruiniert. Gesellschaftliche Entwicklung braucht wirtschaftliche Effektivität.

Unter relativ günstigen Bedingungen kann der Übergang von der Planwirtschaft zur Marktwirtschaft in der DDR vollzogen werden. Doch für die Menschen bringt er einen Umstellungsschock. Denn trotz fehlender politischer Freiheiten und verbreiteter Mangelerscheinungen waren im sozialökonomischen Bereich angenehme Besitzstände entstanden: der sichere Arbeitsplatz, die geringe Arbeitsintensität, das Fehlen extrem armer und extrem reicher Bevölkerungsschichten sowie die damit verbundene soziale Nähe, die sichere Wohnung und die billige Grundversorgung. Die Gleichheit im Mangel - die Vorteile unserer Nachteile - gehen verloren. Die Menschen spüren es und werden unruhig. Wahrscheinlich werden aus Effektivitätsgründen fast zwei Millionen Arbeitsplätze überflüssig. Dagegen werden innerhalb der nächsten 18 Monate voraussichtlich drei Millionen neue Arbeitskräfte im Handwerk, in der Gastronomie und anderen Dienstleistungen benötigt. Doch dazwischen liegt eine brisante Zeit sozialer Gefährdung. Der gelernte DDR-Bürger wird sich nicht damit abfinden, sein Recht auf Arbeit als Arbeitslosenunterstützung zu erfahren. Das Vorrangproblem der sozialen Seite der deutschen Einigung ist die Arbeitsplatzförderung.

Deutschland wird jetzt Deutschland. Die bisherige Bundesrepublik Deutschland und die bisherige Deutsche Demokratische Republik werden etwas Neues. Das ist unabhängig von der rechtlichen Gestaltung der Einheit und gilt auch für einen Beitritt nach Artikel 23 des Grundgesetzes. Denn die DDR-Bürger bringen etwas mit: den Überlebenswillen, die Improvisationsgabe, die Anpassungsfähigkeit, aber auch das soziale Gerechtigkeitsempfinden und das jungdemokratische Verhalten, das sich nicht mit Urnengängen abfinden läßt. In der Bundesrepublik werden nicht nur die Proporze gestört, auch künftiges Wahlverhalten ist ungewiß, und der Föderalismus könnte neu verstärkt werden, die Main-Grenze wird sich um die Eierscheckengrenze verlängern, und der Leistungsdruck wird größer. Denn die bisherigen DDR-Bürger werden mit allen Mitteln versuchen, nicht lange hinter den bisherigen Bundesbürgern zurückzubleiben. Und die meisten werden es schaffen.

Das Land wird nicht nur größer und schöner, es wird auch stärker; in Europa mit Abstand die größte Wirtschaftsmacht. Das macht nicht wenigen Nachbarn Sorge. Wie wird Deutschland? Nationalistisch oder europäisch? Störer oder Helfer in der europäischen Einigung? Das neue gemeinsame Deutschland muß noch seine Identität finden. Es hat die Chance, sie als Teil Europas zu finden. Denn die Bundesdeutschen sind europageübt und die DDR-Deutschen europaneugierig. Die deutsche Einheit ist in der Perspektive der Aufgabe anzugehen, die die Deutschen wegen ihrer Größe und ihrer Lage für Europa haben. Nötig ist dabei der behutsame Umgang mit den Nachbarn. Denn in der Erinnerung der Völker lebt die Geschichte mit den Deutschen. Gute und böse Geschichte, und noch lange ist nicht alles Böse vergessen. Die Deutschen sind nichts Besonderes in Europa, weder als Brückenbauer noch als künftiges Zentrum Europas. Sie haben keine Sonderrolle, sind nur eine der größeren Nationen in wechselseitiger Abhängigkeit zu vielen anderen.

Deshalb ist es eine Vorrangaufgabe der nationalen Seite des deutschen Einigungsprozesses, das Bewußtsein der Deutschen als einer europäischen Nation zu festigen.

Europa hat vom Glaubenskrieg zum Interessenausgleich gefunden. Existentielle und materielle Zwänge haben die ideologischen Antagonismen relativiert. Wir stehen am Anfang einer neuen europäischen Geschichte, die nicht mehr getrennte Wege gehen muß. Der westeuropäische Rat sieht in der bevorstehenden Einigung Deutschlands einen positiven Faktor in der Entwicklung Europas, wünscht die deutsche Einheit unter dem Dach Europas und ist überzeugt, daß sie zu einem rascheren Wirtschaftswachstum führt. Der DDR wird uneingeschränkt Zugang zu europäischen Arbeitsorganisationen zugesagt. Doch es geht nicht nur um 16 Millionen Ostdeutsche, sondern um 276 Millionen Osteuropäer. Der Erfolg der deutschen Einheit ist die Voraussetzung der weiteren Entwicklung im übrigen Osteuropa. Die Ostbindung der DDR und die Osteuropaerfahrung ihrer Bürger, einschließlich der unbedingt weiter zu pflegenden Sprachkenntnisse, sind ein wichtiges Potential zur Osteuropaöffnung der westeuropäischen Gemeinschaft. Der Einstieg der DDR über die staatliche Einheit Deutschlands in die Europäische Gemeinschaft muß das Tor nach Osteuropa offenhalten. Die Gewinnung der wirtschaftlichen Effektivität wird auch bei unseren osteuropäischen Partnern nur über die Marktwirtschaft gelingen. Wir werden unseren günstigen Vorlauf für andere nutzbar machen können. Dabei können die Vertragsbindungen mit den RGW-Ländern uns helfen, den Strukturwandel der Betriebe durch die Fortsetzung von Exporten zu stabilisieren.

In einer mehrfach komplizierten Situation befindet sich die Sowjetunion. Sie muß ökonomische Veränderungen von gewaltigen Dimensionen durchführen. Sie muß den Übergang von einem Unterdrückungssystem zur Rechtsstaatlichkeit vollziehen und dabei die nationalen Besonderheiten berücksichtigen. Und sie muß ihr militärisches Potential von den Gegebenheiten einer potentiellen Konfrontation auf einen normalen Interessenschutz umstellen. In diesem Prozeß entwickelt die Sowjetunion beachtliche Flexibilität, aber die Grenzen ihrer Belastbarkeit sind erkennbar. Die Sowjetunion braucht einen innenpolitisch vertretbaren Interessenausgleich um Deutschland. Mit der staatlichen Einheit der Deutschen muß die bisherige Konfrontationsstruktur in eine Kooperationsstruktur überführt werden. Den Zwei-plus-vier-Gesprächen kommt hier eine wichtige Überleitungsfunktion vom bisherigen Block- und Beratungssystem zu einem künftigen KSZE-Sicherheitssystem zu. Im Interesse der europäischen Sicherheit und Zusammenarbeit wird eine begrenzte und befristete Anwesenheit amerikanischer, sowjetischer, britischer und französischer Truppen in einem souveränen Deutschland auf der Grundlage neuer Stationierungsverträge nötig. Die NATO-Mitgliedschaft Deutschlands wird für die Sowjetunion nur erträglich, wenn das Territorium der jetzigen DDR ausgeklammert bleibt. Das wird mit dazu beitragen, wirtschaftliche Ostbindungen zu festigen.

Eine Vorrangaufgabe der europäischen Seite des deutschen Einigungsprozesses ist die weitestmögliche Erhaltung der Ostbindung Deutschlands. Die Mauer darf nicht an die Oder verlagert werden.

Die Überlebensgemeinschaft Menschheit ist schon heute unsere Aufgabe. Der globale Vernichtungskrieg scheint gebannt, selbst die Umweltkatastrophe wird von Experten für abwendbar gehalten. Aber das Elend in der Dritten Welt wächst ständig weiter. Kundige weisen darauf hin, daß die gegenwärtige Welt-Marktwirtschaft vom wirtschaftlichen Vorteilsdenken unter härtesten Konkurrenzbedingungen bestimmt ist. Eine soziale Inpflichtnahme der Weltwirtschaft, wie sie etwa die soziale Marktwirtschaft innerhalb der Bundesrepublik hat, gibt es gegenüber den Entwicklungsländern nicht. Mit dem Niedergang des Staatsplansozialismus ist in manchen Entwicklungsländern auch eine Hoffnung gestorben. In der Dritten Welt wächst die Angst, daß Europa sie vergißt und auch die deutsche Einheit zu ihren Lasten geht. Das darf nicht geschehen. Denn wir können nur Zukunft gewinnen, wenn wir uns mit großem Ernst der drohenden sozialen Explosion des Südens zuwenden. Die deutsche Einheit kann Hoffnungen setzen. Wenn wir nicht mehr auf den Ost-West-Gegensatz fixiert sind, können wir die ernste Wirklichkeit der armen Länder deutlicher wahrnehmen. Freiwerdende Rüstungsmittel könnten in Entwicklungshilfe umgesetzt werden, indem die wirtschaftliche Umstellung der Rüstung und des militärischen Bereiches zu zivilen Aufgaben wenigstens teilweise in Entwicklungsobjekte überführt wird. Die Logistik militärischer Einheiten und ihre Vertrautheit mit der Technik könnte angesichts der möglichen Abrüstungsschritte der Weltaufgabe Nr. 1 zugeführt werden. In der DDR haben in den vergangenen Jahren viele junge Menschen vergeblich versucht, in der Entwicklungshilfe tätig zu werden. Die Bereitschaft muß weiter geweckt werden. Vorhandene Erfahrungen müssen genutzt werden. Die Bevölkerung ist für die globalen Probleme zu sensibilisieren. Das Ernstnehmen der wachsenden Not in der Welt gibt auch den eigenen Sorgen den angemessenen Stellenwert.

Die Vorrangaufgabe der globalen Seite des deutschen Einigungsprozesses besteht in einem erhöhten Engagement für die Entwicklungsländer.

Die Akademiker, die sich 1817 zum 4. Jahrestag der Völkerschlacht von Leipzig und zum 300. Jahrestag der Reformation auf der Wartburg versammelten, hatten andere Ziele als wir. Dennoch sind wir ihnen nahe. Denn sie wollten die deutsche Einheit gegen kurzsichtige partikulare Interessen in Freiheit und bei Teilhabe des Volkes. Sie haben damals ihr Ziel nicht erreicht. Doch sie haben ein Signal gesetzt, das uns heute in Pflicht nimmt, alles zu tun, um die historische Chance zur deutschen Einheit in Verantwortung gegenüber Europa und der Welt wahrzunehmen. Diese große Aufgabe kann nur als Gemeinschaftswerk der Deutschen gelingen.

Gebraucht wird der Gemeinschaftssinn der Bürger in der DDR. Denn es wäre nicht nur ein moralisches K.o. für vier Jahrzehnte DDR, wenn nackter Egoismus die Solidargemeinschaft ablösen würde, sondern es würde letztlich auch dem einzelnen zum Schaden gereichen. So können zum Beispiel die DDR-Bürger nach der Währungsunion durch ihr Kaufverhalten Arbeitsplätze sichern helfen.

Gebraucht wird auch der Gemeinschaftssinn der Bundesbürger. Die Vollendung der staatlichen Einheit Deutschlands in ihren verschiedenen Aspekten braucht ihr Verständnis und ihre Mitwirkung bis hin zum materiellen Einsatz. In den letzten Wochen waren leider nicht wenige Stimmen aus der Bundesrepublik zu hören, die Furcht vor einer finanziellen Belastung durch die Einheit ausdrückten.

Gebraucht wird das Zurückstellen parteitaktischer Interessen. Die anstehende nationale Aufgabe erfordert das Zusammengehen aller politischen Kräfte. Parteiinteressen müssen bis zur Herstellung der staatlichen Einheit zurückstehen. Um den Mißbrauch des Vereinigungsprozesses für Parteizwecke einzugrenzen, könnte ein gesamtdeutscher Rat aus Parteivertretern und Parteilosen aller Schichten und Generationen gebildet werden, dem ein Vorschlagsrecht an die Regierungen eingeräumt werden könnte.

1817 stand die akademische Jugend an der Spitze der Bemühungen für die Freiheit und die Einheit. Heute ist bei Studenten nicht selten Skepsis zur stürmischen deutschen Entwicklung zu beobachten. Doch gerade jetzt kommt es darauf an, den Elan der studentischen Jugend für die soziale, nationale, europäische und globale Dimension der deutschen Einigung zu gewinnen. Denn von ihr wird es entscheidend abhängen, ob Europa, wie es Vaclav Havel ausdrückte, ein freundschaftlicher Bund freier Völker und demokratischer Staaten wird, der auf dem gemeinsamen Respekt vor allen Menschenrechten begründet ist.

Bitte helfen Sie mit!

Wer hierblieb, wollte das Land verbessern

Rede über Irrtümer und Aufgaben der Intellektuellen in Deutschland/DDR beim Bertelsmann-Colloquium in Potsdam-Cecilienhof am 11. Juni 1990

In einer Meditation las ich eine Betrachtung, die ich als Gleichnis an den Anfang meiner Überlegungen stellen möchte: An einer strömungsreichen Stelle irgendwo am Meer fand ich ein Schild, das Schwimmer warnte und ihnen empfiehlt, für den Fall, daß eine Strömung sie erfaßt, sich nicht gegen den Sog zu wehren. Die Strömung führe wieder zurück. Man solle seine Kräfte nicht sinnlos verbrauchen, sondern sich vom Wasser selber zurücktragen lassen.

Wie muß ein Mensch beschaffen sein, der handeln kann, wie das Schild es rät? Er müßte zunächst wissen, daß das Meer seine Gesetze hat und daß seine Bewegungen nicht vollkommen unberechenbar und chaotisch sind. Er müßte fähig sein, auf die Durchsetzung seines unmittelbaren Zieles, nämlich jetzt sofort ans Ufer zu kommen, zu verzichten. Er müßte warten und langfristig und geduldig denken können. Er müßte zugeben können, daß er nicht zu allem fähig und nicht ständig Herr der Lage ist, daß seine eigenen Kräfte gegen die Gewalt des Meeres lächerlich sind. Er müßte also einen Glauben haben an den Zusammenhang des Ganzen, eine geduldige Hoffnung auf einen guten Ausgang trotz der augenblicklichen Gefahr und die Demut der richtigen Einschätzung seiner eigenen Kräfte.

Wer bis Herbst 1989 in der DDR lebend und bleiben wollend über künftige gesellschaftliche Entwicklungen nachdachte, wollte dieses Land verbessern. Ich kenne niemanden, der einen schnellen Sturz des bestehenden Herrschaftssystems, einen radikalen Umbruch der Verhältnisse innerhalb weniger Monate für realistisch gehalten hätte. Breite Übereinstimmung bestand über die Notwendigkeit umfassender Veränderungen. Bohrende Fragen und dringende Erwartungen nach mehr Freiheitsrechten für die Menschen und umfassenden Reformen in Wirtschaft und Gesellschaft wurden von vielen Seiten geäußert und von der evangelischen Kirche, dem Barometer für die Stimmung im Lande, im September 1989 in einem Synodalbeschluß so zusammengefaßt:

Wir brauchen

- ein allgemeines Problembewußtsein dafür, daß Reformen in unserem Land dringend notwendig sind;
- die offene und öffentliche Auseinandersetzung mit unseren gesellschaftlichen Problemen;
- jeden für die verantwortliche Mitarbeit in unserer Gesellschaft;
- Wahrhaftigkeit als Voraussetzung für eine Atmosphäre des Vertrauens;
- verantwortliche pluralistische Medienpolitik;
- demokratische Parteienvielfalt;
- Reisefreiheit für alle Bürger;
- wirtschaftliche Reformen;
- verantwortlichen Umgang mit gesellschaftlichem und persönlichem Eigentum;
- Möglichkeit friedlicher Demonstrationen;
- ein Wahlverfahren, das die Auswahl zwischen Programmen und Personen ermöglicht.

Solche Erwartungen kamen in unterschiedlicher Weise im ganzen Lande bei Diskussionen am Arbeitsplatz, in Bildungseinrichtungen, bei vielen Kulturschaffenden und auch innerhalb der SED immer deutlicher zum Ausdruck. Ihr Hoffnungsträger hieß Michail Gorbatschow, und die Enttäuschung über die reformunwillige Staatsführung wuchs.

Die Beschreibung der Erwartungen kam naturgemäß von solchen Menschen und aus solchen Kreisen, die wegen ihrer Bildung oder Übung Diskussions- und Formulierungserfahrungen hatten; vielleicht kann man sie als Intellektuelle bezeichnen. Sie stellten die kritischen Fragen. Sie versuchten, die alten Machthaber zu drängen und zu locken, endlich Neues zu beginnen. Sie brachten in Künstlerbereichen und wissenschaftlichen Darstellungen Veränderungen als überfällig nahe. Kirchliche Gruppen und Räume, aber auch Künstlerkreise spielten dabei eine wichtige Rolle. Nicht wenigen ging darüber der Atem aus. Sie verließen das Land und verfolgten von außerhalb mit heißem Herzen den quälenden Starrsinn der politischen Führung. Es gab auch Anzeichen einer Umgestaltung, die Hoffnung auf weitere Verbesserungen nährten:

Die Kulturpolitik war liberaler geworden. Die Kirchen konnten sich mehr Freiheiten herausnehmen. Die Westreisemöglichkeiten waren besser geworden, und über mehr Effektivität in der Wirtschaft angesichts des drohenden Staatsbankrotts wurde geredet. Frontalangriffe der Parteiführung gegen Kritiker wurden seltener. Es gab eine merkwürdige Zweiteilung bei den formulierten Äußerungen:

Der offiziellen Staatsmeinung von einer rundum großartigen DDR stand die dringliche Veränderungserwartung der meisten Intellektuellen gegenüber. Sie hofften auf Glasnost und Perestroika für die DDR!

Es kam anders. Heute steht nicht mehr die Verbesserung der DDR, sondern die Art und Weise ihres Einbringens in die Bundesrepublik auf der Tagesordnung.

Die Intellektuellen in der DDR und darüber hinaus waren drei Irrtümern erlegen:

Erstens haben sie die Wucht der Spontaneität der Massen verkannt. Im Mai 1989 gab es zwei Vorgänge, die neue Weichen stellten: Am 3. Mai baute Ungarn die Grenzsicherung ab und eröffnete damit einen unkontrollierten Abwanderungsweg aus der DDR. Zu der bisher von der DDR genehmigten Ausbürgerung kam nun eine Massenflucht wie vor dem Bau der Mauer. Zunehmend fehlten die Menschen im Arbeitsprozeß; mehr noch schuf der Daueraderlaß eine starke Beunruhigung im ganzen Lande. „Hier ändert sich nichts" und „Wir wollen weg" wurden zu einer bedrohlichen Stimmungslage für die DDR.

Am 6. Mai wurde die öffentliche Stimmenauszählung der Kommunalwahlen in tausend Wahllokalen von Bürgergruppen beobachtet, die danach ihre Kenntnis mit den offiziell bekanntgemachten Ergebnissen verglichen und feststellten, daß etwa 10–15 Prozent Neinstimmen weggefälscht waren. Trotz aller Proteste wurde das Ergebnis nicht korrigiert. Die Protestbewegung hielt an. Vor allem aber machten Tausende Bürger aller Schichten die befreiende Erfahrung des aufrechten Ganges. Eine spontane Bürgerbewegung wuchs heran, die von den Intellektuellen aus den kirchlichen und unabhängigen Gruppen angeregt und zu wachsenden Massenveranstaltungen insbesondere in Kirchen zusammengeführt wurde. Zum Herbst wuchs daraus eine breite spontane Volksbewegung, die schließlich mit der Erklärung „Wir sind das Volk" die Souveränität an sich riß.

Zweitens irrten die Intellektuellen über den Stellenwert der Ökonomie. Karl Marx hatte mit seiner Analyse eben doch recht, und sie galt auch für das System der DDR. Wer die Urgesetze wirtschaftlicher Effektivität ständig verletzt, wer den Zusammenhang von Wert und Preis, von Lohn und Leistung mißachtet, wer Innovationen vernachlässigt und den Staatsplan für einen ausreichenden Motor ökonomischer Entwicklung hält, schafft Stillstand und Rückgang. Die Wirtschaft der DDR erwies sich als unfähig, den Erwartungen der

Menschen zu entsprechen. Die Wirtschaftsstruktur der DDR hemmte den Fortschritt. Von Ausnahmen abgesehen hatte ihr technischer Standard im Vergleich zu Westeuropa einen Rückstand von 15 bis 20 Jahren. Die ökonomische Krise wuchs zur ökonomischen Katastrophe. Nach der Öffnung der Grenze und der damit gegebenen Vergleichsmöglichkeit für alle ergab sich ein hochbrisanter sozialer Veränderungsdruck, der keinen Verbesserungsaufschub mehr duldete.

Drittens verkannten die Intellektuellen – und hier meine ich immer wieder die politisch-strategisch denkenden Mitbürger unterschiedlichster Profession – den bereits erreichten Stand des europäischen Friedensprozesses. Die von den Hauptmächten vorangetriebene Entspannung, die mit dem Abschluß der Wiener Konferenz im Januar 1989 eine neue Qualität erreicht hatte, konnte keine Gewaltanwendung unter Einbeziehung sowjetischer Truppen in Zentraleuropa zulassen. Das Befriedungsmodell Juni '53 war im Oktober '89 nicht mehr anwendbar. Für die Sowjetunion war die Fortsetzung des Prozesses um Sicherheit und Zusammenarbeit in Europa wichtiger geworden, als die gewaltsame Rettung eines querköpfigen, wenn auch wichtigen Verbündeten. Valentin Falin konstatierte, daß sich nun die deutschen Menschen die Früchte des Friedens holen wollten.

Und sie holten. Vielleicht hat der politisch-pragmatisch denkende Normalbürger ein sichereres Gespür für das jetzt Mögliche als planende Köpfe, die diese Entwicklung nicht voraussahen. Jedenfalls erzwang der Souverän Volk die Öffnung der Grenze; erkannte im Massenanschauungsunterricht die Ungerechtigkeit des deutsch-deutschen Lebensstandard-Gefälles; erlebte nationale Zusammengehörigkeit und entschied: Gegen weitere Verbesserungsversuche an der DDR für die einheitliche Staats- und Wirtschaftsordnung der Deutschen.

Irren ist keine Freude, und viele Intellektuelle in der DDR sind traurig. Sie haben auch berechtigte Ursache. Denn es ging eine Vision verloren. Nämlich die Vision, daß über eine Reform der DDR eine freie, demokratische Gesellschaft in sozialer Gerechtigkeit zu schaffen sei. Die Einsicht in die Gefährdung der Menschheit und die wachsende Notwendigkeit, als Überlebensgemeinschaft Menschheit verantwortlich zu handeln, braucht Visionen. Das Klischee vom unbarmherzig profitorientierten Kapitalismus ließ die Zukunftssicherung über einen verbesserten Sozialismus wahrscheinlicher wirken. Persönliche Existenzängste angesichts der radikalen Veränderung der Wirtschaftsverhältnisse schaffen weitere Verunsicherung. Nicht wenige Akademiker verlieren ihren bisherigen Arbeitsplatz. Bei manchen Kulturschaffenden kommt wehmütige Erinnerung an die gute alte DDR auf.

Schließlich haben sich politische Abweichler in der DDR ihr Bleiben im Lande und ihren Glauben an dessen Reformierbarkeit auch etwas kosten lassen. Nicht wenige wurden heimlich systematisch observiert oder auch offen durch Abschreckungsmaßnahmen geschockt. Das System fürchtete die Intellektuellen, und wo sie sie nicht kaufen konnten – und das gelang nur bei wenigen –, da erschienen sie als ein Sicherheitsrisiko, das besonderer Beobachtung bedurfte. Solche Erfahrungen mit der Staatsmacht machten aber auch die Herzen fest. Die meisten Intellektuellen hatten keine Furcht. Doch sie wollten behutsam mit ihren Kräften umgehen. Sie hatten eine geduldige Hoffnung auf einen guten Ausgang und setzten auf den langen Atem. Sie waren mit in den Oppositionsveranstaltungen und auf der Straße. Aber sie haben die Abschaffung der DDR nicht erwartet.

Viele sahen sich ihrer Vision nahe, als am 4. November 1989 eine Million Menschen auf dem Berliner Alexanderplatz für eine bessere DDR eintrat. Fünf Tage später starb dieser Traum.

Deutschland läuft zusammen, und zur Trauerarbeit ist keine Zeit. Politisches Denken und Handeln bleibt nötig, und der Rückzug der wachen Geister wäre ein Verhängnis. Fünf Aufgaben scheinen mir vordringlich, die den Beitrag der Intellektuellen fordern:

Erstens darf die Vision einer humaneren Gesellschaft auch im gemeinsamen Deutschland der bisherigen Bundesrepublik und der bisherigen DDR nicht aufgegeben werden. Das System der sozialen Marktwirtschaft ist kampflos Sieger über den Staatsplansozialismus geworden. Der Angstgegner, der sicher auch manche soziale Bereitschaft im Westen auslöste, muß nicht mehr gefürchtet werden. Das kann die wirtschaftlich Mächtigen des Westens zu einer härteren sozialen Gangart verführen. Die Intellektuellen in ganz Deutschland sind herausgefordert.

Zweitens muß vielen Menschen in der DDR Mut gemacht werden, muß ihr Selbstwertgefühl stabilisiert werden. Minderwertigkeitskomplexe, Ängste, Depressionen machen sich breit angesichts einschneidender Veränderung der Lebensbedingungen. Weniges bleibt wie es war. Alle müssen umlernen. Konkrete Auskünfte über die Veränderungen sind nur schwer zu erfahren. Selbst Studenten fürchten sich vor der Zukunft. Dabei bringen die DDR-Bürger eine hohe Bildung, Anpassungsfähigkeit, Improvisationsgaben, Überlebenskunst und die Erfahrung der Beziehungspflege – bisher wichtiger als Geld – ein. Wenn es gelingt, der aufkommenden „Rette sich wer kann"-Mentalität durch Gemeinsinn zu widerstehen, können soziale Schäden und Identitätsverlust vermieden werden. Nicht Jammern über das Ende der DDR, sondern verantwortbarer Optimismus über die gemeinsame deutsche Zukunft ist nötig.

Drittens muß gesagt werden, wie es wirklich in der DDR war. Es war eine Diktatur, aber mit Samthandschuhen, und vieles war trotz alledem möglich. Wir waren eingesperrt, aber wir waren kein KZ. Es gab eine herrschende Meinung, aber wir haben es gelernt, uns Gehör zu verschaffen. Die Gleichsetzung der SED-Herrschaft mit dem Nazisystem ist unzulässig. Zur gewaltfreien Revolution gehörte neben Gorbatschow und den friedlichen Demonstranten auch der Verzicht der Herrschenden auf den Waffeneinsatz. Heute nimmt die Neigung zu groben Vereinfachungen zu. Wer sich jahrelang duckte, anpaßte und beugte, ist offenbar geneigt, seine früheren Leiden sehr deutlich zu machen, um sich nun um so schneller neuen Parolen anzupassen. Wahrhaftigkeit ist gefordert.

Viertens wird Toleranz gebraucht. Friedrich der Große hat hier nicht nur davon gesprochen, daß jeder nach seiner Façon selig werden soll. Von ihm stammt auch die nachdenkliche Aussage: „Je länger man in dieser Welt lebt, desto mehr wird man inne, daß es uns, von ein paar bewiesenen mathematischen Wahrheiten abgesehen, nicht gegeben ist, die Wahrheit zu erlangen. Und doch wäre wenig gewonnen, wenn wir dabei stehen blieben, wenn sie uns keine Toleranz für die anderen Blinden einflößte, die sich auf anderen Wegen verirren, als auf denen, die der Zufall uns gewiesen hat. Wer ehrlich nach Wahrheit sucht, wird für seine Brüder stets Nachsicht haben."

In unserer klein gewordenen Welt muß um des Überlebens willen auf Toleranz geachtet werden. Mit Sorge ist nicht nur der wachsende Parteienstreit, sondern auch die Tendenz zur Ausgrenzung ehemaliger politisch Verantwortlicher zu beobachten. Rechtlich relevante Schuld muß gesühnt werden. Politische Fehlentscheidung aber darf nicht zum Verfolgungsgrund werden. Noch schlimmer ist der aufkommende Ausländerhaß, dem massiv widerstanden werden muß.

Fünftens zeigt gerade Potsdam in besonderer Weise unsere europäische Bindung. Brandenburgische Herrscher machten aus der Not eine Tugend, und so erinnern hier noch heute das Holländerviertel, die Französische Kirche, die Russische Kolonie und die böhmischen Weberhäuser an willkommene Zuwanderer früherer Jahrhunderte und an eine gute Tradition der Offenheit und Zusammenarbeit über Sprach- und Kulturgrenzen hinweg. Das östliche Deutschland kann die kulturelle Vielfalt des künftigen gemeinsamen Staates vergrößern. Die besonders in den letzten Jahrzehnten entstandenen osteuropäischen Erfahrungen können die Sensibilität für Belange der Polen, Tschechen und Sowjets verstärken. Wir dürfen nicht neue Freunde wegen der alten Verwandtschaft im Stich lassen.

Große Aufgaben brauchen das Engagement vieler Menschen im künftigen Deutschland, und die Multiplikatoren sind vor allem in Pflicht. Vaclav Havel hat uns mit seiner Vision beschämt, aber auch in Anspruch genommen:

Wenn Deutschland seine Staatlichkeit definitiv gestaltet ..., dann wird es sein schöpferisches Potential nun ohne Hemmungen einbringen können in die Erneuerung der globalen menschlichen Verantwortung, dieser einzig möglichen Rettung der gegenwärtigen Welt ...

Tun wir das Unsere!

Die Erinnerung hat zum Ziel geführt

Gedenkrede vor beiden deutschen Parlamenten im Schauspielhaus Berlin am 17. Juni 1990

Wir leben in Deutschland in einer Zeit, wo die Wirklichkeit die Wünsche überholt hat.

Wer hier heute vor diesem Auditorium spricht, ist von der Fülle der anstehenden Fragen überfordert. Wieviel müßte hier gesagt werden! Welch eine Gelegenheit! Wie ist das in der Kürze zu leisten? Eine Auswahl war zu treffen. Schwerpunkte mußten gesetzt werden. Ich habe mich für den Dank und den Ausblick entschieden und dabei die Historie und die Abrechnung vernachlässigt. Im Vorab erbitte ich Ihr Verständnis.

Sie sollen wissen, daß zu Ihnen ein gelernter DDR-Bürger spricht.

Ich war zwölf Jahre alt, als die Währung gegen den Willen des Volkes uns trennte, und ich bin vierundfünfzig Jahre alt, wenn das Geld uns durch den Willen des Volkes bestärkt wieder zusammenführt. Dazwischen liegen Hoffnung und Enttäuschung, Verlockung und Verzicht, Anpassung und Verweigerung; sowie die tiefe Entschlossenheit, hier zu bleiben und zu tun, was möglich ist, damit dieses deutsche Land menschenfreundlicher wird.

Mein persönlicher 17. Juni 1953 war zwiespältig. Er begann eine Woche vorher, als mein Lehrer begeistert von einem neuen Kurs, einer Wende um 180 Grad, dem Beginn der Freiheit sprach. Er endete eine Woche danach, als ich mit ansehen mußte, wie Arbeiter von Marinepolizei mit aufgepflanzten Bajonetten bewacht wurden. Das war eine Grunderfahrung, die mir den Zusammenhang von Reformen und Macht zeigte. Ich vermute, wegen des Junischocks von '53 haben Erich Honecker und seine Altersgenossen ihre Chance zur Umgestaltung vertan. Sie haben selbst den radikalen Umbruch herbeigefürchtet. Denn der Juni '53 hatte eine sozialpsychologische Langzeitwirkung. Die Staatsführung wehrte sich gegen Reformen, selbst gegen den Gebrauch des Wortes, weil sie in ihnen den Anfang vom Ende fürchtete. Die älteren Oppositionellen scheuten Zuspitzungen, weil die Rückschlagerfahrung sie geprägt hatte. Es brauchte die Unbefangenheit der Nachgeborenen, der Demonstranten des Herbstes 1989, um entschlossen noch einmal die gleichen Ziele anzugehen: Gerechtigkeit und Freiheit.

Im Kalten Krieg endete der Versuch des Volkes mit fast fünfhundert Toten. In der Europäischen Entspannungsphase konnte die friedliche Revolution gelingen. Die Deutschen in der DDR erzwangen im Oktober 1989 die freiheitlichen Lebensbedingungen, die ihren Eltern und Großeltern im Juni 1953 versagt blieben.

„Um die Freiheit des Menschen geht es! ... Freiheit des Menschen, in seinem politischen, in seinem religiös-kirchlichen Bekenntnis, daß er von Angst und Bedrängnis befreit den Sinn seines Lebens selber suchen und zu erfüllen trachten kann. Freiheit des Menschen ... zu der ihnen gemäßen Gestaltung der öffentlichen Regelung ihres Gemeinschaftslebens." Mit diesen Worten traf Theodor Heuss, worum es im Juni '53 und im Oktober '89 ging!

Am 9. Oktober 1989 wurde vollendet, was am 17. Juni 1953 mißlang. Anfang Oktober 1989 trugen Tausende DDR-Bürger ihre Unzufriedenheit auf die Straße. Sie wollten das Ende der staatlichen Bevormundung, Demokratie und Freiheit. Besonders in Dresden und Berlin gab es gegen die Demonstranten brutale Einsätze der Sicherheitskräfte, die durch Härte auf den Straßen, mehr aber noch durch unmenschliche Haftbehandlung die Abschreckung des sich erhebenden Volkes erreichen wollten. Am 9. Oktober waren in Leipzig Zehntausende protestierende Bürgerinnen und Bürger auf der Straße. Mit Knüppeln und Wasserwerfern waren sie nicht mehr aufzuhalten. Militärischer Einsatz war vorbereitet. Blutkonserven und Verbandsmaterial wurden gelagert. Künstler, Pfarrer und Parteifunktionäre bemühten sich um einen friedlichen Ablauf der Massendemonstration. In den Kirchen wurde gebetet. Die Sowjetarmee wurde alarmiert. Die Leipziger Massendemonstration am 9. Oktober 1989 wäre nach dem Befriedungsmodell des 17. Juni 1953 zu zerschlagen gewesen. Aber die Weltgeschichte war weitergegangen. Die europäische Entspannung und Zusammenarbeit hatten den Vorrang gewonnen. Eine erneute blutige Niederschlagung des bereits weltweit dokumentierten eindeutigen Willens der Menschen in der DDR hätte den Entspannungsprozeß beendet. Dieser Preis zur Rettung einer reformunwilligen ostdeutschen Führung war zu hoch. Die Einsicht gewann die Oberhand. Am 9. Oktober abends wurden die militärischen Verbände zurückgezogen. Der Weg zu Demokratie und Freiheit in der DDR war offen. Das Volk konnte selbst bestimmen.

Um die Deutschen ist viel gerätselt worden. Ihre nationale Bindung wurde – mehr im Inland als im Ausland – in Frage gestellt. Offizielle DDR-Politik versuchte sie zu beseitigen. Kluge Beschreibung mit dem Hinweis auf die Sprache, die Geschichte und die Kultur bemühte sich, an den Zusammenhalt der Deutschen zu erinnern. Doch eine Nation ist mehr als die Beschreibung soziologischer Eckdaten. Zu den Fakten, dem Fleisch, muß die Seele kommen. Und das sind das Bewußtsein und der Wille zur Zusammengehörigkeit. Das hat gehalten; die deutsche Nation lebt!

Vier Faktoren haben wesentlich dazu beigetragen: Erstens die Sehnsucht der DDR-Deutschen nach Mitbestimmung, Freiheit und besseren Lebensbedingungen. Wir haben es den Bürgern der Bundesrepublik zu danken, daß sie im größeren Teil Deutschlands eine freiheitliche, demokratische und rechtsstaatliche Ordnung errichteten und ein leistungsstarkes, sozial kontrolliertes Wirtschaftssystem aufgebaut haben. Nachdem die DDR-Bürger ab November 1989 den Vergleich der Systeme direkt vor Augen hatten, haben sie sich mehrheitlich für das Gesellschaftssystem der Bundesrepublik und gegen einen Verbesserungsversuch an der DDR entschieden.

Zweitens hielt die Politik aller Parteien des Deutschen Bundestages den Weg zur Einheit der Nation offen. Sie haben die Spannung zwischen lebensnotwendiger Friedenspolitik, die Zurückhaltung in der deutschen Sache erfordert, und der Bewahrung der Interessen deutscher Menschen fruchtbar zu Nutzen des Friedens und der Deutschen vorangebracht. Die Nuancen sind nach meiner Überzeugung zweitrangig angesichts des gemeinsamen politischen Grundwillens, den wir aus der DDR mit Respekt, Hoffnung und Dank begleitet haben.

Drittens leisteten Künstler und Schriftsteller einen wichtigen Beitrag zum Zusammenhalt der Deutschen. Heinrich Böll und Günter Grass, Christa Wolf und Stefan Heym, aber auch viele andere, die die Befindlichkeit deutscher Menschen beschrieben, ebenso wie Musiker, Maler, Bildhauer und andere Kulturschaffende trugen die Kultur der Deutschen weiter und hielten sie weltoffen. Sie haben nach meiner Überzeugung einen unschätzbaren Dienst geleistet. Sie könnten uns entscheidend helfen, unser nationales Selbstverständnis als Friedensfähigkeit, Toleranz und Freiheitsliebe zu gestalten. Wir sollten ihnen dankbar sein!

Viertens hielten Zehntausende Boten der Einheit die Deutschen zusammen. Das waren die Besucher aus der Bundesrepublik, die, keine Schikanen scheuend, den menschlichen Kontakt aufrechterhielten. Verwandtenbesuche in beiden Richtungen festigten die Zusammengehörigkeit. Journalisten hielten das deutsch-deutsche Interesse wach. Die Kirchen haben solche Verbindungen massenweise organisiert. Und durch gemeinsame Gottesdienstordnungen, Bibellesungen, Gesangbücher und gesellschaftspolitische Aussagen nicht nur die geistliche Einheit der Kirche, sondern auch deutsches Bewußtsein gefestigt. Gastgeber in Ungarn, Polen und nicht zuletzt der Tschechoslowakei haben deutsche Begegnungen ermöglicht. Freunde aus vielen anderen Staaten halfen den Deutschen, ihre Verbundenheit zu leben. Wir sollten allen danken, die uns halfen, zusammen zu bleiben.

Das jährliche Gedenken an den Juni 1953 erinnerte an die Sehnsucht deutscher Menschen nach Selbstbestimmung, Freiheit und besseren Lebensbedingungen. Es klagte die Unmenschlichkeit der gewaltsamen Teilung Europas und Deutschlands an. Es führte den Zusammenhang von Friedenssicherung und Menschenrechten vor Augen.

In dieser Stunde können wir dankbar feststellen, daß die Erinnerung zum Ziel führte. In ganz Deutschland bestehen Freiheit und Demokratie. Die Menschen in der DDR haben sich in freier Selbstbestimmung mehrheitlich für die staatliche Einheit Deutschlands entschieden. Dieser Tag markiert im Zusammensein beider deutscher frei gewählter Parlamente das Ende der Abgrenzung in Europa und den Beginn der Einheit der Deutschen.

Die Deutschen kommen zusammen. Entgegen vielen Befürchtungen ist keine nationale Euphorie, kein deutscher Größenwahn ausgebrochen. Stattdessen ist Skepsis zu hören. Sie hat Gründe. Denn Deutschland wird Deutschland aus zwei unterschiedlichen Teilen. Die Unterschiede trennen nicht, aber das Wiederzusammenwachsen wird schwerer, wenn sie nicht beachtet werden. Da sind zum einen die alten und hier gerade wiederentdeckten Landsmannschaften. Das prägte die Menschen mehr, als sie in den letzten vier Jahrzehnten selbst wahrnahmen, und wird den deutschen Föderalismus sicher beleben.

Da sind zum anderen Unterschiede, die aus den gesellschaftlichen Verhältnissen erwachsen sind. Das beeinflußte die Menschen unterschiedlich. In einer Leistungs- und Konkurrenzgesellschaft sind andere Eigenschaften gefordert als in einer unfreien Mangelgesellschaft. Auf die DDR-Bürger kommt ein totaler gesellschaftlicher Umbruch zu. Manche fürchten ihn, als ob die Sintflut käme. Das Klischee von der kapitalistischen Ellenbogengesellschaft und ihrem Wolfsgesetz wird von vielen ernst genommen. Menschen müssen lernen, mit der Freiheit, ihren Möglichkeiten und Gefahren zu leben. Die Zeit der Bevormundung und der Überbehütung ist vorbei. Es ist nicht mehr alles geregelt, man muß sich selbst Gedanken machen. Abwarten hilft nicht mehr. Die Rolle des Geldes ist neu zu erkennen.

Die DDR steht nach dem Umbruch von der Diktatur zur Demokratie nun im Umbruch von einer patriarchalischen Bedarfsdeckungsgesellschaft mit einem ausgeprägten Beziehungssystem und starken Elementen einer Naturalwirtschaft zu einer modernen Geldwirtschaft mit einem konsequent individuell gestalteten Leistungssystem. Das ist eine Kulturwende, die das Selbstwertgefühl der Menschen gefährdet und viel Verständnis braucht.

Für Bürger der bisherigen Bundesrepublik ist die kommende Einheit eine Störung des gewohnten Lebens. Soziale und politische Ängste sind zu beobachten, die westdeutsche Identität ist in Frage gestellt. Die Jüngeren kennen nur ihr Deutschland, haben ihr Leben gestaltet, es nach Westen ausgerichtet und sind jetzt gezwungen, sich mit den Ostdeutschen einzulassen, ja künftige Konkurrenz aufzupäppeln. Auch die Eigentumskontroverse ist ein deutliches Indiz für deutsch-deutsche Spannungen. Die lauten Ängste aus der DDR dürfen die Besorgnisse in der Bundesrepublik nicht verdecken.

Der Westen kommt nun in die DDR, aber die DDR kommt auch in den Westen!

Der innerdeutsche Umgang will gelernt sein. Nach vier Jahrzehnten der Trennung muß für das künftige gemeinsame Deutschland ein breiter gesellschaftlicher Konsens gefunden werden. Von einem Grundkonsens auf der Basis des Grundgesetzes kann weithin ausgegangen werden. Doch die gemeinsame Verfassung darf keine abstrakte und vielen unbekannte Größe bleiben. Deshalb sollte die Bereitschaft erklärt werden, nach der Wahl eines gesamtdeutschen Parlaments über Änderungen des Grundgesetzes nachzudenken und das Ergebnis dem Staatsvolk nahezubringen. Die dafür nötige Diskussion wird nicht ohne heftigen Meinungsstreit möglich sein.

Wie wird künftig mit Meinungsunterschieden umgegangen? Haben Mehrheiten immer recht?

Wie halten wir es mit der Toleranz? Bekommen wir nach der „Kirchenverfolgung" jetzt eine „Marxismusverfolgung"?

Es gibt in unserem Land ein Übermaß an Altlasten. Die einen rufen „alles aufdecken", und die anderen wollen „alles zudecken". Finden wir den maßvollen Weg, der Unrecht sühnt, aber auch Neubeginn ermöglicht?

Werden wir nach der Überschätzung der Ideologie nun zur Überschätzung der Ökonomie gelangen, oder gelingt es, den nötigen handfesten Pragmatismus mit einer Werte setzenden politischen Orientierung zu verbinden?

Wo kann über Parteienhader hinweg nach sozialen Visionen, Zielen und Wegen für die Überlebensgemeinschaft Menschheit gesucht werden?

Die an diesem Platz vor dem Deutschen Dom 1848 aufgebahrten Revolutionäre, die Toten vom Juni 1953, die Tapferen vom Herbst 1989 nehmen deutsche Politik in Pflicht.

Freiheit ist mehr, als seine Meinung sagen zu können, sich frei bewegen zu können, seine Arbeitskraft gewinnbringend einzusetzen. Freiheit ist auch, Mitverantwortung für das Ganze zu tragen. Demokratie muß den mitdenkenden, mitgestaltenden, widersprechenden und auch den widerstehenden Bürger wollen.

Die Tagesfrage der Deutschen lautet, wie und wann staatliche Einheit der Deutschen erfolgen wird. Es gibt gewichtige Gründe für Eile, obwohl eine Umstellungszeit von gut zwei Jahren schon sinnvoll gewesen wäre. Wenn diese Zeit fehlt, so bleiben doch die Probleme. Und eine solide Nacharbeit von zwei Jahren sollte verbindlich festgelegt werden, in der die dringend nötigen wirtschaftlichen und sozialen Angelegenheiten menschenfreundlich zu sichern sind.

Die Problematik ist lang.

Doch eine Frage hat nach meiner Überzeugung höchste Priorität. An ihr wird die Glaubwürdigkeit der sozialen Marktwirtschaft gemessen: Hunderttausende werden ihre Arbeit wechseln müssen. Andererseits gibt es Arbeit, und die Menschen wollen arbeiten. Sie wollen nicht mit einer guten Arbeitslosenunterstützung getröstet werden, sondern ihren Platz im neuen gemeinsamen Deutschland als vollwertig Schaffende finden. Die Arbeitsförderung ohne Zwischenarbeitslosigkeit ist die wichtigste innergesellschaftliche Friedensfrage. Die Menschen werden verstehen, daß die Lohnhöhe von der Wirtschaftlichkeit abhängt. Sie werden aber in dieser Übergangssituation die Akzeptanz der neuen Ordnung daran messen, ob sie ihnen eine Chance gibt. Deshalb bitte ich die politisch Verantwortlichen in den noch zwei deutschen Staaten, bald umfassende Arbeitsbeschaffungsmaßnahmen zu organisieren und finanziell zu sichern.

Die kommende deutsche Einheit ist der Wille des Volkes und das Ergebnis der europäischen Entspannung. Ohne den europäischen Friedensprozeß hätte sich im Oktober 1989 der Juni 1953 wiederholen können. Inzwischen ist der deutsche Einigungsprozeß dabei, den europäischen Friedensprozeß zu überholen. Hohe diplomatische Kunst wird nötig sein, um zu sichern, daß die deutsche Einigung den Frieden fördert und nicht stört. Mit Dank und Respekt sehen wir die Bereitschaft der vier Siegermächte und der Nachbarstaaten, die deutsche Einigung zu billigen. Das ist Vorschußvertrauen, das wir nach allem, was Deutsche anderen Menschen angetan haben, nicht erwarten durften und was wir rechtfertigen werden. Denn das künftige Deutschland bleibt fest eingebunden in die europäische Gemeinschaft. Das ist durch den Beitritt der DDR nicht gefährdet. Schon heute ist hierzulande das Europabewußtsein weit verbreitet.

Die DDR war lange Jahre der Musterschüler des östlichen Bündnisses und ist nun der Lieblingskandidat für Westeuropa. Wir bringen in das gemeinsame Deutschland die moralische Verpflichtung mit ein, den Staaten Osteuropas und auch der Sowjetunion auf dem Wege zu besseren Lebensverhältnissen einschließlich humaner Umweltbedingungen zur Seite zu stehen. Die Unterstützung Osteuropas wird dort Reserven wecken können, die für noch ungelöste Menschheitsprobleme benötigt werden. Wir Deutschen müssen aus unserer Geschichte und unserer Geographie zu besonderer Sensibilität gegenüber den Lasten anderer bereit sein. Das gilt vorrangig für die wachsenden sozialen Katastrophen in den Entwicklungsländern.

Der Weltrat der Kirchen hat unlängst eindringlich erinnert, daß alle Menschen das gleiche Recht auf Leben in all seiner Fülle haben und dafür sofort und konkret etwas getan werden muß. Ich sehe die Chance, daß das künftige gemeinsame Deutschland aus einem militärisch entspannten Europa heraus wichtige Hilfe für die Nöte in der Welt leisten kann.

Vaclav Havel, der im August '68 seinen 17. Juni erlitt und wie wir im Herbst '89 die Erfüllung alter Hoffnungen erlebte, hat die Deutschen beschämt und in die Pflicht genommen, die aus der neugewonnenen Freiheit folgt:

„Wenn Deutschland seine Staatlichkeit definitiv gestaltet ..., dann wird es sein schöpferisches Potential nun ohne Hemmungen einbringen können in die Erneuerung der globalen menschlichen Verantwortung, dieser einzig möglichen Rettung der gegenwärtigen Welt ..." Lassen wir uns ermutigen.

Auch in der Marktwirtschaft kann niemand nur für sich selbst leben

Kommentar zur Währungsreform in der DDR im Deutschlandsender am 1. Juli 1990

Liebe Hörerinnen und Hörer!

In diesen Tagen vollziehen sich für die Menschen in der DDR einschneidende Veränderungen. Nach dem Umbruch im Herbst des letzten Jahres von der Diktatur zu Demokratie und Freiheit folgt nun ein radikaler Umbruch im Wirtschaftssystem.

Die Währung hat die Deutschen 1948 getrennt, und bald darauf folgte die staatliche Trennung. Die Währung wird jetzt wieder eins, und in Kürze wird die staatliche Einheit kommen.

Vieles wird sich ändern. Bei der politischen Änderung konnte man sich noch heraushalten. Jetzt sind alle betroffen. Und es ist nur zu gut zu verstehen, wenn Menschen unruhig sind. Denn der Übergang von einer Planwirtschaft zur Marktwirtschaft ist schon so etwas wie eine Weltenwende. Kaum ein Lebensbereich bleibt unberührt.

Wert und Preis, Angebot und Nachfrage, Leistungsfähigkeit und Geschäftstüchtigkeit haben erheblich an Bedeutung gewonnen. Das Geld hat plötzlich Wert und muß zusammengehalten werden, obwohl wachsende Wünsche aufkommen. Doch viele Menschen erleben den Wechsel von der sozialistischen Mißwirtschaft zur sozialen Marktwirtschaft zunächst einmal als eine existentielle Bedrohung. Denn es scheint vieles in Frage zu stehen: Der Arbeitsplatz kann gefährdet sein, weil künftig manche Tätigkeiten nicht mehr finanzierbar sind. Haus oder Wohnung erscheinen für viele nicht mehr gesichert, weil frühere Eigentümer Rechte geltend machen. Die Miete wird steigen. Der langbewährte Trabant oder Wartburg hat erheblich an Wert verloren.

Skepsis und Ängstlichkeit machen sich breit, und manch einer erinnert sich der vergangenen, doch so ruhigen und gesicherten Zeit.

In der Tat hatten wir eine gemeinsame Geborgenheit im Mangel.

Beziehungen waren wichtiger als Geld. Denn Geld war nur eine Art Bezugsschein. Leistung und Wettbewerb waren gängige Forderungen, aber mit etwas Geschick ließ sich damit leben. Der Arbeitsplatz war nicht gefährdet, weil anscheinend überall Leute fehlten. Die gesamte Grundversorgung, von den Nahrungsmitteln bis zur Wohnungsmiete, war billig; viel billiger als die wirklichen Kosten!

Fachleute warnten seit Jahren vor dem Staatsbankrott. Führende Funktionäre sagten - leider nur hinter vorgehaltener Hand - das Ende der DDR-Wirtschaft voraus. Es wurde mehr ausgegeben als erwirtschaftet. Der Entwicklungsstand war zwanzig Jahre hinter der Weltspitze zurückgeblieben.

Mich hat immer am meisten bekümmert, daß unsere Menschen mehr leisten konnten, aber die Bedingungen das nicht zuließen. Die Planwirtschaft begünstigte den langsamen Trott und den Schlendrian. Initiative und Verantwortungsbereitschaft wurden nicht selten als Störung empfunden. Routine war gefragt, von Erneuerung wurde meistens nur geredet. Stillstand aber ist Rückschritt. Und die Menschen wollen für ihr Leben mehr erreichen. Sie wollen für gute Arbeit gutes Geld haben. Sie wollen an Verbesserungen und Erleichterungen der Lebensbedingungen teilhaben. Und unsere Bürger haben es nicht mehr ertragen wollen, im Vergleich zu den Westdeutschen und deren Lebensbedingungen Menschen zweiter Klasse zu sein.

Heute gibt es kein Zurück. Mit dem neuen Geld kommen wir in eine Leistungsgesellschaft, die auf Verkauf und Gewinn orientiert und mit diesem Motor die Lebensbedingungen deutlich verbessern wird. Aber wie werden die Menschen das bestehen? Bisher war es eine wichtige Lebenskunst abzuwarten, nicht aufzufallen, sich zurückzuhalten. Wir lebten in einem Bevormundungssystem, dessen Kehrseite eine Vorsorge war, die mancher angenehm empfand. Jetzt aber sind Ideen, Selbstdarstellung und neue Versuche gefragt. Viele unternehmen etwas Neues, und manche üben ihre Ellenbogen.

Der Wechsel der Verhältnisse betrifft uns alle. Deshalb ist es wichtig, daß nicht eine Stimmung des Wettlaufs, des „Rette sich wer kann“ aufkommt, sondern daß das hierzulande in Mangel und Bedrängnis gewachsene Zusammenhalten nicht aufgegeben wird. Die „Solidarität der Bettler“ hat es einmal verächtlich ein westdeutscher Kommentator genannt. Und doch hat die Erfahrung von der Notwendigkeit der Gemeinschaft im Mangel einen tiefen menschlichen Wert. Auch in der Marktwirtschaft kann niemand nur für sich selbst und nur durch sich selbst leben. Menschen sind in eine Gemeinschaft des Zusammenlebens gerufen. Der Mensch lebt nicht vom Geld allein.

Wir brauchen die anderen. Gerade auch in dem komplizierten Übergang vom Plan zum Markt.

Das fängt im Betrieb an, wo jetzt vielerorts nur durch das Zusammenwirken von Werktätigen und Leitungen gemeinsame Wege des wirtschaftlichen Überlebens gefunden werden können. Gute Betriebsräte sind sehr wichtig.

Und das geht schließlich bis zu unserem Kaufverhalten. Wenn alle mit dem Westgeld nur noch Westwaren kaufen, ruinieren wir uns selbst.

Gemeinsames Handeln mit Phantasie und Zuversicht, aber auch Wachsamkeit vor schnellen Angeboten und Überredungskünsten erfahrener Geschäftsleute sind nötig.

Die Regierung ist gefordert, für eine gewisse Zeit, am besten für zwei Jahre, bei den Übergangsbedingungen zu helfen. Arbeitsplätze müssen erhalten oder zumindest umgewandelt werden. Das Wohnrecht muß gesichert bleiben. Die Käufer müssen vor unlauteren Methoden geschützt werden. Umstellungen in den verschiedensten Bereichen dürfen nicht Hals über Kopf erfolgen.

Die Regierung sieht die Probleme und wird noch einiges tun. Das sollte noch klarer gesagt werden. Denn sonst hat die Gerüchtemacherei und gelegentlich sogar das bewußte Angstschüren Wirkung.

Dabei sind insgesamt die Voraussetzungen günstig. Der Arbeitswille, die Umlernbereitschaft und der gute Bildungsstand der DDR-Bürger sind gute Voraussetzungen, die Krise zu bewältigen. Wir werden mit Hilfe von redlichen Freunden aus dem Westen in wenigen Jahren gute Lebensbedingungen haben.

Dann wird die neue Einheit der Deutschen auch verstärkte Kräfte mobilisieren zur Bekämpfung von Hunger und Armut und zum Einsatz für weltweite Gerechtigkeit. Denn wir können wirklich mehr schaffen, als nur mühsam mit langem Anstehen oder Herumlaufen den eigenen Bedarf zu decken.

Unser Land hat die besten Voraussetzungen, im Interesse seiner Bürger, aber auch in Verantwortung gegenüber der Menschheit zu einer modernen Leistungsgesellschaft zu werden.

Die katholischen und evangelischen Bischöfe aus ganz Deutschland haben vor wenigen Tagen Mut gemacht, die neuen Herausforderungen anzunehmen, weil die Übergangs- und Anpassungserscheinungen durch gemeinsame Anstrengungen zu bewältigen sind: Ich wünsche Ihnen gute Zuversicht und einen schönen Sonntag!

Ich setze auf die historische Rolle der SPD

Interview mit Michael Mara, erschienen in „Der Tagesspiegel", Berlin, am 25. Juli 1990

Sie sind vom Landesvorstand und Landesparteirat der SPD sowie von den Kreisvorsitzenden einstimmig als Spitzenkandidat für die Landtagswahlen nominiert worden. Was hat Sie als Kirchenmann bewogen, in die Politik zu gehen und sich um das Amt des Ministerpräsidenten des Landes Brandenburg zu bemühen?

Ich bin gefragt worden und habe meine Zustimmung aus folgender Motivation heraus gegeben: Erstens bewegen mich die Aufgaben, die hier im Interesse der Menschen anstehen. Ich bin in den vielen Jahren meiner Tätigkeit als Jurist bei der Kirche immer wieder gefordert worden, mich für die Belange der Menschen einzusetzen. Damals ging es um die Freiheitsrechte, jetzt scheint mir die Frage der sozialen Sicherheit von großer Bedeutung. Zweitens spielten Fragestellungen eine Rolle, die sich bei der Ausschau nach einem Spitzenkandidaten ergeben haben. Es gelang nicht, sich innerhalb des Landesvorstandes auf einen Kandidaten zu verständigen, der zu den Aktiven der letzten neun Monate gehört. Deshalb wurde überlegt, ob man einen Politiker aus der Bundesrepublik gewinnen sollte. Ich gehöre zu denen, die der Meinung sind, den Kandidaten aus den eigenen Reihen zu wählen. Wenn man diese These aufstellt, muß man sich auch selbst stellen, wenn man gefragt wird.

Herr Modrow wollte Sie seinerzeit als Minister in sein Kabinett holen. Sie haben dieses Angebot und auch spätere Offerten abgelehnt!

Im November 1989 war in der Kirche überlegt worden, ob jemand die Aufgabe eines stellvertretenden Ministerpräsidenten mit der Zuständigkeit für Kirchenfragen übernehmen sollte. Wir kamen zu der Einsicht, daß keine Notsituation gegeben war, weil andere sich bereit fanden, politische Verantwortung zu übernehmen.

Es heißt, daß Ihnen die CDU Brandenburg ebenfalls die Kandidatur angeboten hat. Warum haben Sie sich für die SPD entschieden?

Es hat in der letzten Zeit kein aktuelles Angebot und kein Gespräch mit der CDU gegeben. Daß ich mit einer Reihe verantwortlicher Politiker, auch der CDU, im Dauergespräch über die Probleme dieses Landes stehe, ist für mich eine Selbstverständlichkeit. Denn wir müssen uns austauschen und möglichst gemeinsam handeln, wenn es um die Neugestaltung dieses Landes geht. Für die SPD habe ich mich entschieden, weil ich auf ihre historische Rolle setze. Sie hat nach meiner Überzeugung in den letzten Jahrzehnten und auch schon in der Vorkriegszeit, im Grunde seit ihrer Gründung, eine entscheidende Rolle für die soziale Gerechtigkeit im Lande gespielt. Sie hat darüber hinaus wichtige Impulse für die europäische Friedenspolitik gegeben, in deren Ergebnis wir ja nun auch die Einheit der Deutschen haben. Im übrigen habe ich gerade auch in den letzten Wochen festgestellt, daß meine Positionen zu den Prioritäten im Lande sehr nahe bei denen der SPD liegen.

Erst vor zwei Wochen haben Sie per Postkarte Ihren Beitritt zur SPD erklärt. Hätten Sie nicht größere Chancen, Ministerpräsident des Landes Brandenburg zu werden, wenn Sie als parteiloser Spitzenkandidat angetreten wären?

Es war keine Postkarte, sondern eine Ansichtskarte, die ich selbst gebastelt habe, und zwar in Form einer Karikatur aus einer Zeitung. Sie warnte davor, daß wir nach der Währungs- und Wirtschaftsumstellung die drohenden sozialen Konflikte übersehen und dadurch in erhebliche Turbulenzen hineingeraten könnten. Auf der Rückseite dieser Karikatur schrieb ich: Ich erkläre meinen Beitritt. Begründung siehe Rückseite. Die Entscheidung, Mitglied der SPD zu werden, traf ich, ohne zu kalkulieren, welche Aufgabe auf mich zukommen könnte. Ich bin zu diesem Zeitpunkt davon ausgegangen, daß der Spitzenkandidat im Kreis derjenigen gefunden wird, die im letzten Dreivierteljahr politische Verantwortung übernommen haben.

Am 26. August wird der Landesparteitag der SPD das Wahlprogramm beschließen und Sie aller Voraussicht nach als Spitzenkandidat bestätigen. Wie wollen Sie den bevorstehenden Wahlkampf führen, welche Akzente wollen Sie setzen?

Ich glaube, daß es der Partei gut anstehen würde, wenn sie sich entsprechend ihren Traditionen auf die Sorgen der Arbeitnehmer konzentriert. Wir werden viele Menschen der neuen deutschen Gesellschaft innerlich entfremden, wenn es uns nicht gelingt, ihnen zu zeigen, daß sie ganz persönlich eine Chance haben. Diese Aufgabe hat für mich absolute Priorität. Ich hoffe, daß es ein Wahlkampf der Sachargumente ohne unnötige und unangemessene Dramatik werden wird, ich hoffe auch, daß die Parteien den Wahlkampf ohne persönliche Diffamierungen führen. Vor allem auch deshalb, weil sich nach der Wahl mit sehr hoher Wahrscheinlichkeit Partner zusammenfinden müssen, um gemeinsam Verantwortung wahrzunehmen. Die Notsituation erfordert das.

Geben Sie ihre kirchlichen Ämter – Sie sind Konsistorialpräsident der Berlin-brandenburgischen Kirche und in dieser Eigenschaft stellvertretender Vorsitzender des Bundes der Evangelischen Kirchen – auf?

Es ist nach meiner persönlichen Überzeugung nicht möglich, sowohl praktischen Wahlkampf zu betreiben, als auch ein kirchliches Amt aktiv wahrzunehmen. Spätestens zu Beginn des Wahlkampfes muß eine Trennung erfolgen, die ich mir zunächst vorstellen kann als Beurlaubung.

Es gibt viele Fotos, die Sie mit Erich Honecker zeigen. Kein anderer Kirchenvertreter der DDR hatte umfassendere Kontakte zur SED-Führung als Sie. Was werden Sie antworten, wenn Ihnen im Wahlkampf diese Kontakte vorgehalten werden?

Ich werde wahrscheinlich zu jeder Frage und zu jedem Foto noch eine ganze lange Liste von Ergänzungen nennen können, denn tatsächlich war ich seit 1962 im Auftrage der evangelischen Kirche in der DDR als Verhandlungsführer mit dem Staat eingesetzt. Ich habe in eigentlich nahezu allen Sachfragen, die zwischen Kirche und Staat anstanden, aber auch hinsichtlich von Reisemöglichkeiten und anderer Probleme intensive Verhandlungen geführt. Manchmal waren auch Fotografen dabei. Ich kann insgesamt nur sagen, wir haben als Unterhändler der Kirche, und das betrifft keineswegs nur mich, versucht, das Beste herauszuholen für die Menschen und für die Arbeit unserer Kirche, ohne dabei unseren eigenen Positionen und unserer Grundhaltung untreu zu werden.

Sie zählen zu den Vordenkern des Kurses der Kirche nicht „gegen", sondern „im Sozialismus". Wie beurteilen Sie ihn aus heutiger Sicht?

Wir haben in unserer Kirche zu Beginn der siebziger Jahre einen intensiven Gesprächsprozeß führen müssen über unsere Aufgaben in der geschlossenen sozialistischen Gesellschaft, in der wir lebten. Wir standen, zugespitzt ausgedrückt, vor der Fragestellung, ob wir uns hinter unsere eigenen Mauern zurückziehen und uns mit einer engen Religionsausübung zufriedengeben, oder ob wir versuchen, auch in die Gesellschaft hinein unsere Anliegen zu vertreten. Wir haben damals beschlossen, uns den Aufgaben zu stellen und zu versuchen, die Gesellschaft im Interesse der Menschen zu verbessern.

Wir haben deshalb die Formel „Kirche im Sozialismus" immer als Handlungsauftrag verstanden, in die Gesellschaft hineinzuwirken. Diese Formel wurde zumindest von dem Zeitpunkt an kontrovers mit dem Staat gebraucht, als die Führung erkannte, daß wir aus dieser Position heraus unsere Änderungserwartungen ableiteten und Gruppen ermunterten, ihre Positionen einzubringen und diese auch schützten.

Die SED empfand diese Linie, die den Sozialismus verändern wollte, für sich als bedrohlich und kündigte die Kontakte im März 1988.

Noch im Januar 1990 haben Sie die Diskussion um die Wiedervereinigung als „Störfaktor" bezeichnet und westlichen Politikern Leichtfertigkeit vorgeworfen. Kommt die Vereinigung nach Ihrer Ansicht zu schnell?

Über den Begriff der Wiedervereinigung bin ich bis auf den heutigen Tag unglücklich. Er löst bei unseren Nachbarn, insbesondere im Osten, Ängste aus, weil sie fürchten, daß sie in den Grenzen von 1937 erfolgen soll. Davon abgesehen, war ich bis in den Dezember hinein der Überzeugung, daß ein Bestehen zweier deutscher Staaten auf einen mittelfristigen Zeitraum hinaus von den europäischen Mächten, also sowohl von den vier Siegermächten als auch im Rahmen des KSZE-Prozesses, als eine Conditio sine qua non angesehen wird zur Sicherung der Stabilität und des Gleichgewichtes in Europa. Tatsächlich habe ich es nicht für möglich gehalten, daß bereits zum jetzigen Zeitpunkt die Sowjetunion auf ihren unmittelbaren Einfluß in der DDR verzichten oder, kürzer gesagt, die DDR aufgeben würde.

Um den Jahreswechsel herum habe ich begriffen, daß für die

Sowjetunion die Priorität anders stand. Die wirtschaftliche Hilfe des Westens war für sie wichtiger als der Erhalt einer eigenständigen DDR. Mir ging es mit meiner damaligen Äußerung darum, sich auf eine Vereinigung der beiden deutschen Staaten in einem Prozeß von vielleicht drei bis fünf Jahren einzustellen. Diese Regelung hätte die Angleichung der Gesellschafts- und Wirtschaftssysteme leichter gemacht und möglicherweise auch günstigere Voraussetzungen für den Umdenkprozeß der Menschen gebracht. Das funktionierte nicht, weil die Menschen keine Experimente, sondern schnelle und klare Entscheidungen wollten.

Sie haben Nachbesserungen zum Staatsvertrag im Interesse der Menschen in der DDR angemahnt. Wie sollen sie aussehen?

Ich habe den Begriff Nachbesserungen sehr behutsam verwandt. Es muß beachtet werden, daß es nicht ausreicht, die sozialen und ökonomischen Sicherungssysteme der Bundesrepublik zu übernehmen, sondern daß die Überleitungsprozesse noch abgesichert werden müssen. Ich könnte mir vorstellen, daß man vielleicht mit einer zweijährigen intensiveren Begleitung vor allem in wirtschaftlicher Hinsicht auskommen wird. Es wird aber eine weitere Reihe von Jahren notwendig sein, ehe die heutigen DDR-Gebiete mit der Bundesrepublik vergleichbar sein werden und für sie die gleichen marktwirtschaftlichen Spielregeln angewendet werden können.

Der SPD-Landesvorsitzende Steffen Reiche hat erklärt, daß ein ausschlaggebender Grund für Ihre Nominierung darin bestehe, daß Sie seit Jahrzehnten in Kategorien des Landes Brandenburg eingebunden sind und die Kompetenz für das Amt des Ministerpräsidenten einbringen. Woraus leiten Sie diese Kompetenz ab?

Zur Frage der fachlichen Eignung kann ich zunächst nur ganz schlicht sagen: Ich bin bisher nicht in einer vergleichbaren Aufgabe tätig gewesen. Ich bringe als Voraussetzung meine juristische Ausbildung mit, sowohl im Recht der DDR als auch im Recht der Bundesrepublik. Ich bringe Erfahrungen in der Verwaltungsarbeit mit, außerdem auch jahrzehntelange Erfahrungen mit den Menschen und ihren Problemen in diesem Land. Sie sind, glaube ich, nicht unwichtig. Dazu muß natürlich die Zusammenarbeit mit Fachleuten kommen. Was das Gebundensein an das Land Brandenburg angeht, haben sich unsere Kirchenstrukturen mit der Auflösung der Länder nicht verändert. Innerhalb der Landeskirche Berlin-Brandenburg war ich sehr viel in den drei Bezirken Potsdam, Cottbus und Frankfurt/Oder unterwegs. Ich kenne Land und Leute und war in all den Jahren davon überzeugt, daß es weiterhin einen Zusammenhalt der Märker gibt, auch wenn er bei vielen verdrängt war. Neben meinen unmittelbaren beruflichen Aufgaben leistete ich eine ständige Aufklärungsarbeit über das brandenburgische Erbe.

Das Land Brandenburg liegt am Boden. Die Umweltsituation ist in vielen Bereichen katastrophal, die Städte sind ruiniert, und mit der Wirtschaft geht es weiter bergab. Was muß getan werden, um das Land aus dieser ernsten Krise herauszuführen?

Um die Notsituation zu bewältigen, ist eine Zusammenarbeit vieler Kräfte zwingend. Wir brauchen den Mut und das wieder gefestigte Selbstwertgefühl der Menschen in diesem Lande. Wir brauchen ökonomisch starke Partner aus der Bundesrepublik und aus dem Ausland, die in gefährdete Wirtschaftseinheiten einsteigen und bei uns investieren. Wir brauchen natürlich auch eine gesamtstaatliche Förderung, die es Investoren erleichtert, sich bei uns anzusiedeln. Nach meinen Überlegungen muß ein Sonderprogramm nach dem Beispiel der Zonenrandförderung beschlossen werden. Sehr gründliche Gedanken müssen wir uns auch um die Struktur unserer Landwirtschaft im künftigen europäischen Wirtschaftsverbund machen. Ich bin persönlich der Überzeugung, daß wir auf absehbare Zeit mit größeren Wirtschaftseinheiten besser fahren und nicht versuchen sollten, die Struktur der Bundesrepublik nachzuahmen.

Wie wollen Sie die Arbeitsplätze in den drei gefährdeten Zweigen Bergbau, Stahl und Mikroelektronik retten?

Hier muß das Land Hilfe leisten. Es werden trotzdem nicht alle Arbeitsplätze erhalten werden können, deshalb müssen schnell Umschulungsprogramme greifen. Es gibt genug Arbeit im Land, zum Beispiel bei der Verbesserung der Infrastruktur und der Sanierung der Städte.

Es scheint aber, daß die Menschen die Vergangenheit und den schnellen Umbruch noch nicht verkraftet haben. In breiten Bevölkerungskreisen sind Unsicherheit, Ängste, Demotivation und Resignation zu spüren.

Die von Ihnen beschriebene Situation deckt sich mit meinen Beobachtungen. Hier muß man ganz nüchtern sehen, daß die Kehrtwendung von der sozialistischen Mißwirtschaft zur sozialen Marktwirtschaft die Menschen vor völlig neue Anforderungen stellt. Sie erleben, daß die von ihnen produzierten Waren nicht dem standhalten, was auf dem westeuropäischen Markt angeboten wird. Sie erleben, daß sie viele Verhaltensweisen, die sich unter den Bedingungen der sozialen Marktwirtschaft eingeübt haben, nicht beherrschen. Sie erleben, daß ihre Arbeitsplätze plötzlich in Gefahr geraten, daß sie plötzlich als Konsumenten stark umworben werden. Sie stehen in einem Lernprozeß, der nahezu alles betrifft und der nicht innerhalb von Tagen und Wochen abgeschlossen ist. Darauf muß Rücksicht genommen werden, und hier muß auch ganz gezielt geholfen werden. Ich bin allerdings optimistisch, denn ich beobachte eine große Lernbereitschaft und auch Lernfähigkeit unserer Menschen. Manche sind schon ein bißchen zu schnell in der Erprobung ihrer geschäftlichen Fähigkeiten.

Potsdam ist eine Stadt der Hochschulen, der wissenschaftlichen und künstlerischen Einrichtungen. Sehen Sie eine Chance, diese zu erhalten? Wie stehen Sie zur Bildung einer Landesuniversität?

Ich habe den Plan mit großem Interesse gehört und ihn spontan mit unterstützt. Es ist notwendig, herauszufinden, ob sich das einigermaßen rechnet, ob man mit einem solchen Vorhaben zu Rande kommt. Ich halte es durchaus für denkbar, daß in einem Ballungsgebiet mit fünf und mehr Millionen Einwohnern drei Universitäten wirken, also eine im jetzigen Ost-Berlin, eine im jetzigen West-Berlin und eine in Potsdam. Die Voraussetzungen für Potsdam als Stadt der Wissenschaft, der Bildung und Ausbildung sind nach meiner Überzeugung ausgesprochen günstig.

Auch wenn Frankfurt/Oder ein Veto eingelegt hat, spricht alles dafür, daß Potsdam Landeshauptstadt wird. Was ist Ihre Meinung hierzu, und wie kann der einstigen preußischen Residenz wieder zu neuem Glanz verholfen werden? Wie stehen Sie zum umstrittenen Theaterneubau?

Die Frage der Hauptstadt muß nach meiner Überzeugung zugunsten von Potsdam entschieden werden, das ist von der Geschichte, der kulturellen Tradition und auch den verkehrsmäßigen und logistischen Voraussetzungen her sinnvoll. Ich bin auch ziemlich sicher, daß es sehr schwerfallen würde, die Mehrheit der Menschen im Land von einer anderen Lösung zu überzeugen. Aber in der Frankfurter Initiative steckt ein wichtiger Gedanke, der sehr ernst genommen werden muß, nämlich die Warnung vor einem Potsdam-Zentralismus, bei dem vergessen wird, daß sich im Land Brandenburg jetzt drei gleichwertige Partner in Gestalt der drei Bezirke zusammenschließen. Es muß gewährleistet werden, daß sie auch miteinander ein gleichwertiges Konzert spielen und die Städte dabei ihren Stellenwert und ihre Funktion fürs Ganze behalten können. Man wird deshalb überlegen müssen, wie man in den Städten Frankfurt/Oder und Cottbus, aber auch in Brandenburg, Neuruppin und Eberswalde Aufgaben verankern kann, die für das ganze Land von Bedeutung sind. Die Wiederherstellung Potsdams wird, wie ich sehr hoffe, begünstigt werden durch das starke Interesse bei Investoren und Besuchern aus aller Welt. Daraus ergeben sich gute wirtschaftliche Möglichkeiten, um die Stadt viel attraktiver zu machen. Allerdings muß die Ansiedlungspolitik behutsam betrieben werden. Wir müssen uns davor hüten, daß wir Potsdam zu einem Museum gestalten oder zu einer Art Disneyland am Rande der Hauptstadt Berlin. Man wird neues, produktives Leben in der Stadt fördern müssen. Im Wechselspiel des Alten und neuer wirtschaftlicher Kräfte sehe ich gute Voraussetzungen, der Stadt wieder zu Glanz zu verhelfen. Den Theaterneubau werden wir uns als Investruine nicht lange leisten können. Ich halte nicht viel davon, daß man um die nun schon stehenden Gleitkerne irgendetwas anderes baut. Es besteht durchaus die Möglichkeit, im Ergebnis des Architektenwettbewerbes ein wirklich vorzeigbares Theater zu errichten. Das Hauptproblem wird die Finanzierung sein. Hier bin ich zur Zeit nicht aussagefähig.

Wie stellen Sie sich die Gestaltung der Beziehungen des Landes Brandenburg und Berlin vor? Halten Sie in der Perspektive ein Land Berlin-Brandenburg für sinnvoll?

Es wird zwangsläufig eine Vielzahl von Kooperationsvereinbarungen zwischen Berlin und Brandenburg geben müssen, wo wechselseitige Interessen der Wirtschaft, der Verkehrsverbindungen und vielleicht finanzielle Verrechnungen geregelt werden. Ob es darüber hinaus auch zu einer staatlichen Zusammenfassung kommen muß, ist für mich noch nicht entschieden. Ich habe viel Verständnis für die Sorge der Menschen in der Mark Brandenburg, die bei einem staatlichen Zusammengehen mit der großen Stadt Berlin befürchten, daß das Ungleichgewicht zu ihren Lasten gehen wird.

Wie sieht Ihre Vision vom Land Brandenburg im Jahr 2000 aus? Welche Rolle kann es im vereinten Deutschland spielen?

Bis zum Jahr 2000 sind es nur zehn Jahre, also keine sehr lange Zeit, um ein ruiniertes Land aufzubauen. Dennoch bin ich der Überzeugung, daß es innerhalb von zehn Jahren möglich sein wird, die jetzt bestehenden Rückstände aufzuholen, so daß wir dann ein, wie ich hoffe, leistungsstarkes und für Besucher anziehendes Land im gemeinsamen Deutschland haben werden. Wir bringen tüchtige Menschen mit ein und eine bezaubernd schöne Landschaft und nicht zuletzt auch eine wichtige Tradition: Die brandenburgisch-preußische Toleranz und die Bereitschaft, sich fürs Ganze in die Pflicht nehmen zu lassen, auch über Parteigezänk hinweg. Und wir bringen aufgrund unserer geographischen Lage und unserer Geschichte die besonderen Bindungen nach Osteuropa ein. Ich kann mir gut vorstellen, daß das Land Brandenburg wichtige Impulse für das ganze Deutschland geben wird.

Der rote Adler von Brandenburg soll wieder fliegen lernen

Vorstellungsrede beim Landesparteitag Brandenburg der Sozialdemokratischen Partei Deutschlands in Cottbus am 1. September 1990

Liebe Brandenburger Delegierte,
ich grüße Euch zum Parteitag der Sozialdemokraten im wiedererstehenden Land Brandenburg! Wir erleben in diesem 800 Jahre alten Land eine historische Zeit: Nach 57 Jahren können sich die Bürgerinnen und Bürger Brandenburgs vorbereiten, in freier, gleicher und geheimer Wahl ihre Vertreter ins Landesparlament zu entsenden. Nach zwei Generationen der Entmündigung und der Unterdrückung werden wir Brandenburger das Geschick unseres Landes endlich in die eigenen Hände nehmen können! Und dieses Brandenburg wird Teil eines einheitlichen deutschen Bundesstaates sein.

Die Geschichte der Deutschen und ihrer Bemühungen um einen gemeinsamen Staat hat immer von der Freiheit und von der Einheit gehandelt. Und meist gab es das eine nur um den Preis des anderen. Der Freiheitskampf der 1848er Revolution brachte zwar das Parlament in der Paulskirche zustande, aber er scheiterte an der Aufgabe, die Einheit der Deutschen herbeizuführen. Diese Einheit wurde erst durch die Bismarcksche Reichsgründung erreicht – aber um den Preis der Freiheit. Die erste deutsche Republik – die Weimarer Republik – ging an der inneren Zerstörung durch Demokratieverächter auf der extremen politischen Rechten wie auf der extremen politischen Linken zugrunde. Die Unfreiheit endete im furchtbarsten Krieg dieses Jahrhunderts, als dessen Ergebnis den Deutschen die Einheit verlorenging und einem Teil die Freiheit vorenthalten blieb.

Zum ersten Male in der Geschichte der Deutschen haben sie nun mit der Freiheit zugleich auch die Einheit errungen. Darin liegt die Würde und die Bedeutung dieser Zeit, die wir mit Hoffnung und Ängsten, mit Sorgen und mit dem Willen zum Neubeginn erleben; zum ersten Male hat die gewonnene Freiheit auch die Einheit herbeigeführt, und wir wollen die Einheit, um die Freiheit zu bewahren.

Erinnern wir uns noch einmal an die Ereignisse: Im Mai des vergangenen Jahres baute Ungarn seine Grenzsicherung zu Österreich ab. Fast zeitgleich fand hierzulande das statt, was die SED-Regierung Kommunalwahlen nannte. Beide Ereignisse lösten Entwicklungen aus, die im Herbst ihren Höhepunkt erreichten. Am 9. Oktober demonstrierten hunderttausend Menschen in Leipzig, und ihr Ruf „Wir sind das Volk" hat Geschichte gemacht. Die erste friedfertige und unblutige Revolution der Deutschen vollzog sich danach wie im Zeitraffertempo. Wir, die Betroffenen und Mittäter dieser Revolution, haben fast den Atem verloren angesichts dieses Tempos – und für manchen Beobachter von außen mag es noch immer unerklärlich sein, was damals geschah.

Auch deshalb, ja *gerade* deshalb werden wir nicht vergessen und es auch mit allem Respekt anderen sagen dürfen: Der atemberaubende Wandel in Deutschland, die unblutige Revolution zur Freiheit ist *unsere* Leistung; wir haben der Anmaßung widerstanden, und wir haben die Entmündigung abgeschüttelt, aus eigener Kraft, nicht ohne Ängste, aber mit Mut und mit Entschlossenheit.

Seit den Tagen im Spätherbst 1989 haben wir zwei existentielle Erfahrungen gemacht: Zum einen haben wir gesehen, wie die bislang zugedeckten Schwächen der Wirtschaftsform unseres Landes plötzlich in der Härte eines freien Wettbewerbes offen zutage traten. Was uns durch Jahrzehnte als Fortschritt und Erfolg verkündet worden war, hat sich weithin als Potemkinsches Dorf erwiesen. Und das andere war die psychologische Erfahrung des Übergangs. Wie große Teile unserer Wirtschaft im freien Vergleich mit westlichen Konkurrenten den kürzeren zogen und noch ziehen, so ist auch unser Selbstwertgefühl bedroht und beschädigt. Mancher ist aus seinem ersten Westurlaub nicht gerade erholt zurückgekommen. Und mancher Besucher hier hat sich als Sieger präsentiert, obwohl er gar nicht gekämpft hatte.

Noch einmal: Wir Bürger der DDR und künftig des gemeinsamen deutschen Bundesstaates haben nicht den geringsten Anlaß zu Minderwertigkeitsgefühlen, denn wir haben die Einheit zustande gebracht, und wir sind keine Bürger zweiter Klasse im gemeinsamen Deutschland! Wir werden die Chance ergreifen, die uns Freiheit und Einheit bieten. Und wir werden sie wahrnehmen mit den Vorteilen, die im Schatten unserer Nachteile der vergangenen Jahrzehnte entstanden sind: mit unserem Überlebenswillen und unserer Geduld, mit unserer Anpassungsgabe und unseren zwischenmenschlichen Bindungen, mit unserer Hartnäckigkeit und mit unserem Mut, den wir bewiesen haben.

In der Vergangenheit ist unser Gestaltungswille unterdrückt und entstellt worden, aber totgekriegt hat ihn das Regime nicht! Im Gegenteil, unsere Menschen brauchen eine Chance – und der Wille wird hervortreten – wie die Hunderttausende im vergangenen Herbst!

Der radikale Umbruch des sozial-ökologischen Systems löste Ängste aus. Jeder hier hat Sorgen:

Sorgen um den Arbeitsplatz: Was passiert mit dem Kombinat, das so offensichtlich im internationalen Wettbewerb nicht mithalten kann? Was wird aus der LPG, deren Produkte auf einmal keinen Abnehmer mehr finden? Stehe ich schon morgen auf der Straße, weil meine Verwaltungsstelle wegrationalisiert wird? Die Liste ließe sich fortsetzen.

Sorgen um die Wohnung oder das Haus: Was geschieht mit den Mieten? Steigen sie schneller als die Einkommen? Liege ich auf der Straße bei Arbeitslosigkeit? Was passiert mit meinem Eigentum, wenn alte Besitzer aus dem Westen Ansprüche anmelden?

Sorgen der Alten und derer, die wegen Krankheit oder Behinderung ohnehin schon am Rand der Gesellschaft stehen: Was geschieht mit den Renten? Heißt alt oder krank sein bald, auch arm zu sein? Wir dürfen die Generation derer, deren Jugend in der Nachkriegszeit lag und deren erwachsenes Leben von der Mauer eingesperrt wurde, nicht zur verlorenen Generation werden lassen!

Keiner von uns braucht viel Phantasie, die Reihe der Sorgen zu verlängern. Drei will ich hier noch nennen, weil sie mich besonders bedrängen:

Erstens: Welche Chancen werden die Frauen in unserer Gesellschaft nach dem Neubeginn haben? Denn die Frauen dürfen nicht zu den Opfern des gesellschaftlichen Wandels werden. Sie haben sich ihr Anrecht auf gleiche Rechte und Chancen erlitten und erstritten.

Zweitens nenne ich die Jugendlichen, die auf der Suche nach einem Ausbildungsplatz sind. Was würde aus einer Jugend, deren erste Erfahrung mit einer freien Gesellschaft darin besteht, daß diese Gesellschaft ihre Leistungskraft und ihren Lernwillen scheinbar nicht braucht?

Drittens nenne ich die Sorge um die Umwelt, die alle betrifft, uns in Brandenburg, die Bürger in den Nachbarländern, in Deutschland, in Europa und darüber hinaus. Unsere Lebenswirklichkeit bestand bislang aus der Verbindung aller Übel: eine leistungsschwache Industrie und zugleich eine extrem belastete Umwelt. Die Sorge ist berechtigt, daß im Umbau unserer Wirtschaftsstruktur die Mittel zur Behebung von Umweltschäden knapp sein werden, dagegen der Druck ungeheuer groß, bei industriellen Neuansiedlungen die Umweltinteressen kleiner zu schreiben.

Ich will aus meiner Überzeugung kein Hehl machen: Die Marktwirtschaft, die dem Menschen gemäß ist, ist eine soziale und ökologisch verpflichtete Marktwirtschaft. Das hat nichts mit Ideologie zu tun!

Ohne soziale Verpflichtung und Sicherung geht der soziale Frieden verloren, und der ist ebenso wie Arbeitskraft und Kapital eine Produktivkraft. Dies lehrt nicht zuletzt die Wirtschaftsgeschichte der Bundesrepublik. Der Verfall der natürlichen Umwelt aber beschädigt nicht nur das Grundrecht des einzelnen auf Unverletzlichkeit der Person, es kann auch zu einem unüberwindlichen Hemmnis für Investitionen werden. Eine ökologisch belastete Mark Brandenburg findet keine Touristen mehr; in einer lebensfeindlichen und freizeitfeindlichen Region siedelt kein Unternehmer moderne Industrie an.

Fast 2,5 Millionen Brandenburger wollen wissen, was ihr künftiges Parlament und ihre Landesregierung tun werden, um im Land voranzukommen und für jeden eine Chance zu haben. Sie wollen kein Parteiengezänk. Sie brauchen keine Angstmache. Sie brauchen keine Verharmlosung. Sie wollen konkrete Auskünfte, handfeste Entscheidungen und erfahrbare Verbesserungen. Das ist die Aufgabe der Sozialdemokraten in Brandenburg.

Wir Sozialdemokraten in Brandenburg stehen dafür, daß der Zusammenhalt unter uns nicht verlorengeht, mit dem wir uns bei der Beseitigung des SED-Regimes bewährt haben. Wir stehen nicht für das Motto: „Rette sich, wer kann!“ oder: „Nur der Kräftigste überlebt!“, sondern wir wollen den Neuanfang für Brandenburg wagen und gestalten in mutiger Solidarität.

Für die Angst um die Wohnung heißt das: Mietpreissteigerungen, wo sie zum Erhalt von altem Wohnraum und zur Schaffung von neuem notwendig sind, müssen im Rahmen der allgemeinen Einkommensentwicklung bleiben. Die Einkommensschwachen haben ein Recht auf Hilfe der Gemeinschaft. Wer in Treu und Glauben Besitz an Boden oder an Wohnraum erworben hat, hat ein Recht darauf, daß auch sein Eigentum geschützt wird. Das Recht und der Rechtsstaat sind für alle gleich, sie teilen das Volk nicht in Besitzer von Rechtstiteln und in Rechtlose. Eine sozialdemokratisch geführte Landesregierung in Brandenburg wird sich dafür verbürgen.

Der wirtschaftliche Wandel in unserem Land, die Erneuerung unserer industriellen und gewerblichen Strukturen ebenso wie der Struktur der Landwirtschaft, tat weh. Die Schatten der Vergangenheit, der Mißwirtschaft und der Schönfärberei verfliegen nicht mit einem Schlage. Altes verschwindet, aber Neues wächst quälend langsam nach. Es stimmt bitter, aber es ist unvermeidlich. Viele, fast alle Sicherheiten der Mangelzeit sind dahin, und der wirtschaftliche Aufstieg läßt auf sich warten. Alle Wirtschaftsprognosen sehen den steilen Anstieg der Wachstumsraten hierzulande voraus, aber keine weiß sicher, ob er schon im nächsten Jahr sich abzeichnen wird, oder erst im Jahr darauf, oder noch später. Die Aufgabe, die sich ökonomisch in unserem Lande stellt, ist wohl am besten zu vergleichen dem Umbau eines Schiffes auf hoher See bei schwächer werdender Fahrt und mit der ganzen Mannschaft an Bord. Mich wundert nicht, daß mancher das Vertrauen auf den Kompaß zu verlieren beginnt. Vor allem, weil so viele Versprechungen sich als leer erwiesen haben.

Es ist nutzlos, darüber zu streiten, ob das gegenwärtige wirtschaftliche Chaos auf einem anderen Wege als auf dem einer hastig herbeigeführten Wirtschafts- und Währungsunion hätte vermieden oder mindestens gedämpft werden können. Die Brandenburger erwarten Antworten auf die Probleme, wie sie sich hier und heute stellen, und nicht, wie sie sich unter anderen Umständen gestellt hätten. Und dazu möchte ich ein paar Anhaltspunkte geben.

Durch die Währungsumstellung ist die Wettbewerbsschwäche vieler Unternehmen deutlich geworden. Aber auch konkurrenzfähige Betriebe sind in die roten Zahlen geraten. Deshalb sollten diesen Unternehmen Liquiditätshilfen gewährt werden, sobald sie vernünftige Pläne zur Umstrukturierung vorlegen. Eine Betriebsleiche kann sich nicht mehr an den Markt anpassen. Bei diesem Prozeß der Umstrukturierung wird Hilfe von außen nötig sein, besonders dort, wo das alte Wirtschaftssystem Befähigungen nicht fördert, wie zum Beispiel beim Vertrieb und beim Marketing. In diesen Bereichen brauchen viele Betriebe personelle Anschubhilfe. Die Suche nach wettbewerbsfähigen Strukturen wird die Entflechtung von Kombinaten nötig machen. Aber Entflechtung ist keine Ideologie, sondern muß sich an der Wettbewerbslage und damit an der jeweiligen Branchenstruktur orientieren. Die betriebliche Atomisierung muß nicht die einzige Antwort sein. Ich bin zuversichtlich, daß dieser Prozeß der Umstrukturierung beträchtliche Unterstützung durch die Treuhandanstalt erfahren kann. Eine sozialdemokratisch geführte Landesregierung von Brandenburg wird als Partner der Treuhand die Interessen Brandenburgs und seiner Arbeitnehmer energisch und konstruktiv vertreten.

Man soll mit Versprechungen vorsichtig sein, aber eines sollten die Brandenburger wissen: Vom ersten Tag einer sozialdemokratisch geführten Landesregierung an werde ich dafür eintreten, daß unablässig von Tür zu Tür bei Unternehmen in Westdeutschland, in Westeuropa, in Amerika und im fernen Osten für den Wirtschaftsstandort Brandenburg geworben wird. Beharrlich werde ich die beiden Schätze nennen, die wir haben: den Arbeitswillen qualifizierter Menschen und einen optimalen Standort.

Für die Schaffung von Ausbildungsplätzen und die Belebung der Wirtschaft bedürfen das Handwerk, die Dienstleistungsbereiche und die freien Berufe unserer besonderen Förderung. Es sollte sozialdemokratische Politik sein, bestehende Startschwierigkeiten entschlossen anzugehen und konkrete Hilfe zu leisten.

Zu den großen Sorgen auf dem Lande möchte ich drei Hinweise geben, die Anregung und Hilfe sein möchten.

Erstens sind die Bauern unbestritten Miteigentümer am LPG-Vermögen. Sie haben Boden, Inventar, Vieh und vor allem ihre Arbeitskraft zur Wertschöpfung eingebracht. Ihr individueller Anteil am Gesamtvermögen ist errechenbar. Sozialdemokratische Politik muß ihn sichern und verfügbar machen.

Zweitens kann die Rechts- und Wirtschaftsordnung dem erklärten Willen der Landwirte Rechnung tragen, wie sie produzieren wollen. Der Bauer hat die Entscheidungsfreiheit für den Familienbetrieb oder auch für gemeinschaftliche Produktionsformen, zum Beispiel nach dem Genossenschaftsgesetz. Wenn sich die Bauern für gemeinsame Produktion entscheiden, wird es dafür auch innerhalb der Europäischen Gemeinschaft Möglichkeiten geben. Für die nötigen Umstrukturierungen muß sozialdemokratische Politik mithelfen, auch die begleitenden finanziellen Voraussetzungen zu schaffen – wie bei der Umstrukturierung von Industrieunternehmen.

Und drittens: Ich kenne die Sorgen vieler auf dem Lande, die Grundlage ihres Schaffens, den Boden, wieder zu verlieren. Dringend bitte ich die Bauern: Laßt Euch nicht ins Bockshorn jagen. Der Beitritt unseres Landes zum Geltungsbereich des Grundgesetzes verdammt Euch nicht zur Rechtlosigkeit! Das Bodenreformland ist klagefest gesichert. Für Pächter ist bei landwirtschaftlich genutzten Böden ein besonderer Schutz und ein Vorkaufsrecht gegeben.

Niemand wird unter die Piraten fallen, wenn er seine Rechte kennt. Eine sozialdemokratisch geführte Regierung in Brandenburg weiß sich zur Beratung der Bauern in Pflicht.

Die Liste der Sorgen ist noch länger.

Vieles werden wir heute noch verhandeln. Wir werden in diesem Wahlkampf Gelegenheit haben, auf die Bedrängnisse der Menschen zu hören und unsere Antworten geben, Antworten, die ehrlich sein müssen, Antworten, die Wege suchen helfen. Wir wollen den Menschen auch weiterhin in die Augen sehen können, denn mit ihnen haben wir die vergangenen Jahre durchgestanden, mit ihnen haben wir den Umschwung herbeigeführt, mit ihnen wollen wir die Zukunft Brandenburgs gestalten – nahe bei ihnen und in Solidarität.

Dabei können wir auf die Hilfe vieler Freunde Brandenburgs zählen. Da sind die persönlichen Freunde, die uns auch in zurückliegenden Zeiten nicht vergessen haben. Und da ist eine alte Bindung, die beim Wiedererstehen des Landes Brandenburg wiederauflebt: Ich meine die Verbindung zum Lande Nordrhein-Westfalen, dem industriellen Herzen der Bundesrepublik.

Dieses Bundesland – fast siebenmal so bevölkerungsstark wie Brandenburg – hat unter sozialdemokratischer Führung Jahre eines dramatischen Strukturwandels erfolgreich bewältigt. An die Stelle der alten traditionellen Kohle- und Stahlindustrien sind moderne Fertigungen, moderne Dienstleistungsbetriebe und gewerbliche Unternehmen getreten. Viele Menschen haben dort ihren Arbeitsplatz verloren – und einen neuen gefunden. Der Wandel hat sich in sozialer Verantwortung und in Solidarität vollzogen. Die Gesellschaft ist nicht in wenige Himmelsstürmer und viele Fußkranke zerfallen.

Von dieser politischen Leistung, denke ich, können und sollten wir lernen in Brandenburg. Und ich bin froh über die Hilfe, die wir von Nordrhein-Westfalen und von meinem Freund Johannes Rau erwarten dürfen. Der alten gewachsenen Beziehung zwischen früheren preußischen Provinzen wird ein neues, ein erfolgreiches Kapitel hinzugefügt werden. Geschichte muß nicht nur eine Last sein; sie kann auch Hoffnung machen!

Für Brandenburg ist unsere Hoffnung und das Ziel unseres Gestaltungswillens, daß dieses Land zu einer starken und selbstbewußten Region in einem sich einigenden Europa wird. In der Geschichte hat unser Land wie ein Scharnier zwischen westlichem und östlichem Europa gewirkt. Aus Potsdam kam 1685 das erste bedeutende europäische Toleranzedikt, welches das Zusammenleben der Menschen wirksam auf eine neue humane Ebene hob. Gerade das ist im Zeichen einer anbrechenden großen Vernunftkoalition zwischen Ost und West so aktuell wie je. Wir haben die längste deutsche Grenze zu Polen, und gerade am 1. September sind wir uns dieser besonderen Verantwortung bewußt. Wir Sozialdemokraten wollen und werden den Weg für Brandenburg bahnen helfen in eine bessere Zukunft. Wir wollen als Land ein guter Nachbar sein und ein leistungsstarker Partner werden – nicht nur in Deutschland, nicht nur in der Europäischen Gemeinschaft, die es voranzubringen gilt, sondern auch im im ganzen Europa und einer zusammenrückenden Welt. Denn auch mitten in den Sorgen dieser Tage des Überganges vergessen wir nicht das Elend in weiten Teilen dieser Welt. Die Kraft, die wir wiedergewinnen wollen, soll auch der Hilfe für dieses Elend gelten.

Und deshalb zum Schluß: Der rote Adler von Brandenburg hat die Flügel wieder freibekommen; packen wir alle gemeinsam an, damit er wieder fliegen lernt! Dafür müssen wir das Vertrauen der Menschen in Brandenburg gewinnen. Wir alle werden bis zum 14. Oktober ehrlich und offen Rede und Antwort stehen. Ich verlasse mich auf Euch; ich weiß, ich kann das; und Ihr sollt wissen, daß Ihr Euch auf mich verlassen könnt!

Wir wollen unser Land aufbauen, damit Brandenburg wieder zur Heimat wird

Aus der Regierungserklärung vor dem Landtag Brandenburg in Potsdam am 6. Dezember 1990

Genau vor 19 Monaten, am 6. Mai 1989, begann unter dem Eindruck eines großangelegten Wahlbetrugs die Volksbewegung, die uns am Ende die Freiheit, die Einheit und ein wiederentstandenes demokratisches Brandenburg brachte.

Wir können froh und dankbar sein, und doch wissen wir alle, daß viele Seelen wund sind. Der doppelte Umbruch von der Diktatur zur Demokratie, von der zentralistischen Planwirtschaft zur sozialen Marktwirtschaft hat uns überrascht und überfordert.

Alte Verhaltensmuster greifen nicht mehr. Bisher Gelerntes nützt nur noch wenig. Bewährte Erfahrungen verführen zu schwerwiegenden Irrtümern.

Die Ungewißheiten wollen nicht enden, und ich beobachte mit Sorge, daß der aufrechte Gang, der uns die Freiheit und Deutschland die Einheit brachte, wieder verlernt werden könnte.

Kommt nach der Vorherrschaft dogmatischer Politik nun die Vorherrschaft des allgewaltigen Geldes? Gehen die Menschen im Osten Deutschlands in eine neue Anpassung?

Politik ist für die Menschen da, und die Verunsicherung unserer Bürgerinnen und Bürger fordert uns heraus.

Vielleicht ist es die wichtigste Aufgabe unserer politischen Arbeit, das Selbstbewußtsein, das Selbstwertgefühl unserer Menschen zu festigen!

Wir sind nicht schlechtere Deutsche, weil wir hier die Kriegsfolgen härter getragen haben, weil wir der Heimat treu geblieben sind, und weil wir unter schlechteren Voraussetzungen weniger schaffen konnten.

Im Gegenteil: Die Brandenburgerinnen und Brandenburger sind gleichwertig und unverzichtbar im gemeinsamen Deutschland. Und wir wollen dazu beitragen, daß diese Gleichheit sich schnellstens auch in unseren Lebensbedingungen vollzieht.

Dabei werden wir unseren Anteil tragen: Wir sind bereit, für einen begrenzten Zeitraum unsere Erwartungen zurückzustecken. Wir sind entschlossen, die neuen Herausforderungen durch Lernen und Leistungen zu bewältigen. Wir wollen das Geschenk der Freiheit und die Chance des Aufschwungs für ein demokratisches Brandenburg in einem europäischen Deutschland nutzen. Wir brauchen kein Mitleid und kein Almosen, aber wir brauchen echte Chancen: Die Menschen in Brandenburg wollen ihre Leistungskraft einbringen. Sie wollen und müssen in Arbeit bleiben. Sie dürfen nicht in das soziale Abseits und die Verzweiflung entlassen werden.

Die Jugend braucht Chancengleichheit für ihre Berufsbildung in Deutschland. Kein Jugendlicher darf die neue Gesellschaft längere Zeit als überflüssiger Arbeitsloser erleben!

Die Frauen, in der alten Gesellschaft durch Mangel, Beruf und Familie mehrfach belastet, sollen heute nicht aus dem Berufsleben verdrängt werden und ihre soziale Unabhängigkeit verlieren.

Die Älteren dürfen nicht zu den Verlierern der Wende werden. Sie wurden um ihre Jugend betrogen, haben mit ihrer Arbeit hier das Leben aufrechterhalten, und sie sollen nicht in ihrem Alter an die Armutsgrenze gedrängt werden.

Aus brandenburgischer Perspektive hätten wir uns manche Einzelregelungen im Einigungsvertrag anders gewünscht. Denn wir stellen in der Praxis fest, daß sich nicht alle getroffenen Regelungen komplikationslos umsetzen lassen. Hier ist im einzelnen noch schwierige und mühsame Arbeit zu leisten.

Wir verstehen den Wählerauftrag vom 2. Dezember so, daß Bund und Länder in den kommenden Jahren größte Anstrengungen unternehmen müssen, um die Lebensverhältnisse der Deutschen in Ost und West anzugleichen, gegenseitiges Vertrauen zu schaffen und allen Deutschen die gleichen Chancen und den gleichen Anteil an der politischen Verantwortung zu geben.

Es darf nicht dazu kommen, daß die Menschen in den neuen Ländern Deutsche zweiter Klasse werden. Es gilt jetzt erst recht, den Auftrag in der Präambel des Grundgesetzes zu erfüllen, die Einheit und Freiheit Deutschlands zu vollenden.

Die Regierung Brandenburgs wird alles in ihren Kräften Stehende tun, um dieses Land in wenigen Jahren zu einem gleichwertigen und attraktiven deutschen Bundesland zu machen. Aber wir schaffen es nicht allein. Deshalb bitte ich die Bundesregierung, alle Parteien, die Unternehmen, die Gewerkschaften, die Kirchen und andere Verbände, mit uns gemeinsam dazu beizutragen, daß der formalen Einheit der Deutschen die reale Einheit folgen kann! Dafür setzen wir uns folgende Schwerpunktaufgaben:

1. Wir wollen mit der Vergangenheit brechen, indem wir sie gerecht aufarbeiten, eigenes Versagen nicht beschönigen und Verletzungen des Rechts und der Menschenwürde entschlossen nachgehen.
2. Wir wollen im Land Brandenburg eine freiheitliche, demokratische, rechtsstaatliche, sozial und ökologisch orientierte Ordnung errichten.
3. Wir wollen die wirtschaftliche Entwicklung des Landes fördern und Arbeit für alle schaffen.
4. Wir wollen für soziale Gerechtigkeit und den Schutz der natürlichen Umwelt sorgen.
5. Wir wollen die Chancengleichheit in Bildung und Wissenschaft, in Beruf und Gesellschaft fördern!
6. Wir wollen die kulturelle Vielfalt im Land Brandenburg festigen und weiterentwickeln!
7. Wir wollen unsere brandenburgische Heimat mit ihren Brücken nach West und Ost sowie ihrer stolzen Tradition der Toleranz als deutsche Region in ein zusammenwachsendes Europa einbringen!

(...)

Vor uns liegt ein langer, schwieriger Weg. Darüber macht sich niemand Illusionen. Blühende Landschaften entstehen nicht in zwei oder drei Jahren, schon gar nicht, wenn sie zuvor Jahrzehnte geschunden worden waren.

Die Erwartungen der Menschen sind groß, und ihre Geduld ist in vier Jahrzehnten verbraucht. Ich erfahre es aus den über hundert Briefen und den Dutzenden Telefonanrufen, die mich täglich erreichen und denen ich nur mühsam gerecht werden kann.

Vertröstungen greifen nicht, klare Auskünfte sind gefragt. Wir haben sie redlich versucht, und wir werden weiter auf die Menschen zugehen, auf sie hören und entschlossen überall ihre Interessen vertreten. Geduld kann nur erwarten, wer den Fragen nicht ausweicht, seine Absichten klarlegt und mit seinem Handeln Verläßlichkeit beweist.

Die Menschen hier sind nüchtern und realistisch. Sie können hart arbeiten und neigen nicht zu Selbstmitleid. Genauso fremd sind ihnen Schönfärberei und Gesundbeterei.

Wir wollen, daß alle Menschen in Brandenburg die Chance haben, an der Zukunft unseres Landes mitzuarbeiten. Wir wollen ein Land aufbauen, in dem es Wohlstand und soziale Sicherheit für alle gibt, in dem die ökologische Verantwortung ernstgenommen wird. Wir wollen gemeinsam ein Land aufbauen, in dem jeder und jede im Alltag erfahren kann, daß der Staat kein Moloch sein muß, der Freiheit erstickt und Widerspruchsgeist bedroht. Wir wollen ein Land aufbauen, das stolz sein kann auf seine Traditionen und Landschaften.

Ich bin überzeugt: Wir haben große Chancen, wenn wir nüchtern und selbstbewußt unseren Brandenburger Weg gehen – gemeinsam mit anderen, aber durchaus nicht im Gleichschritt. Wir wollen unsere Stärken nutzen, damit Brandenburg wieder zur Heimat für alle Menschen hier bei uns wird.

Seit 36 Tagen stehe ich Ihnen und den Menschen Brandenburgs als demokratisch gewählter Ministerpräsident in Pflicht. Es gibt für die Fülle der Probleme, den Berg der Aufgaben, kein Rezept. Mit Respekt sehe ich auf die Frauen und Männer, die hierzulande im letzten Jahr vor ähnlichen Aufgaben standen in der Volkskammer, in der ersten demokratischen DDR-Regierung, als neue Mitarbeiter in den Städten, Gemeinden, Kreisen und den Bezirksverwaltungsbehörden.

Und immer wieder stärkt mich auch der Blick in die Geschichte Brandenburgs. Unter weitaus schwierigeren Bedingungen wurde hier bei Sand und Sumpf aufgebaut, Wohlstand geschaffen, den Menschen Vertrauen und Zuversicht gegeben.

Und ich bitte Sie, lassen Sie uns gemeinsam unserer Heimat und unseren Menschen dienen. Mit Theodor Fontane sage ich den Helfern, die neu zu uns gekommen sind: „Wer in der Mark reisen will, der muß zunächst Liebe zu Land und Leuten mitbringen, mindestens keine Voreingenommenheit. Er muß den guten Willen haben, das Gute gut zu finden, anstatt es durch krittliche Vergleiche totzumachen."

Und für uns Alteingesessene erinnert Fontane: „Lockt auch Fremde, Schönheit, Pracht, – Glücklicher hat mich die Heimat gemacht."

Zur Person

Lebensdaten

1936	Geboren in Stettin am 16. Mai
1954	Abitur in Stettin
1955 - 1959	Jurastudium in Jena, Abschluß mit Staatsexamen
1959 - 1969	Jurist im Ost-Berliner Konsistorium der Evangelischen Kirche in Berlin-Brandenburg, gleichzeitig
1962 - 1969	Leiter der Geschäftsstelle der Konferenz der Evangelischen Kirchenleitungen in der DDR
1969 - 1981	Leiter des Sekretariats des 1969 gegründeten Bundes der Evangelischen Kirchen in der DDR
1981 - 1990	Konsistorialpräsident der Ostregion der Evangelischen Kirche in Berlin-Brandenburg, als solcher Mitglied der Konferenz der Evangelischen Kirchenleitungen in der DDR, gleichzeitig
1981 - 1989	einer der beiden stellvertretenden Vorsitzenden dieses Leitungsgremiums des Bundes der Evangelischen Kirchen in der DDR
1989	Theologischer Ehrendoktor der Ernst-Moritz-Arndt-Universität Greifswald
1990	Eintritt in die Sozialdemokratische Partei Deutschlands, Spitzenkandidat der SPD bei der brandenburgischen Landtagswahl am 14. Oktober 1990, Ministerpräsident des Landes Brandenburg

Stolpe bleibt

Peter Jochen Winters in der „Frankfurter Allgemeine Zeitung“, 5. Februar 1988

Die Bischöfe kommen und gehen, Stolpe bleibt. Seit sich die acht evangelischen Landeskirchen der DDR von der gesamtdeutschen Evangelischen Kirche in Deutschland trennten und 1969 den Bund der Evangelischen Kirchen in der DDR bildeten, gilt der „Jurist im Kirchendienst“ Manfred Stolpe als planende, gestaltende und treibende Kraft der evangelischen Kirche drüben. Der 51 Jahre alte Stettiner, der in Greifswald Abitur gemacht und in Jena Rechtswissenschaft studiert hat, ist seit 1959 in Ost-Berlin im kirchlichen Dienst. Von 1962 bis 1969 hat er als Referent im Konsistorium der Berlin-brandenburgischen Kirche an der Bildung des evangelischen Kirchenbundes in der DDR mitgewirkt, von 1969 bis 1981 hat er dessen Sekretariat geleitet, und seit 1982 ist er – als Präsident des Konsistoriums der Berlin-brandenburgischen Kirche – stellvertretender Vorsitzender des Bundes der Evangelischen Kirchen in der DDR.

Stolpe ist überzeugt, daß sich die biblische Botschaft auch in der sozialistischen Gesellschaft Raum schafft und auch in Zukunft die Menschen ergreift. Kirche ist für ihn eine Organisation von Menschen, die unter den Menschen lebt, für sie Verantwortung trägt, für ihre Rechte eintritt. Er fordert und bekennt sich zur konkreten Mitverantwortung der Kirche und der Christen für die Fragen der Welt und der eigenen Gesellschaft. Dazu aber müsse sich die Kirche in der DDR bewußt der sozialistischen Gesellschaft stellen, ein offenes, kritisches, eindeutiges und gesprächsbereites Verhältnis zur Staatsmacht praktizieren. Aus diesen Maximen ist 1971 die Aussage des Kirchenbundes gewachsen: „Wir wollen Kirche nicht neben, nicht gegen, sondern wir wollen Kirche im Sozialismus sein.“

Stolpe und die Leitung des Kirchenbundes haben lernen müssen, daß sie ihr Handeln auch dem „Christen vor Ort“ einsichtig machen müssen, daß die Information zwischen Leitung und Basis und vor allem zwischen Basis und Leitung funktionieren muß. Stolpe wird denn auch nicht müde, innerkirchlich vor Synoden, in Gemeinden, auf Kirchentagen oder – in Spannungszeiten – in großen Informations- und Fürbitte-Gottesdiensten unbefangen, offen, aber sich immer der Grenzen kirchlichen Handelns in der DDR bewußt, den Standpunkt der Kirche deutlich zu machen.

Der Kirchen-Politiker, der eigentlich im Hintergrund agieren soll und dessen Metier das vertrauliche diplomatische Verhandeln mit den Vertretern des Staates ist, hat in den letzen Jahren immer mehr auch in der Öffentlichkeit die Rolle eines Sprechers der Protestanten drüben übernehmen müssen, nicht zuletzt, weil der Vorsitzende des Kirchenbundes nicht mehr – wie zu Zeiten Schönherrs – der Ost-Berliner Bischof ist, seinen Sitz nicht in der „Hauptstadt“, sondern fern in der Provinz hat. Der Staat hat Stolpe als nüchternen, überzeugungstreuen Partner im Dialog zwischen Staat und Kirche akzeptiert. Niemand wird behaupten, daß das Staat-Kirche-Verhältnis in der DDR in Ordnung sei. Noch immer gibt es Behinderungen von Christen nicht nur im Bildungswesen, gibt es keinen zivilen Wehrersatzdienst, wird von kritischen Christen „Mitdenken" gefordert und nicht „Selberdenken" akzeptiert. Im Vertrauen auf Gott will Stolpe in Ordnung bringen, was nicht in Ordnung ist. Eine Sisyphus-Arbeit?

Stolpe im Spagat

Otto Jörg Weis in der „Frankfurter Rundschau", 6. Februar 1988

Vordergründig ist Manfred Stolpe wieder einmal mit dem Krisenmanagement jener Verhaftungswelle im Zusammenhang mit der Ostberliner Luxemburg-Liebknecht-Demonstration vom 17. Januar überm Berg. Aber der Kraftakt zwischen Staat und Kirche hat diesmal Wunden hinterlassen und Mißtrauen, hier wie dort. Noch liegen Schatten nicht nur über der aktuellen Szene, auch über jenem 6. März, an dem die SED-Führung so gerne das 10-Jahr-Jubiläum einer evangelischen „Kirche im Sozialismus" in der DDR feiern möchte: Am 6. März 1978 hatte sich nämlich SED-Generalsekretär Erich Honecker zu dieser Partnerschaft Kirche/Staat öffentlich bekannt, ungeachtet aller fortbestehenden Gegensätze.

Den Konsistorialpräsidenten der Ostberliner evangelischen Kirche würde eine anhaltende Eintrübung der Beziehungen persönlich treffen. Der 52jährige ist ja nicht nur einer der einflußreichsten DDR-Kirchenleute dieser Tage. Der im einstigen Stettin gebürtige Jurist, vormals Student in Jena, zählt neben Altbischof Albrecht Schönherr zudem seit Jahren zu den maßgeblichen Architekten, den Vordenkern eben dieses Interessenausgleichs zugunsten einer Kirche, die nicht „gegen", sondern „im" Sozialismus wirkt. Seit fast zwanzig Jahren im Kirchendienst, hat er dieses Ziel keinen Augenblick aus den Augen verloren, in dreierlei Richtung immer voranzutreiben versucht: durch Glaubwürdigkeit gegenüber der SED-Spitze (keiner der Kirchenleute hat vermutlich umfassendere Kontakte bis ins Politbüro), durch Glaubwürdigkeit in den eigenen Gemeinden, durch Glaubwürdigkeit schließlich auch im Westen Deutschlands; dies hat den weltläufigen Kirchenmann zu einem gern gesehenen Gesprächspartner der bundesdeutschen Journalisten werden lassen.

Die dreifache Balance indes hat sich nicht immer exakt halten lassen, der Spagat ist zuweilen zu groß geworden. Zwar hat DDR-Ministerpräsident Willi Stoph dem „Verwaltungschef" der Ostberliner

Kirche anläßlich des 50. Geburtstages durchaus die Fähigkeit zu „konstruktiven, verfassungsgerechten und vertrauensvollen" Beziehungen bescheinigt, wie auch DDR-Staatssekretär für Kirchenfragen Klaus Gysi an seinem Kontaktmann „Offenheit und Vertrauen" zu schätzen gelernt hat. Aus dem komplizierten Spiel hinter den Kulissen indessen, so scheint es, ist auch Manfred Stolpe vorübergehend etwas zerzaust hervorgegangen. Und: Mag der 52jährige in diesen Januarwochen noch so schnell entschlossen an der Seite der Verhafteten gestanden haben (im November bei der Attacke des Staatssicherheitsdienstes auf die Umweltbibliothek bei der Ostberliner Zionskirche war die Schrecksekunde erkennbar länger), mag er in den letzten Jahren noch so couragiert „deutsche Träume" vom Nationalstaat vorgetragen, offen für Freizügigkeit der DDR-Bürger („Ein Reisepaß für jedermann ist unser Ziel") und für erweiterte Spielräume in der Kirchenarbeit gekämpft haben: die Kirche von unten einer Vera Wollenberger und vieler anderer junger Leute hat sich auch gegen diesen einflußreichen Kirchenmanager gerichtet. Sie hat die Grenzen einer überwiegend pragmatischen Konfliktbewältigung offengelegt.

Freilich: der in Potsdam lebende Konsistorialpräsident, der selbst eine 20jährige Tochter hat, ist dem neuen „Beunruhigungsfaktor" in den eigenen Reihen keineswegs ausgewichen. „Mit der Spontaneität", hat er in aller Öffentlichkeit selbstkritisch eingestanden, „haben wir es hierzulande alle etwas schwer, die Kirche nicht ausgenommen." Viele der ungeduldigen jungen Leute in Ostberlin und der DDR werden daher auch weiterhin auf den 52jährigen setzen. Ernstlich gewackelt hat der nämlich bislang noch nie, und aus so manchen Turbulenzen, die Zweifel für den Augenblick wecken mochten, ist er am Ende stets integer in den Augen der verschiedensten Seiten hervorgegangen. Sollten die aktuellen Verwerfungen sich auch diesmal wieder zurücklenken lassen in die fast schon gewohnten Bahnen leidlicher Auskömmlichkeit zwischen Kirche und Staat: Manfred Stolpe wird wieder einmal eine zentrale Rolle dabei gespielt haben.

Stolpe hat gesagt

Christoph Dieckmann in „Die Kirche", 5. Februar 1989

Dieser Berliner kommt aus Potsdam, und man kennt ihn. Manfred Stolpe, Berlin-brandenburgischer Konsistorialpräsident, taucht häufig in den Medien auf. Noch häufiger wollen die Medien bei ihm auftauchen. Oder nicht und schreiben dann trotzdem. Wie auch immer – „Stolpe hat gesagt“ klingt fast wie „die Kirche hat gesagt“. Natürlich, „die“ Kirche teilt sich demokratisch mit, über ihre Synoden. Aber Synoden, schwerfällige Kompromiß-Apparate, tagen selten und äußern sich spröde. Sie „beschließen“, sie „verlautbaren“. Stolpe spricht, mit Gestik, Esprit und sonorem Organ. Behaglich rollt sein Baß im Raum.

Die Vorliebe des Juristen Stolpe gehört der Historie. Hier holt er sich, was ihm plausibel ist. Ein Vortrag über den Großen Kurfürsten macht ihm vermutlich mehr Freude als einer über Staat und Kirche heute. 1936 in Stettin geboren, hat Stolpe seine erste Kindheit im nachmaligen Polen verbracht, bis die Familie das Land verlassen mußte. Aus dieser Zeit, aus Erlebnissen mit Polen stammt seine Überzeugung, Konfrontation sei eine zwischenstaatliche oder ideologische Angelegenheit, keine, die unten bei den Menschen entsteht. Überhaupt denkt er nicht in Gegensätzen, sondern in Beziehungen und Tendenzen. Die sozialistische DDR ist ein Stück Europa, und Manfred Stolpe ist DDR-Bürger.

Das heißt für einen, dessen Erfahrung vor der DDR begann, die Geschichte länger und breiter auszuziehen als üblich, nach gestern und nach morgen. Geschichte ist ein Strom. Ruckartige Prognosen bekommt man von Stolpe nicht zu hören.

Wer „Sachen“ wissen will, muß ihn nach Fakten fragen und mag dann notieren: „Stolpe hat gesagt...“ Natürlich sagt Stolpe nur, was er will, und wenn er nicht will, erhält man eine diplomatische Variation der eigenen Frage zurück. Man muß ihn reden lassen. Er sinnt, dieweil er spricht. Das sagt er auch, leicht angekniffenen Gesichts: „Ich überlege mir, ob nicht vielleicht...“ Stolpes Medium ist nicht der Fakt, sondern der Gedanke, von dessen Wölbung er ungern herunterkommt. Theologischer Fachstreit, in eifernden Begriffen ausgetragen, geht ihm auf den Nerv. Wenn ihm Arbeit nicht liegt, neigt er zum genialischen Jonglieren. Auffangen werden das die ohne solches Privileg, ohne internationale Befassung, ohne das Selbstgefühl der überlegenen Erscheinung.

Manfred Stolpe ist seit 1962 mit einer Ärztin verheiratet, hat eine Tochter, raucht Zigarren und liebt Skat. Vor zwei Jahren wurde er 50. Die kirchliche Presse widmete sich dieser außerordentlichen Tatsache so breit, daß Unmut entstand. Auch Mut, es Stolpe gleichzutun. Ich hörte von gelungenen und anderen Versuchen, geräuschvoll 50 zu werden. Ein Glückwunsch den würdigen Männern. Aber Manfred Stolpe ist ein Star. Sterne strahlen hell im Dunkel der Nacht. Hat Stolpe nicht gesagt.

Nachbemerkung

Der Band enthält viele der öffentlichen Äußerungen Manfred Stolpes aus der Zeit, als es die DDR noch gab, aber nicht alle.

Weggelassen wurden Texte, die gar zu stark wiederholten oder nur anders zusammengesetzt brachten, was schon gesagt war. Die ständige Anforderung, Lageberichte zu geben, nötigte zu solchen Variationen. Dennoch enthalten die hier versammelten Texte viele Redundanzen. Sie blieben stehen, weil Geschichte nicht im Nachhinein dargestellt, sondern zeitgeschichtlich dokumentiert werden sollte. Wann was zu wem gesagt und und wie es akzentuiert wurde, hat dann Bedeutung.

Weggelassen wurden die vielen kurzen und manche langen Life-Interviews, die Zeitungsartikel und Rundfunkkommentare zu Tagesfragen oder auch zu Daten des Kirchenjahres. Wegblieben auch die Reden im Wahlkampf. Ein Interview zum Beginn des Einstiegs in die Politik, die Vorstellungsrede beim SPD-Parteitag, Anfang und Schluß der Regierungserklärung – das mußte für diesen Band reichen. Denn der will informieren, was der Potsdamer aus Stettin, der in Berlin, Hauptstadt der DDR, wirkte, gesagt hat, bevor er Ministerpräsident von Brandenburg wurde, wofür er eingetreten ist, wie er die Dinge der Kirche inmitten der deutschen Dinge gesehen hat.

Grundlage der Druckfassung waren in aller Regel Kopien der Originalmanuskripte. Sie wurden nur verändert, wo offenbare sachliche oder sprachliche Irrtümer vorlagen. Kürzungen, auf die im Vorspann jeweils hingewiesen wird, galten Längen, nicht Passagen, die im Rückblick vom Heute her Fragen aufwerfen, Kritik auslösen.

Alle aufgenommenen Texte waren und sind öffentlich. Vertrauliche Expertisen, Aktennotizen oder ähnliches sind nicht dabei. Die Öffentlichkeit, die Manfred Stolpes Einsichten fanden, war allerdings beschränkt. In der alten DDR liefen zumeist Hektographien um. Presse und Buchmarkt übergingen die Texte dieses Autors fast immer. In der alten Bundesrepublik hat der Evangelische Pressedienst (epd) in seinem Dokumentationsdienst viele Reden Stolpes zugänglich gemacht. Eine Reihe von ihnen erschien auch in verschiedenen Zeitschriften und Tageszeitungen. Auf den Nachweis solcher Fundstellen ist hier verzichtet worden.

Reinhard Henkys

Personenregister